Gerhard Heik Portele

Der Mensch ist kein Wägelchen

Zum Autor

Gerhard Heik Portele ist Professor an der Universität Hamburg;Lehrthera-
peut und Ausbilder am »Institut für Integrative Gestalttherapie Würzburg
– IGW«; zahlreiche Veröffentlichungen zur Psychologie, Psychotherapie
und Gestalttherapie; Mitherausgeber der Zeitschrift »GESTALTTHERA-
PIE«

Gerhard Heik Portele

Der Mensch ist kein Wägelchen

Gestaltpsychologie – Gestalttherapie
Selbstorganisation – Konstruktivismus

Edition Humanistische Pschologie

– 1992 –

© für diese Ausgabe
Edition Humanistische Psychologie im
Internationalen Institut zur Förderung der
Humanistischen Psychologie,
Spichernstr. 2, 5000 Köln 1

Lektorat: Martina Gremmler-Fuhr

Herausgeber der Edition: Anna und Milan Sreckovic

Die Deutsche Bibliothek – CIP-Einheitsaufnahme

Portele, Gerhard:
Der Mensch ist kein Wägelchen: Gestaltpsychologie – Gestalttherapie
– Selbstorganisation – Konstruktivismus /
Gerhard Heik Portele. – Köln: Ed. Humanistische Psychologie;
Köln : Moll und Eckhardt, 1992
ISBN 3-926176-46-6

Umschlagentwurf: Robert de Zoete

Vertrieb: Moll & Eckhardt
Zülpicher Str. 174, 5000 Köln 41

Satz: Satzstudio Alfes, Siegen

Gesamtherstellung: Agentur U. Himmels, Heinsberg

ISBN 3-926176-46-6

Inhaltsverzeichnis   Seite

Vorwort

Ich habe mich mit seit vielen Jahren immer wieder mit Gestalttherapie in Artikeln und in Vorträgen befaßt. Es schien mir sinnvoll zu sein, diese Arbeiten zusammenzutragen und in einem Band zu veröffentlichen. Es waren dann mehr Arbeiten, als ich ursprünglich angenommen hatte. Es gab viele Wiederholungen, ich hatte unterschiedliches Publikum angesprochen. Ich mußte auswählen und sortieren. Nach einigem Hin und Her, Zögern und vielen Überlegungen bildete sich durch Spielen und Experimentieren mit dem Material eine Gestalt. Die Gliederung oder die Gestalt der Beiträge, wie sie jetzt in dem Buch vorliegt, spiegelte die Intention wieder, mit der ich diese Texte geschrieben habe. Für mich ist nämlich Gestalttherapie mehr als nur eine Theorie oder mehr als nur eine Praxis, sie ist beides zusammen, und sie ist vor allem, was ich eine »Lebenskunst« nennen möchte. Ich meine damit eine Haltung zur Welt, zu den Mitmenschen, zu sich selbst, zur Natur und zur Kultur, zu Tieren, Pflanzen und Steinen, die sich auswirkt auf unser Denken, Fühlen, Handeln, auf Wissenschaft und Ethik, auf Spiritualität und Alltag. Diese Gestalt-Lebenskunst, diese Gestalt-Haltung zur Welt, steht im Gegensatz zu dem, was vorherrscht in unserer Kultur. Das macht Gestalttherapie für die vorherrschende Ordnung gefährlich und deshalb wird sie manchmal abgewertet. Aber Gestalttherapie ist nichts Isoliertes, historisch Einmaliges. Sie hat ihre Vorläufer und ihre Verwandtschaften, sie steht in einer Denktradtion, allerdings eben nicht nur in einer abendländischen.

Für Teil 1 »Grundgedanken: Selbstorganisation und Konstruktivismus« habe ich zwei Arbeiten ausgewählt, in denen ich mich bemühe, diese »Lebenskunst Gestalt« oder diese Haltung zur Welt in ihren Grundzügen darzulegen. In dem relativ frühen Aufsatz »Der Mensch ist kein Wägelchen« geht es um die Definition von Lebewesen als sich selbst erzeugende Systeme, um die biologische Theorie der Autopoiese, die deutlich macht, daß physikalisch-mechanistische Weltsichten, wie sie bisher vorherrschten, etwas anderes sind als Weltsichten, die von biologischen Grundlagen ausgehen. Den Beitrag »Gestalt als Selbstorganisation« habe ich immer als eine Zusammenfassung meiner Gedanken zu Selbstorganisation und Gestalt aufgefaßt, als den Abschluß der Entwicklung und Präzisierung meiner Gedanken. Die Selbstorganisationstheorien, wie sie in jüngster Zeit von Physikern, Chemikern, Biologen, Soziologen, Psychologen formuliert wurden, ermöglichen erst zu erfassen, was für revolutionäre Gedanken Gestaltpsychologie und Gestalttherapie beinhalten.

Der zweite Teil »Ursprünge und Verbindungen« zeigt die Einbindung der Lebenskunst Gestalttherapie in die Tradition. Unmittelbarste Vorgängerin der Gestalttherapie ist die Gestaltpsychologie und hier insbesondere die Berliner Schule und hier wiederum besonders Max Wertheimer und Kurt Lewin. In dem Aufsatz »Gestalttheorie und Wissenschaftstheorie. Plädoyer für eine alternative Wissenschaft« beziehe ich mich vor allem auf Max Wertheimer. Auch wenn in diesem Beitrag kaum von Gestalttherapie die Rede ist, durchzieht die Lebenskunst Gestalttherapie gerade auch diesen Beitrag und zeigt auf, wie Wertheimer dazu beitrug. Auf Kurt Lewin, dem der nächste Beitrag gewidmet ist, hat sich vor allem Fritz Perls immer wieder berufen. Ich unterstreiche bei Lewin dessen Interdependenzthese, die erkenntnistheoretisch die Subjekt-Objekt-Trennung aufhebt, womit der Sozialpsychologe zum Vater des »sozialen Konstruktionismus« wird, eine Untergliederung der erkenntnistheoretischen Position des Konstruktivismus, einer Konsequenz der Selbstorganisationstheorie. Die Interdependenzthese Lewins verweist andererseits auf Martin Bubers dialogisches Prinzip. Buber taucht immer wieder in meinen Arbeiten auf. Ihm ist kein eigenes Kapitel gewidmet. Salomo Friedlaender, den Perls als sehr einflußreich für sich bezeichnet, gehörte nicht zu den Gestaltpsychologen, er gehörte der künstlerischen Szene von Berlin an, die Perls liebte. Friedlaender war ein radikaler Philosoph in seinem Grundgedanken der »schöpferischen Indifferenz«. In meinem Beitrag zeige ich die Verbindung der schöpferischen Indifferenz zur »fruchtbaren Leere« der Gestalttherapie und zur »Leere« im Buddhismus auf. Die beiden Aufsätze »Der mittlere Modus« und »Konzentration, Awareness, Achtsamkeit« stellen die Verbindung her von der Gestalttherapie vor allem zum Buddhismus und Taoismus aber eben auch wieder zu Martin Buber.

Der dritte Teil heißt »Konsequenzen und Anwendungen«. Hier gilt es wiederum aufzuzeigen, wie die Lebenskunst Gestalttherapie mit dem Grundgedanken der organismischen Selbstregulierung oder Selbstorganisation und dem Grundgedanken des Konstruktivismus helfen kann, gesellschaftliche Probleme zu analysieren und Vorschläge für die Praxis zu entwickeln. Diese Aufsätze sind zum Teil vor zehn und mehr Jahren entstanden: Ich war überrascht, welche Aktualität sie heute haben, vielleicht eine andere als die, welche sie zum Zeitpunkt ihres Entstehens hatten. »Lob der dritten Sache« beschäftigt sich damit, daß eine »dritte gemeinsame Sache« für die Beziehung von Personen untereinander ganz bestimmte erstrebenswerte Konsequenzen hat, das gilt für die Paar-Beziehung wie für die Therapeut-Klienten-Beziehung. »Prophylaxe und Neurose« und »Psychotherapie und Arbeitswelt« beschäftigen sich von einem konstruktivistischen Standpunkt aus mit der gesellschaftlichen Entstehung von dem, was psychische Krankheit genannt wird und mit der Rolle des Psychotherapeuten.

In dem Aufsatz »Der Mensch ist kein Wägelchen« behaupte ich, daß Gestalttheorie auch eine Erkenntnistheorie sei und die Erkenntnistheorie einer Erkenntnistheorie. Welche ethischen Konsequenzen für die Wissenschaft das hat, das habe ich im Vortrag »Verhaltensnormierung und Verhaltensblockierung in der Wissenschaft« formuliert. Ich will mit diesem Beitrag, der nichts mit Therapie zu tun hat, zeigen, daß Gestalttherapie – als Lebenskunst aufgefaßt – durchaus für solche scheinbar abgelegenen Bereiche etwas beitragen kann. Die beiden Arbeiten »Psychotherapie ist keine Ausübung von Heilkunde, sondern...« und »Das Lernen von Begegnung« zeigen auf, welche Konsequenz die Auffassung von der Gestalttherapie als Lebenskunst für die Therapeuten und für die Ausbildung zu Therapeuten hat. Beide Aufsätze sind entstanden im Zusammenhang mit einem Ausbildungsprojekt für Psychologiestudenten, die eine psychosoziale Beratungsstelle in einem unterversorgten Stadtteil Hamburgs aufgebaut und betrieben haben. Ohne das dialogische Prinzip von Martin Buber wären diese Aufsätze nicht denkbar. Den Schluß bildet der Beitrag »Zum Thema: Lieben«; es ist sicherlich verständlich, daß hier Martin Bubers Dialogisches Prinzip zur Grundlage genommen wird. Dieser Beitrag ist eine Zusammenfassung meiner Gedanken und Erfahrungen von einem Gesichtspunkt aus, der in einem vor allem wissenschaftlichen Buch wohl nicht erwartet wird, den ich aber für Therapie und Wissenschaft für unentbehrlich halte.

Der Titel des Buches »Der Mensch ist kein Wägelchen« ist ein jiddisches Sprichwort, das eine Zuhörerin bei einem meiner Vorträge erwähnte.

Ich habe vielen Leuten für die Entstehung dieses Buches zu danken. Ich habe meinen Studenten zu danken, ich habe meinen Ausbildungskandidaten zu danken, ich habe meinen Zuhörern zu danken und ihren Beiträgen in der Diskussion und ich habe den Leuten zu danken, die mich zu solchen Vorträgen und Diskussionen aufgefordert haben. Danken möchte ich vor allem auch Milan Sreckovic, der es ermöglichte, daß dieses Buch überhaupt entstehen konnte, und ich danke Martina Gremmler-Fuhr für ihre Hilfe bei der Entstehung.

Gerhard Portele, März 1992

I.

Grundgedanken: Selbstorganisation und Konstruktivismus

1.

»Der Mensch ist kein Wägelchen«
Gestalttherapie und Autopoiese

Vorannahmen

1. Nach meiner Überzeugung hatte Perls eine Theorie, hat sie jedoch nie richtig, vollständig formuliert, vieles blieb implizit. Wahrscheinlich konnte er zu seinen Lebzeiten die Theorie nicht formulieren; die biologische Erkenntnistheorie war damals noch nicht formuliert, die biologische Systemtheorie steckte in den Anfängen, die Kybernetik der Kybernetik gab es damals noch nicht. M.E. wird in seinen therapeutischen *Handlungen*, wie sie in Protokollen und in Filmen aufgezeichnet sind, mehr von seiner impliziten Theorie deutlich als in seinen Schriften. Ich werde aber vor allem auf seine Schriften zurückgreifen. Ich will mit diesem Vortrag versuchen, zur theoretischen Formulierung der Gestalttherapie beizutragen.

2. Ich gehöre zu den Leuten, die Perls' Ablehnung der Psychoanalyse ernst nehmen. Meine Begründung: Freud hatte ein mechanistisches Weltbild cartesianischer, baconscher Prägung: Energie, Materie, Bewegung – geprägt von der Beschäftigung mit toter Materie. Perls steht für mich mit am Anfang der biologisch-systemischen Erkenntnistheorie, und das ist eine ganz andere Sichtweise. Ich nehme Perls' Bezeichnung der Gestalttherapie als *Gestalt*-Therapie ernst. Ich nehme ernst, daß Perls das Buch »Das Ich, der Hunger und die Aggression« Max Wertheimer widmete und nicht den Gestaltpsychologen Koffka oder Köhler, daß ihm die Feldtheorie Lewins wichtig war und dann natürlich Goldstein, dessen Assistent er war.

3. Sie alle kennen die Frage: »Was ist das eigentlich, Gestalttherapie?« Auch die Hilflosigkeit der Antworten: »Gestalt is...« heißt eine Aufsatzsammlung von Stevens. Aber ich habe das *Gefühl*, daß ich weiß, was Gestalttherapie ist. In einer Diplomarbeit, die ich betreute, haben die Autoren Gestalttherapeuten interviewt. Die meisten Therapeuten erzählten, daß für sie die Begegnung mit der Gestalttherapie fast so etwas wie eine *Bekehrung* war. Nicht die Verhaltenstherapie, die Gesprächspsychotherapie, die Körpertherapie – als sie die Gestalttherapie erfuhren, erlebten, sagten sie: »Ja, das ist es«. Auf diese Weise habe auch ich verstanden, was Gestalttherapie ist. Es ist eine plötzliche Einsicht, ein Aha-Erlebnis, eine

»Neustrukturierung und Umzentrierung«, oder wie Max Wertheimer sagen würde: »Produktives Denken«.

4. Ich meine, man kann den verschiedenen therapeutischen Richtungen eine therapeutische Geste zuordnen. Der Freudsche Therapeut sagt: »Assoziiere, ich werde deine geheimnisvollen Triebmechanismen aufdecken«. – Reich: »Befreie dich von deinem Panzer!« – Rogers: »Ich versteh dich, ich weiß, wie das ist«. – Und Perls: »Schau doch richtig hin«.

Meine These lautet (und das ist das Thema meines Vortrags): Gestalttherapie ist keine Therapie im herkömmlichen Sinn, sondern eine Erkenntnistheorie und die Erkenntnistheorie der Erkenntnistheorie. Dem »Schau doch richtig hin« liegt eine Erkenntnistheorie der Erkenntnistheorie zugrunde. Und weil Gestalttherapie eine Erkenntnistheorie ist, ist sie eine Therapie.

Es ist diese Geste »Schau doch richtig hin«, die mir in den Arbeiten von Perls immer wieder (wörtlich) ans Herz greift. Der Hintergrund (der Grund für diese Figur) ist doch der folgende – vergessen wir das nicht: Nazideutschland, Hitler wird gewählt, das deutsche Volk jubelt ihm zu. Wie ist das möglich? Sehen sie denn nicht ... Es ist doch offensichtlich ... Das ist der Grundtenor in der Exilliteratur. Brecht gibt die gleiche Antwort wie Perls, Brecht mit der Verfremdungstechnik, Perls mit der Gestalttherapie: »Schau doch richtig hin, dann wirst du sehen, was offensichtlich ist«.

Schau doch richtig hin, ist eine alte, verbreitete Geste, klar, die Geste der Aufklärung beispielsweise oder die Geste der Friedensbewegung. Und ich spüre bei Perls' Arbeiten immer wieder die tiefe Sehnsucht eines Menschen, der weiß, daß das Gegenüber autonom ist, daß ich ihn nichts lehren, ihm nichts beibringen, einrichtern kann, ihn nicht manipulieren und zwingen kann – und auch nicht darf. Nur dieses: Schau doch richtig hin.

Was Perls geleistet hat, ist für mich zweierlei:

Erstens versucht er zu beschreiben, wie das ist, richtig hinzuschauen, und zweitens (vielleicht noch wichtiger), was der Therapeut oder wer immer tun kann: wie er als Hebamme, als Katalysator (nicht als Informant, Verursacher, Ingenieur) beim autonomen Du eine autonome Aktion (nicht Reaktion) fördern kann, wie er eine »Störung« (»perturbation«, wie Varela und Maturana sagen würden) für das selbstorganisierte, autonome Du sein kann, damit es aus sich heraus, selbstverantwortlich, in Übereinstimmung mit sich selbst lernen kann, für sich richtig zu schauen.

Selbstorganisation – Autonomie – damit habe ich zwei wichtige Begriffe der biologisch-systemischen Erkenntnistheorie genannt. Ich werde jetzt diese Theorie darstellen, indem ich mich auf Bateson, Maturana und Varela stütze und dabei auf Perls' theoretische Aussagen Bezug nehme.

Unterschiede, die einen Unterschied machen

Wir alle, Sie und ich, Perls, aber auch Bateson, Maturana und Varela sind gefangen (vor allem durch die Sprache) im mechanistischen Weltbild, das Modelle, die sich mit toter Materie befassen, verwendet; wir sprechen von Substanz, Materie, Energie, Masse, Trägheit, Bewegung, Beschleunigung, von linearen und reversiblen Prozessen, von Quantitäten. Wir sind »dressiert auf stückhaftes Denken«, sagt Max Wertheimer, – in diesem mechanistischen Weltbild, zerlegen die Welt in immer kleinere Stücke und meinen, die Welt zu verstehen, wenn wir die Stücke verstanden haben. Die neuere Physik und Chemie hat sich vom mechanistischen Weltbild gelöst, aber nicht wir. Dieses mechanistische Weltbild (ich erinnere an die Medizin, an unsere Technik, an Umweltzerstörung und an den Wahnsinn der Aufrüstung) hat uns in einen katastrophalen Zustand gebracht. Wir haben das *Leben* ausgeklammert bzw. in Physik und Chemie zerlegt.

Was ist das »Leben«? Bateson nennt es »Geist«. Fangen wir klein an: Das, was einen Unterschied macht – in der Welt des Geistes, bei Lebewesen – ist ein Unterschied, sagt Bateson. Und Perls sagt: »Bewußtheit existiert aufgrund eines Wandels. Wenn es nur Gleichheit gibt, dann gibt es nichts zu erfahren, nichts zu entdecken« (1980, 238). Das sind selbstverständliche Sätze, Binsenweisheiten, wir beachten sie nicht im Alltag, in der Wissenschaft. Ein Unterschied hat keine Substanz, er ist keine Materie, er hat keine Kraft und keine Energie, er ist orts- und zeitlos. Bateson erklärte das seinen Studenten so: Er malte einen dicken Kreidepunkt auf die Tafel. Was wichtig ist, was einen Unterschied macht, ist nicht der Punkt und nicht die Tafel, es ist der Unterschied zwischen Kreidepunkt und Tafel, die *Grenze*, die·Beziehung. Perls wurde nicht müde, hinzuweisen auf die Grenze zwischen Figur und Grund, zwischen Ich und Umwelt, auf die *Beziehung*. Für ihn ist die Kontaktgrenze im Organismus/Umwelt-Feld sogar der »Gegenstand der Psychologie« (Perls, Hefferline, Goodman 1979, 11).

Wir erfahren den Unterschied, der einen Unterschied macht, durch Bewegung und nur durch Bewegung – indem wir den Finger über die Tafel gleiten lassen, indem unsere Augen sich bewegen, indem wir Wandel durch die Bewegung erfahren.

Erinnern Sie sich: Das Zitat von Perls hieß: »Bewußtheit existiert aufgrund eines Wandels. Wenn es nur Gleichheit gibt, gibt es nichts zu erfahren«. *Wir* bewegen die Finger über den Kreidepunkt und die Tafel. *Wir* bewegen die Augen.

Perls hat das bei Goldstein gelernt: Sensorische *und* motorische Nerven reichen vom Organismus in die Umwelt. Wir sind bei unserer Wahrnehmung nicht passiv, wir sind *aktiv* (1980, 32). Varela sagt: »Motorische Wirkungen haben sensorische Folgen, und sensorische Wirkungen motorische Folgen«. Wie ein Organismus die Welt sieht, hängt von seinen *Handlungen* ab (Varela 1981).

Wir bewegen die Finger über Kreidepunkt und Tafel, *wir* bewegen die Augen. Daraus folgt: *Wir machen den Unterschied, der für uns einen Unterschied macht.* Perls: »Alles fließt, alles ist im Wandel. Erst wenn wir überwältigt sind von der unendlichen Verschiedenheit der Vorgänge, die das Universum konstituieren, können wir die Bedeutung des Organisationsprinzips verstehen, das aus dem Chaos Ordnung schafft, nämlich die Figur-Grund-Formation« (1980, 33). Wir unterscheiden Figur vom Grund, und das macht bei uns einen Unterschied.

Ich weiß nicht, ob Sie die Bodenlosigkeit dieser Aussage spüren können. Das Wort »Chaos« bei Perls deutet das an. *Was unser Handeln auslöst, was auslöst, was wir machen, nämlich die Unterschiede, die den Unterschied machen, die machen wir.* Ja, das ist zirkulär, das ist ein Zirkel. Leben ist zirkulär.

Perls, Maturana, Varela und Bateson kommen zu der gleichen Folgerung: Wirklichkeit per se gibt es für den Menschen nicht. Perls sagt: »Sie ist für jedes Individuum, für jede Gruppe, für jede Kultur etwas Verschiedenes.« (1980, 33) Was Maturana und Varela dazu sagen, werde ich gleich ausführlicher darstellen.

Lassen Sie mich noch einen Moment bei diesem Punkt verweilen. Ich weiß nicht, ob Sie sehen können, was das heißt. Ich glaube, daß *ich* die volle Tragweite nicht ganz begriffen habe. Ich hoffe immer noch insgeheim auf festen Grund und Boden unter den Füßen. Es gibt keine Realität außer der, die wir produzieren. Das schränkt uns einerseits ein: Wir werden nie die reale Realität erfahren. Und andererseits: Es befreit uns – wir können die Realität so konstruieren, wie wir sie wollen, wenn auch mit Einschränkungen (auf die komme ich noch zurück). Und drittens: Das gibt uns eine ungeheure Verantwortung, indem es uns befreit. Autonomie/Freiheit auf der einen Seite und Verantwortung auf der anderen sind komplementär.

Maturana und Varela (*hard-core*-Wissenschaftler) erzählen beide, in welche existentielle Krise sie gerieten, als sie ihre eigene Erkenntnis ernst nahmen und wie sie mit Hilfe buddhistischer Meditation mit der Krise zurechtkamen.

Autopoiesis – Selbstproduktion

Die Theorie von Maturana und Varela, die Theorie der Autopoiese (der Selbstproduktion) ist nicht ganz einfach. Ich will mich auf das Wesentliche beschränken. Varela und Maturana sind von Hause aus Neurophysiologen. Maturana hat sich mit Farbwahrnehmung einen Namen gemacht. Ich will provokativ einige Behauptungen an den Anfang stellen, die später verständlich werden:

1. Unser Gehirn ist ein rekursives – zirkulär geschaltetes, operational abgeschlossenes System, es hat keinen Input und Output.

2. Physiologisch ist es so: Das Verhältnis der Verbindungen einer Rezeptorzelle mit anderen Nervenzellen einerseits und mit der Oberfläche des Organismus andererseits ist 100 : 1. Dieses Phänomen, daß eine Rezeptorzelle 100 mal mehr Impulse von »Innen« als von »Außen« bekommen kann, beschreibt Pribram unter dem Phänomen »*feed-forward*«.

Wir sehen, was wir sehen wollen. Perls sagt: »Das jeweilige Bedürfnis läßt die Wirklichkeit so erscheinen, wie sie erscheint« (1980, 33). Das ist keine korrekte Ausdrucksweise, denn »Bedürfnis« setzt Trägheit von Lebewesen ohne »Antrieb« voraus, ist also eine Vorstellung aus dem mechanistischen Weltbild. Aber auch Perls ist davon überzeugt: *Wir* machen die Wirklichkeit, nicht die Wirklichkeit *sich*.

Das Problem fängt aber folgendermaßen an: »Alles, was gesagt wird, wird von einem Beobachter zu einem anderen Beobachter gesagt« (Maturana, 1982, 148). Der Beobachter ist ein Lebewesen, das über Sprache verfügt. Der Beobachter macht Unterscheidungen, er unterscheidet die Figur (die Einheit) vom Grund. Er kann die Einheit als einfache oder als zusammengesetzte Einheit betrachten. Eine zusammengesetzte Einheit ist nur dann eine zusammengesetzte Einheit (und nicht nur eine Ansammlung von Teilen), wenn sie etwas anderes ist als die Summe der Bestandteile: Sie kennen den Satz: Ganzheit-Holismus.

Bei zusammengesetzten Einheiten unterscheidet man zwischen *Organisation* der Einheit und *Struktur* der Einheit. Eine Sonnenblume ist eine Sonnenblume, bevor sie blüht, wenn sie blüht und wenn sie verblüht ist. Das Sonnenblumenhafte ist ihre Organisation, sie bestimmt die Klassenzugehörigkeit zur Klasse Sonnenblumen. Die jeweilige Verwirklichung des Sonnenblumenhaften, der einmalige Zustand im Hier und Jetzt, also wie sie heute hier blüht, das ist die Struktur der Sonnenblume. Also: Hier-und-Jetzt-Prinzip.

Der Beobachter ist ein Lebewesen, das über Sprache verfügt. Was ist ein Lebewesen? Die Definition des Lebewesens von Maturana und Varela hat weitreichende Konsequenzen. Vielleicht kann ich Ihnen eine Ahnung vermitteln.

Ein Lebewesen ist eine *autopoietische* Maschine. Allopoietische Maschinen, die von Menschen gemacht wurden, produzieren etwas von sich selbst Verschiedenes. Lebewesen, autopoietische Maschinen, produzieren sich selbst – *Selbstproduktion*. Leben ist Selbstproduktion. Lebewesen gehören zur Klasse der *homöostatischen Maschinen*. Wichtig ist dabei aber, welche Variable sie konstant halten. Maturana und Varela nennen Lebewesen »relationsstatische Systeme«, denn was Lebewesen konstant halten sind nicht ihre Bestandteile, z.B. die Zellen; sie behalten auch nicht stabile Relationen bei. Die Relation zwischen Arm und Kopf ist beim Kleinkind eine andere als beim Erwachsenen – und trotzdem bleibt etwas gleich (Bateson würde sagen: das »Muster«). Was sie konstant halten, ist ihre Organisation, »*ein relationales Netzwerk von Prozessen der Produktion von Bestandteilen*«. Was Lebewesen konstant halten, so kann man es auch sagen, ist nicht etwas Stabiles, sondern ein Prozeß. Perls hat auch nie von einem stabilen Gleichgewicht gesprochen. Aber Lebewesen sind nicht nur sich fortwährend selbsterzeugende Systeme, sie sind auch Systeme, die ihre *eigenen Grenzen bestimmen und aufbauen*. Für Perls war das der zentrale Punkt seiner Theorie: die Kontaktgrenze zwischen Organismus und Umwelt.

Um auf Bateson zurückzukommen: Lebewesen sind so organisiert, daß sie einen Unterschied, der einen Unterschied macht, die Grenze selbst bestimmen und aufbauen. Lebewesen als Systeme, die dieses *Netzwerk von Prozessen der Produktion von Bestandteilen* konstant halten, produzieren sich kontinuierlich selbst, und dadurch unterscheiden sie sich von dem Medium, der Umwelt, in dem sie leben, konstituieren sie die Grenze.

Und damit sind wir wieder bei dem verwirrenden Verhältnis von Organismus und Umwelt, Figur und Grund. Da haben wir es mit unserem abendländischen Denken schwer. Perls nennt es Dialektik. Aber er spricht auch von dialektischem »Gegensatz« (1980, 62). Und mit Gegensatz ist er in die Falle des abendländischen Denkens geraten. Denn Figur und Grund sind keine Gegensätze, sie sind *komplementär* (Varela 1979, 90). Das Ganze gibt es nur, wenn es Teile gibt und umgekehrt. Den Grund gibt es nur, wenn es die Figur gibt und umgekehrt; Yin gibt es nur, wenn es Yang gibt. Das »Entweder – oder« des Gegensatzes ist falsch, das komplementäre »Sowohl – als auch« ist etwas ganz anderes. Das Denken in Komplementaritäten statt in Gegensätzen fällt uns schwer, zumindest hier im Abendland. Es fällt uns schwer, beides gleichzeitig zu sehen – von einer höheren Ebene aus, eine Ebene höher in der Hierarchie der logischen Typen. Wir sind dressiert, uns entweder auf die Teile zu konzentrieren *oder* auf das Ganze, auf den Organismus *oder* die Umwelt. Wenn Perls sich auch verführen ließ, von den dialektischen *Gegensätzen* zu sprechen, er wußte, daß es um *Komplementarität* ging.

Ein Beispiel: »Wie es so oft der Fall ist, macht der Entweder-OderAnsatz, das Bedürfnis nach einem einfachen Kausalzusammenhang, die Vernachlässigung des gesamten Feldes Probleme ...« (1980, 61) Oder: »Wir müssen lernen, zwischen vielfachen Ebenen Wechselbeziehungen herzustellen, z.B. zwischen Ganzen und Teilen, Figur und Grund« (1980, 124).

Die *Selbstproduktion* und die *Konstituierung von Grenzen* bei Lebewesen sind komplementär. Die Organisation von Lebewesen, ihre Autopoiese, ist das, was sie zu erhalten suchen. Ihre *Struktur*, die Verwirklichung der Autopoiese, der Organisation, *verändert sich dauernd*. Wenn sich jedoch aufgrund der strukturellen Änderung die Organisation ändert, verliert die Einheit ihre Identität, sie stirbt – d.h. auch, sie produziert sich nicht mehr selbst.

Diese Auffassung von Lebewesen hat einige bedeutsame Konsequenzen. Ein autopoietisches System ist ein *organisatorisch abgeschlossenes System*, d.h. alle seine Zustände (strukturellen Konfigurationen) sind Zustände in Autopoiese. Wenn die Zustandsveränderung nicht innerhalb seiner Autopoiese stattfindet, disintegriert es – es stirbt (Varela 1979, 58). Perls behauptet auch, daß der Organismus ein geschlossenes System ist, die

Neurosemechanismen (Projektionen, Introjektionen usw.) sind Mechanismen, bei welchen die ursprüngliche Geschlossenheit nicht gewahrt ist. Allerdings sagt das Perls für eine andere Ebene, für die selbstreflektive Ebene, die Sprache zur Voraussetzung hat. Ich komme darauf zurück.

Autopoietische Einheiten sind *rekursiv* oder *zirkulär* organisiert. Diese Zirkularität (d.h. die zirkuläre Verknüpfung in Prozessen, die ein interdependentes Netzwerk konstituieren) hat zur Folge, daß die autopoietischen Systeme Grenzen haben. Ein solches System gewinnt seine Kohärenz durch diese zirkuläre Operation, nicht durch Einflüsse von außen. Ich nehme an, daß Perls auch diese Zirkularität ahnte: »Integratives Denken (unitary thinking) kennt keine Vergangenheit, Gegenwart und Zukunft, es kennt nur Prozesse, denen wir künstlich einen Beginn zuschreiben« (1980, 39).

Lebewesen sind zwar *energetisch offen* – sie müssen, da sie im physikalischen Raum leben, den physikalischen Gesetzen genügen, indem sie in materiellen und energetischen Austausch mit ihrer Umwelt treten, aber bestimmend bleibt auch hierbei ihre Autopoiese; sie nehmen nur auf, was ihr autopoietisches Netzwerk erhält (Maturana 1980). Sie haben aber, was ihre *Organisation* betrifft, weder Input noch Output. Sie können zwar durch von ihnen unabhängige Ereignisse beeinflußt werden und strukturelle Veränderungen erleiden bzw. solche Einwirkungen kompensieren. Aber solche Einwirkungen sind »Störungen«, »*perturbations*«. Die strukturellen Veränderungen sind immer der Erhaltung der Organisation untergeordnet (sonst stirbt das System). Von ihnen unabhängige Ereignisse können etwas auslösen (»*trigger*«), aber immer nur eine strukturelle Veränderung, die der Erhaltung der Autopoiese dient. D.h. als abgeschlossene Systeme sind sie *autonom*. (Von dieser Autonomie war Perls zutiefst überzeugt.)

Lebewesen sind deshalb *Individuen*. Sie erhalten dadurch, daß sie durch alle strukturellen Veränderungsprozesse ihre Organisation, ihre Selbstproduktion invariant halten, aktiv eine spezifische Identität. Kein Lebewesen, ist einem anderen gleich. Jedes hat eine einmalige Geschichte seiner Autopoiese.

Autopoietische Systeme *wandeln* sich dauernd. Sie erhalten die Stabilität ihrer autopoietischen Organisation durch ständige Veränderung ihrer Struktur. Der Akrobat auf dem Hochseil erhält seine Stabilität durch ständigen Ausgleich seines Ungleichgewichts, – sagt Bateson. Perls' Beispiel ist das des Radfahrers. Beide sagen: Stabilität und Veränderung sind komplementär.

Autopoietische Systeme esistieren in einer Umwelt, in einem Medium. Durch ihre Autopoiese spezifizieren Systeme innerhalb dieses Mediums einen Bereich, mit welchem sie interagieren können, ohne ihre Autopoiese (und das heißt, ihre Autonomie, ihre Abgeschlossenheit, ihre Grenzen, ihre Identität) zu verlieren. Dieser Interaktionsbereich ist ihr kognitiver Bereich. Leben ist Kognition. Anders ausgedrückt, heißt obiger Satz nämlich: Der Interaktionsbereich eines autopoietischen Systems ist der Bereich, in dem das System die interaktionell ausgelösten Veränderungen überlebt.

Der jeweilige Interaktionsbereich ist abhängig von der jeweiligen momentanen Struktur des Systems. Insofern sind autopoietische Systeme strukturdeterminierte Systeme. Das bedeutet jedoch auch: der Interaktionsbereich eines autopoietischen Systems ist begrenzt – durch seine jeweilige Struktur, und die ändert sich dauernd ontogenetisch. Die endgültige Begrenzung, um die es sich letztlich handelt, ist der Tod. *Ein Lebewesen kann unendlich viele strukturelle Veränderungen eingehen, aber nicht alle.* Auch diese Behauptung erscheint uns widersprüchlich. Varela versucht, das an einem Beispiel klarzumachen. Es gibt zwei Spiele; Spiel A geht so: »Dies und dies ist nicht erlaubt, aber was du sonst tust, ist egal.« Spiel B geht so: »Das *mußt* du tun, und alles andere ist *verboten*.« Spiel B ist das Spiel der toten Materie, des mechanistischen Denkens. Spiel A ist das Spiel der lebendigen Natur. Was nicht erlaubt ist, wird durch das Ende der Autopoiese bestimmt, das Ende der Selbstproduktion, den Tod. Alles andere ist egal (und das ist unendlich viel), und das ist das, was die *Autonomie*, die Freiheit der Lebewesen ausmacht.

Und wer frei ist, ist *verantwortlich*; er kann nicht mehr sagen: Meine Kindheit, die anderen, die Umstände, die Sachzwänge sind schuld. Freiheit und Selbst-Verantwortung ist das, worauf Perls immer wieder hingewiesen hat. Ich bin überzeugt, ich könnte das in jeder der protokollierten Sitzungen nachweisen. Autopoiese, Selbstproduktion und Grenzenkonstituierung, Zirkularität und Abgeschlossenheit, beständiger Wandel und Stabilität, Freiheit und Verantwortung, all das hängt voneinander ab und miteinander zusammen.

Zwei Probleme muß ich noch ansprechen. Wenn wir als Lebewesen strukturdeterminierte Systeme sind, unsere individuelle Geschichte haben und Individuen sind und deshalb jeder seinen eigenen Interaktionsbereich hat, seinen Kognitionsbereich, wie ist es dann möglich, daß wir uns verständigen können? Das ist das Problem der Sprache. Allem Anschein nach haben wir Menschen als Lebewesen auch pathologische (ich will es einmal so nennen) Entwicklungen. Wie kommt das, und wie kann man das verändern?

Zur Sprache

Lebewesen können miteinander interagieren, denn andere Lebewesen können Teil des Mediums sein. Wenn das Verhalten von A zu einem Auslöser für B wird und B die Aktion von A kompensiert (d.h. seine Autopoiese aufrechterhält und sich dabei strukturell verändert) und diese Veränderung ein Auslöser für A wird, wenn also eine Verzahnung der Aktionen von A und B erfolgt, entsteht durch die Kopplung ein *konsensueller Bereich*. Es handelt sich also um eine Geschichte des gegenseitigen Auslösens (»*history of mutual triggering*«). Wenn nun diese beiden autopoietischen Einheiten ihre Koordination der Aktionen durch Aktionen koordinieren, so Maturana in einem persönlichen Gespräch (»*to coordinate the conducts about the coordination of conduct*«), dann haben wir einen *Sprachbereich*. Dann sind sie gleichzeitig auch Beobachter, und dann können sie tun, was wir jetzt tun: sprechen. Damit verfügen sie über eine weitere Ebene in der Hierarchie logischer Typen.

Ein autopoietisches System als Beobachter muß mit seinen eigenen Zuständen (sprachlichen und nicht-sprachlichen) interagieren können und sie als »Störungen« verarbeiten können. Ein Beobachter kann sich selbst beobachten. Aber er bleibt immer in *seinem* kognitiven Bereich oder in seinem Interaktionsbereich, der davon bestimmt ist, wie er momentan seine Autopoiese verwirklicht. Eine Beschreibung der absoluten Wirklichkeit ist unmöglich.

»Alles, was gesagt wird, wird von einem Beobachter zu einem anderen Beobachter gesagt.« Aber die Sprache hat ihre Tücken, auf die Perls mit seiner Polemik gegen »Hühnerkacke«, »Bullenscheiße«, »*mindfucking*«, »Reden über ...« (für Perls Kontaktvermeidung) verwies.

Ich will zwei Tücken der Sprachen herausgreifen. Das eine Problem ist, daß mit der Sprache Objekte entstehen (Maturana im Gespräch). Wir reden über Objekte. Vor der Sprache, ohne Sprache handelt es sich um Interaktion mit der Umwelt, um »*coordination of conduct*«. Zwei spielende Hunde, eine Katze, die eine Maus jagt: Wahrscheinlich unterscheidet sie kein Objekt Maus, sondern Aktionen werden koordiniert, der Beobachter unterscheidet Objekt Katze und Objekt Maus. Die *coordination of conduct* von Katze und Maus bilden ein System, ein Ganzes, sie interagieren, sie partizipieren miteinander im gleichen System. Die Subjekt/Objekt-Trennung, die durch die Sprache bewirkt wird, ist gefährlich. Sie bildet eine der Grundlagen unseres mechanistischen Weltbildes; es ist der Glaube an die Manipulierbarkeit der Objekte – auch wenn es sich dabei um Menschen handelt Dieser Glaube steht am Anfang der Ausbeutung und Zerstörung der Natur. Wir sehen uns nicht als Teil der Natur, nicht im Prozeß des *coordination of conduct* von Organismus und Natur.

Das war auch für Perls wichtig: »Wenn wir ‚Grenze' sagen, meinen wir Grenze ‚zwischen'. Die Kontaktgrenze aber, wo die Erfahrung sich ereignet, steht nicht trennend zwischen Organismus und Umwelt«. Sie ist »nicht so sehr ein Teil des Organismus, wie sie essentiell das Organ einer besonderen Beziehung von Organismus und Umwelt ist« (Perls, Hefferline, Goodman 1979, 11). Auf der gleichen Seite in der Fußnote steht (unbeholfen wie ich meine): »... in actu sind Wahrnehmung, Objekt und Sinnesorgan identisch« was wohl heißen soll, sie lassen sich nicht trennen.

Die zweite Tücke der Sprache liegt darin, daß durch die Sprache eine weitere Ebene eingezogen wird (eine Metaebene) und daß wir Menschen die Ebenen häufig durcheinanderbringen. Die Karte ist nicht das Territorium. Der Name ist nicht die benannte Sache. Oder noch drastischer: Es ist Unsinn, die Speisekarte essen zu wollen (Bateson 1982, 40). Die Unklarheit darüber, die Verwechslung der Ebenen ist der Ursprung vieler »pathologischer« Verhaltensweisen. Ich nenne meine Erregung »Angst« und reagiere auf meine Angst, nicht auf meine Erregung. Ich nenne dein Gähnen »Du bist nicht an mir interessiert«, und ich reagiere aggressiv darauf und nicht auf das Gähnen. Verhalten wird von kategorisierten und benannten Ereignissen bestimmt. *Wir* kategorisieren und benennen. Wir machen die Unterschiede oder eben *keine* Unterschiede, indem wir in Kategorien packen oder nicht unterscheiden zwischen Namen und Sache.

Ich habe am Anfang gesagt, die therapeutische Geste von Perls sei: Schau doch richtig hin. Die grausame Ermordung der Juden wurde »End-Lösung« genannt, die schrecklichen Folterungen »Schutzhaft«, die Aufrüstung »Nachrüstung«. Perls' Hinweis, daß nonverbale Signale in der Therapie wichtiger sind, gehört hierher, ebenso sein Bestehen auf dem Hier und Jetzt.

»Pathologische« Entwicklungen und lernen

Die zweite Frage war: Wie kommt es zu »pathologischen« Entwicklungen? Ich denke, man kann die Frage umformulieren: Wie erschweren wir unsere Selbstproduktion, wie verzerren wir unsere Grenzen, wie kommen wir durcheinander mit unserer Zirkularität und Abgeschlossenheit, wie behindern wir den ständigen Wandel und die Stabilität durch Wandel, wie schränken wir unsere Autonomie ein und drücken uns vor der Selbstverantwortung?

Das »wie« ist wichtig für die Therapie. Das »warum« ist relativ einfach zu beantworten: Weil wir die Welt falsch sehen, weil wir das falsche Weltbild haben – nämlich ein mechanistisches, das für tote Materie gilt. Weil wir *uns* falsch sehen, uns falsch in der Welt sehen. Man kann auch sagen: Weil wir etwas Falsches gelernt haben.

Wie funktioniert Lernen? Das Entscheidende ist, daß wir nicht nur Handlungen lernen, sondern »Kontexte«, »Kontexte der Unterscheidung« (Bateson 1982, 149). Sein Beispiel ist: Der Pawlowsche Hund wird festgebunden. Es wird ihm die Klingel geläutet, dann erhält er Futter, schließlich läuft sein Speichel schon beim Ertönen der Klingel. Er ist vollkommen *passiv*. Die Skinnersche Ratte lernt, im Labyrinth herumzulaufen, daß sie einen Hebel drücken muß, um Futter zu bekommen. Sie ist *aktiv*. Der Pawlowsche Hund lernt folgenden Kontext: Wenn ich mich passiv verhalte und abwarte, dann geschieht etwas Positives. Die Skinnersche Ratte lernt folgenden Kontext: Wenn ich aktiv herumlaufe und etwas manipuliere, dann geschieht etwas Positives. Sie ziehen Schlüsse aus der Situation und gehen Situationen in Zukunft mit dieser aktiven oder passiven Haltung oder Gewohnheit an. Der Beobachter wird sagen: Der Pawlowsche Hund hat einen passiven Charakter, die Skinnersche Ratte hat einen aktiven Charakter. Charakter, sagt Bateson, ist etwas, das wir als Beobachter anderen oder uns selbst zuschreiben, aber das ist nichts anderes als dieser gelernte Kontext.

Bateson geht sogar noch weiter und meint, daß ganze Kulturen solche Charakter-Kontexte haben können. Wir Europäer sind eher wie Skinnersche Ratten, aber seine Untersuchungen auf Bali brachten ihn zu dem Schluß, daß die Erziehung dort eher zu einer Haltung wie der des Pawlowschen Hundes führt.

Wenn wir sinnlose Silben lernen, dann lernen wir nicht nur sinnlose Silben, sondern wir lernen auch, sinnlose Silben zu lernen – Lernkurve. Das Lernen sinnloser Silben (als Beispiel) nennt Bateson Lernen I (Proto-Lernen). Das Lernen, sinnlose Silben zu lernen, nennt Bateson Lernen II – das Lernen einer Gewohnheit – Charakter (Deutero-Lernen). Gibt es Lernen III? Bateson sagt, das gibt es.

Aber bleiben wir erst noch bei Lernen II, bei den Gewohnheiten, Routinen. Gewohnheiten haben natürlich ihre Vorteile, sie ordnen die Welt, sie machen andere vorhersehbar. Charakter ist immer etwas gesellschaftlich Erwünschtes. Charakter manifestiert sich als Charakterpanzer im Körper, sagte Perls' Therapeut Wilhelm Reich. Perls sagt: »Denn wenn Sie sich im Zustand der Routine befinden (was ja bei den meisten oder vielen von uns geschieht), dann wird Sie das Leben anöden. Das Leben geht dahin, nichts ist der Mühe wert. Und sobald diese Tendenz zur Routine, zum Leben nach einem sicheren Plan begonnen hat, dann werden unsere Ängste in Abwehrmechanismen investiert« (1980, 134). Aber diese Gewohnheiten, die Kontexte haben noch andere Nachteile, und das ist für die Therapie so außerordentlich wichtig.

Gewöhnlich bestätigen Gewohnheiten sich selbst. Sie sind deshalb schwer veränderbar. Sie bestätigen sich selbst, weil sie zirkulär geschaltet sind. Der Gewohnheitsverbrecher, der für einen Einbruch bestraft wird, wird für den Einbruch bestraft, aber nicht für das Einbrechen als Gewohnheit, als Weltsicht, für seinen »kriminellen Charakter«, daß man durch Einbruch zu Geld kommen kann. Die neugierige Ratte lernt nicht, wenn sie irgendwo im Labyrinth einen elektrischen Schlag erfährt, nicht mehr neugierig zu sein, sondern sie erfährt etwas, und das bestätigt ihre Neugier. Da es sich bei Charaktereigenschaften in der Regel um Interaktionen in Beziehungen mit anderen handelt, gelingt es uns ausreichend häufig, den anderen so zu manipulieren, daß sich unsere Weltsicht bestätigt. Wenn Vorträge etwas sind, vor dem ich Angst habe, werde ich den Vortrag so halten, daß ich allen Grund habe, Angst zu haben, Vorträge zu halten. Für Bateson ist das Kontextlernen auf einer logisch höheren Ebene angesiedelt als das Lernen von Verhalten. Ich kann aber immer nur das Verhalten verstärken, nicht den Kontext; den macht der Kontextmacher ganz von allein, da ist er vollkommen autonom.

Und dann sind die Kontexte, diese Routinen und Gewohnheiten, ein System, ein Ganzes; meist sind sie noch hierarchisch aufgebaut. Die

Gewohnheit, die Zähne zu putzen, ist Ausdruck meiner Überzeugung, daß man etwas gegen Bakterien unternehmen muß. Und die Welt ist voller Bakterien. Die Welt ist grundsätzlich feindlich. Der Gestalttherapeut Enright hat das in der Hierarchie des Glaubenssystems beschrieben (1980).

Und eine dritte Eigenschaft dieser Kontexte, Gewohnheiten, Routinen ist: Sie sind *selbstverständlich*. Das heißt, sie werden nicht hinterfragt, sie sind für das Handeln oft nicht mehr wahrnehmbar, weil sie als »natürlich« erscheinen. Und sie sind im Körper verankert. Brecht sagt: Bei allen Selbstverständlichkeiten wird auf das Verstehen einfach verzichtet. Brecht machte auf dem Theater mit seiner Verfremdungstechnik das gleiche wie Perls beim Klienten: den Vorgängen »den Stempel des Auffallenden, des der Erklärung Bedürftigen, nicht Selbstverständlichen, nicht einfach Natürlichen zu verleihen.« (Brecht 1970, 54) Bateson ist übrigens der Meinung, daß nicht so sehr traumatische Ereignisse diese Charaktereigenschaften auslösen, sondern sich wiederholende Konstellationen, z.B. in der Familie, aber natürlich auch die Lebensbedingungen – die Kontexte (sagt Bourdieu): ob einer Arbeiterkind ist oder Professorenkind, Bauernkind oder Kind eines Großgrundbesitzers, wird den Charakter, die Gewohnheiten prägen (Bourdieu nennt das »Habitus«).

Solche Kontexte, Gewohnheiten, Charaktereigenschaften sind schwer zu verändern, und um so schwerer, je höher sie in der Hierarchie des Glaubenssystems stehen. Also die Gewohnheit, Zähne zu putzen, ist leichter zu ändern als die Grundüberzeugung, die Welt sei feindlich.

Das große Verdienst von Perls ist m.E., daß er Prinzipien und Techniken erfand, wie man seine Kontexte ändern kann. Aber es ging ihm nicht darum, eine Gewohnheit durch eine andere zu ersetzen, die Gewohnheit des Pawlowschen Hundes durch die Gewohnheit der Skinnerschen Ratte. Ich bin überzeugt, daß er in seinen Therapien das anstrebte, was Bateson Lernen III nannte, nämlich zu lernen, wie man Gewohnheiten bildet, d.h. zu lernen, wie man lernt zu lernen. Das ist die dritte Ebene in der Hierarchie der logischen Typen:

Silben lernen
Lernen, Silben zu lernen
Lernen, wie man lernt, Silben zu lernen.

An diesem Beispiel ist es noch einigermaßen klar. Ich meine wie Bateson, daß Lernen III sehr selten vorkommt. Ich denke z.B., im Zen-Buddhismus wird nichts anderes angestrebt. Ein Koan soll den Zen-Schüler auf die höhere Ebene treiben.

Ein Beispiel: Der Zen-Meister sagt zum Schüler: »Wenn du sagst, der Stock ist real, dann schlage ich dich. Wenn du sagst, der Stock ist nicht real, schlage ich dich, wenn du nichts sagst, schlage ich dich.« Man darf nicht im vorgegebenen System bleiben. Eine mögliche Lösung ist, den Stock des Meisters zu zerbrechen. Jedenfalls muß der Schüler aus der Situation herausspringen und von einer anderen Ebene aus sehen.

Bateson sagt zu Lernen III: »Aber jede Freiheit von der Knechtschaft der Gewohnheit muß auch eine tiefgreifende Neudefinition des Selbst bezeichnen ... das Selbst ... (der Charakter) ... wird eine Art Irrelevanz annehmen« (1982, 393). Das »Ego« aufgeben? Geht das? Wenn Gewohnheiten zirkulär sind und sich selbst bestätigen, dann ist es notwendig, »daß einem die Einheit und die Rückbezüglichkeit, die Verwickeltheit der Situation so eindringlich dargestellt wird, daß der Lernende gezwungen wird, aus ihr herauszuspringen« (Varela 1981, 299).

Gestalttherapie

Ich meine, daß die Therapeuten, die Gestalttherapie erlebt und dadurch gleichsam »bekehrt« wurden und sagten: »Ja, das ist es ...«, eine Ahnung davon bekommen haben, was Lernen III sein könnte.

- Lernprinzip I für Perls (nach Polster und Polster): *awareness*; nur so kann man die selbstverständlichen Gewohnheiten als Gewohnheiten erkennen.

- Lernprinzip II ist *Kontakt und Rückzug* (»der Rhythmus des Lebens«) und das heißt nichts anderes als »neu« an die Dinge heranzugehen, einen Apfel nicht als abstrakten Apfel, als Namen Apfel zu behandeln, sondern mit dieser einmaligen Einheit Apfel, mit diesem Individuum Apfel in Kontakt zu kommen. Mit dem Menschen mir gegenüber und nicht mit einer Projektion usw.

- Lernprinzip III: *Experimentieren*, probier aus und schau und halte dich nicht fest an deinen vorgefaßten Meinungen. Perls: »Lernen ist entdecken. Das Aufdecken, was da ist.« (1980, 95)

- Lernprinzip IV: Das Selbstverständliche, das Offensichtliche ist wichtig.

- Lernprinzip V: Es kommt auf das Hier und Jetzt an.

Ich will die Prinzipien nicht alle aufzählen. Perls wußte genau, daß jede kreative Lösung, jeder kreative Fortschritt (eben keine Routine-Lösung) für den, der daran beteiligt ist, *eine tiefe Umwälzung bedeutet,* eine Umzentrierung und Umstrukturierung (im Sinne von Wertheimers produktivem Denken), die ihn ganz erfaßt, auch den Körper; daß er dazu Unterstützung braucht; daß er in den »Engpaß« (*impass*) hinein muß, in die Sackgasse der gegensätzlichen Tendenzen, bis in der fruchtbaren Leere (*fertile void*) die Widersprüche und Gegensätze sich auflösen, zum integrierten Ganzen werden.

Meine Ausgangsthese war, daß die Gestalttherapie eine Erkenntnistheorie ist (und eine Erkenntnistheorie der Erkenntnistheorie) und deshalb eine Therapie ist. Die Erkenntnistheorie der Gestalttheorie hat sehr viel Ähnlichkeit mit der biologischen Erkenntnistheorie von Bateson, Maturana und Varela. Das glaube ich nachgewiesen zu haben.

Ich denke, wir haben viel gewonnen (nicht nur für uns), wenn wir die Gewohnheit des mechanistischen Weltbildes aufgeben könnten. Eine Überzeugung des mechanistischen Weltbildes ist, daß wir wie ein Stein Stabilität nur *durch Widerstand gegen Veränderung* gewinnen können. Wir wollen Sicherheit durch Festhalten, Untebinden des Wandels – als ob wir den Tod vermeiden könnten. Aber: Weil wir leben, sterben wir. – Wir sind etwas als tote Materie.

2.

Gestalt als Selbstorganisation

Einleitung

Ich werde in meinem Beitrag eine ziemlich lange Argumentationskette aufbauen, denn ich will Sie überreden, daß, wenn man Selbstorganisation annimmt, in der Psychotherapie ganz bestimmte »Ereignisse« Basis für »Heilung« sind. Auf dem Weg dahin will ich zeigen, wie Gestaltpsychologie und Gestaltpsychotherapie Selbstorganisation auffaßten und welche Konsequenzen sie zogen (bzw. nicht zogen). Ich tue das auch, weil die von den Gestaltpsychologen beabsichtigte geistige Revolution ja nicht erfolgt ist. Es ist mir klar, daß Begriffe, die ich verwenden werde, wie »Liebe«, »begegnen«, »Anarchie«, *»Wu-wei«,* in einem wissenschaftlichen Diskurs, wie ich ihn hier erwarte, nicht gebräuchlich sind, möglicherweise verlasse ich dabei den »Konsensus im Dissensus«, der nach Bourdieu Voraussetzung ist, um nicht aus dem wissenschaftlichen Feld ausgegrenzt zu werden.

Ich werde nur am Rande versuchen, Hinweise auf Möglichkeiten zu geben, wie das, was ich hier beitrage, in der Sprache der Synergetik sich ausdrücken ließe. Mein Beitrag wird mit der Frage enden, wie sich das, was ich unter »Heilung« verstehe, in die Sprache der Synergetik fassen läßt.

I.

Aspekte der Selbstorganisationstheorie

Wenn Klienten in die Psychotherapie kommen, drücken sie auf irgendeine Weise aus: »Ich möchte das und das tun (haben, sein), aber ich kann nicht ...«, oder: »Ich möchte das und das nicht tun, aber ich muß ...«. Sie teilen mit, daß sie sich nicht selbst helfen können, sie erwarten, daß der Therapeut ihnen hilft. In der Regel erwarten sie vom Psychotherapeuten etwa das, was sie vom Arzt zu erwarten gelernt haben, etwas, das Tabletten oder einer Operation entspricht. Sie erwarten von ihm einen input, der zu einem bestimmten output führt. So haben sie es im Arzt-Patient-Verhältnis gelernt.

Der Familientherapeut Klaus Deissler formuliert sogar, die Klienten würden dem Therapeuten gleichsam mitteilen: »Wir sind eine triviale Maschine, repariere uns« (1986, 266). Ich möchte es anders formulieren: M.E. gehen Klienten mit den Mitteilungen »Ich kann nicht...«, »ich muß...«

von einer Überzeugung, von einem Grundsatz aus, den der Gestaltpsychologe Wolfgang Metzger »Grundsatz der Unordnung des Natürlichen« nennt, der im Gegensatz steht zum »Grundsatz der natürlichen Ordnung«, wobei letzterer das »Herzstück« der Gestaltpsychologie sei, so Metzger.

Der Grundsatz der Unordnung des Natürlichen heißt als kurze Formel: »Alle Ordnung der Natur ist fremdbedingt«. Metzger erläutert: »Natürliche Vorgänge haben keine eigene innere Ordnung. Erfolgen sie geordnet, so ist das immer äußeren, fremden, aufgezwungenen Einwirkungen zu verdanken. Es gibt keine Ordnung ohne Leitung. Entweder Zwang oder Chaos – eine dritte Möglichkeit gibt es nicht« (Metzger 1976, 662). Die Allgemeingültigkeit dieses Grundsatzes sei von der Gestalttheorie zum ersten Mal in Frage gestellt worden. Der »Grundsatz der natürlichen Ordnung« dagegen lautet:

»Es gibt – neben anderen – auch Arten des Verhaltens und des Geschehens, die, frei sich selbst überlassen, einer ihnen selbst gemäßen und aus ihnen selbst entspringenden Ordnung fähig sind. Es gibt Gebilde ..., die ihre Form und deren Erhaltung nicht ... ihrer Starrheit verdanken, sondern einem Wechselspiel innerer Kräfte. ... Es gibt ... Arten des Geschehens, die – und zwar nicht nur in Zufallshäufigkeit und – dauer – ihre Ordnung aus sich selbst heraus verwirklichen. Das heißt:

Geordnete Zustände und Verläufe können erstens unter Umständen von selbst – ohne das äußere Eingreifen eines ordnenden Geistes – entstehen.

Sie können sich zweitens unter denselben Umständen auch ohne den Zwang starrer Vorrichtungen auf die Dauer erhalten.

Sie können – ja müssen, sofern sie nicht auf Zwangsvorrichtungen beruhen – sich drittens unter veränderten Umständen sinngemäß ändern, und zwar ohne besondere Umschaltungen oder umsteuernde geistige Eingriffe.

Viertens können – wegen des Mangels an starren und daher schützenden Vorrichtungen – solche Ordnungen zwar leichter gestört werden, aber sie können – und das begründet ihre ungeheure Überlegenheit über jede Zwangsordnung –, wenn die Störung beseitigt ist, grundsätzlich, d.h. innerhalb gewisser Grenzen, ohne weiteres sich selbst wiederherstellen, was ... im Alltag als ‚Heilung‘ bezeichnet wird. ...

Mit einem Wort: Es gibt – neben den Tatbeständen der von außen geführten Ordnung, die niemand leugnet – auch natürliche, innere, sach-

liche Ordnungen, also Ordnungen, die nicht erzwungen sind, sondern sich ,in Freiheit' ausbilden.« (Metzger 1976, 662f.)

Wir haben bei Metzger also: »Selbstentstehung, Selbsterhaltung, Selbständerung«, also: »Selbstorganisation«. Ich möchte auch darauf hinweisen, daß Metzger hier sehr allgemein formuliert, er also keineswegs nur Gestalten als visuelle Gebilde meint. Max Wertheimer – Metzger war bei ihm Assistent – definiert die Gestalt als: »von innen her bestimmt« (Wertheimer 1925). Die Klienten glauben aber mit ihrem »ich kann nicht...«, »ich muß...«, daß sie von außen bestimmt sind.

Die Gestalttheoretiker waren sich bewußt, welch eine Herausforderung die Gestalttheorie bedeutet. Man kann den Grundsatz der natürlichen Ordnung kurzgefaßt auch so wiedergeben: »Ordnung ohne Herrschaft«. Das ist ein Teil des Untertitels der Zeitung »Der Anarchist«: Anarchie ist nicht Chaos, sondern Ordnung ohne Herrschaft. Paul Goodman, der mit Fritz Perls die grundlegende Arbeit zur Gestalttherapie verfaßte, nannte sich Anarchist. Er schrieb: »In der anarchistischen Theorie bezeichnet das Wort Revolution einen Prozeß, durch den die Macht der zentralen Autorität eingeschränkt wird, damit sich die Lebensbereiche ohne die Anweisung von oben nach unten sowie ohne äußere Bedingungen selbst organisieren können.«

In der Gestalttherapie wird von »organismischer Selbstregulierung« gesprochen. Perls hat das von Kurt Goldstein übernommen, dessen Assistent er in Frankfurt war. Aber er geht darüber hinaus, wenn er von der »Selbstregulierung aller seelischen Bereiche« spricht, auch von Selbstregulierung von Kultur, Bildung, Halluzinationen usw. (1979, 30). Ich meine, daß Selbstorganisation – »Gestalt« – in unsere westliche Kultur nicht richtig paßte, sondern Angst hervorrief.

Ich will zehn Aspekte der Selbstorganisationstheorie kurz akzentuieren, um zu zeigen, wie sie herkömmlichem westlichen Denken widerspricht. Die meisten dieser Aspekte wurden von den Gestalttheoretikern und den Gestalttherapietheoretikern auch behandelt.

1. Dynamik – Prozeßhaftigkeit

Selbstorganisation ist etwas Dynamisches, Metzger spricht von »Starrheit« im Gegensatz zum »Wechselspiel der Kräfte« und »Geschehen«. In der Gestalttherapie wird von der Neurose als »Fixierung«, einer Art von »Erstarrung«, gesprochen, die den lebendigen Kontakt mit dem jeweils

Neuen in der Gegenwart verhindert. Für Perls ist selbst das »Selbst« ein Prozeß.

2. Autonomie

Das ist die Autonomiethese von Varela (1979). »Von innen her bestimmt« – Wertheimers Kurzformel für Gestalt – ist einfach eine Verdeutschung von »Autonomie«. Die Klienten – und nicht nur sie – betrachten sich als fremdbestimmt – heteronom bestimmt. Ich wiederhole das Zitat von Metzger, sie glauben an den Satz »Alle Ordnung in der Natur ist fremdbestimmt«. In der Gestalttherapie wird für das Wort »autonom« oft das Wort »spontan« verwendet, so ähnlich verwendet es auch Prigogine: »...sich spontan selbst regulieren ...«. Dabei wird eines allerdings oft verwechselt: »Autonom« ist nicht gleich »autark«. Selbstorganisationssysteme können ohne »Umwelt«, »Milieu«, »Medium«, wie immer es auch genannt werden mag, nicht existieren, überleben. Sie brauchen Nahrung, Atemluft usw..

3. Selbstreferentialität

Das ist der wichtigste Aspekt der Selbstorganisationstheorie. Ich glaube, daß sich Metzger nicht ganz der Selbstreferentialität oder – mathematisch ausgedrückt – der Rekursivität – bewußt war, wenn er von »sich selbst wiederherstellen« spricht, ebensowenig Perls, wenn er von »sich selbst regulieren« spricht. Selbstreferentialität ist ja auch der komplexeste Aspekt. Sie wurde gleichsam tabuisiert, weil sie manchmal zu Paradoxien führt. Interessant finde ich das oft körperliche Unbehagen, das Zuhörer mir geschildert haben, wenn sie so selbstreferentielle Sätze hören wie: »Dieser Satz ist falsch« oder Wittgensteins berühmte Frage: »Was ist eine Frage?«.

4. »Operationale« oder »organisatorische« Abgeschlossenheit

Das ist Varelas Closure-Thesis. Die Metzgersche Gegenüberstellung der beiden Grundsätze impliziert »operationale Abgeschlossenheit«. Wertheimers »von innen her bestimmt« impliziert: »nicht von außen bestimmt«. Das heißt ja operationale Abgeschlossenheit, daß die Operationen des Systems von Operationen des Systems bestimmt werden und nicht von etwas anderem. Innere Zustandsveränderungen führen zu inneren Zustandsveränderungen. Operationale Abgeschlossenheit ergibt sich aus der Strukturdeterminiertheit – so nennt es Maturana – eben daraus, daß sie von innen bestimmt sind. Das soll ja nicht heißen, daß solche Systeme nicht von außen beeinflußt werden, aber was mit dem Einfluß geschieht, wird »von innen her bestimmt«. Solche Systeme können »gestört« oder »perturbiert« werden, aber sie bestimmen durch ihre interne momentane Struktur, was mit der Störung geschieht.

Perls widersprach Freud in einem, wie Perls meinte, sehr wichtigen Punkt: Freud habe bei der Entwicklung des Kindes die Entwicklung der Zähne im frühen Alter unterschätzt. Das Kind muß ziemlich bald nicht mehr alles schlucken – d.h. unkritisch introjizieren. Es kann sehr früh schon kauen und entscheiden, was es zu sich nimmt und was nicht. Von sehr früh an kann der Organismus »von innen her bestimmt« feststellen, entscheiden, was er mit dem Einfluß von außen macht, mit der Nahrung, den Verboten und Geboten, den Vorträgen, den Büchern usw. usf.. Was der Organismus mit den Einflüssen von außen macht, ist seine Sache, nur seine Sache – er ist »operational abgeschlossen«

5. Konstruktivismus

Diese Konsequenz der Selbstorganisationstheorie ist immer wieder heiß umstritten. Wenn wir »von innen her bestimmt« sind, wenn Einflüsse von außen – also auch die Einflüsse von der »Welt da draußen« – uns nur stören können, aber die Auswirkungen der Einflüsse von innen bestimmt werden, so hat das zur Konsequenz, daß unsere Wahrnehmungen keine Wahrnehmungen sind im herkömmlichen Sinne, also keine Repräsentationen, Widerspiegelungen der »Welt da draußen«, sondern unsere Konstruktionen. Wir konstruieren *eine*, nicht *die* Welt. Wir müssen die »Spiegel-Metapher«, wie Rorty das nennt, aufgeben.

Die Gestalttheoretiker haben sich mit diesen Problemen sehr ausgiebig auseinandergesetzt. Sie sprechen z.B. von »erlebnisjenseitiger Welt«. Metzger wiederholt praktisch die Aussage von Sextus Empiricus: »Wir können aus unserer Wahrnehmungswelt nicht heraus, wir können niemals das andere Glied des Vergleichs, den wirklichen Sachverhalt selbst in die Hand bekommen und ihn neben eine Wahrnehmungserscheinung halten« (1975, 239). Aber Wertheimer, Köhler, Metzger vertraten die Isomorphiethese: Die Ordnungen, die das Gehirn hervorbringt, seien mit den Ordnungen der Welt isomorph und – so Pribram, der die Isomorphiethese von den Gestalttheoretikern übernahm ebenso wie die Theoretiker der evolutionären Erkenntnistheorie – keineswegs »Konstruktionen« (Pribram 1986; Wuketits 1985).

Kurt Lewin war da anderer Meinung als Köhler. Für ihn gab es nur die »anschauliche« Umwelt, keine erkennbare »objektive, subjekt-unabhängige Natur«. In der Sprache Maturanas haben wir nur die beobachterabhängige Welt. Deshalb sein Plädoyer für »Objektivität in Klammern« und gegen »Objektivität ohne Klammern«, denn der »Anspruch auf objektives Wissen, ist eine absolute Forderung nach Gehorsam« (Maturana).

Für die Gestalttherapie von Fritz Perls war das ebenso eindeutig. Er wandte sich gegen die Freudsche Auffassung der »Anpassung an das Realitätsprinzip«, er vertrat die Ansicht, daß »Realität etwas vom Organismus mit hervorgebrachtes ist« (From 1987). »Hervorbringen«, »to bring forth«, »traer a la mano« ist das Schlüsselwort bei Maturana und Varela für ihren Konstruktivismus. Perls schrieb:

»Es gibt keine Realität an sich für menschliche Wesen. Realität ist etwas Verschiedenes für jedes Individuum, jede Gruppe, jede Kultur. Realität hängt ab von der Realität unserer Interessen, von der inneren Realität, nicht der äußeren. Ich persönlich glaube..., daß Objektivität nicht existiert. Objektivität in der Wissenschaft ist auch nur eine Sache der gegenseitigen Übereinstimmung« (1976, 21).

Das hat natürlich Konsequenzen für die Therapie. Den Konstruktivismus anerkennen heißt dann aber auch anerkennen, daß wir »keinen festen Bezugspunkt haben« (Maturana und Varela 1987, 258), an dem wir unsere Beschreibungen verankern können.

6. *»Wirklichkeit = Gemeinschaft« (Heinz von Foerster)*

Perls vertritt in dem obigen Zitat – wie Lewin das ja auch tut – die These, daß unsere Konstruktionen »sozial« sind. In der Nachfolge von Lewin steht die Bewegung des »sozialen Konstruktivismus« in der Sozialpsychologie (z.B. Gergen 1985). Maturana und Varela: »Wir haben nur die Welt, die wir zusammen mit anderen hervorbringen« (1987, 267). Lewin: »Wirklichkeit ist nichts Absolutes, sie ändert sich mit der Gruppe, zu der das Individuum gehört« (KLW 4, 94).

7. *Strukturelle Koppelung*

Darunter verstehen Maturana und Varela die »Geschichte wechselseitiger Strukturveränderungen« zwischen »Einheit und Milieu« oder »Einheit und Einheit«, wobei die Strukturveränderungen rekursive reziproke Perturbationen sind und nicht Determinierungen oder Instruierungen (Maturana und Varela 1987, 85).

Für Lewin ist der Begriff »dynamische Interdependenz« zentral. Er faßt ja Person und Umwelt – bei Maturana und Varela »Einheit und Milieu« – als »Lebenswelt« auf, als etwas Ganzes, als eine Gestalt. Lewin geht es hierbei um die »wechselseitige Abhängigkeit der Teile eines Ganzen«. Er nennt das »Feld«. Nach der berühmten Formel von Lewin ist Verhalten eine Funktion von psychologischer Umwelt und psychologischer Person, die Person ist eine Funktion der Umwelt und die Umwelt eine Funktion der Person: ein Kreislauf. Daß ein Teil des Ganzes andere Teile des Ganzen determiniert, instruiert, wie Lewin nicht umhin kam, in Gruppen festzustellen, entsprach nicht seinem demokratischen Ideal, war für Lewin gleichsam etwas Unnatürliches. Lewins Schüler Lippitt untersuchte denn auch in den populären Untersuchungen die Auswirkungen von autokratischer, demokratischer und *laissez-faire*-Atmosphäre in Gruppen. Auf das Thema Macht und die »Machtmetapher«, wie Bateson das nennt, komme ich später noch zurück. Das zentrale Konzept in der Gestalttherapie ist »Kontakt«. Für Perls und Goodman ist der Gegenstand der Psychologie »die Wirkungsweise der Kontaktgrenze im Organismus/Umwelt-Feld«. »Jede menschliche Funktion« ist ein »Wechselspiel in einem Organismus/Umwelt-Feld«. Sie haben das von Lewin übernommen. »Aller Kontakt ist kreative, gegenseitige Anpassung von Organismus und Umwelt« (Perls u.a. 1979, 12). Sie sprechen von »schöpferischer Anpassung«, sie verstehen darunter nicht Unterordnung, Unterwerfung, Gehorsam gegenüber der Umwelt. Auch hier widersprechen sie Freud. Gesunde Anpassung ist in der Gestalttherapie »schöpferisch«, weil der Organismus »von innen her bestimmt« die Perturbationen verarbeitet.

»Strukturelle Koppelung« heißt bei Maturana auch »Erhalt der Organisation des Systems und der Anpassung« (1987, 1988), genau diese Dynamik ist in der Gestalttherapie mit »kreativer Anpassung« gemeint. Ein gutes Bild für strukturelle Koppelung oder kreative Anpassung ist für mich das folgende: Auf einer Lichtung stehen zwei Bäume, eine Birke und eine Eiche, von weitem sieht es aus, als bildeten sie eine Krone, erst bei näherem Zusehen entdeckt man den Birkenstamm und den Eichenstamm. Im Laufe ihres Lebens sind sie gemeinsam hochgewachsen in struktureller Koppelung, in kreativer Anpassung durch jeweils organismische Selbstregulierung, von innen her bestimmt und doch im Kontakt miteinander, sich wechselseitig störend, aber nicht sich wechselseitig determinierend noch instruierend. Sie sind sprachlos in Kontakt, sie akzeptieren einander. (Man kann das sicher darstellen im Computer als zwei baumförmige Fraktale; ich weiß nicht, ob das schon jemand gemacht hat.)

Mir ist dieses Bild auch deshalb wichtig, weil es mir den weiteren Begriff Kognition von Maturana verständlich macht. Maturana sagt ja, lebende Systeme seien kognitive Systeme: »*And to live is to know*«. Erhaltung der Organisation und Anpassung, also Überleben durch strukturelle Koppelung konstituiert »adäquate Aktion«, wie der Beobachter feststellt. Adäquat handeln ist für Maturana Kognition – Wissen. Die Birke und die Eiche in meinem Bild verhalten sich in ihrem Wachsen adäquat, also »wissen« sie, »erkennen« sie. »Jedes Tun ist Erkennen und jedes Erkennen ist Tun« und »Erkennen ist effektive Handlung« (Maturana und Varela 1987, 31 und 35).

Es ist ungebräuchlich, bei Eiche und Birke von »Kognition« zu sprechen. Üblicherweise verstehen wir unter Kognition adäquates Erkennen von Objekten und Gegenständen, also Repräsentation, Widerspiegelung, nur so sei Überleben möglich. Aber: Die Birke erkennt die Eiche und umgekehrt, nicht als Objekt oder Gegenstand, sie sind strukturell gekoppelt und überleben.

Bei den folgenden drei Aspekten – Sprache – Verantwortung – Nicht-Vorhersagbarkeit – werde ich mich nicht mehr auf Gestalttheoretiker beziehen.

8. Sprache

Wir Menschen als Lebewesen existieren in der Sprache, wir sind »*languaging living systems*«. In der Sprache sein, heißt auch Beobachter sein (Maturana 1986, 1987). Als Beobachter unterscheiden wir und bezeichnen wir. Das ist Spencer-Browns »*distinction*« und »*indication*«.

Ich will hier nicht auf die Einzelheiten der Erklärung Maturanas für das Phänomen Sprache eingehen, nur seine Definition wiedergeben und mir besonders wichtige Konsequenzen aufzeigen. Sprache ist für Maturana »rekursive konsensuelle Koordination konsensueller Koordination in Handlungen und Entscheidungen« (1987, 360).

a) »*... outside language nothing (no-thing) exists, because existence is bound to our distinctions in language*« (1980, 80). Der Hinweis Maturanas auf die »Nicht-Dingheit« – »*no-thing-ness*« – in der buddhistischen Philosophie ist sicherlich beabsichtigt (genauer in: Portele 1989).

b) Die Unterscheidung zwischen Organismus und Umwelt, Einheit und Milieu, Selbst und Umwelt sind Unterscheidungen des Beobachters in der Sprache. Genauso wie der Säugling unterscheidet die Eiche nicht zwischen »ich, Eiche« und der Birke »da draußen«. Weder Ich, Selbst, Umwelt, Objekt existiert ohne Sprache.

c) Sprache ist ein abgeschlossener Bereich und wir können aus der Sprache nicht heraus und es gibt keine Überschneidung zwischen sprachlicher Beschreibung und Realität (Maturana 1987, 370).

d) Als Beobachter in der Sprache schaffen wir Objekte, Zusammenhänge, Erklärungen, Beschreibungen. Wir menschlichen Wesen interagieren in Sprache, unsere strukturelle Koppelung vollzieht sich hauptsächlich durch »in der Sprache sein« (*languaging*). Sprache betrifft, »stört« auch unseren Leib und die Dispositionen im Leib, das sind die »Gefühle«. »*As a body changes languaging changes, and as languaging changes the body changes*« (1987, 363).

e) Als Beobachter bringen wir sprachliche Beschreibungen hervor, Unterscheidungen, die uns als Selbstorganisationssysteme perturbieren. Das gibt uns Freiheit, d.h. Wahlmöglichkeiten in der Hervorbringung von Unterscheidungen und Beschreibungen. Freiheit und Verantwortung sind komplementär (vgl. Bateson).

Wichtig erscheint mir – nicht nur für Psychotherapie – das hat Maturana meines Wissens nicht erwähnt, nämlich:

f) In der Sprache sein, verlangt Kategorien zu bilden, verlangt durch die Sprache, durch Deskription und Indikation hervorgebrachte Einheiten zu entindividualisieren. Eine Sprache, die nur aus Namen bestünde (z.B. auch für Tätigkeiten), wäre unbrauchbar. In der Sprache werden immer Unterschiede homogenisiert (Schwemmer).

Mit Kategorienbezeichnungen wie »Mann«, »Blatt«, »Tisch« oder »singen« oder »rot« wird Ungleiches gleich gemacht. Das gilt auch für »Neurose«, »Sucht«.

Nur für den Beobachter fängt eine Katze eine Maus. Katze und Maus interagieren in struktureller Koppelung, sie sind in jedem Moment anders als im Moment vorher, jeder Moment ist neu und einzigartig. Es ist schwierig, das zu beschreiben, was ich meine, denn ich kann aus der Sprache nicht heraus. Maturana verwendet die Metapher »Tanz« für »strukturelle Koppelung«. Die Forderung nach »logischer Buchhaltung« bei Maturana und Varela (1987) beinhaltet ja genau dies: Sich bewußt zu machen, daß man als Beobachter verschiedene Perspektiven einnehmen kann, z.B. einmal die innere Dynamik der Einheit zu beschreiben oder die andere Perspektive einzunehmen und die Interaktion zwischen Milieu und Einheit zu beschreiben. In beiden Fällen bleiben wir in der Sprache. Diese logische Buchhaltung ist grundsätzlich wichtig für den Therapeuten.

g) Alle Aussagen sind performativ im Sinne von Austin – sie stellen etwas her. Aber es gibt natürlich gesellschaftliche Unterschiede, d.h. es gibt Personen in der Gesellschaft, deren Aussagen mehr als »Wahrheit« genommen werden als die von anderen Personen – das gilt auch für Psychotherapeuten.

Perls und Goodman haben meiner Meinung nach den Einfluß von Sprache nicht unterschätzt. So schreiben sie beispielsweise im Hauptwerk der Gestalttherapie mehrfach über Poesie. In den vielen Aufzeichnungen der Demonstrationen von Perls gibt es viele Interventionen auf rein sprachlicher Ebene. Es ging ihm häufig um das, was der Familientherapeut Keeney »Semantik« und »Politik« nennt, um das konkrete »wer tut wem, was, wann, wo und wie?« (»Politik«) und der Bedeutung, Interpretation (»Semantik«). Konkrete »Wahrnehmung« ist: »Ich sehe, du schaust auf deine Füße«. Interpretation – verleihen von Bedeutung – ist: »Ich nehme an, du willst keinen Kontakt zu mir«. Eine andere Interpretation wäre: »Du schämst dich«. Die »Antwort«, die wir der Interaktion geben, hängt davon ab, welche Bedeutung, welche Interpretation wir dem »auf die Füße schauen« geben.

Natürlich gibt es keinen absoluten Unterschied zwischen sogenannter konkreter Wahrnehmung und Interpretation. Es gibt keine reinen Beobachtungssätze, darauf hat schon Wittgenstein hingewiesen. Aber es macht einen Unterschied, wie ich spreche. Wenn ich sage: »Ich habe eine Verspannung«, übernehme ich weniger Verantwortung, habe ich weniger Wahlmöglichkeiten, als wenn ich sage: »ich verspanne mich«. »Ich verspanne mich« ist eine Tätigkeit, »Verspannung« ist ein Ding – so etwas ähnliches wie eine Krankheit, dafür brauche ich einen Arzt.

Ich will noch kurz auf Verantwortung und Nichtvorhersagbarkeit eingehen.

9. Verantwortung

Wenn man sich als fremdbestimmt betrachtet (»ich kann nicht ...«, »ich muß ...«), dann hat man keine Verantwortung. Wenn man durch die Sprache über die Freiheit verfügt zu unterscheiden und zu bezeichnen, dann ist man sicherlich verantwortlich. »Everything is human responsibility« (Maturana 1987, 376). Wenn wir Wahlmöglichkeiten haben, sind wir verantwortlich. Der ethische Imperativ von Heinz von Foerster lautet: »Handle stets so, daß die Anzahl der Wahlmöglichkeiten erhöht wird«. Das gilt auch für Therapeuten. Es gibt Perturbationen von außen, auf die wir auf eine von uns gewählte Weise »antworten«, daher das Wort »Ver-antwort-ung«.

10. Nichtvorhersagbarkeit

Was Wahlmöglichkeiten hat, ist nicht vorhersagbar. Von Foerster hat Nichtvorhersagbarkeit bei nicht-trivialen Maschinen aufgezeigt. Nichtvorhersagbarkeit ist ja sehr unangenehm. Wir müssen den alten Traum der Menschheit, in die Zukunft schauen zu können, aufgeben. Wozu treiben wir Wissenschaft, wenn nicht wegen Prognosen? Die Gesellschaft – ich drücke das mal so salopp aus – will vorhersagbare Charaktere, Leute, die Gewohnheiten haben, deshalb wurden wir sozialisiert und haben uns selbst sozialisiert. Perls schrieb: »*Wenn wir uns dort (an der Grenze, also in Kontakt) begegnen, verändere ich mich und du veränderst dich durch den Prozeß des Einanderbegegnens außer ... wenn die Menschen Charakter haben. Wenn einer einmal einen Charakter hat, dann hat er ein starres System entwickelt. Sein Verhalten versteinert sich, er wird vorhersagbar und der Mensch verliert seine Fähigkeit, das Leben und die Welt frei und in voller Kraft zu bewältigen. Er ist prädeterminiert, mit Ereignissen nur in einer Weise fertig zu werden, und zwar so, wie es sein Charakter vorschreibt. In unserer Gesellschaft verlangen wir von einem Menschen, Charakter zu haben – denn dann ist man voraussagbar und kann klassifiziert werden*« (1976, 15).

II.

Der Glaube an die Fremdbestimmung

Die Frage ist ja, warum betrachten sich die Klienten als fremdbestimmt und nicht als autonom – und nicht nur die Klienten. Warum nehmen sie fremde Hilfe in Anspruch? Wie kommen sie dazu auszudrücken: »Ich kann nicht ...«, »ich muß ...« ? Ich meine, Perls hat recht: In unserer Gesellschaft verlangen wir von einem Menschen, Charakter zu haben, denn dann ist er vorhersagbar und kann klassifiziert werden. Das setzt Fremdbestimmung voraus. Wir Menschen haben immer nach Regelmäßigkeiten gesucht – oder wenn man dem Konstruktivismus folgt – Regelmäßigkeiten hervorgebracht, weil, wenn wir Regelmäßigkeiten hervorbringen, dann können wir Prognosen machen. Wenn wir Prognosen im herkömmlichen Sinne machen können, ist der nächste Moment nicht mehr unsicher. Das heißt Angst vor der Zukunft, unsere Unsicherheit kann durch Prognosen, die auf Regelmäßigkeiten aufbauen, gemindert werden. Voraussetzung für Regelmäßigkeit ist, daß Subjekte, Relationen usw. klassifiziert werden können. Es erscheint mir nicht verwunderlich, daß Menschen schon immer versucht haben, sich gegenseitig zu klassifizieren, sich zu regelmäßigen Handlungen zu erziehen, bzw. zu sozialisieren. Eines der wichtigsten Klassifikationssysteme in menschlichen Gesellschaften ist – neben dem Geschlecht – die Klassen- oder Schichtzugehörigkeit. Das ist der Ausgangspunkt des französischen Soziologen Bourdieu. Das Besondere an Bourdieus Theorie ist sein Habitus-Konzept. Als Habitus definiert Bourdieu die Wahrnehmungs-, Denk- und Handlungsschemata (Fühlschemata sind wohl zu ergänzen), die in der Praxis erworben und angewendet werden. Diese Schemata sind klassen- oder schichtspezifisch und die Personen reproduzieren durch den Habitus in ihrer Praxis diese Schichten. Selbstverständlich kann man auch anderen gesellschaftlichen Gruppierungen einen spezifischen Habitus zuschreiben, z.B. Fachdiziplinen oder Berufsgruppen. Bourdieu sieht den Habitus, dieses »Dispositionssystem« als eine »generative Handlungsgrammatik«. Der Habitus wird durch die Praxis gelernt, wie die Sprache durch Sprechen gelernt wird und nicht, indem man grammatikalische Regeln lernt und diese anwendet. Das Sprechen ist nicht »geleitet« von Regeln, aber es entspricht Regeln für den Beobachter. Die Sprachgrammatik erlaubt, nie gehörte Sätze zu produzieren und zu verstehen, genauso erlaubt die Handlungsgrammatik, also der Habitus, nie gelernte Handlungen zu produzieren und zu verstehen – aber eben nur in einem gewissen Rahmen, nämlich nur ganz bestimmte Sätze und ganz bestimmte Handlungen. Solche habitusgenerierten Praxisformen erscheinen uns als »evident«, als »selbstverständlich«, gleichsam »natürlich«. Sie sind Doxa, die nicht hinterfragt werden. Sie bestätigen sich selbst. Es ist so, daß »der Habitus jeden Augenblick die neuen Erfahrungen nach den von früheren Erfahrungen erzeugten Strukturen strukturiert« (1980, 101). Und dieser Habitus ist nach Bourdieu im wörtlichen Sinne »einverleibt«, z.B. als »Geschmack« in den Organen der Zunge. Was dem Arbeiter schmeckt, schmeckt dem Bourgeois nicht und umgekehrt. Der Habitus generiert – so Bourdieu – »klassifizierbare Praxisformen« und gleichzeitig »klassifizierbare Klassifikationsverfahren« (1982, 277). Erworben wird der Habitus wie die Sprache in ganz jungen Jahren entsprechend den Lebensbedingungen und Existenzbedingungen, in denen man aufwächst. Die alltäglichen Handlungen in gesellschaftlich geformten Lebensbedingungen, in denen das Kind aufwächst, die das Kind z.B. nachahmt im Spiel, der Umgang mit den gesellschaftlich geformten Gegenständen in der Wohnung, auf der Straße – wo immer – die Rätsel, Lieder, Sprichwörter, Geschichten, Metaphern, Redensarten, all das ist das ungeheure Material, aus dem das Kind ähnlich wie bei der Sprache die »kleine Anzahl unzusammenhängender praktischer Prinzipien zieht« (1979, 190).

Der Lernvorgang ist dabei m.E. so, wie es Bateson mit seiner Theorie der Lernhierarchien beschreibt. Lernen I ist z.B. das Lernen sinnloser Silben, Lernen II ist, das Lernen sinnloser Silben zu lernen, Lernen III ist dann zu lernen, wie man lernt, sinnlose Silben zu lernen. Lernen II nennt Bateson Gewohnheiten bilden. Für Bourdieu ist das der Habitus, diese »kleine Anzahl zusammenhängender praktischer Prinzipien« im Wahrnehmen, Denken, Fühlen und Handeln. Das Kind in der Unterklasse erfährt immer wieder »das ist nichts für uns«. Es erfährt es, es muß gar nicht ausgesprochen werden. Das System unserer Gewohnheiten sei unser Charakter, sagt Bateson, und der Charakter macht uns voraussagbar, durch unsere Gewohnheiten sind wir voraussagbar. Gewohnheiten erscheinen uns notwendig, durch sie erleben wir uns als fremdbestimmt. Bateson beschreibt Lernen II auch als Lernen von Kontexten. Nach Bateson ist es sehr schwierig, Gewohnheiten aufzulösen – also nicht nur neue Gewohnheiten zu bilden. Lernen III, meint er, sei schwierig. »Dieses selbstbestätigende Charakteristikum des Inhalts von Lernen II hat die Auswirkung, daß solches Lernen fast unauslöschlich ist. Es folgt, daß Lernen II, wie es in der Kindheit erworben wird, sich tendenziell im ganzen Leben durchhält« (Bateson 1981, 389).

Lernen III bedeutet: »... jede Freiheit von der Knechtschaft der Gewohnheiten muß auch eine tiefgreifenden Neudefinition des Selbst beinhalten. Wenn ich auf der Ebene des Lernens II stehen bliebe, bin ich die Gesamtheit derjenigen Charakteristika, die ich als meinen Charakter bezeichne. Ich bin meine Gewohnheiten« (1981, 393).

Das Problem bei Lernen III ist ja, daß wir die Grammatik – auch die Handlungsgrammatik – nicht ganz aufgeben können, sonst fallen wir aus der Gesellschaft heraus. Aber: Wir können Poesie machen in der Sprache und in der Praxis, im Wahrnehmen, Denken, Fühlen und Handeln.

Ich nehme an, daß Sozialisation, also die Bildung von Gewohnheiten, vor allem durch Festlegung von Aufmerksamkeit entsteht. Wir sind fixiert, unsere Aufmerksamkeit auf bestimmte Eigenschaften einer Situation, einer Person, eines Gegenstandes zu fokussieren (Kaplan und Kaplan 1990). In der Gestalttherapie wird das als Figur-Grund-Prozeß beschrieben – etwas (z.B. ein Gegenstand und eine Gruppe von Eigenschaften) wird zur Figur und alles andere bleibt Hintergrund. Aufmerksamkeit ist im Grunde etwas Flexibles. Aufmerksamkeit kann erregt werden, wir können aber unsere Aufmerksamkeit bewußt auf etwas richten. Das Selbstverständliche entgeht allerdings unserer Aufmerksamkeit. In der Gestalttherapie wird besonderer Wert gelegt auf die »Bewußtheit« (awareness) und auf Flexibilisierung der Figur-Grund-Prozesse durch bewußtes Richten der Aufmerksamkeit.

Gewohnheiten, unser Charakter, der Habitus machen uns vorhersagbar und klassifizierbar, sie vermindern Unsicherheit und Angst. Unser Wahrnehmen, Denken, Fühlen und Handeln erscheint determiniert durch die jeweilige Situation, die wir jedoch durch Figur-Grund-Bildung, also durch Fokussierung unserer Aufmerksamkeit, selbst hergestellt haben. Wir stellen – natürlich mit Unterstützung der Sprache – Kategorien her, machen Ungleiches gleich und erleben uns als determiniert durch die von uns kategorisierte Situation: »Ich kann doch nicht ...«, »ich muß doch ...«.

Offensichtlich passen unsere Gewohnheiten manchmal nicht zur Situation, wir scheitern an unseren Gewohnheiten. Wenn das häufiger geschieht, kommen wir nicht mehr zurecht allein und suchen fremde Hilfe in der Psychotherapie. Das ist häufig der Fall, wenn außergewöhnliche Ereignisse eintreten: Trennung der Partner, Tod eines Verwandten, Eintreten in den Ruhestand, das letzte erwachsene Kind verläßt die Familie usw. usf.

Die Institution Psychotherapie paßt in dieses Geschehen. Die Institution erfordert, daß der Klient sich als jemand definiert, der nicht autonom, alleine zurecht kommt, sondern heteronom fremde Hilfe braucht. Es wäre absurd, wenn der Klient die Therapie beginnt mit Sätzen: »Ich kann ...«, »ich muß nicht ...«.

Die Richtung, die m.E. die Psychotherapie einschlagen sollte, ist: Wegzukommen von Vorstellungen, fremdbestimmt zu sein, und hinzukommen zu Vorstellungen, selbstbestimmt zu sein. Weg von Heteronomievorstellungen, hin zu Autonomievorstellungen. Nicht weil die Autonomievorstellungen wahr und Heteronomievorstellungen falsch sind, sondern gemäß dem ethischen Imperativ von Heinz von Foerster, die Anzahl der Wahlmöglichkeiten zu erhöhen. Es ist eine ethische Entscheidung. Martin Buber sagt:»Vom Glauben an die Unfreiheit frei werden, heißt frei werden« (1979, 61). Aber es gibt nach Yalom eben diese»Angst vor der Bodenlosigkeit, wenn ich erkenne, daß ich verantwortlich bin für die Welt, wie ich sie unterscheide, hervorbringe«. Es gibt diese»Furcht vor der Freiheit« (Yalom 1990).

Hier wird das Dilemma des Therapeuten deutlich, das dem Dilemma des Erziehers entspricht:»Du sollst es wirklich wollen« – in der Formulierung Watzlawiks (1974, 84)»Ich möchte, daß er es von sich aus tut«. Wie kann man von außen erreichen, daß jemand»von innen her bestimmt« handelt?

Ich finde es verlockend, Gewohnheiten im Sinne Batesons als»Ordnungsparameter« aufzufassen, die Einzelereignisse»versklaven«. Nur über Fluktuationen lassen sich Gewohnheiten ändern. Aber was ist dann Lernen III im Sinne von Bateson? Als Gewohnheiten kann man auch fassen, was der Gestaltpsychologe Karl Duncker als»heterogene funktionale Gebundenheit« bei seinen Problemlösungsaufgaben beschrieb (vgl. Portele 1989). Stadler und Kruse (1989) schlagen vor, sowohl Auflösung der funktionalen Gebundenheit wie die Verstärkung als Phasenübergänge zu konzipieren (Haken und Stadler 1989).

III. Zwei Grundhaltungen zur Welt

Ich möchte zwei Grundhaltungen zur Welt gegenüberstellen, um zu zeigen, worum es m.E. in der Psychotherapie geht – aber nicht nur da.

Abb 1.

I	II
eingreifen, gebrauchen, fertig werden	»Nicht-handeln« (Wu-wei), »mittlerer Modus«
Ich – Es	Ich – Du
Kontaktvermeidung, -unterbrechung	Kontakt, »Begegnung
Macht/Unterwerfung	Liebe
gewohnt, wiederholt, gleich	einzigartig, anders
Arbeit	Spiel
heteronom	autonom
Objektivität ohne Klammern	Objektivität in Klammern

Ich fange mit Martin Buber an, der in der westlichen Welt am klarsten eine Auffassung vertritt, die im Osten wohl verbreiteter ist und war. Buber hat sich am Rande immer wieder mit Psychotherapie befaßt, so wurde z.B.

ein Gespräch mit Carl Rogers aufgezeichnet. Fritz und Laura Perls waren in den 20er Jahren in Frankfurt begeisterte Hörer von Buber.

Buber unterscheidet zwischen den beiden »Grundworten«: »Ich – Du« und »Ich – Es«. Zur anthropologischen Gegebenheit gehört, daß jedes Du zu einem Es wird, andererseits kann jedes Es zu einem Du werden. Es liegt überwiegend am Menschen, ob er das Wort Ich – Du oder das Wort Ich – Es spricht. Buber hat eine eigene poetische Sprache entwickelt, um sein Anliegen darzustellen. Es gibt die »Aporie des Du«, ich komme darauf zurück. Hier ein Beispiel für das, was Buber meint:

»Ich betrachte einen Baum.

Ich kann ihn als Bild aufnehmen, starrender Pfeiler im Anprall des Lichts, oder das spritzende Gegrün von der Sanftmut des blauen Grundsilbers durchflossen.

Ich kann ihn als Bewegung verspüren: das flutende Geäder am haftenden und strebenden Kern, Saugen der Wurzeln, Atmen der Blätter, unendlicher Verkehr mit Erde und Luft – und das dunkle Wachsen selber.

Ich kann ihn einer Gattung einreihen und als Exemplar beobachen, auf Bau und Lebensweise.

Ich kann seine Diesmaligkeit und Geformtheit so hart überwinden, daß ich ihn nur noch als Ausdruck des Gesetzes erkenne – der Gesetze, nach denen ein stetes Gegeneinander von Kräften sich stetig schlichtet, oder der Gesetze, nach denen die Stoffe sich mischen und entmischen.

Ich kann ihn zur Zahl, zum reinen Zahlenverhältnis verflüchtigen und verewigen. In all dem bleibt der Baum mein Gegenstand und hat seinen Platz und seine Frist, seine Art und Beschaffenheit.

Es kann aber auch geschehen, aus Willen und Gnade in einem, daß ich, den Baum betrachtend, in die Beziehung zu ihm eingefaßt werde, und nun ist er kein Es mehr. Die Macht der Ausschließlichkeit hat mich ergriffen.

Dazu tut nicht not, daß ich auf irgendeine der Weisen meiner Betrachtung verzichte. Es gibt nichts, wovon ich absehen müßte, um zu sehen, und kein Wissen, das ich zu vergessen hätte. Vielmehr ist alles, Bild und Bewegung, Gattung und Exemplar, Gesetz und Zahl, mit darin, ununterscheidbar vereinigt.

Alles, was dem Baum zugehört, ist mit darin, seine Form und seine Mechanik, seine Farben und seine Chemie, seine Unterredung mit den Elementen und seine Unterredung mit den Gestirnen, und alles in einer Ganzheit.

Kein Eindruck ist der Baum, kein Spiel meiner Vorstellung, kein Stim-mungswert, sondern er leibt mir gegenüber und hat mit mir zu schaffen, wie ich mit ihm – nur anders.

Man suche den Sinn der Beziehung nicht zu entkräften: Beziehung ist Gegenseitigkeit.

So hätte er denn ein Bewußtsein, der Baum, dem unsern ähnlich? Ich erfahre es nicht. Aber wollt ihr wieder, weil es an euch geglückt scheint, das Unzerlegbare zerlegen? Mir begegnet keine Seele des Baums und keine Dryade, sondern er selber.« (Buber 1979, 10)

In der Es-Welt grenzen wir ab: »Jedes Es grenzt an ein anderes Es, Du grenzt nicht.« Wir zerlegen und unterscheiden Eigenschaften und erfahren die Dinge dann als »Summe von Eigenschaften«. »Was weiß man also vom Du? Nur alles, denn man weiß von ihm nichts einzelnes mehr« (1979, 5). In der Es-Welt richten wir »die Schranke zwischen Subjekt und Objekt« auf, »das Wort der Trennung ist gesprochen« (1979, 27). In der Du-Welt herrscht Wechselwirkung vor, »Gegenseitigkeit«, nicht »Ursächlichkeit«. Das Ich in der Es-Welt versucht von der Welt »Besitz zu nehmen durch Erfahren und Gebrauchen«, wobei »Erfahren« bei Buber Unterscheidungen treffen, eben trennen ist. Das Du ist demnach nicht »beschreibbar«. Die Beziehung vom Ich zum Du ist »unmittelbar«. »Zwischen Ich und Du steht keine Begrifflichkeit, kein Vorwissen, keine Phantasie...« (1979, 12) – daher die »Aporie des Du«. Die Es-Welt ist nicht von Übel, nur wenn sie »sich anmaßt, das Seiende zu sein – überwuchert ihn (den Menschen) die unablässig wachsende Es-Welt«. Die Beziehung des Ich zum Du besteht im »Nicht-handeln«, im taoistischen »Wu-wei« (ist jedoch nicht auf das Ich-Du beschränkt). »Das ist die Fähigkeit des ganz gewordenen Menschen, die man Nicht-tun genannt hat, wo sich nichts einzelnes mehr, nichts Teilhaftes mehr vom Menschen regt, also auch nichts von ihm in die Welt eingreift ... wo der Mensch eine wirkende Ganzheit geworden ist« (1979, 78).

Für Buber ist das Gegenteil von Nicht-tun entweder »fertig werden«: »Es gilt der technischen Sucht oder Gewöhnung zu entsagen, die mit jeder Situation fertig wird« (1979, 196); oder »eingreifen«. Für Nicht-tun gilt: »Da greift er nicht mehr ein und läßt auch nicht bloß geschehen«, sondern es ist »Aktion und Passion in einem«.

Unter »*Wu-wei*« wird vom China-Experten Needham die »Bezeichnung des Respektes vor der Selbststeuerungskapazität« (1977/1978) verstanden. Das Gegenteil sei, so die westliche Vorstellung, »das Erzwingen von Gehorsam und Auferlegen von Sanktionen«, also Macht. »Nicht-handeln bedeutet nicht, nichts zu tun, sondern dem Ding zu gewähren, was es natürlich tut« (1984, 128). Perls und Goodman haben sich ebenfalls mit dem Taoismus und »*Wu-wei*« befaßt. Für sie sind die zentralen Begriffe dabei »Spontaneität« (wie bei dem französischen Taoismus-Experten Kaltenmark) und »mittlerer Modus«, eine Verbform, die es im Griechischen z.B. gibt, die aktiv und passiv zugleich ist.

Das Selbst ist für sie das System der ständig neuen Kontakte (Perls u.a. 1979, 17), »das System kreativer Anpassungen«. Sie fahren fort:

> »*Das Selbst ist spontan, im mittleren Modus (im Hinblick auf Tun oder Erleiden) und geht in seinen Situationen auf...Spontaneität ist das Gefühl, den gerade ablaufenden Organismus/Umwelt-Prozeß handeln zu erleben, nicht nur der Gestalter oder das Gestaltete zu sein, sondern darin zu wachsen. Spontaneität ist nicht gelenkt oder selbstlenkend, noch ist sie ein Dahingetragenwerden, wobei man im Grunde unbeteiligt wäre, sondern sie ist ein Entdecken-und-Erfinden, während man unterwegs ist, sich einläßt und anerkennt. Das Spontane ist zugleich aktiv und passiv, sowohl das, wozu man bereit ist, wie auch das, was einem zustößt, oder, besser, es ist ein mittlerer Modus zwischen Tun und Erleiden, eine ... Einheit vor (und nach) der Trennung von Aktivität und Passivität, die beides einschließt*« (Perls u.a. 1979, 164).

»*Wu-wei*« verlangt also Vertrauen in die und Akzeptanz der Selbstorganisation und Autonomie des Gegenübers. *Wu-wei* widerspricht dem bei uns verbreiteten ingenieurmäßigen Denken, der Macher-Ideologie. Kontakt in der Gestalttherapie ist der Ich-Du-Beziehung bei Buber sehr ähnlich (Laura Perls setzt sie gleich). Mit Kategorien, Schemata, Klassifikationen, Beschreibungen, Gewohntem können wir keinen Kontakt haben, immer nur mit dem Neuen, Einzigartigem; es geht um Kontakt mit dem Neuen in der Gegenwart, mit dem unsicheren Neuem. Buber schreibt:

> »*Eine jede lebendige Situation hat wie ein Neugeborenes trotz aller Ähnlichkeit ein neues Gesicht, nie dagewesen, nie wiederholend. Sie verlangt eine Äußerung, die nicht schon bereit liegen kann. Sie verlangt nichts, was gewesen ist. Sie verlangt Gegenwart, Verantwortung, Dich. Sie*

verlangt...auf jede Situation ihrer Einmaligkeit gemäß zu reagieren« (1979, 83).

Das ist nicht einfach, denn das Neue, das noch nicht Dagewesene ist »die Sicherheit erschütternd, eben unheimlich« (1979, 37). Laura Perls sprach von der »heiligen Unsicherheit«, die den wirklichen Kontakt, den Kontakt mit dem Neuen und Einzigartigen begleitet. Aber nur dadurch ist Wachstum möglich, sonst ist es ja Wiederholung. »Nicht-handeln«, Spontaneität, Kontakt, Begegnung setzt natürlich voraus, daß wir den Glauben an den »Grundsatz der Unordnung der Natur« – alle Ordnung ist fremdbedingt, entweder Zwang oder Chaos – aufgeben und an den »Grundsatz der natürlichen Ordnung«, an die Möglichkeit der autonomen Selbstorganisation glauben und ihr vertrauen.

Auch uns selbst gegenüber. Perls spricht von der »Krankheit der Selbstmanipulierung«. Nicht-eingreifen, Nicht-tun uns selbst gegenüber ist nicht weit verbreitet. Wir »beherrschen« uns, »haben uns im Griff«, »unterdrücken« unsere Gefühle und Bedürfnisse, kurz, wir üben auch uns gegenüber Macht aus und unterwerfen uns. Wir verhalten uns nicht im »mittleren Modus« zu unserer Selbstorganisation. Wir haben kein Vertrauen. Genauso verhalten wir uns oft anderen gegenüber.

Maturana behauptet: »Gehorsam gewährt Macht« (Krüll u.a. 1988, 19). Er dreht also die Ursache um. Das ähnelt dem Satz von Bert Brecht: »Der Herr ist nur so ein Herr, wie ihn der Knecht es sein läßt«. (1957, 160)

Wenn man an die Notwendigkeit der Fremdsteuerung glaubt, an den Grundsatz der Unordnung der Natur, dann nimmt man auch an, daß man gehorsam sein muß, sich dem Zwang, der Macht unterwerfen muß – um das entsetzliche Chaos zu vermeiden. Um noch einmal Buber zu zitieren: »Vom Glauben an die Unfreiheit frei werden, heißt frei werden ...«. »Ich muß« – ist das Problem des Gehorsams gegenüber anderen Menschen und gegenüber der »objektiven Wirklichkeit«, den sogenannten »Sachzwängen«. Maturana behauptet auch: »Der Anspruch auf objektives Wissen ist eine absolute Forderung nach Gehorsam« (Krüll u.a., 1988, 20). Daher kommt sein Plädoyer für »Objektivität in Klammern«, wie er seine konstruktivistische Auffassung nennt. Bateson sprach ausdrücklich von der Machtmetapher. Sie sei ein Mythos, und nicht die Macht korrumpiere, sondern der Mythos der Macht.

Das Gegenteil von Macht/Gehorsam oder Unterwerfung ist für Maturana »Liebe«, für ihn ein biologisches Phänomen, nämlich die »Akzeptanz des anderen ohne Forderungen« (1985, 131) – so, wie der andere ist, also Anerkennung, Respekt vor seiner autonomen Selbstorganisation. Liebe ist für Maturana eine grundlegende Emotion und Emotionen setzt er mit im Leib verankerten Handlungsdispositionen gleich. Liebe konstituiert den sozialen Bereich, nicht auf Liebe beruhende Relationen – also z.B. Macht/Gehorsam-Relationen – nennt er »para-sozial«. Macht/Gehorsam-Relationen bedingen »wechselseitige Negation«, also genau das Gegenteil von dem, was Buber »Bestätigung« nennt.

Maturana verbindet in einem der zuletzt veröffentlichten Aufsätze – zusammen mit Gerda Verden-Zöller – Liebe und Spiel. »Spiel« wird als Tätigkeit aufgefaßt, »wenn man seine Aufmerksamkeit auf das richtet, was man im Moment des Tuns gerade tut« (1990, 27), also auf das Hier und Jetzt und nicht auf die Zukunft, auf die Folgen des Handelns, z.B. Erfolg oder Mißerfolg. Gemeint ist also, was früher »intrinsisch motiviertes Handeln« hieß (vgl. Portele 1975).

Das entspricht der Auffassung Bubers, der davon spricht, daß man das, was man tut, in »Heiligkeit« tun soll, nämlich mit »mit ungeteilter Hingabe die Dinge tun, die man tut,« was eben »Hingabe ans Unbekannte in der Gegenwart bedeutet« (zit. nach Wehr, 1968, 71). Bubers Auffassung hat ihre Wurzeln im Chassidismus.

Buber unterscheidet zwischen »Begegnung« und »Bestätigung«. Begegnung ist mutuell: A sagt zu B Ich-Du wie B zu A. Das ist bei Klienten und zu Erziehenden nicht zu erwarten. Bei Bestätigung bestätigt A den B, aber nicht B den A. Wenn der Klient zur »vollen Mutualität« fähig ist, ist er geheilt (1979, 136). Bestätigen heißt, zu jemandem in seiner »Ganzheit, Einheit und Einzigkeit« und zu seiner »Anderheit« ja sagen. In Bubers Anthropologie ist das ein Urbedürfnis des Menschen, bestätigt zu werden. Maurice Friedman, der amerikanische Herausgeber und Übersetzer von Buber, sagt: »Wenn Nicht-Bestätigung (bei Maturana Negation) oder das Fehlen von Bestätigung eine verbreitete Ursache von Psychopathologie ist, dann bildet Bestätigung den Kern des Heilens durch Begegnung«. Friedman hat die Literatur der Psychoanalyse und anderer therapeutischer Richtungen durchforstet und stieß immer wieder auf Auffassungen, die diesem Kern recht nahe kommen, aber nicht so präzise faßten wie Buber (Friedman 1987).

Ich teile diese Auffassung. Ich meine, es müßte uns leichter fallen, – das Neue als etwas Neues zu erleben, – auch wenn es »die Sicherheit erschütternd, eben unheimlich« ist, – uns auf den Kontakt mit dem Neuen einzulassen, und damit auf die Bodenlosigkeit des Konstruktivismus ohne festen Bezugspunkt, – in der Gegenwart zu sein, – Objektivität in Klammern zu akzeptieren und loslassen zu können davon, uns selbst und anderen von außen bestimmen zu müssen, *wenn* wir in unserer Ganzheit, Einheit, Einzigkeit und Anderheit bestätigt wurden.

Ich habe zu zeigen versucht, daß in unserer Lebenspraxis der Glaube an die Unordnung der Natur mit der Notwendigkeit der Fremdregulierung dominiert, also Macht und Gehorsam; wir verwenden Wahrnehmungs-, Denk-, Fühl- und Handlungsschemata, wir kategorisieren und entindividualisieren in der Sprache, wir interagieren als Rolle, als Kategorie, mit anderen Rollen oder Kategorien. Wenn sprachliche Kategorien interagieren, Begriffe, Objekte, Stereotypen, Rollen, Charaktere oder wie man es immer nennen mag, findet weder Begegnung statt noch Bestätigung. Das ist die Regel. Deshalb wohl braucht der Mensch die Bestätigung als Ganzheit, Einheit, Einzigkeit und Anderheit. Und wenn das niemand in der Familie tut oder sonst jemand in der Gesellschaft, dann muß es der Psychotherapeut tun.

Aber – wie Buber betont – nur, wenn man selbst ganz, eins, einzig und anders ist, kann man den anderen in seiner Ganzheit, Einheit, Einzigkeit und Anderheit bestätigen in Liebe, mit voller Hingabe, durch Nicht-handeln, durch Respekt der Autonomie. Für Buber ist Bestätigung mehr als Akzeptieren. Akzeptieren ist »ich nehme dich an, so wie du bist«. Bestätigung heißt für Buber: »Ich entdecke durch meine annehmende Liebe in dir das..., was du bestimmt bist zu werden« (zit. nach Friedman 1987, 200). Hier spielt sehr deutlich der Chassidismus herein, der Glaube, daß der Mensch die Schöpfung Gottes verwirklicht, indem er das wird, was zu werden er bestimmt ist – und nicht einem Bilde von sich nachstrebt. Und der chassidische Gott hat einfach kein Interesse, Duplikate zu erschaffen. Rabbi Susya sagte: »Wenn ich in den Himmel komme, werden sie mich nicht fragen: ,Warum warst du nicht wie Moses?‘. Sie werden fragen: ,Warum warst du nicht Susya?‘« Warum wurdest du nicht zu dem, der nur du werden konntest. (vgl. Buber, 1949, 394)

IV.
Psychotherapieforschung

Was heißt das alles für Psychotherapieforschung? Das Problem dabei ist ja das, was Jochanan Bloch die »Aporie des Du« bei Buber nannte. Das Ich-Du ist ja nicht in Begriffen abbildbar, es wird definiert als jenseits der Begriffe, Wörter, Kategorien. Wir ahnen, was Buber meint, nur wenn wir ähnliches erlebten, das in Worten nicht mehr faßbar ist, dem man sich allerdings annähern kann durch »umschreiben« oder, wie Buber es tut, mit Metaphern, Geschichten, Poesie. Ich kann mit von Glasersfeld meine Frage vielleicht noch schärfer fassen. Von Glasersfeld meint, daß man nicht »jedes Stück Erfahrung als Neuheit« nehmen könne, nur Mystiker nehmen »Erfahrung als Erfahrung«. Wenn wir dagegen Wissenschaft betreiben wollen, also Regelmäßigkeiten entstehen lassen wollen, dann müßten wir »unsere Erfahrungen in Stücke schneiden, sie vergleichen und Gleichheiten durch Assimilation herstellen, d.h. indem wir die vorhandenen Unterschiede mißachten«. Wenn wir aufhörten, diese »grundlegenden Operationen« auszuführen, würden wir aufhören, »Beobachter« zu sein, und, um Maturanas fundamentale Aussage umzudrehen: »es gäbe nichts zu sagen« (v. Glasersfeld 1987, 196). Läßt sich Bestätigung, Begegnung, Kontakt nicht-wissenschaftlich fassen? Daß Bestätigung »heilen« ist, ist ja zunächst nur eine Hypothese. Aber wie stellt man fest, ob Bestätigung stattgefunden hat? Bestätigung ist von außen nicht beobachtbar. Nur der Bestätigte, also der Betroffene hat die Möglichkeit festzustellen, ob er dieses Erleben hatte. Wie soll er es beschreiben?

Ähnliches gilt übrigens auch für die Macht-Gehorsam-Relation: Wenn A zu B sagt, tue x, dann heißt das ja nicht eindeutig, daß B gehorcht, wenn er x tut, also etwas gegen seinen Willen tut, er kann auch selbst, autonom x tun wollen. Auch hier kann man nur den Betroffenen fragen und hoffen, daß der Betroffene unterscheiden kann, was bei psychotherapeutischen Klienten schwierig sein kann. Und was heißt »heilend«? Lernen III, wie Bateson meint, also über die Gewohnheiten hinauszugehen? In welchem Maße? Immerzu wachsen?

In einer Nachbefragung von Klienten einer psychosozialen Beratungsstelle, die bis zu zehn Beratungen hatten – und in einer Nachbefragung von Beratern wurden als wichtigste Ereignisse während der Beratung häufig Situationen beschrieben, die man als »Kontakt« oder »Bestätigung« auffassen kann. Diese Momente haben anscheinend auch etwas bewegt.

Psychotherapie ist ja selbst schon Forschung: »Gemeinsames Hervor-bringen einer Welt« und: »Nur die Liebe ermöglicht es uns, diese Welt hervorzubringen« – so Maturana und Varela (1987, 268). Psychotherapie-forschung ist eine Forschung über Forschung – ähnlich wie Wissenschafts-forschung. Was hat das zur Konsequenz?

Ich ende mit Fragen. Die Hauptfrage ist, kann man das »dialogische Prinzip«, wie Buber seine Theorie der Ich-Du-Begegnung nannte, in der Sprache der Synergetik fassen? Läßt es sich eventuell fassen als »Versagen des Versklavungsprinzips«, d.h. als chaotische Bewegung? Ist Leben über-haupt chaotisch und Neurose als Torus, Grenzzyklus oder einfacher Attrak-tor zu fassen?

II.

Quellen und Verbindungen

3

Gestalttheorie und Wissenschaftstheorie
Plädoyer für eine alternative Wissenschaft

Element-Gesetze, chinesische Wissenschaft und Gestalttheorie

Psychologie will menschliche Handlungen erklären und prognostizieren. Das kann sie gewiß zur Zeit nicht. Alles, was wir haben, sind ein paar statistische Regelmäßigkeiten, experimentelle Ergebnisse und dazu meist Gegenergebnisse aus anderen Experimenten. Erklären können wir damit fast nichts, und prognostizieren auch nichts, schon gar nicht für einzelne Menschen. Im Alltag können wir das jedoch sehr gut. Jeder Mensch kann das. Das Zusammenleben zwischen Menschen wäre nicht möglich, wenn wir nicht dauernd Aktionen und Reaktionen von unseren Interaktionspartnern erklären und prognostizieren könnten. Sicher, wir machen dabei auch Fehler, wir sind enttäuscht, wütend, frustriert, wenn unsere Prognosen nicht stimmen. Die psychologischen Alltagstheorien, die wir haben, mögen wissenschaftlich falsch sein, sie sind jedoch bei den meisten Ergebnissen brauchbar. Diese psychologischen Alltagstheorien sind auch brauchbar für die Menschen in anderen Kulturen, obwohl sich deren »Alltagspsychologie« von der unsrigen sicher unterscheidet. Und wenn wir uns Zeit lassen, ein wenig beobachten bei den anderen Völkern, dann können wir auch da recht gut dieses Handeln der uns Fremden erklären und prognostizieren.

»Wie ist die Grundsituation?« fragt Wertheimer (1925, 3) » ... *Man kommt vom lebendigen Geschehen zur Wissenschaft, sucht in ihr Erklärung, Vertiefung, Hineindringen, Vorwärtsdringen in das Wesentliche dessen, was da vorgeht und findet vielfach zwar Belehrungen, Kenntnisse, Zusammenhänge und fühlt sich nachher ärmer als vorher ... Wie ist es z. B. in der Psychologie? Man kommt von irgendeinem Starken, Lebendigen, das in einem vor sich gegangen ist, schlägt etwa nach, was die Psychologie, was die Wissenschaft für diese Dinge sich erarbeitet hat, liest und liest (oder beginnt selbst in der Art zu forschen ...) und hat nachher das klare Gefühl: Man hat vieles in der Hand und eigentlich doch nichts. Irgendwie ist das, was einem das Wichtigste, Wesentlichste, das Lebendige der Sache schien, bei diesen Vorgängen verlorengegangen.«*

Das hat sich seither für mich nicht verändert. Ein Beispiel für viele: Lefcourt hat in einem Band die Forschung zu *locus of control* zusammengetragen, also all das, was seit Rotter auf diesem Gebiet der internalen und externalen Kontrolle experimentiert und untersucht wurde. Das ist sicherlich ein wichtiges Konzept, das das Konzept der Verantwortlichkeit in der Gestalttherapie unmittelbar angeht. Damit das Buch auch ja auf dem neuesten Stand sei, hat der Autor ein Kapitel angehängt, in dem er Ergebnisse zusammengestellt, die seit er zu schreiben begonnen hatte, veröffentlicht wurden. Das Fazit: » ... man hat vieles in der Hand und eigentlich doch nichts«. Zu diesem Fazit kommt auch Lefcourt. Wenn ich dagegen einem Menschen in der Therapie begegne, weiß ich nach einigen Sitzungen ziemlich genau, wo er external attribuiert und wo internal, und wie er das macht, anderen, der Umwelt Schuld zu geben oder sich selbst die Schuld zu geben, und ich weiß ziemlich genau, wie die Realität aussieht, wo die Ursachen wirklich liegen – das heißt: Ich kann ziemlich genau prognostizieren (und erklären), wie er handelt, was er wann sagt, und wie seine Gefühle des Ausgeliefertseins zustande gekommen sind.

Wir Wissenschaftler haben z. B. die Theorie von den Normen erfunden, um zu erklären, warum wir das Handeln von anderen Menschen erklären und prognostizieren können. Handeln oder Verhalten sei normativ geregelt und deshalb prognostizierbar; aber so stimmt das nicht. Wenn wir uns nur anschauen, was die Mogel-Forschung herausgefunden hat, und wie unsinnig es ist – mogelnder oder nicht mogelnderweise –, mit unseren gegenwärtigen Kenntnissen prognostizieren zu wollen (vgl. Lickona, 1976).

Das mit den Normen ist – umgangssprachlich ausgedrückt – »typisch abendländische Wissenschaft«, und das heißt, vorherrschende Wissenschaft. Unsere abendländische Wissenschaft ist geprägt vom Rechts- und Gesetzesdenken. Helmuth Spinner hat die »Entstehung des Erkenntnisproblems im griechischen Denken und seine klassische Rechtfertigungslösung aus dem Geist des Rechts« (1978) im vorsokratischen Zeitalter beschrieben: die »Wissenschaft als rechtliche geregelte Recht-mäßige Erkenntnisdisziplin«. Und Joseph Needham (1979), der so viel zum Verständnis der frühen chinesischen Wissenschaft beigetragen hat, beginnt sein Essay über »Menschliche Gesetze und die Gesetze der Natur«:

»Es ist wohl eine der ältesten Vorstellungen der westlichen Zivilisation, daß, ganz wie irdische Gesetzgeber bindende Verpflichtungen des positiven Rechts einführten, genauso auch eine himmlische und zu höchst rationale Gottheit eine Serie von Gesetzen niedergelegt haben mußte, denen Mineralien, Kristalle, Pflanzen, Tiere und der Lauf der Sterne zu gehorchen hatten. Wir wissen, daß diese Idee eng mit der Entwicklung der modernen Wissenschaft in der Renaissance verknüpft ist.« (ebd., 262)

Er verfolgt dann den Gesetzesgedanken zu den Babyloniern und Hebräern zurück, und wie er im Despotismus Fuß faßte und im kapitalistischen Absolutismus wieder aufgegriffen wurde. Gott als Gesetzgeber des Universums, das ist die cartesianische Idee. Der Mensch kann diese Gesetze, die unabhängig von ihm bestehen, herausfinden. Schlagartig deutlich – gerade durch die Verfremdung – wird dieses »Recht-und-Ordnung-Denken« in der Geschichte, die Needham erwähnt, derzufolge noch 1730 in der Schweiz ein Hahn zum Verbrennen bei lebendigem Leibe gerichtlich verurteilt wurde, wegen des »ruchlosen und unnatürlichen Verbrechens«, ein Ei zu legen (ebd., 291).

Das Grundmodell der chinesischen Weltanschauung im Gegensatz zur abendländischen scheint nach Needham der dynamische Organismus zu sein:

»Das Universum ist von einem Netz von Beziehungen durchwoben, das durch Dinge und Ereignisse verknüpft ist« (ebd., 281) *» ... es ist ein dynamisches Muster, das sich in allem Lebendigem verkörpert.« »Universelle Harmonie entsteht nicht durch ein himmlisches Fiat irgendwelcher Könige, sondern durch die freiwillige Zusammenarbeit aller Wesen im Universum, die aus dem Befolgen der inneren Notwendigkeiten ihrer eigenen Natur existiert.«* Das ist der Begriff *»Tse«*, der nach Needham am ehesten dem westlichen Gesetzbegriff nahekommt. In Wirklichkeit ist *»Tse«*, schreibt Needham, *» ... die interne Herrschaft der Existenz, die in jedem einzelnen Ding verkörpert ist und aufgrund derer es seine Stellung und Funktion in dem Ganzen findet, dessen Teil er ist«* (ebd.,285).

Für einen westlichen Wissenschaftler ist es schwer, so etwas zu denken und zu begreifen. Ich glaube, es ist fast ebenso schwer zu denken und zu begreifen, was Wertheimer über die Gestalttheorie schrieb; es ist dieser chinesischen Auffassung so überraschend ähnlich. Wertheimer schreibt:

»Man könnte das Grundproblem der Gestalttheorie etwa so zu formulieren versuchen: Es gibt Zusammenhänge, bei denen nicht, was im Ganzen geschieht, sich daraus herleitet, wie die einzelnen Stücke sind und sich zusammensetzen, sondern umgekehrt, wo – im prägnanten Fall – sich das, was an einem Teil dieses Ganzen geschieht, bestimmt von inneren Strukturgesetzen dieses seines Ganzen.« (Wertheimer 1925, 6)

Der Blickwinkel Wertheimers ist ein anderer als der bei Needham und den Chinesen. Wertheimers Problem ist das Verhältnis zwischen Teil und

Ganzem; deshalb spricht er auch von Strukturgesetzen, er meint damit: »von-innen-her-bestimmt«, so schreibt er an anderer Stelle (ebd., 8).

Wertheimer kritisiert »die europäsiche Erkenntnistheorie und Wissenschaft weil sie glaube,

»daß Wissenschaft überhaupt bloß« auf die Weise gemacht werden könne, daß ich *»das zerlegen muß, in seine Stückelemente zerlegen muß, die Gesetzlichkeit zwischen solchen Elementen studieren muß, und dann komme ich zur Lösung meines Problems, indem ich durch die Zusammensetzung des so elementar Vorhandenen und durch die Ansetzung der Gesetzlichkeiten zwischen den einzelnen Stücken die Komplexion herstelle.«* (ebd., 6)

Kein Wunder, daß die Wissenschaft blind macht gegen »gerade das Lebendige«. Wenn die chinesische Gesellschaft der Wissenschaft günstig gewesen wäre, so meint Needham, dann wäre eine Naturwissenschaft in China entstanden, die »zutiefst organisch und nicht mechanisch gewesen wäre« (Needham 1979, 291). Darüber kann man sicherlich spekulieren, nur: Es ist unwahrscheinlich, daß *nur* das Gesetzesdenken, wie es in der abendländischen Welt vorherrscht, eine Wissenschaft produzieren kann, und das organische Denken bei den Chinesen nicht. Wir sollten auch nicht vergessen, daß die Chinesen vor uns Papier, Porzellan, Schießpulver, Kompaß, mechanische Uhr, Seismograph und die Verwendung von Mineralien in der Medizin erfunden haben.

Organisch, von innen her bestimmt, Teil eines Ganzen, also nicht zerlegt in Stückelemente, nicht bestimmt von äußeren, »auferlegten« Gesetzen, das scheinen mir die Stichworte zu sein, mit denen man die andere Wissenschaft charakterisieren könnte. Um es ganz deutlich zu machen, was Wertheimer unter Gestalttheorie versteht: Gestalttheorie ist nicht (a) 6 Elemente und etwas Siebtes, die Gestaltqualität; nicht (b) 6 Elemente und die Relationen zwischen den Elementen; nicht die Auffassung (c): zu – den Gegebenheiten – Stücksumme – treten eben noch »irgendwelche« »höheren Prozesse« hinzu, die an der Summe des Gegebenen ansetzen; sondern worum es geht (hier hinsichtlich der Melodie), ist, daß

» ... das was ich da überhaupt habe, was ich auch an dem Ort der einzelnen Töne habe, was da in mir entsteht, ein Teil ist, der sich auch in sich bestimmt von dem Charakter des Ganzen. Daß das, was mir in der Melodie gegeben ist, nicht irgendwie aufbaut (durch irgendwelche Hilfsmittel) sekundär aus der Summe der einzelnen Stücke an sich, sondern das, was im einzelnen

vorhanden ist, entsteht, schon radikal abhängt von dem, wie sein Ganzes ist ... daß es zum Fleisch und Blut der Gegebenheiten gehört, wie, in welcher Rolle, in welcher Funktion sie in ihrem Ganzen sind« (Wertheimer 1925, 11f.)

Man beachte, wie schwer es Wertheimer fällt, dies in digitaler Sprache zu fassen, um Watzlawicks Ausdrücke zu gebrauchen, was eigentlich wohl nur in analoger Sprache zu fassen ist.

Mir scheint, daß die dominante abendländische Wissenschaft noch nie so deutlich in einer Krise steckte wie zur Zeit. Das dokumentiert auch die derzeitige Blüte der Wissenschaftswissenschaften, also der Wissenschaftstheorie, -psychologie, -soziologie, -geschichte. Der große Versuch Poppers, gegen die unhaltbare Verifikationstheorie seine Falsifikationstheorie zu setzen, ist gescheitert (vgl. z. B. Feyerabend 1976 und Keuth 1978, beide Popper-Schüler).

»Die Wissenschaftslehre hat also herausgefunden, daß wir weder die Wahrheit, noch die Falschheit unserer Hypothesen beweisen können. Alle Regeln, die den Wahrheitsbeweis oder den Falschheitsbeweis suchen sollten, sind damit gegenstandslos«, schreibt Keuth (1978, 550).

Poppers Programm ist gescheitert, »weil die definitive Falsifikation die Verifikation der Prämissen« voraussetzt. Bei diesen Hypothesen ging es bekanntlich um nomologische Hypothesen, also Gesetzeshypothesen.

Der ausgeklammerte Mensch

Die Vorstellung, wir Menschen könnten die auferlegten Gesetze in der Natur, die unabhängig von uns existieren, weil sie von einem göttlichen Herrscher eingesetzt wurden, »entdecken« oder »enthüllen«, scheint noch aus anderen Gründen falsch zu sein.

Die Naturwissenschaftler sind sich darin einig, daß wir, wenn wir die Wirklichkeit erfassen wollen, bereits die Wirklichkeit verändern; bereits durch das Messen verändern wir. Die Untersuchungen über den Pygmalion-Effekt zeigen das Gleiche für die Psychologie (Rosenthal und Jacobsohn 1968). So etwas macht das Enthüllen von vom Menschen unabhängigen Gesetzen unmöglich oder nur noch zufällig möglich. Aus der Wissenschaftsgeschichte wissen wir, wie sich die Gesetzmäßigkeiten, die wir gefunden haben, verändert haben, oder genauer, daß wir für die gleichen Ergebnisse, z. B. Bewegung der Sonne und der Erde, völlig verschiedenartige Gesetze verwendet haben, und wie stark dies mit anderen Vorstellungen über Gott und die Welt – im wörtlichen Sinne – zusammenhing, mit anderen »sozialen Konstruktionen der Realität«, wie Berger und Luckmann (1967) es genannt haben. Es gibt keine Garantie, daß die Gesetze, die wir jetzt haben, wahr sind. Die Werke von Castaneda (1973) haben die Idee popularisiert, daß es völlig unterschiedliche Weltbilder geben kann. In »Philosophy of Science«, der renommierten wissenschaftstheoretischen Zeitschrift, bei Feyerabend (1976) und bei Duerr (1978) wird das Problem diskutiert: *»Does Don Juan really fly?«* Man ist sich da ziemlich einig: *»... evidently we are permitted to say either that Don Juan does, and Neil Armstrong doesn't fly; or vice versa; or both do; or neither do«* (Foss 1973, 314). Es gibt keine Möglichkeit, zwischen den Welten zu entscheiden. Einsteins Relativitätstheorie ist so weit nicht gegangen, obwohl sie wohl als Kernpunkt zeigte, daß es auf den Standpunkt ankomme, wie die Welt sich verhält. Nachdem er über die Relativitätstheorie geschrieben hatte, beschäftigte sich Einstein mit einer einheitlichen Feldtheorie, an der er scheitert, vielleicht weil er die Tabu-Grenze nicht durchstieß, die die Weltgesetze als unabhängig vom Menschen betrachtete. Die Afrikaner haben ja ein ganz anderes Weltbild, was die Beziehung zwischen Mensch und Welt betrifft. Man kann von einem anthropozentrischen Weltbild sprechen (Jahn 1958). Das Treibende, das allen Kräften Leben und Wirksamkeit gibt, ist »*Nommo*«, das Wort, es ist gleichbedeutend mit »Wasser, Samen, Blut«. Die »Dinge« – »*Kintu*« -, das sind »geronnene Kräfte«, sie brauchen den Befehl *Nommo* durch einen »*Muntu*«. *Muntu* (Mehrzahl: *Bantu*) ist der »Mensch«; dazu gehören auch Götter und Ahnen. Gott schuf die Erde als Weib und begattete sie. Sein Same ist »*Nommo*«. Das Saatkorn z.B. hat von sich aus keine Aktivität, ohne daß der Mensch seine Weisheit (*Ubwenge*) durch *Nommo* einwirken läßt. Camara Laye aus Guinea beschreibt, wie sein Vater Goldschmuck herstellt. Während das Gold schmilzt, formt er lautlos Worte. Das genügt jedoch nicht. Ein Zauberer ist dabei, um die Verwandlung des Goldes in etwas Flüssiges und dann wieder Festes zustande zubringen .

»Während der ganzen Verwandlung war sein (des Zauberers) Vortrag immer beschwingter, seine Rhythmen immer drängender geworden, und in dem Maße, als das Schmuckstück Form annahm, hatten seine Lobpreisungen und Schmeicheleien an Heftigkeit zugenommen, und die Fähigkeit meines Vaters bis in alle Wolken erhoben. In Wahrheit hatte der Zauberer

auf eine eigenartige, fast möchte ich sagen unmittelbare und wirksame Weise teil an der Arbeit. Auch er berauschte sich am Glück des Schaffens, und verkündete laut seine Freude, er griff begeistert in die Saiten, er geriet in Feuer, als wäre er selbst mein Vater, als entstünde das Schmuckstück unter seinen Händen« (zit. n. Jahn 1958, 130).

Wenn wir in westlicher Sprache diese Beschreibungen analysieren, dann beispielsweise folgendermaßen:

1. Wie bei uns in Europa vor der Etablierung der »Wissenschaften« in der Renaissance, wo das Ziel der Wissenschaft Wahrheitssuche wurde und Wissenschaft von der Praxis getrennt wurde, ist in Afrika das Verhältnis von Mensch zur Natur die Praxis, es geht darum, etwas herzustellen, zu produzieren. Das ist bekanntlich etwas, was bei Marx aber auch bei den amerikanischen Pragmatikern wie Peirce, James und Dewey als Wissenschaftsprogramm gefordert wird. Wahr ist für die Pragmatiker eine Theorie, wenn man mit ihr die Welt verstehen und in ihr handeln kann. Es gibt nicht eine Wahrheit – ein göttliches Gesetz – sondern viele praktisch brauchbare Wahrheiten.

2. Für diese Afrikaner gibt es keine Naturgesetze hie, und getrennt davon und unabhängig die Menschen da, sondern Mensch und Natur bilden in der Praxis ein Ganzes, sie gehören zusammen, sie brauchen einander, sind aufeinander angewiesen.

3. Es geht dem afrikanischen Menschen nicht darum, die feindlich gemeinte Natur zu beherrschen, da sie sonst ihn beherrscht, wie wir in der dominanten Wissenschaft glauben. Ziel der Naturwissenschaft sei die »Befreiung des Menschen von der Herrschaft der Natur« und Ziel der Sozialwissenschaften sei die »Befreiung des Menschen von der Herrschaft der Menschen«, formulierte es einer von mir befragten Wissenschaftler. Die Indianer Nordamerikas nennen das »Ehrfurcht«. Duerr (1978) übersetzt es als »das Unwichtig-werden des Menschen gegenüber den anderen Geschöpfen der Natur«. Und er zitiert einen nordamerikanischen Indianer:

»Als ich noch ein Kind war, lehrten mich meine Eltern und die alten Leute, alle Dinge mit Ehrfurcht zu behandeln, auch die Felsen, die Steine und die kleinen Kriechtiere, denn sie alle sind Manitus« ... », Es spielt keine Rolle, was man zu einer Pflanze sagt; meinte er. Man kann genausogut Worte erfinden, das Wichtigste ist das Gefühl, sie gern zu haben, und sie als seinesgleichen anzusehen! Ein Mann, der Pflanzen sammle, müsse sich

jedesmal bei ihnen entschuldigen, wenn er sie pflücke, erklärte er, und ihnen versichern, daß er selbst ihnen irgendwann als Nahrung dienen werde. ,Also sind wir und die Pflanzen alles im allem gleich', sagte er. ,Weder wir noch sie sind irgendwie wichtiger oder unwichtiger'« (Duerr 1978, 155).

4. Psychologisch gesprochen, produziert der Zauberer so etwas wie Selbstvertrauen im Goldschmied. Seltsamerweise wird dieser psychologische Trick in der westlichen Welt nur bei Fußballspielen und anderen sportlichen Ereignissen und da auf ziemlich primitive Weise verwendet. Man muß sich einmal vorstellen, was für ein Lebensgefühl, welche Identitätsvorstellungen dieser Goldschmied als Produzent dieses Produktes hat im Vergleich zu beispielsweise einem Kfz-Mechaniker bei uns oder der Kassiererin im Supermarkt. Bei uns ist der Mensch auch beim Handeln weitgehend ausgeklammert.

Hoyt Edge (1978) hat deutlich gemacht, welche zentrale Grundvorstellung der westlichen Wissenschaftsauffassung seit längerem zugrunde liegt, insbesondere der empirischen Ausrichtung, nämlich: »Die Welt ist unveränderlich, nicht unser Geist. Er ist wie eine Wachstafel, auf der jeder neue Sinneseindruck eine Spur hinterläßt. Bestenfalls können wir unsere Umwelt durch unseren Körper beeinflussen«. Wir sind lediglich passive Beobachter. Er fordert im Anschluß an Kuhn und Feyerabend und sich stützend auf die Pragmatiker, das Paradigma zu wechseln und dieses neue Paradigma ist dann sehr ähnlich dem Afrikanischen. Er schreibt:

»Auf jeden Fall würde die Annahme eines Paradigmas, daß die Welt nicht festgelegt ist, bevor wir mit ihr Kontakt aufnehmen und nach dem Welt und Mensch eine wechselseitige kausale Rolle spielen, uns von unserer Denkgewohnheit abbringen, uns nur als passive Beobachter zu fühlen«.

»Die Welt als unvollendet zu betrachten«, würde auch zur Folge haben, daß wir die Verantwortung übernehmen für das, was wir der Welt antun, und nicht meinen, die Unzulänglichkeiten und das Leiden auf dieser Welt tue sie uns an. Ein faszinierender Gedanke: Vielleicht gibt es keine Ganzheit in der wir, die Menschen nicht ein Teil sind. Das meint meines Erachtens Wertheimer:

»Ich sagte, der Mensch ist ein Teil im Felde, und ist aber ein Teil, der seinen Ganzcharakter und in diesem seine Reaktion hat. An die Stelle des Zusammenhanges: Reiz als stückhafte Erregung eines periphären Nerven

*auf der einen Seite und stückhafte Empfindung auf der anderen Seite –
anstelle dieses Zusammenhangs tritt mit Notwendigkeit der Zusammenhang: Tangierung der Feldbedingungen, der Lebensbedingungen, Tangierung dessen, was einem Wesen Umfeld ist und Reaktion dieses Wesens ...«*
(Wertheimer 1925, 15).

Dieser Gedanke ist nicht neu; Einstein hat den Beobachter versucht
einzubeziehen, wenn auch nur als raum-zeitlichen Standpunkt eines idea-
len Beobachters, aber immer noch möchten wir »die Welt erforschen unter
Ausschluß dessen, daß wir es sind, die sie erkennen« (Jaspers 1947, 628).
Das Wissen von der »sozialen Konstruktion der Realität« (Berger und
Luckmann 1967), *»personal constructs«* (Kelly 1955), »sozialen Vorstellungen« (Moscovici 1973, Herzlich 1975) hat nicht dazu geführt, daß wir
als Wissenschaftler Wissenschaft betreiben, indem wir uns als Teil des
Ganzen betrachten; wir »sammeln« Erkenntnisse als lägen sie herum
außerhalb von uns selbst, wir »erkennen« Gesetzmäßigkeiten, als gäbe es
sie ohne Beobachter. So jedenfalls beschreiben die Wissenschaftler, vor
allem die Naturwissenschaftler, die ich 1975 in längeren Interviews befragt
habe, ihre Tätigkeit. Wenn wir uns die wissenschaftlichen Zeitschriften
auch in der Psychologie anschauen, dann finden wir in fast allen Artikeln
diese Relation: Die Erkenntnisse sind unabhängig vom Erkennenden.

Die Trennung von Erkennen und Handeln

Die afrikanische Vorgehensweise, die ich zitiert habe, unterscheidet sich
von der unseren aber nicht nur in diesem einen Punkt, daß der Mensch in
der Vorgehensweise als Teil des Ganzen da ist und wirkt, sondern auch in
einem weiteren Punkt, nämlich darin, daß Erkennen und Handeln nicht auf
so merkwürdige Weise voneinander getrennt sind. Abgesehen davon, daß
die Trennung von Erkennen und Handeln zu den Absurditäten führt, die
gerade in unserer Zeit besonders deutlich werden: »Allein in den Naturwissenschaften arbeiten derzeit etwa dreiviertel aller Forscher, die je
gelebt haben. Fast täglich gibt es wichtige neue Erkenntnisse, und der
Bestand der wissenschaftlichen Literatur verdoppelt sich jeweils in fast
zehn Jahren«, heißt es in einer Anzeige. Erkenntnisse, die irrelevant
bleiben, bedrucktes Papier oder fotokopiertes. Nicht einmal mehr für sein
Spezialgebiet kann man wissen, was wer wann und wo widerlegt hat. Die
meisten Erkenntnisse sind irrelevant bei der Trennung von Erkennen und
Handeln, die bei uns institutionell abgesichert ist: *»In ... the social structu-*

re of science, we can see the sources of the strongly enforced alienation of scientists: from society, from the fruits of their work, from any effective sense of responsibility« (Ravetz 1974, 85).

Gerade in den hochentwickelten, den alten Wissenschaften, das heißt den Naturwissenschaften, ist die Entfremdung und Fremdbestimmtheit der Wissenschaftler besonders hoch, das konnte ich in meiner Untersuchung belegen (Portele 1979). Welche absurde Rolle Wissenschaft heute tatsächlich spielt, wird für mich im sogenannten *Gorleben-Hearing* deutlich. Ob man das atomare Entsorgungs- und Aufbereitungszentrum in Gorleben bauen soll oder nicht, darüber sind sich die Wissenschaftler nicht einig. Wissenschaft treiben, heißt ja immer noch die Wahrheit suchen und finden. Was ist wahr, wenn sich die Wissenschaftler nicht einig sind? Der damalige Ministerpräsident von Niedersachsen Albrecht sagte, wozu die Diskussion zwischen Befürwortern und Kritikern wichtig sei: » ... damit wir herausfinden, wo die Wahrheit liegt«. Also die politische Instanz wird entscheiden, was Wahrheit ist, genauer wo sie »liegt«, wo man sie aufheben und einsammeln kann. Das dokumentiert meines Erachtens schlagartig die Krise der Wissenschaft. Praktisch brauchbar scheinen die Theorien nicht zu sein.

Die Trennung von Erkennen und Handeln, das scheint mir der wichtigste Gesichtspunkt zu sein, hat dazu beigetragen, daß wir die Wissenschaft haben, die wir jetzt haben, nämlich eine Wissenschaft, die geprägt ist von dem Denken der bei uns dominanten Gehirnhälfte – üblicherweise der »linken« -, die – verkürzt gesagt – logisch, sprachlich, analytisch, mathematisch, propositionell arbeitet mit einem Operationsmodus in linear aufeinander folgenden Schritten, eine Wissenschaft, die das ganzheitliche, räumliche, bildhafte, gleichzeitige. intuitive, appositionelle Denken der bei uns nicht dominanten Gehirnhemisphäre nicht zuläßt und das Wertheimer gerade fordert (vgl. Ornstein 1976). Diese Trennung von Erkennen und Handeln wurde ja erst nach der Renaissance im 17. Jahrhundert bei uns institutionalisiert in den »Akademien« und »Gesellschaften«.

»Die normative soziale, politische, religiöse Neutralisierung der Naturerkenntnis, die ein wesentliches Element der Positivität, Objektivität, Sachlichkeit wissenschaftlichen Wissens ist, war eine Bedingung der Institutionalisierung von Wissenschaft im 17. Jahrhundert. Die Auseinandersetzung mit alternativen Begriffen und Ansprüchen der Naturerkenntnis wurde durch institutionelle Entscheidungen beendet oder überflüssig gemacht« (van den Daele 1977, 133).

Die Trennung von »praktischem und theoretischem Diskurs« (ebd., 169), die einhergeht mit der Trennung von Naturerkenntnis und Philosophie, Naturwissenschaft und Technik, Naturwissenschaft und Kunst (vgl. dazu Leonardo da Vinci oder Brunelleschi), Natur und Geisteswissenschaften, legte die Wissenschaft folgendermaßen fest:

»Die lebensweltliche Einheit der Erfahrung wird unter wissenschaftlichen Strategien in eine Mannigfaltigkeit von distinkten, eindeutigen Tatsachen aufgelöst. Die Wiederherstellung der Erfahrung ist Aufgabe der Theorie«, und diese Theorie versteht sich als *»Erklärung von Elementen (Teilen)«* (Böhme und van den Daele 1977, 233).

Es kann hier nicht im einzelnen nachgezeichnet werden, wie unsere »extrem starke« »Dressur« auf das stückhafte Denken, wie Wertheimer es nennt, entstanden ist und durch die Institutionalisierung normativ abgesichert wurde (vgl. dazu z. B. Böhme et al. 1977). Eine wichtige Rolle spielte dabei sicherlich der Instrumentenbau und das Messen, das die Wissenschaftler immer weiter von der Wirklichkeit entfernte – beispielsweise, daß Biologen heute mit Lebewesen nur noch über den Oszillographen in »Berührung« kommen. Wertheimer erwähnt eine andere Tatsache, die diese Sichtweise unterstützte:

Etwas geschehe *»mechanisch, stückhaft, zufällig, blind«, »das, was im Ganzen geschieht, (geschieht) aufgrund der summierten Geschehnisse im einzelnen Stück«. »Das geschieht in der Physik oft, in erster Linie dann, wenn ich mehrere Maschinen aneinanderkoppele, daß heißt, wenn ich menschlich gemachte Physik treibe«* (Wertheimer 1925, 18).

Wie extrem stark »diese Dressur auf das stückhafte Denken« ist, zeigt auch, daß es Wissenschaftler und Wissenschaftstheoretiker gibt, die meinen, daß die vorherrschende Wissenschaft die einzig mögliche, weil wahre Form der Naturerkenntnis sei. Von mir befragte Naturwissenschaftler hatten das voll internalisiert: Die Wissenschaft muß exakt, experimentell, meßbar und objektiv sein – das sind die vorherrschenden Schlagworte. Wir Psychologen, die wir darum kämpfen, endlich Wissenschaftler zu werden wie die Naturwissenschaftler, haben das auch internalisiert. Es wird jedoch nicht mehr danach gefragt, ob dies der beste Weg zur Wahrheit ist – er ist es nicht, wie es das Scheitern des Popper-Programms zeigt oder das Gorleben-Hearing – sondern das wird normativ vorgeschrieben. Die paradoxe Situation kommt in der folgenden Äußerung eines der Naturwissenschaftler zum Ausdruck, die ich befragt habe. Aufgabe der Wissenschaft sei es: »Probleme zu lösen, ... ohne daß Gefühlsregungen eine Rolle spielen, ohne daß ich nach dem eigenen Vorteil schiele, und ohne daß moralische Bedenken bei diesen Überlegungen eine Rolle spielen«. Dieser Wissenschaftler stellt drei moralische »Bedenken« für das wissenschaftliche Handeln auf und das dritte Bedenken ist das Bedenken, moralische Bedenken aufzustellen.

Die vorherrschende Wissenschaft ist nur eine der möglichen Wissenschaften. Aber das Problem ist, daß wir – besonders wir Wissenschaftler – uns eine alternative Wissenschaft so schwer vorstellen können. Wir Psychologen sind ja auch stolz, daß wir uns von den Geisteswissenschaften und der Philosophie, – das heißt der Spekulation getrennt haben. Wie könnten wir uns eine Alternative vorstellen?

Die zwei Gehirnhälften in unserem Kopf

Mir scheint, daß uns die Zwei-Hemisphären-Theorie Hinweise geben kann. Dabei ist es nicht wichtig, ob diese zwei Zugänge und Denkweisen tatsächlich in den Gehirnhemisphären lokalisiert sind und wie. Ich denke, daß es sinnvoll sein könnte, die Dominanz der dominanten, das heißt analytischen, propositionellen, linearen, sprachlich-mathematisch-aufeinanderfolgend arbeitenden Gehirnhälfte – die üblicherweise der linken zugesprochen wird, die unsere rechte Körperhälfte steuert – zu brechen zugunsten der ganzheitlichen, bildhaften, räumlichen, gleichzeitig, intuitiv und appositionell arbeitenden. Wir brauchen beide, wir haben schon immer beide gebraucht, wenn wir es uns auch nicht deutlich gemacht haben. Wertheimer gibt ein Beispiel:

»Denken sie an die wunderschönen Aufstiege, die sich ergeben haben in der mathematischen Axiomatik, etwa in Hilberts Arbeiten. Denken sie, was es für die Wissenschaft bedeutet, zu so prinzipiellen Ansätzen in der Klärung zu kommen, und überlegen sie, was Hilbert tut, sich von der einen Seite charakterisiert als stärkste Kondensierung stückhaften Ansatzes. Spräche man mit Hilbert darüber und sagte: ,Ja, dann könnte man doch die sinnlosesten Axiome in Summe nebeneinander setzen', dann sagte er wohl: ,Davor bewahrt mich mein mathematisches Gefühl ...' eben das Gefühl der Ganzheit. Die bekannten Ansätze in der mathematischen Axiomatik sind zwar stückhaft, ,es lassen sich aber auch gewisse Momente darin finden,

die schon auf das andere hinweisen und ändern wollen,' ...« (Wertheimer 1925, 22)

Es geht nicht darum, die dominante Hemisphäre auszuschalten und der jetzt nicht-dominanten Dominanz zu verleihen, sondern beide gleichberechtigt nebeneinander bestehen zu lassen. Das heißt, die Dominanz der dominanten Hemisphäre zu brechen, die ja in unserer Gesellschaft nicht nur bei Wissenschaftlern dominant ist, sondern die sich, wie sich insbesondere in Therapien immer wieder zeigt, auch bei den anderen Mitgliedern unserer dem stückhaften Denken verfallenen Gesellschaft finden läßt. Fritz Perls, mit der Gestalttheorie in Berührung geratener Psychiater und Psychoanalytiker, hat das Verweilen in der dominanten Gehirnhälfte in der Therapie, als »*Aboutism*« gegeißelt.

Was wir uns klar machen müssen, ist, daß wir die nicht-dominante Gehirnhälfte – die rechte, die unsere linke Körperhälfte steuert – und ihre Arbeitsweise verteufeln. Bruner schreibt in seinem Essay-Band »*On Knowing*« mit dem bezeichnenden Untertitel »*Essays for the Left Hand*«:

»*Die rechte (Hand) ist Ordnung und Gesetzmäßigkeit, die Rechte, le droit. Ihre Schönheiten sind die der Geometrie und der straffen Folgerung. Mit der rechten Hand nach dem Wissen zu greifen – das ist die Wissenschaft. Nur soviel über die Wissenschaft zu sagen, hieße jedoch, eine ihrer erregenden Seiten zu übersehen, denn die großen Hypothesen der Wissenschaft sind Geschenke, die in der linken Hand getragen werden. Von der linken Hand sagen wir, sie sei ungeschickt ... Die Franzosen sagen von einem unehelichen Kind, es sei ,a main gauche', und obwohl das Herz praktisch im Zentrum der Brusthöhle liegt, hören wir es links ab. Sentiment, Intuition, Bastardschaft«.*

Die von der nicht dominanten Gehirnhälfte geprägte, also die intuitive Sichtweise hat Domhoff zu erfassen versucht. »Rechts« gilt als: gut, licht, heilig, männlich, rein, Tat, Osten, gerade, aufrecht, stark, hoch, schön, weit, richtig und Leben. Und für »links« gilt: Schlecht, dunkel, profan, weiblich, unrein, Nacht, Westen, gebogen, schlaff, schwach, rätselhaft, niedrig, häßlich, schwarz, unrichtig und tot (zit. n. Watzlawick 1977). Bandler und Grinder (1975), Grinder, de Lozier und Bandler (1977), Fagan (1977), Watzlawick (1977), die sich alle mit Therapie beschäftigen, behaupten zu Recht, wie ich meine, daß wir »unbewußt« von der nicht dominanten Hemisphäre beeinflußt werden, zumindest was unsere Zu- und Abneigungen betrifft, und daß Therapie sich sinnvollerweise an die rechte, nichtdominante Gehirnhälfte wenden sollte.

Auf der Grenze zwischen Wildnis und Zivilisation

Was mit diesen negativen Assoziationen tabuisiert wird, ist das, was Duerr in seinem Buch »Traumzeit. Über die Grenze zwischen Wildnis und Zivilisation« die Wildnis nennt. Die Wildnis, das ist Magie, das sind Hexen, Werwölfe, Schamanen, nachtfahrende Weiber, Sinnlichkeit, Tod, Verrücktheit. Duerr versucht zu zeigen, daß diese Angst vor der Wildnis unsere Wissenschaft bestimmt. Er schreibt:

»Während in unserer ‚Zeit der Trennungen‘ die Tendenz vorherrscht, die Einheit der Dinge zu zerlegen, die Dinge in Komponenten zu zersplittern – etwa in eine bloße Materie, die von geistigen Kategorien zu Einheiten ‚gestanzt‘ wird, in Gegenstände, die sich aus im Grunde verschiedenartigen zusammensetzen – zeigten sich der archaischen Mentalität die Dinge der Welt in viel größerer Einheit«: »Wenn ich ‚rot‘ sage, so ist es ein Begriff, der in Farben, Musik, Gefühl, Sinnen und Natur ausgedrückt werden kann. Der Mensch hat also nicht fünf Sinne sondern einen Sinn ...«.
»Was also viele Wissenschaftler eine ‚Krankheit des Geistes‘ nennen, scheint die Auflösung einer trennenden, analytischen Anschauung zu sein, durch die eine archaische Wahrnehmungsweise zum Vorschein kommt, die normalerweise unter kulturellem Verschluß gehalten wird« (Duerr 1978, 146f.)

Die »größere Einheitlichkeit«, die Auflösung einer isolierenden analytischen Anschauung – das ist die Leistung der nicht-dominanten Gehirnhemisphäre. Hinzu kommt – und das scheint mir ein wesentlicher Punkt zu sein – die Gegenwarts-Orientierung eines strukturierten Ganzen (einer Gestalt) der nicht-dominanten Hemisphäre, die »Traumzeit« im Sinne von Duerr (Ornstein 1976, 100). Das ist auch das »Hier und Jetzt« in der Gestalttherapie.

Während ich dies schreibe, spüre ich die Angst davor, mich ganz der nicht-dominanten Hemisphäre zu überlassen – Traumzeit, Wildnis, Verrücktheit, Tod. Ich glaube, daß auch Angst bei dem im Spiel war, was der Gestaltpsychologie ihren Weg erschwert hat, die Angst auch vor der Nichtwissenschaftlichkeit. Angst und Abscheu vor der Wildnis und der damit verbundenen Denkweise geht seltsame Wege. Spinner (1978) wirft Paul Feyerabend, der mit seinem Buch »Wider den Methodenzwang« und der anarchistischen Regel für die Wissenschaft »anything goes« Staub aufgewirbelt hat, die Nähe zu Hitler vor. Und Graumann zitiert in seinem

Aufsatz über humanistische Psychologie Welleks genetische Ganzheitspsychologie und schreibt: »Zumindest sollten diejenigen, die sich noch an den Niedergang der deutschen Psychologie nach 1933 erinnern können, zweimal nachdenken, bevor sie Holismus und Irrationalismus als Prämissen einer humanen Psychologie akzeptieren« (1977, 44). Er übersieht dabei freilich, daß die Nazis mit ihrem kalkulierenden Buchhalterrationalismus auf stückhaftes Denken in extremem Maße dressiert waren und Menschen als Stücke betrachteten. Es ist einfach falsch, die andere Art des Denkens, die Denkweise der nicht-dominanten Gehirnhälfte als irrational abzutun; das Denken in Ganzheiten ist nicht irrational.

Es ist hier nicht der Ort, über die Arbeitsweisen der beiden Gehirnhälften und ihre Zusammenarbeit zu berichten. Wir brauchen beide Seiten gleichermaßen, wir brauchen, wie Watzlawick sagen würde, die digitale und die analoge Kommunikation, und sie sind nicht immer ineinander zu übersetzen. Duerr plädiert dafür, daß wir wieder wie die Menschen früher zur »Hagazussa« werden, zu Leuten, die zwischen Zivilisation und Wildnis auf dem Hag, auf dem Zaun sitzen:

»Im Falle jener Kulturen, die wir archaische genannt haben, ist im Gegensatz zu unserer eigenen Kultur ein weitaus deutlicheres Bewußtsein davon vorhanden, daß wir immer nur das sein können, was wir sind, wenn wir zur gleichen Zeit das sind, was wir nicht sind, daß wir nur dann wissen können, wer wir sind, wenn wir unsere Grenzen erfahren und damit überschritten haben ... Dies bedeutet gerade nicht, daß wir unsere Grenzpfähle immer weiter in die Wildnis vortreiben, daß wir das ‚Draußen‘ ohne Ende roden, bearbeiten, kategorisieren. Es bedeutet eher, daß wir selbst wild werden, um unserer eigenen Wildheit nicht ausgeliefert zu sein und um dadurch allererst ein Bewußtsein unserer selbst als zahmes, als kulturelles Wesen zu gewinnen«. (1978, 151)

Fazit: 6 Forderungen

Wie sieht eine solche Wissenschaft aus? Ich weiß es nicht. Es läßt sich leichter beschreiben, wie sie nicht sein soll als wie sie sein soll. Ich will die Hinweise, die ich gegeben habe, kurz zusammenfassen:

1. Die neue Wissenschaft sollte nicht »Gesetze« suchen, die außerhalb und neben dem Wissenschaftler, neben Menschen existieren, sondern das »Netz von Beziehungen«, in dem der Mensch ein Teil ist, und bei dem »das, was an einem Teil des Ganzen geschieht«, » von innen her bestimmt,

von den inneren Strukturbeziehungen dieses, seines Ganzen» bestimmt wird.

2. Die neue Wissenschaft sollte den Erkennenden oder den Handelnden in ihre Aussagen einbeziehen – »der Mensch ist ein Teil im Felde« – und nicht versuchen, von ihm zu abstrahieren. Mitroff hat so etwas in seinen Studien versucht zu verwirklichen (Mitroff 1972). – Diese Forderung hat weitreichende Folgerungen, denn wenn die Erkennenden und Handelnden in die Aussagen miteinbezogen werden sollen, dann müssen die Erkennenden und Handelnden über die Psychologie und Soziologie des Erkennens und Handelns Bescheid wissen, alle Erkennenden und Handelnden, also auch die Naturwissenschaftler; d. h. auch, sie sollten sich als Erkennende und Handelnde selbst erfahren können, z.B. ihre Bedürfnisse erfahren. Ich denke, daß die Gestalttherapie der Gestalttheorie angemessene Methoden entwickelt hat, wie man so etwas macht.

3. Die neue Wissenschaft sollte die Trennung zwischen Erkennen und Handeln aufgeben. Das geht anscheinend nur, indem man die getrennten Institutionalisierungen von Erkennen und Handeln aufgibt. Das macht auch die Aufhebung der Trennung zwischen den Wissenschaften erforderlich. M.E. ist das Forschungsparadigma »Aktionsforschung« eine Antwort auf die drei ersten Forderungen. Aktionsforschung sucht nicht nach Gesetzen außerhalb des Menschen, sie bezieht den Menschen als Subjekt ein, sie hebt die Trennung zwischen Handeln und Erkennen immer wieder neu auf.

4. Die neue Wissenschaft sollte die Dominanz der analytischen, propositionellen, sprachlich-mathematisch aufeinanderfolgenden, linearen Denkweise brechen und Gleichberechtigung zur ganzheitlichen, bildhaften, appositionellen, gleichzeitigen, intuitiven, räumlichen Denkweise herzustellen versuchen. Das setzt voraus, Abscheu und Angst vor der »dunklen« Seite unserer selbst zu überwinden. Wenn wir dies wollen, dann müssen wir wohl auch die sprachlich-digitale Dominanz in der Kommunikation über unsere Erfahrungen und unsere Denkweisen aufgeben und analoge Kommunikationsformen suchen, z. B. Bilder. Das schließt jedoch m. E. nicht aus, daß wir, wie Wertheimer vorschlägt, eine neue Mathematik und Logik entwickeln, die dem ganzheitlichen Denken der rechten Hemisphäre entspricht.

5. In der neuen Wissenschaft sollte der Wissenschaftler eine »Hagazussa« sein, die auf dem Zaun zwischen Zivilisation und Wildnis sitzt und die

eigene Wildnis kennt und sich selbst als kulturelles Wesen. Ich meine, daß das nur möglich ist, wenn wir wieder bereit sind zu unmittelbarer Erfahrung und nicht unsere Erfahrungen reduzieren auf durch Meßapparate vermittelte, stückhafte Erfahrung an kontrollierten, die Wirklichkeit verdünnenden, vereinfachenden Experimenten. Anstelle des heute dominanten Experiments sollte das Aktionsforschungsprojekt treten.

6. Wir sollten die Überzeugung aufgeben, daß wir die Natur beherrschen müssen, damit nicht die Natur uns beherrscht, oder die Menschen, damit sie uns nicht beherrschen. Vielleicht versuchen wir es einmal wie die Hopi oder die Afrikaner, Natur und Mensch als Gleichberechtigte, als Partner zu sehen. »Weder wir noch sie sind irgendwie wichtiger oder unwichtiger«.

Das scheinen illusionäre, utopische Forderungen zu sein. Ich meine, sie geben eine Richtung an, und wir können zumindest versuchen, ein Stück in diese Richtung weiter zu gehen.

4.

Feld und Interdependenz bei Lewin, Perls/Goodman und Bourdieu

Feldtheorie

Das Konzept »Feld« ist theoretisch ein Begriff, der in der Physik zuerst verwendet wurde. Man spricht vom Magnetfeld, dem elektromagnetischen Feld, dem Gravitationsfeld, der Quantenfeldtheorie usw.. Feldtheorie wird definiert als Theorie interdependenter Verhältnisse, miteinander und gegeneinander wirkender Kräfte. Als Kinder hat uns der Magnet und sein Feld fasziniert, die Magnetkräfte – Pol und Gegenpol – forderten unsere Neugier heraus.

1917 veröffentlichte Kurt Lewin eine Arbeit mit dem Titel »Kriegslandschaft« (KLW, Bd. 4). Darin ist die Feldtheorie *in nuce* enthalten. Er beschreibt dort ein und dieselbe Landschaft, wie sie sich einerseits dem Spaziergänger oder pflügenden Bauern darstellt und andererseits einem Soldaten hinter der Front. Da gibt es Friedensdinge und Gefechtsdinge. Ein Apfelbaum z.B. ist für den Bauern Eigentum, Schattenspender, Möglichkeit der Apfelernte, für den Soldaten Deckung. Wenn die Front sich verschiebt, wandelt sich der Raum, die Landschaft, Bewegungsspielräume werden eingeengt oder erweitert. Für den Bauern und für den Soldaten sind es zwei völlig verschiedene Landschaften. Man kann also folgendes feststellen:

1. Die Erscheinung der Landschaft für die Person bestimmt das Verhalten – die phänomenale oder anschauliche Umwelt ist entscheidend, nicht die physikalische Umwelt, wie sie von uns wahrgenommen wird.

2. Die anschauliche Umwelt oder der »Lebensraum«, so nennt das Lewin später, verändert sich – auch wenn sie physikalisch die gleiche bleibt.

3. Es gibt eine wechselseitige Abhängigkeit = Interdependenz. Wenn Krieg ist, hat der Soldat das Bedürfnis, sich zu schützen, er sieht den Baum als Deckung, der Baum gibt ihm Sicherheit. Person und Umwelt sind wechselseitig voneinander abhängig.

Für den Bauern wird etwas ganz anderes Figur und Grund wie für den Soldaten – so formulieren es Perls und Goodman.

Es ist offensichtlich, daß Lewins Feldtheorie und die dynamische Interdependenz dem herkömmlichen Kausaldenken wie es in der russischen Psychologie bei Pawlow oder beim Behaviorismus Watsons und später

Skinners vertreten wird, widerspricht. Auf einen bestimmten Reiz folgt nicht eine bestimmte Reaktion, nur in Sonderfällen, wobei der Reiz die Reaktion determiniert. So einfach ist die Welt nicht. Lewins Feldtheorie widerspricht damit aber auch der Abbildtheorie der Wahrnehmung, dem Repräsentationismus, der Widerspiegelungstheorie, der Metapher vom »Spiegel der Natur«. Nein, wir konstruieren die Natur, die Welt, allerdings nicht unabhängig von der Natur und von anderen Menschen.

Abb. 2

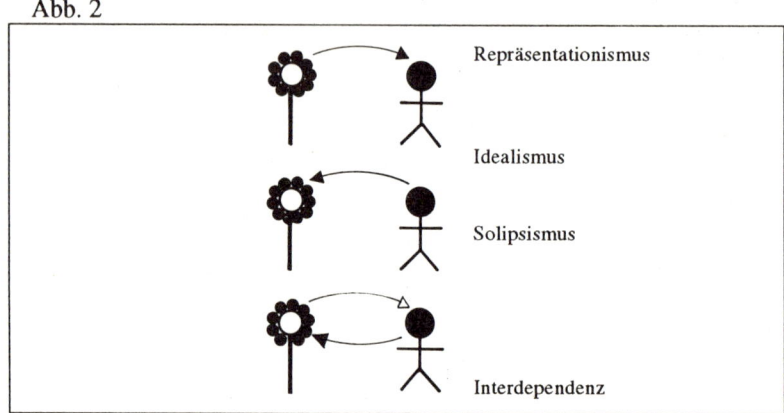

Repräsentationismus

Idealismus

Solipsismus

Interdependenz

Wahlmöglichkeiten

Ich halte diese Auffassung von Welt für sehr wichtig in der Therapie und in der Politik. Im allgemeinen glauben wir, glauben unsere Klienten, daß ein Reiz, ein Ereignis uns bestimmt. Ereignis kann vielerlei sein: Die feindliche Äußerung meiner Partnerin, ihr Wutanfall, eine Krankheit, eine Vergewaltigung, der Tod des Vaters usw. usf..

Ich will das an einem Zitat von Virginia Satir, die u.a.bei Fritz Perls gelernt hat, verdeutlichen. Sie sagte:

»Wenn ich eine Botschaft habe, eine Botschaft, die ich so vielen Menschen wie möglich weitergeben möchte, so ist es diese: Ein Ereignis bestimmt nicht allein, wie ich darauf reagiere. Jeder kann Wahlmöglichkeiten des Reagierens lernen, die ein Ereignis beeinflussen und lenken. D.h. daß der Umgang mit einem Ereignis ausschlaggebend ist, nicht das Ereignis selbst.«

Wahlmöglichkeiten lernen, das heißt Freiheit lernen. Wenn ich mich durch das Ereignis bestimmen lasse, nehme ich mir keine Freiheit, wenn ich daran glaube, daß das Ereignis bestimmt, gehorche ich dem Ereignis, gebe ich ihm die Macht, mich zu bestimmen. Buber sagt hierzu: »Vom Glauben an die Unfreiheit frei werden, heißt frei werden.« Wenn ich mir Freiheit nehme, Wahlmöglichkeiten, habe ich Verantwortung für die Wahl, die ich treffe.

Was heißt bei dem Zitat von Virginia Satir Interdependenz? »Jeder kann Wahlmöglichkeiten des Reagierens lernen, die ein Ereignis beeinflussen und lenken«. Stellen Sie sich ein Blatt Papier vor, das herunterschwebt. Ich kann reagieren: »Das ist mir peinlich« oder »Du Idiot, paß' besser auf« oder »Wie schön das segelt«. Mit meiner Reaktion beeinflusse ich und lenke ich das Ereignis.

Wie faßt Lewin Interdependenz?

Die Formeln von der Lebenswelt

Lewins berühmte Formeln heißen: V=f (Lebenswelt). V steht für Verhalten.»Die Handlung eines Menschen hängt direkt von der Art ab, in der er die Situation auffaßt.« (Lewin 1953, 200)

$$V=f(P, U).$$

P steht für Person, U steht für Umwelt. Das ist eine Art Landkarte, mit der eingezeichneten Person darin. Aber die Landkarte ist nicht das Territorium. Lewin stellt weiterhin fest:

$$P=f(U) \text{ und } U=f(P). \text{ (KLW 6, 375)}$$

Ich will an einer Szene aus einem Film, den Lewin gedreht hat, erläutern, wie er das meint: Da ist ein einjähriges Mädchen, das gerade laufen gelernt hat. Es will sich auf einen Holzklotz setzen. Es steht vor dem Holzklotz, dreht den Hintern zum Holzklotz, der Holzklotz entschwindet seinem Blick – es wagt sich nicht zu setzen. Es dreht sich um und sieht den Holzklotz von neuem, versucht es wieder, links herum, wieder entschwindet der Holzklotz dem Blick, wieder dreht es sich herum. Plötzlich guckt das Mädchen zwischen den Beinen durch, sieht den Holzklotz und setzt sich. Wenn sich das Mädchen umdreht, ist der Holzklotz nicht mehr in seiner Umwelt vorhanden, dann ist der Holzklotz nicht wichtig für sein Verhalten, er hat keinen Einfluß.

Perls und Goodman haben als Gegenstand der Psychologie das Organismus-Umwelt-Feld bezeichnet. Genauer: »Die Psychologie untersucht die Wirkungsweise der Kontaktgrenze im Organismus – Umwelt – Feld«. Das

Organismus-Umwelt-Feld ist ihrer Definition nach »Wechselspiel von Organismus und Umwelt« (PHG, S. 10) also »Interdependenz«. Und weiter heißt es bei ihnen:»Aller Kontakt ist kreative gegenseitige Anpassung von Organismus und Umwelt«. (PHG, S. 12). Perls und Goodman sind mit Kontakt und Kontaktgrenze m. E. über Lewin hinausgegangen. Zwar gibt es für Lewin auch diese »Grenzzone« des Lebensraumes, also die physische und soziale Welt, die den Lebensraum einschließt, und er behauptet, daß

»die Grenzbedingungen eines Feldes wesentliche Charakteristika dieses Feldes darstellen. Wahrnehmungsprozesse z.B. , welche ja der Grenzzone zugeordnet werden sollen, hängen z.T. vom Zustand der inneren Region des psychologischen Feldes, d.h. vom Charakter der Person , ihrer Motivation ,ihrer kognitiven Struktur, ihrer Wahrnehmungsweise usw. ab und zum anderen Teil von der Reizanordnung auf der Retina oder anderen Rezeptoren, wie sie in den physischen Vorgängen außerhalb des Organismus hervorgerufen wird.« (KLW 4, S.147).

Hier beschreibt Lewin also wieder die dynamische Interdependenz auch also zwischen »Lebensraum« und »Grenzzone«. Das ist m.E. nichts anderes als wechselseitige Anpassung. Daß diese wechselseitige Anpassung kreativ, d.h. neu sein soll, fordert Lewin nicht, aber er betont, daß Gewohnheiten, Klischees, Stereotypen, die wechselseitige kreative Anpassung behindern.

Einige Konsequenzen der Lewinschen Grundformeln

Wenn das Mädchen sich setzen will, verschwindet der Holzblock. Er gehört nicht weiter zur Umwelt, er existiert nicht: $U=f (P)$. Wenn das Mädchen den Klotz sieht, hat es das Bedürfnis, sich zu setzen, P hat das Bedürfnis, also: $P=f (U)$. Lewin schreibt: »Die Welten, in denen das Neugeborene, das einjährige und das zehnjährige Kind leben, sind verschieden, selbst wenn die physischen und sozialen Umgebungen identisch sind« (KLW 4, 181) Daraus folgt: »Jedes Verhalten ... ist einzig und allein vom psychologischen Feld zu dieser Zeit abhängig.« (KLW 4, 135)

Damit wendet sich Lewin gegen die anamnestische Diagnose, die Herleitung des Verhaltens aus der Vergangenheit »besonders der klassischen Psychoanalyse«. Er nennt sie »metaphysisch«. »Die Situation zu einer bestimmten Zeit« enthält die Vergangenheit, die Erfahrungen der Person

und die Zukunft, d.h. ihre Pläne, Wünsche, Hoffnungen, aber nur in ihrer
gegenwärtigen Konstellation. Es handelt sich also um eine psychologische
Vergangenheit, und um eine psychologische Zukunft. Diese Auffassung
haben auch Perls und Goodman. Die Modellvorstellung von Kurt Lewin
sieht so aus:

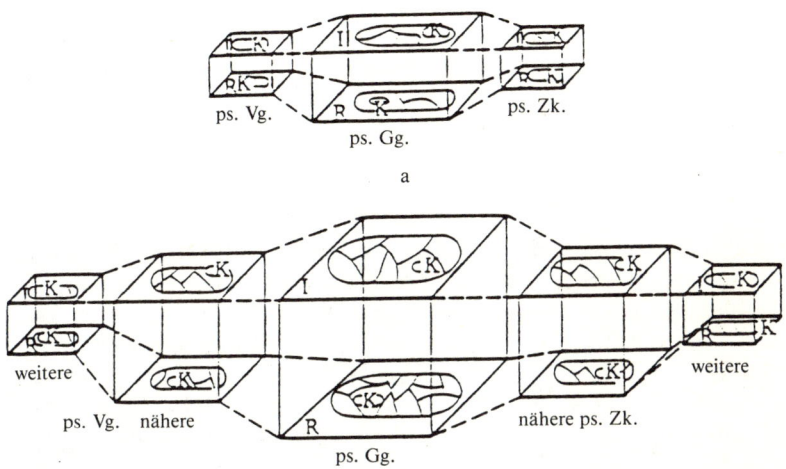

Abb. 3: Der Lebensraum auf zwei Entwicklungsstufen. Die obere Zeichnung stellt den
Lebensraum eines jüngeren Kindes dar. Die untere Darstellung gibt den höheren Differen-
zierungsgrad des Lebensraums eines älteren Kindes im Hinblick auf die gegenwärtige
Siuation, die Realitäts-Irrealitäts-Dimension und die Zeitperspektive wieder. K = Kind; R =
Realitätsschicht; I = Irrealitätsschicht; ps Vg = psychologische Vergangenheit; ps Gg =
psychologische Gegenwart; ps Zk = psychologische Zukunft. (KLW 6, 385)

Ich will noch zwei Aspekte bei Lewin betonen, die mir wichtig erscheinen. Das Feld – Person und Umwelt – ist dynamisch, d.h. es verändert sich
dauernd vom Bedürfnis der Person her, ihren Wünschen, Emotionen,
Wertungen, Erwartungen oder von der Umwelt her. Es ist leicht zu sehen,
daß immer nur ein Verhalten oder eine Verhaltensgestalt und jeweils nur
für das einzelne Individuum zu erklären ist in Lewins Theorie. Lewin war
nicht gegen Verallgemeinerungen und quantitative Methoden, aber das
Verhalten des einzelnen läßt sich nur individuell erklären. Das einzig
Stabile im dynamischen Feld sind für Lewin die Gewohnheiten der Person,
sie setzen voraus, daß die Person das immer Ungleiche, Einmalige, weil
Dynamische als gleich betrachtet. Die Gewohnheit kann in der kognitiven
Struktur, im Widerstand gegen Veränderungen, in der Fixierung von Va-

lenzen, d.h. in der Fixierung des Aufforderungscharakters von Gegenständen und in der Umwelt liegen.

Bei Perls und Goodman wird daraus die »kreative Anpassung im Kontakt«. Wirklicher Kontakt entsteht nur, wenn das Neue, Einmalige der Situation kontaktiert wird.

»Kontakt ist primär Wahrnehmung des assimilierbaren Neuen und Bewegung zu ihm hin sowie Abwehr des unassimilierbaren Neuen. Das Allgegenwärtige, stets Wiederkehrende oder Indifferente, wird nicht Kontaktgegenstand.« (PHG S. 12)

Konflikt, Macht und Interdependenz

Eine der bekanntesten Analysen Lewins ist die Konfliktanalyse: Konflikt zwischen zwei anziehenden Kräften, d.h. zwei positiven Valenzen – der Buridansche Esel zwischen zwei Heuhaufen – Konflikt zwischen zwei abstoßenden Kräften, zwei negativen Valenzen und schließlich der Konflikt zwischen anziehender Kraft und abstoßender Kraft, also zwischen positiver und negativer Valenz. In seiner Arbeit »Die psychologische Situation bei Lohn und Strafe« (KLW 6) analysiert er die Konfliktsituation beim Kind durch die Macht der Eltern durch Gebote und Verbote, die dem »Interesse an der Sache selbst« – so die Bezeichnung von Lewin – entgegenstehen. Gebote und Verbote sind »induzierte« Kräfte, Perls und Goodman würden sagen »Introjekte«. Für Lewin entstehen Konflikte vor allem durch induzierte Kräfte, Introjekte. Lewin schildert eindringlich, wie das Kind zur Introjektion durch Belohnungsversprechen und Strafandrohung gezwungen wird, wie die Versuche des Kindes auszubrechen – »aus dem Feld zu gehen« – mit immer genaueren Zwangsmaßnahmen und Barrieren verhindert wird, bis es gehorsam ist, d.h. eigene Wünsche unterdrückt und nachgibt oder in die Irrealitätsebene, die Phantasie flüchtet, was eventuell zu schizoiden Prozessen führen kann.

Der Lebensspielraum des Kindes wird vom »Machtbereich« des Erwachsenen vollkommen umschlossen. Lewin spricht vom »Machtfeld«. Eindrucksvoll finde ich zweierlei an dem, was Lewin hier aufzeigt: Erstens, daß Macht immer mehr Macht gebiert; der Versuch des Kindes, sich der Macht der induzierten Kräfte zu entziehen, veranlaßt die Eltern zu weiteren Zwangsmaßnahmen. Zweitens wird deutlich, was Maturana in dem Satz zusammenfaßt: »Gehorsam gewährt Macht« (vgl. Krüll u.a. 1988,19).

Auch Macht ist nicht eine einseitige Relation, die nur vom Machthabenden ausgeht, sondern eine Interdependenzrelation zwischen Machthabenden und Machtunterworfenen. Unterbrochen werden kann diese Interdependenz – dieser Kreislauf – von beiden Seiten, vom Machtausübenden und vom sich Unterwerfenden, indem er nicht gehorsam ist.

Abb. 4

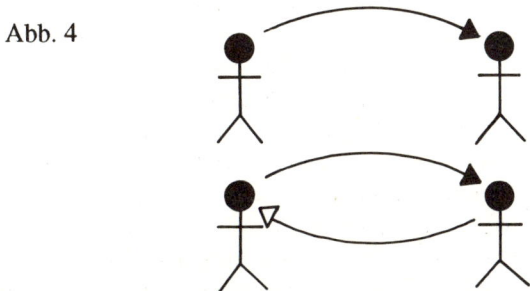

Das zeigt noch einmal, daß Lewin ein Gestalttheoretiker war und wie ich meine, ein konsequenterer Gestalttheoretiker als Köhler, Koffka und Wertheimer. Der zentrale Gedanke der Gestalttheorie ist, wie Wolfgang Metzger schreibt »die wechselseitige Abhängigkeit der Teile eines Ganzen«, also Interdependenz, die bei Lewin auch noch immer dynamisch gesehen wird. Für Lewin ist der Lebensraum, also Person und Umwelt, eine Ganzheit, eine Gestalt mit wechselseitiger Abhängigkeit, also Interdependenz, d.h. *ein System*. Auch die Gruppe ist für Lewin eine Gestalt, die Lebensräume der Personen in der Gruppe sind interdependent.

Der Grundgedanke der Gestalttheorie ist die Selbstorganisation, wie ich an anderer Stelle ausgeführt habe (Portele 1989). Gestalten sind von innen her bestimmt und nicht von außen. Ordnung entsteht nicht durch Zwang von außen sondern durch dynamische Interdependenz innerhalb des Systems: durch Selbstorganisation. Wolfgang Köhler und Kurt Lewin waren sich im folgenden Punkt uneinig:

Köhler behauptete ja, daß wegen der Isomorphie zwischen physiologischer Gehirnstrukturen und den Strukturen in der »Welt da draußen«, die anschauliche Welt, d.h. die psychologische Welt von der physischen Welt eindeutig determiniert wird, er hielt also an der Metapher vom »Spiegel der Natur« fest, also an der »Objektivität« im herkömmlichen Sinne. Objektive Wahrnehmung ist dann Gehorsam gegenüber der Natur, der Welt da draußen. Für Köhler hörte die Interdependenzrelation zwischen Welt,

Natur da draußen und Wahrnehmung auf. Für Lewin dagegen war die Beziehung zwischen Person und Umwelt interdependent und, das sei immer wieder betont, dynamisch. Perls und Goodman haben diese dynamische Interdependenz von Person und Umwelt als flexible Figur-Grund-Prozesse beschrieben, nicht so detailliert wie Lewin, aber der Grundgedanke der dynamischen Interdependenz von beispielsweise der Bedürfnislage der Person und der Figurbildung in der Umwelt ist eindeutig die gleiche. Die geforderte Flexibilität der Figur-Grund-Prozesse – Kontakt mit dem Neuen – ist dann wieder gegen Stereotypen, Klischees und Gewohnheiten gerichtet. Ich meine, es ist richtig, in Lewin einen konsequenten Gestalttheoretiker zu sehen, obwohl dies manchmal bezweifelt wird. Ebenso ist es richtig, in ihm den Begründer einer ökologischen Psychologie zu sehen, wobei für ihn die »Umwelt« eben nicht nur aus Natur bestand, sondern wesentlich sozial war. Und es ist richtig, in ihm einen der ersten Vertreter einer systemischen Psychologie zu sehen. Lewin war ja am Massachussetts Institute for Technology, der Wiege der Systemtheorie, wo Bertelanffy arbeitete. Lewin war sehr interessiert an Bertelanfftys Arbeit.

Am bekanntesten ist Lewin jedoch wohl als Begründer der Gruppendynamik und der Aktionsforschung. Die Gründung des *National Training Laboratory for Group Development* 1945, wo das *Sensitivity Training* und die T-Gruppe geboren wurde, mit der Erfindung des feed-backs (ein Begriff aus der Systemtheorie) als Gruppenmethode, nach Carl Rogers die bedeutendste soziale Erfindung des 20. Jahrhunderts.

Gruppendynamik

Eine der bekanntesten Arbeiten zur Gruppendynamik, die Lewin betreute, ist die über die autoritären, demokratischen oder laissez-faire-Führungsstile in Schulklassen. Es lohnt sich, die Ergebnisse noch einmal nachzulesen.

Seit seiner Emigration in die USA 1933 beschäftigte Lewin sich immer mehr mit Gruppen. Der Hintergrund zu diesen Untersuchungen ist natürlich die politische Situation von 1933-1945, der Faschismus und die Ausrottung der Juden und die Erfahrung mit der amerikanischen Demokratie. Lewin interessierten Vorurteile und deren Veränderung. Lewin nannte das »Umerziehung«, meinte aber, daß die Übernahme neuer Orientierungen freiwillig erfolgen muß. Für Lewin ist Lernen Veränderung des

Lebensraums, also gleichbedeutend mit Leben. Im wesentlichen wird der Lebensraum des Kindes in der Entwicklung bei seinem Wachstum immer differenzierter. Diese Differenziertheit kann sich in Stresssituationen verringern. Differenzierungen bedeutet Differenzierungen des gegenwärtigen Lebensraums sowie in der Vergangenheit und Zukunft. Und ebenso in den Irrealitätsebenen. Das kleine Kind lebt ganz in der Gegenwart, unterscheidet nicht zwischen Realität und Irrealität, es differenziert noch nicht. Alles, was sich bewegt, Hund oder Huhn, ist ein Wau-Wau. Der Lehrer kann die Lebenswelt des Kindes berühren, aber die Differenzierungen und die Erweiterungen des Lebensraums muß das Kind selbst leisten. Der Lehrer stellt zur Verfügung. Das wird besonders deutlich beim einsichtsvollen Lernen, z.B. beim Umwegverhalten, die Einsicht kann lediglich das Kind selbst leisten, der Lehrer kann nur Möglichkeiten zur Verfügung stellen. Differenzierung heißt aber eben auch, daß immer weniger Dinge als gleich angesehen werden. Es sei denn, man hängt neurotisch an Klischees, Stereotypen, Mustern – also Gewohnheiten. Es geht um den Kontakt mit dem Neuen. Auch hier die Ähnlichkeit mit Perls und Goodman. Die chronische Spannung des Neurotikers, die nach Lewin zur Entdifferenzierung des Feldes führt, verhindert guten Kontakt. Ich finde es erwägenswert, Psychotherapie als Differenzierung der Lebenswelt, also hin zu mehr Einmaligkeit, Einzigartigkeit, Individualität zu betrachten. So heißt es bei Perls und Goodman: »Psychotherapie ist keine Methode der Korrektur sondern vielmehr eine des Wachstums« (PHG, S. 20). Wenn wir das ernst nehmen, korrigieren wir Gestalttherapeuten keine Krankheiten.

Wichtig für die Therapie ist auch das, was Lewin als die Grundprinzipien der Gruppendynamik betrachtet. Durch seine Arbeit mit Gruppen ist Lewin zu folgender Überzeugung gekommen (es geht ihm in dem folgenden Zitat um Umerziehungsprozesse zur Demokratie):

»..., daß das, was für das Individuum als ‚Wirklichkeit' existiert in einem hohen Grad davon abhängt, was in der Gesellschaft als Wirklichkeit gilt. Das stimmt selbst auf dem Gebiet des Physikalischen: Für den Südsee-Insulaner mag die Welt flach sein, für den Europäer ist sie rund. ‚Wirklichkeit' ist daher nichts Absolutes, sie ändert sich mit der Gruppe, zu der das Individuum gehört« (Lewin 1953, 94).

Daraus folgt:

»Nur indem Es (das Individuum) sein eigenes Verhalten in etwas verändert, das so groß und gehaltvoll überindividuell ist, wie die Kultur einer

Gruppe, kann das Individuum seine neuen Ansichten genügend festigen, um sie gegen die täglichen Stimmungsschwankungen und Einflüsse immun zu erhalten, denen es als Individuum ausgesetzt ist.« (Lewin 1953, 96)

Beim Veränderungsprozeß genügt also nach Lewin nicht die Veränderung des einzelnen, notwendig ist die Veränderung der Gruppe. Ich denke, diese Auffassung hat Konsequenzen für jede einzelne Gestalttherapie.

Abb. 5

Bei einem Projekt in Connetticut, das Lewin durchführte zur Integration von Weißen und Schwarzen, zeigte sich, daß Veränderungsprozesse durch ein gruppendynamisches Labor dann beständiger waren, wenn mehrere Vertreter einer Gemeinde als Gruppe an diesem Labor teilgenommen haben, als wenn nur einzelne Vertreter einer Gemeinde beteiligt waren.

Aktionsforschung

1945 gründete Lewin im Rahmen des *American Jewish Congress eine »Commission on Community Relations«.* Ich zitiere Wolfgang Metzger:

»Unter den ersten in Angriff genommenen Aufgaben befindet sich die Behandlung einer Bande von Jugendlichen, die in Coney Island am ‚Versöhnungstag‘ eine religiöse Feier gestört hatten, die Zulassungsbeschränkung für Minderheitsangehörige an amerikanischen Universitäten, die Zulassung von Negern als Verkäufer in New Yorker Geschäften, der Zusammenhalt in Jugendgruppen, das ‚integral housing‘, d.h. der gelungene Versuch in Mietshäusern Weiße und Schwarze zu unmittelbaren Nachbarn zu machen, die Behandlung aktiver und unbelehrbarer Verbreiter von

Vorurteilen ... und nicht zuletzt die Ausbildung und Entwicklung gruppendynamischer Übungstechniken – sensitivity training und T-groups«. (Metzger 1984, 19)

Ich gebe diese sehr unvollständige Liste wieder (Lewin hat früher andere Aktionsforschungsprojekte durchgeführt, auch z.B. bei Ehepaaren), um deutlich zu machen, daß Lewin in den USA die ursprüngliche Forscherhaltung – wertneutrales, objektives Beobachten und Feststellen – aufgab zugunsten von Aktionsforschung. Wolfgang Metzger schildert Aktionsforschung so:

»Der Forscher geht dort hin, wo es brennt, in den Betrieb, in die Behörde, in die Schulklasse, das Jugendlager. Er analysiert die Problemlage an Ort und Stelle. Er fügt sich dazu so weit wie möglich selbst in die Arbeitsgruppen und -vorgänge ein. Er verhilft den Beteiligten zu Verfahren der Selbstanalyse. Und aufgrund der gemeinsam gewonnenen Erkenntnisse, entwirft er Versuchsvariationen, die sich wiederum an Ort und Stelle durchführen lassen. Ihre Auswirkungen werden genau registriert und den Befunden an Vergleichsgruppen gegenübergestellt. Sie werden von den unmittelbar Betroffenen diskutiert. Das Ergebnis geht wieder in neue Maßnahmen ein usw.« (Metzger 1984, 13)

»Beteiligung der Betroffenen« an der Forschung – so die verkürzte Definition von Aktionsforschung – das allein ist schon eine gewaltige Erneuerung (die viel zu wenig aufgegriffen wurde, vor allem auch viel zu wenig in der Therapieforschung) – ich will jedoch aufzeigen, daß Aktionsforschung eine notwendige Konsequenz aus Lewins Auffassung von der »dynamischen Interdependenz« ist:

1. Wenn Verhalten eine Funktion von psychologischer Umwelt und psychologischer Person ist, dann kann der Forscher dieser persönlichen Lebenswelt des Betroffenen nur in Interaktionen mit dem Betroffenen im Dialog näherkommen.

2. Er tritt mit dem Betroffenen in ein interdependentes Verhältnis ein, der Betroffene wird Element seiner, des Forschers Lebenswelt wie der Forscher Element der Lebenswelt des Betroffenen wird. Das ist notwendig so. Es kann also keine objektive, distanzierte, rein beobachtende Forschung geben. Der Forschende verändert den Forschungsgegenstand durch seine Tätigkeit als Forscher, d.h. den Lebensraum des Betroffenen. Das ist die Heisenbergsche Unschärfe-Relation im Bereich der Sozialpsychologie.

3. Aus dem ersten und dem zweiten Punkt ergibt sich drittens die ethische Forderung, den Betroffenen – seine Lebenswelt – so gelten zu lassen wie die eigene Lebenswelt, die Lebenswelt des Forschers. Beide sind frei, gleichwertig und brüderlich, also in einem demokratischen Verhältnis. Es geht um dynamische Interdependenz. Weder bestimmt der Forscher einseitig – das entspräche dem autoritären Führungsstil – noch bestimmt der Betroffene einseitig – das wäre der laissez-faire-Führungsstil – sondern beide beachten die dynamische Interdependenz.

Der eine beeinflußt den anderen und umgekehrt, aber wenn weder der eine noch der andere Macht ausübt oder sich unterwirft, macht jeder mit dem Einfluß des anderen in seiner Lebenswelt in Freiheit das, was er will, selbstbestimmt und autonom, »von innen her bestimmt« und nicht von außen. Noch einmal sei Buber zitiert:

»Vom Glauben an die Unfreiheit frei werden, heißt frei werden.« (Buber 1979, 61)

4. Forscher und Betroffene stellen in zweifacher Weise gemeinsam Wirklichkeit her:

a) durch gemeinsames Handeln, z. B. Abbau von Vorurteilen, integral housing von Schwarzen und Weißen;

b) durch gemeinsame Konstruktion der Wirklichkeit, d.h. durch gegenseitige Verständigung über das, was sie als psychologische Umwelt konstruieren.

Ich erwähne das, weil das, was in der gegenwärtigen amerikanischen und englischen Sozialpsychologie und -soziologie als die »Bewegung des sozialen Konstruktionismus« bezeichnet wird, wie deren wichtigster Vertreter Gergen sagt, auf Lewin zurückzuführen ist: Wir konstruieren Wirklichkeit in dynamischer Interdependenz mit »der Welt da draußen« und in dynamischen Interdependenz mit unseren Mitmenschen. Paul Goodman sagt: »Alles Wissen ist sozial« (Goodman 1989, 282).

Nicht-Handeln

Bei Aktionsforschung handelt es sich also nicht um eine Sozialtechnologie im herkömmlichen Sinne, um einseitiges, herrschaftliches Eingreifen, Zwang von außen durch den Techniker, Herrschaft über die Natur, die Menschen, so, wie es dem herkömmlichen westlichen mechanistischen Weltbild entspricht. Blankertz weist mit Recht darauf hin, daß die Voraussetzung einer anarchistischen Gesellschaftsordnung im Sinne Goodmans »die Beachtung der Rechte des Anderen (ist) und der Abbau des Wunsches, alles nach der eigenen Vorstellung zu gestalten«. Blankertz fährt fort: »Sie ist auch Voraussetzung der Versöhnung zwischen Mensch und Natur: Weniger die Natur beherrschen wollen als mit ihr leben und sich von ihr leiten lassen« (Blankertz 1989, 52), also »Dialog mit der Natur« wie Prigogine das nennt. Blankertz weist an dieser Stelle auf Goodmans Beschäftigung mit dem Taoismus hin, mit dem Nichttun, Nichthandeln (*Wu-wei*). Nichttun sei das Gegengewicht zur »Haltung des ,ich drücke der Welt meinen Stempel auf'«. Das »Nichttun« fordert vor allem, »das Eigenrecht des Behandelten zu achten«, schreibt Blankertz und er fährt fort: »in die eigene Handlung wird möglichst wenig Eigenwillen getan, damit das Wesen des Behandelten sich entfalten kann.« Das ist für mich jedoch Unterwerfung, Gehorsam gegenüber dem anderen, Passivität. Perls und Goodman faßten »Nichttun« als »mittleren Modus«. *Wu-wei* wird vom China-Experten Needham mit »die Fähigkeit der Selbstregulierung respektieren« übersetzt. Perls und Goodman schreiben über den »mittleren Modus«:

> *»Das Selbst ist spontan und im mittleren Modus ... Spontaneität ist das Gefühl, den gerade ablaufenden Organismus-Umwelt-Prozeß handelnd zu erleben, nicht nur Gestalter oder das Gestaltete zu sein, sondern darin zu wachsen. Spontaneität ist nicht gelenkt oder selbstlenkend, noch ist sie ein Dahingetragenwerden, wobei man im Grunde unbeteiligt werde, sondern sie ist ein Entdecken und Erfinden, während man unterwegs ist, sich einläßt und anerkennt. Das Spontane ist zugleich aktiv und passiv, besser im mittleren Modus zwischen Tun und Erleiden, eine Einheit vor (auf und nach) der Trennung von Aktivität und Passivität, die beides einschließt«* (PHG, 164).

Für Buber ist *Wu-wei* die »Tätigkeit des ganz gewordenen Menschen«, er »wirkt« und »greift nicht mehr ein und er läßt auch nicht bloß geschehen« (Buber 1979, 78)

Für mich hat Lewin in der Aktionsforschung die Konzeption des *Wu-wei* verwirklicht, was m.E. nur möglich war, weil er ein überzeugter Gestalttheoretiker war, d.h. von der spontanen Selbstregulierung oder Selbstorganisation überzeugt war. Wenn es vom Anarchismus heißt: »Anarchismus ist nicht Chaos, sondern Ordnung ohne Herrschaft«, dann war auch Lewin Anarchist.

Die Feldtheorie Bourdieus

Nun haben wir zur Zeit ganz sicher keine »Ordnung ohne Herrschaft«, im Gegenteil. Wir leben in einer neurotischen Gesellschaft mit viel zu viel »Retroflektionen« (Zinker), also viel »Selbstbeherrschung« oder »Selbstunterdrückung« und viel »Eingreifen im Handeln«, vielen Manipulierungen, Macht und Herrschaft über andere und Gehorsam und Unterwerfung.

Ich ziehe die Feldtheorie des französischen Soziologen Bourdieu heran, um diese Gesellschaft, die nicht herrschaftsfrei ist, zu beschreiben, genauer: einen Teil der Gesellschaft, und weil Bourdieus Feldtheorie über die Lewinsche hinausgeht. Ich will nur einige Aspekte herausheben.

Für Bourdieu ist das »Feld« ein »Ort des Kampfes«. Er hat das Feld der Literatur beschrieben, das Feld der Wissenschaft und das Feld der Mode. Ich übertrage die Feldtheorie Bourdieus auf das Feld, das uns als Therapeuten angeht, auf das Feld der Heilkunde. Es geht hier wie in anderen Feldern um Machtverteilung, um Monopole, Strategien, Interessen und Profite. Damit wird nicht geleugnet, daß es den Personen im Feld um Kompetenz geht, um die Fähigkeit in diesem Feld zu heilen. Die Fragen, die dabei beantwortet werden müssen, sind jedoch: Wer ist kompetent und wer nicht? Wer entscheidet das aufgrund welcher Kriterien? Wer ist kompetenter als andere, wer am kompetentesten? Um diese Hierarchie an Kompetenz geht es ja auch. Machtverteilung, Monopole, Strategien, Interessen und Profite, alle diese Dinge sind an Kompetenz gebunden.

Eine der interessanten Thesen Bourdieus ist, daß das Feld relativ autonom ist, relativ unabhängig von der übrigen Gesellschaft. Selbstverständlich haben die heilkundlich Tätigen ihr Klientel, ihre Kunden, aber über Kompetenz und Kompetenzgrad entscheiden die Personen im Feld, die Professionellen. Die Ärzte habe ja fast ein Monopol auf heilkundliche Tätigkeit – in Deutschland gibt es noch die Heilpraktiker, über deren Kompetenz entscheiden allerdings Ärzte in einer Prüfung. Arzt wird, wer die Kompetenz bei Ärzten gelernt hat. Die Prüfung, das Staatsexamen, ist staatlich, entscheiden tun allerdings die Ärzte, die Staatlichkeit des Examens dient lediglich zur Legitimation. Nach dem Staatsexamen in der Fachausbildung werden die jungen Ärzte dann weiter sozialisiert und der Kampf um die Kompetenz, um den Kompetenzgrad beginnt. Das höchste Sozialprestige, nicht nur unter den Ärzten, haben die Chirurgen, (bei den

Chirurgen das höchste Prestige haben die Neurochirurgen). Innere Medizin wird abgewertet, gerade von den Chirurgen. Selbstverständlich wird das Gesamtgebiet der Medizin weiter aufgeteilt. Aber unter den Spezialisten – sei es HNO, Gynäkologie oder was immer – haben das höchste Prestige aufgrund hoher geschätzter Kompetenz die Ärzte, die operieren. Auch unter den niedergelassenen Ärzten ist der, der zum Operieren ins Krankenhaus gehen kann, angesehener. In den jeweiligen Spezialgebieten haben die Ärzte, die ausbilden und forschen, die noch höhere Kompetenz: Herr Professor. Professoren bestimmen, wer Professor wird, wer diese hohe Kompetenz hat. Es handelt sich also auch hier um Selbstrekrutierung.

Längst ist das Feld der Heilkunde aufgeteilt. Wer »etwas werden will« muß sich im Spezialgebiet einen Namen machen, z.B. als Urologe von Querschnittsgelähmten. Ich will diese Hierarchien nicht ausführlicher beschreiben, die Andeutungen mögen genügen. Erstes Ergebnis dieses Überblicks ist: Ärzte entscheiden, wer kompetent ist und wer nicht, Ärzte, die als hochkompetent eingestuft werden, entscheiden über höhere Kompetenzgrade. Es ist offensichtlich, daß die Definition dessen, was kompetent ist, da sie ja von denjenigen erbracht wird, die auf der Stufenleiter oben sind, einerseits stark dazu tendiert, konservativ zu sein, andererseits keiner aufsteigen kann, wenn er nicht etwas Neues bringt, eine besondere Behandlungsweise erfunden hat, einen besonderen chirurgischen Eingriff oder was immer. Das Neue darf selbstverständlich nicht zu neu sein – nicht zu außergewöhnlich. Es muß »anschließen« an das Vorhandene. Bourdieu spricht hier vom »Konsensus im Dissensus«. Der Neue, der Aufsteiger, der eine nichtorthodoxe Behandlungsmethode gefunden hat, also eine heterodoxe, muß sich mit den Konservativen, welche die orthodoxen Methoden vertreten, streiten. Bourdieu schreibt:

»Das Feld der Argumente, welche Heterodoxie und Orthodoxie bei ihren Kämpfen definieren, ist abgesetzt vom Hintergrund der Doxa, dem Aggregat von Vorannahmen, welche die Gegner als selbstverständlich annehmen und als außerhalb des Gebiets der Argumente, weil sie die implizite, unausgesprochene Bedingung für die Argumentation ist; die Zensur, die von den Orthodoxen ausgeübt wird und von den Heterodoxen beklagt, leugnet eine radikalere Zensur, die schwerer zu entdecken ist, weil sie konstitutiv ist für das Funktionieren des Feldes (hier der Heilkunde).«

Sie entscheidet, was zum Feld gehört und was nicht, also was außer Diskussion steht, also implizit und selbstverständlich bleibt.

»...Konsensus über den Gegenstand des Dissens, das gemeinsame Interesse, das dem Interessenkonflikt zugrundegelegt ist, all die undiskutierten

und ungedachten Gebiete, die außerhalb des Kampfes gehalten werden«. (Bourdieu 1979, 36)

Warum zitiere ich das? Ich meine, der Mechanismus, den Bourdieu da beschreibt, ist für uns Gestalttherapeuten in der heutigen Situation höchst bedeutungsvoll. Ich will etwas weiter ausholen:

1. In der Hierarchie der Ärzte stehen die Fachärzte für Psychotherapie ganz unten. Sie schneiden nicht, sie behandeln zwar mit Medikamenten, aber nicht immer, aber vor allem reden sie. Aber sie sind als Ärzte sozialisiert: Sie»behandeln« Krankheiten.

2. Das wichtigste Ergebnis der Sozialisation ist der Habitus, die Handlungsgrammatik, die Wahrnehmungs- , Denk-, Fühl- und Handlungsschemata, die selbstverständlich sind, natürlich erscheinen und nicht hinterfragt werden, weil sie kaum hinterfragbar sind und die im wörtlichen Sinne *einverleibt* sind. Eben jene Doxa, von denen weiter oben die Rede war. Der Habitus definiert Zugehörigkeit zum Feld, zur Zunft. Zu diesen Doxa gehört m.E.:

a) Es geht um Krankheit und um Heilung einer Krankheit.

b) die Krankheit wird »weggemacht«. Das ist ziemlich mechanistisch zu sehen als »schneiden«, »operieren«. Operieren hat das höchste Ansehen.

c) Heilen heißt eingreifen, also keineswegs »Nichttun« wie oben für die Gestalttherapie beschrieben.

d) der »Kranke« ist Behandlungsobjekt. Man muß ihm nicht alles erklären, er versteht es sowieso nicht.

e) Heilungserfolge müssen in der herkömmlichen Weise nachgewiesen werden, so wie es eben Ärzte nach der vorherrschenden Forschungsmethodologie machen mit Doppelblindversuchen usw.

f) Höhere Kompetenz unter den ärztlichen Psychotherapeuten hat selbstverständlich derjenige, der es mit richtigen »Kranken« zu tun hat. Solchen, die in einer Klinik behandelt werden müssen, also Schizophrene, Manisch-depressive, Krisenfälle usw.

g) Eine Krankheit kann genau diagnostiziert werden. Dafür gibt es Tests.

h) Eine Krankheit hat eindeutige Ursachen, nicht unbedingt Viren oder Bakterien, aber z.B. ein Kindheitstrauma. Das ist das »Erregerparadigma«, wie ich es einmal genannt habe, das immer noch im Handeln der Ärzte vorherrscht, obwohl längst die Wissenschaft von der Interdependenz von Erregern und Dispositionen sprechen. Es ließen sich sicher noch eine Menge anderer Selbstverständlichkeiten ergänzen, eben Doxa. Selbstverständlichkeiten, die auch wir nichtärztlichen Psychotherapeuten inzwischen anerkennen.

Doxa sind einverleibt, habe ich weiter oben gesagt. Man muß das wörtlich nehmen. Wie der Arzt – auch der Facharzt für Psychotherapie – den Patienten empfängt, ihn begrüßt, sitzen läßt, was er beim Anblick des Patienten fühlt, wie er ihn behandelt, was er an ihm beachtet, was er denkt, was er in ihm sieht, ist im Leib der Ärzte eingeschrieben (wer Ärzte in Gestalttherapie ausgebildet hat, weiß das).

3. Dieser Doxa, dieses einverleibten Habitus ist man sich nicht bewußt. Es wird – so meine ich – aus dem Gewahrsein, der *awareness*, hinausgedrängt.

4. Wer in das Feld der Heilkunde eintreten will, muß diese Doxa anerkennen, sonst ist er nicht kompetent, d.h. er darf nicht heilkundlich tätig sein. Mehr noch: Er darf zwar heterodox argumentieren, also gegen die orthodoxe Methode des Heilens kämpfen, aber bei diesem Kampf um Anerkennung seiner Kompetenz muß er in seiner Argumentation die Doxa als Doxa, die Selbstverständlichkeiten als Selbstverständlichkeiten, als nicht hinterfragbar, gleichsam natürlich unterstellen, am besten sie einverleibt haben.

5. Es ist nicht verwunderlich, daß die Psychoanalyse mit ihrer Krankheitsdefinition und ihrem Ursachendenken sowie ihrer Behandlungsmethode und daß die Verhaltenstherapie mit ihrer mechanistischen Behandlungsmethode am ehesten anerkannt werden, denn sie haben die gleichen oder ähnliche Doxa.

Selbstverständlich geht es beim Kampf in diesem Feld um Kapital. Bourdieu unterscheidet drei Kapitalarten: ökonomisches, kulturelles und soziales, die weitgehend untereinander konvertierbar sind. Kulturelles Kapitel ist vor allem Ausbildung: Je länger die Ausbildung, desto höher das Kapital. Ärzte stehen da an der Spitze, die Psychologen wollen auch 10 Semester und Graduiertenausbildung. Soziales Kapital ist Anerkennung, Prestige. Die Ärzte sind da sicher sehr hoch und bei den Ärzten vor allem die Chirurgen, man muß sich nur an den Erfolg der Fernsehserie »Schwarzwaldklinik« erinnern. Und diese beiden Kapitalsorten, das kulturelle Kapital und das soziale Kapital sind in ökonomisches Kapital konvertierbar, auch über die Krankenkassen.

Ich denke, es ist offensichtlich, worauf meine Argumentation hinausläuft: Ich habe Lewin mit seiner Feldtheorie dargestellt, den Einfluß auf

Perls und Goodman, diese völlig andere Denkweise, die eine Lebensweise ist. Ich glaube nicht, daß Gestalttherapie mit den Doxa der Heilkunde vereinbar ist, ich glaube, daß Gestalttherapie sich dann so anpassen müßte, daß sie nicht mehr Gestalttherapie ist. Was also tun?

Das heilkundliche Feld ist von der Medizin beherrscht. Die Doxa, der medizinische Habitus, widersprechen der Gestalttherapie. Wenn wir in das Feld der Heilkunde hineinwollen, müssen wir uns anpassen. Welches könnte unser Feld sein? Ich meine das Feld der Prävention und Rehabilitation: Wachstum als Prävention vor Krankheit. Uns geht es wirklich nicht um Heilkunde, um »Normalisierung«, zurück zum Angepaßten, Arbeitsfähigen. Wenn wir als Psychotherapeuten einem Krebskranken begegnen, dann haben wir ganz andere Aufgaben als der Arzt. Der Arzt sollte operieren, wenn es notwendig ist und eine Strahlentherapie beginnen, wenn er nichts Besseres weiß. Wir Psychotherapeuten sollten den »Kranken« bei diesem Prozeß begleiten und das ist etwas grundlegend anderes als das, was der Arzt tut.

5.

»Schöpferische Indifferenz« und »fruchtbare Leere«. Salomo Friedlaender und Fritz Perls

Schöpferische Indifferenz

Für Fritz Perls war die schöpferische Indifferenz von Salomo Friedlaender ein außergewöhnlich wichtiges Konzept. Das erste Kapitel in seinem ersten Buch »Das Ich, der Hunger und die Aggression« ist der schöpferischen Indifferenz gewidmet. In seiner Autobiographie »Verworfenes und Wiedergefundenes aus meiner Mülltonne« nennt er Salomo Friedlaender seinen Guru, obwohl er da auch seinen Vornamen verwechselt und ihn Siegmund nennt, was dann bei verschiedenen, vor allem ausländischen Autoren so übernommen wurde. In seiner Autobiographie schrieb Perls: »Meine erste Begegnung mit dem Nichts im philosophischen Bereich war die Null in Gestalt des Nullpunktes. Ich fand es unter der Bezeichnung ‚Schöpferische Indifferenz‘ bei Siegmund Friedlaender« (1981, 73). »Seine philosophische Arbeit ‚Schöpferische Indifferenz‘ hatte einen starken Einfluß auf mich« (1981, 79). Er erzählt von der Wirrnis in seinen Jugendjahren in den Kreisen der Intellektuellen und Künstler in Berlin nach dem ersten Weltkrieg in den *roaring twenties*. »Friedlaender brachte in diese Wirren einen einfachen Weg primärer Orientierung. Was immer ist, differenziert sich in Gegensätzen. Wenn ihr euch von einer der entgegengesetzten Kräfte einfangen laßt, sitzt ihr in der Falle oder verliert zumindest das Gleichgewicht. Wenn ihr im *Nichts* des Nullpunktes bleibt, bewahrt ihr die Balance und Perspektive. Später wurde mir klar, daß das das westliche Äquivalent zur Lehre Laotses ist« (S. 80). Und weiter heißt es: »Null ist nichts, ist Leere. Ein Punkt der Indifferenz, ein Punkt von dem aus Gegensätze geboren werden. Diese Indifferenz ist in dem Moment schöpferisch, wo die Differenzierung beginnt« (S. 83). In seiner Autobiographie verweist Perls dann selbst auf das erste Kapitel in »Ich, Hunger und Aggression«, er habe dem dort Gesagten nichts hinzuzufügen.

Was faszinierte Perls so an der schöpferischen Indifferenz? Setzte er die schöpferische Indifferenz in sein Therapiekonzept um und wie? In »Das Ich, der Hunger und die Aggression« beginnt Perls die Reflexion über die schöpferische Indifferenz mit der Feststellung der »wechselseitigen Abhängigkeit« zwischen dem Beobachter und dem Beobachteten, eine »objektive Wissenschaft« gebe es nicht. Für Perls hat Friedlaender mit der schöpferischen Indifferenz »einen Punkt gefunden, von dem aus der Beobachter die umfassendste und am wenigsten verzerrte Anschauung gewinnen könnte« (1978, 19). Zu allererst fasziniert Perls an der schöpferischen Indifferenz, daß durch dieses Konzept versucht wird, ein erkenntnistheoretisches Problem zu lösen, nämlich wie man die subjektabhängige, weil »von Interessen bestimmte Beobachtung« verzerrungsfreier gestalten könnte, ohne sie jedoch je völlig verzerrungsfrei und objektiv zu bekommen. Perls hat Friedlaender so verstanden:

1. Friedlaender stelle die Theorie auf, »jedes Ereignis stehe in Beziehung zu einem Nullpunkt, von dem aus eine Differenzierung in Gegensätze stattfinde. Diese Gegensätze zeigen *in ihrem spezifischen Zusammenhang* eine große Affinität zueinander.«

2. »Indem wir wachsam im Zentrum bleiben, können wir schöpferische Fähigkeiten erwerben, beide Seiten eines Vorkommnisses zu sehen und jede unvollständige Hälfte zu ergänzen. Indem wir eine einseitige Anschauung vermeiden, gewinnen wir eine viel tiefere Einsicht in die Struktur und die Funktion des Organismus« (1978, 19). Interessanterweise geht Perls von der Grundeinheit »Ereignis« oder »Vorkommnis« aus und nicht von Objekten oder Gegenständen. Er verweist ja immer wieder auf Heraklits »Alles fließt«, den grundsätzlichen Prozeßcharakter. »Gegenstände sind Ereignisse« heißt es im Zen-Buddhismus.

Die Interpretation Friedlaenders durch Perls, das Insistieren Perls »auf von Interessen bestimmte Beobachtung«, enthält ja tatsächlich auch einige buddhistische Aspekte. Wenn wir für Interessen »Begehren« setzen, wird die Wirklichkeit durch Begehren verzerrt, und man kommt der Wirklichkeit näher, wenn man beide Seiten sieht, vom Nullpunkt aus, von der schöpferischen Indifferenz aus. Im mittleren Buddhismus heißt es vom Standpunkt der »Leere« aus, der Nicht-Dingheit (no-thingness), weil dann das Begehren nicht mehr zu stark ist. »Wenn der östliche Mensch ,nichts' sagt, nennt er es »nicht-etwas« (no-thingness), es gibt da keine Dinge. Es gibt nur Geschehen, Ereignis« (Perls 1974, 65).

Am Anfang war das Unterscheiden von etwas und etwas, von A und Nicht-A, Figur und Grund, Himmel und Erde, Yin und Yang usw... »Die Differenzierung in Gegensätze ist eine wesentliche Eigenschaft unseres Geistes, des Lebens selbst«, sagt Perls. Das gilt auch für die Vorstellungen von der Schöpfung aus dem Chaos in verschiedenen Kulturen.

Die hier angedeutete Erkenntnistheorie der schöpferischen Indifferenz bei Perls hängt eng mit dem Therapiekonzept zusammen. Perls gibt ein

Beispiel für das, was er »Denken in Gegensätzen« nennt: »Nehmen wir an, Sie hatten eine Enttäuschung erlitten. Wahrscheinlich werden Sie dazu neigen, Personen oder Umständen daran die Schuld zu geben. Wenn Sie das Gegenteil von Enttäuschung suchen, kommen Sie auf ,erfüllte Erwartung'. Sie gewinnen dadurch einen neuen Aspekt – das Wissen, daß zwischen Ihren Enttäuschungen und Ihren Erwartungen ein funktionaler Zusammenhang besteht: große Erwartung – große Enttäuschung, geringe Erwartung – geringe Enttäuschung, keine Erwartung – keine Enttäuschung.« (1981, S. 25). Perls weist in dem Beispiel wieder auf die Verantwortung des Handelnden hin, daß eben die Enttäuschung durch die Erwartung gespeist wird. Wenn wir durch den Nullpunkt der schöpferischen Indifferenz gehen, können wir erkennen, um was es sich bei Enttäuschung handelt.

Wenn Erv Polster eine der wichtigsten Aufgaben des Therapeuten darin sieht: »to scramble the frame of reference« (den Bezugsrahmen durcheinanderzurühren), dann heißt das u.a., durch den Nullpunkt der schöpferischen Indifferenz zum Gegenteil zu gehen und die Gegensätze zusammen zu sehen. Wenn einer sagt: »Ich habe Angst, ich kann nicht singen«, dann hat er implizit den Gegensatz »wenn man Angst hat, kann man nicht singen« einerseits, »wenn man keine Angst hat, kann man singen« andererseits. Der schöpferische Nullpunkt wäre in diesem Fall »ich habe Angst, und ich kann singen«.

Bei Friedlaender ist es viel expressionistischer und mit großem Pathos ausgedrückt und wohl etwas umfassender gemeint, als Perls es interpretiert. Peter Cardorff, der eine Einführung in das Denken Friedlaenders geschrieben hat, meint, wie die meisten Philosophen hätte Friedlaender – der sich selbst einen Neokantianer nannte – nur einen philosophischen Gedanken gehabt, den er auf »tausenden von Seiten« durchführe. Cardorff faßt diesen Gedanken fogendermaßen zusammen:

»Die Spaltung, die mit dem Menschen in die Welt kommt und die er unvermeidbar als schmerzlich empfindet – die Trennung von Ich und Welt, Subjekt und Objekt, Sein und Bewußtsein, Endlichkeit und Unendlichkeit (oder mit welchen Begriffen der eine Bruch sonst immer gefaßt werden mag) – ist Schein, mangelnde Kunst; sie ist dadurch aufzuheben (nur dadurch), daß die Welt von einem Nullpunkt her verstanden, das Differente als Auseinander des Selben, innere Aktion des Identischen, bestimmt wird. Der Nullpunkt (das Nichts der Welt, das Absolute, der Schöpfer) kann

nicht als für sich seiende Substanz, als Gott oder Materie oder sonst ein dem Erkennen und Empfinden äußerliches Lebensprinzip vergegenständlicht werden, der Nullpunkt muß unbedingt sein. (Jedes Gegenüber ist nur durch uns für uns, nur durch unser Denken und Fühlen, also bedingt und nicht absolut.) Nur das kann Nullpunkt sein, was selbst die Bedingung allen Erkennens, Empfindens, Vorstellens (auch der Selbsterkenntnis), die Bedingung aller Differenz ist: das (reine) Ich, Selbst, Individuum. Die Welt ist eine Aktion des Ich, von diesem unternommen, weil es sich ohne Selbstdifferenzierung seine Identität nicht zur Geltung bringen kann. Und eben daraus ergibt sich die Aufgabe: die Welt als innere Differenz des Selbst zu begreifen, die Unterschiede dabei nicht einzuebnen, sondern auszubalancieren, das Selbst als absolute Indifferenz, schöpferisches Nichts, Heliozentrum, Weltmittelpunkt zu konstituieren und zu erleben; letztlich: das Selbst von einer Bedingung der Wirklichkeit zu erschöpfenden Wirklichkeit selbst aufzuschwingen.« (1988, 11

Ich verstehe das so:

1. Mit dem Menschen kommt die Trennung zwischen Ich und Welt, Subjekt und Objekt in die Welt.

2. Ohne den Menschen ist die Welt nicht getrennt.

3. Nur durch Trennungen, Unterscheidungen ist die Welt erkennbar.

4. Es ist sinnvoll, die Welt von einem Nullpunkt aus zu bestimmen.

5. Dieser Nullpunkt vor den Trennungen, Bedingung allen Erkennens, kann nur das Ich sein.

6. Dieser Nullpunkt ist gleichzeitig das Nichts der Welt (weil es keine Gegenstände gibt ohne Trennungen) und der Schöpfer, das Absolute.

7. Die Welt ist eine Aktion des Ichs.

8. Aber ohne ein Du gibt es nicht einmal dieses Ich, es muß diese Selbstdifferenzierung geben.

Friedlaender erweist sich hier als radikaler Konstruktivist, seine Gedanken sind sehr ähnlich wie in bestimmten Strömungen des Buddhismus und des Taoismus. Was meines Erachtens Friedlaender und Perls nicht berücksichtigen oder nicht genug berücksichtigen ist, daß das »Ich« in dem Satz »Die Welt ist eine Aktion des Ich.« ein soziales Ich ist, sozialisiert im Laufe seiner ontogenetischen Entwicklung, und daß es überwiegend gesellschaftlich gutgeheißene, anerkannte Trennungen und Unterscheidungen verwendet. Das Ich ist nur das Ausführungsorgan der Gesellschaft, es ist nicht unabhängig in seinen Unterscheidungen und Trennungen, nicht zuletzt dadurch, daß es Sprache braucht und verwendet und damit gesellschaftlich vorgegebene Differenzen und Unterscheidungen übernimmt. Meines Erachtens versteht man die Bedeutung und die Grenzen von Friedlaender und Perls erst, wenn man die neuere Literatur zu diesem Thema berücksichtigt. Ich meine damit die radikalen Konstruktivisten wie Maturana und Varela, von Foerster, von Glasersfeld (vgl. Portele 1989), Literatur zur buddhistischen Logik (Streng und Stcherbatsky), die Theoretiker der Unterschiede und Unterscheidungen Gregory Bateson und Spencer-Brown. Ich werde im folgenden z.T. darauf eingehen, in bezug auf die radikalen Konstruktivisten allerdings auf mein Buch verweisen (1989). Zunächst aber noch einmal zurück zu Friedlaender.

Deutlicher als philosphische Werke sprechen manchmal Geschichten aus, was ein Autor meint. Friedlaender hat immer wieder Grotesken veröffentlicht und damit zum Teil seinen Lebensunterhalt bestritten. In der Groteske »Der lachende Hiob« treibt Friedlaender seine Theorie selbst auf die Spitze, er erzählt die Geschichte des Joshua Zander, »das Symbol des *autonomen* Menschen in den Armen und Fäusten eines heteronomen Sozialismus, der Hitlerei«. Zander wird ins KZ verschleppt und mißhandelt, aber er ist nicht Opfer. Es gelingt ihm, den Tod zu überwinden, den Führer und seine Anhänger zu besiegen. Er erzieht sie zu Vernunftmenschen, weil er »das Gesetz meines Ich, meines Geistes, meiner Vernunft so radikal von allen Naturgesetzen befreit, daß die Naturgesetze denen meines Geistes gehorchen« (zitiert nach Cardorff 1988, S. 83). Nach Friedlaenders Auffassung müßte das theoretisch möglich sein, dieses »Äquilibrieren«, die »aktive Beherrschung der äußern Gegensätze, die Unterwerfung der Außenwelt (einschließlich des Körpers des Unterworfenen) unter das Ich« (vgl. Cardorff S. 82/83). Praktisch floh Friedlaender 1933 nach Paris, 1943 wollte die Gestapo ihn abholen, nachdem er zwei Jahre die Wohnung nicht verlassen hatte, er war aber nicht mehr transportfähig, seine Frau kam allerdings ins Internierungslager. Friedlaender starb 1946.

Unterschiede, die einen Unterschied machen

Wissenschaft ist für Gregory Bateson eine »Wahrnehmungsweise«. Wahrnehmung arbeitet nur mit Unterschieden. Die »Welt des Lebendigen«

ist gekennzeichnet dadurch, daß Unterscheidungen getroffen werden, und Unterschiede Ursachen sein können. Das sind dann die »Unterschiede, die einen Unterschied machen«. Diese setzt Bateson mit Information gleich. Wichtig ist dabei aber folgendes: »Die Unterscheidungen, die nicht gezogen werden, existieren nicht.« (1982, 120). Im amerikanischen Original heißt es »*Those distinctions that remain undrawn are not*« (1980, 104). Das ist eine wichtige Formulierung, erstens verweist sie auf Spencer-Browns Anfangsformulierung in seinem berühmten Werk »*Laws of Form*«: »*Draw a distinction*« (1979, 3), und zweitens, was viel wichtiger ist, sagt Bateson damit, daß wir die Unterschiede machen (ziehen), die einen Unterschied machen. Am deutlichsten wird das an den von Bateson auch diskutierten Veränderungen: Der Tag geht allmählich in die Nacht über, wann genau? Wir legen das fest. Wir legen fest, wann der Tag aufhört und die Nacht beginnt, wann der Nullpunkt ist. Ein junges Lebewesen wird allmählich erwachsen. Auch hier unterscheiden wir, ziehen wir die Unterscheidung. Selbst Beginn und Ende des Lebens legen wir fest, das zeigt die Debatte über Abtreibung, und das zeigt die Debatte darüber, ob Herztod oder Hirntod das Entscheidende sei für die Feststellung des Todes. Bei Unterschieden, die nicht mit der Zeit verbunden sind, scheint es uns einfacher, Unterschiede »festzustellen«, wie wir meistens sagen. Wo meine Hand aufhört und das Papier beginnt, ist einfach festzustellen, wo die Hand aufhört und der Arm beginnt, ist schon schwieriger. Aber so einfach mit den Grenzen zwischen Körper und Umwelt ist das auch nicht: Wenn ich etwas esse oder wenn ich Luft einatme, ab wann oder ab wo ist das Aufgenommene Teil meines Körpers und ist nicht mehr Umwelt? Bekanntlich müssen Kinder ziemlich langwierig die Unterscheidung zwischen Ich und Nicht-Ich lernen. Aber das ist die grundlegende Unterscheidung: Ich versus Nicht-Ich.

Bateson spricht immer wieder von »*differences*« und »*distinctions*«. Unterschieden und Unterscheidungen, aber es läßt sich wohl ebenso gut formulieren, besonders im Deutschen: Alle Unterschiede sind Unterscheidungen, die wir machen oder ziehen. Hier in diesem Zusammenhang genauer auf Spencer-Brown und seinen Calculus »*Laws of Form*« einzugehen, ist nicht der Ort. Ich erwähne ihn vor allem deshalb, weil die beiden wichtigen Operationen »*distinction*« und »*indication*« für mich sehr eng mit dem übereinstimmen, was die buddhistischen Logiker sagen. Bei Spencer-Brown heißt es ja einfach: »*We cannot make an indication without drawing a distinction.*« (1979, 1)

Das heißt auch, wir können nicht sprechen oder Sprache – Zeichen – verwenden ohne Unterscheidungen zu treffen. Andererseits machen wir Unterscheidungen aufgrund der Sprache. Wir haben in der Regel zuerst einmal Dichotomien »im Kopf«, sprachliche Zeichen für Gegensätze: heiß – kalt, männlich – weiblich, aktiv – passiv, reich – arm, usw. usf.. Mit diesem groben Raster gehen wir zunächst an die Welt heran. Es gibt ja Lexika für Antonyme. Wir können dann natürlich Differenzierungen machen, und das ist sicher sinnvoll. Aber es gilt: Wir machen nicht nur die Dichotomien oder Gegensätze, sondern auch die Differenzierungen.

Verneinung der Unterscheidungen

Bei den buddhistischen Logikern – dazu rechne ich vor allem die Inder Nagarjuna (um 200 n.Chr.), Vasubandhu (um 400 n.Chr.) und Dharmakirti (um 650 n.Chr.) – geht es, wie insgesamt im Buddhismus, um die Befreiung vom Leiden des Daseins. Ursache des Leidens ist die Gier oder der Durst nach etwas. Wenn dieses Begehren – um es nicht so ablehnend auszudrücken – ausgelöscht wird, ist man erlöst. Wie geht das? Nagarjuna (vgl. Streng 1967) baut auf Auffassungen Buddhas auf, daß es kein beständiges Sein gibt, sondern daß alles im Werden und Vergehen begriffen sei. Bei Nagarjuna wird daraus das »radikale Werden«, nicht ein Etwas wandelt sich, z.B. ein Mensch von der Kindheit über Jugend hin zum Erwachsenenalter, sondern alles ist im Wandel, die Welt »wird«, sie »ist« nicht. Was die buddhistischen Logiker nach Stcherbatskys Meinung taten, war, sich darum zu bemühen, die Relation zwischen einer dynamischen Realität und der statischen Konstruktion der Gedanken zu erklären. Der wichtigste Lehrsatz von Nagarjuna ist meines Erachtens: »*The originating dependently we call ‚emptiness‘*« (vgl. Streng 1967, 78). *Originating dependently*, das Entstehen in Abhängigkeit, meint einfach, daß nichts aus sich heraus existiert, sondern immer nur etwas ist, daß von vielen anderen abhängig ist. Nicht nur B ist von A abhängig – *dependent* -, sondern in der Regel ist auch A von B abhängig – sie sind also *inter*dependent. Nagarjuna meint mit *dependent origination* diesen »Fluß der ununterscheidbaren Existenz«. *Dependent origination* ist bei Nagarjuna gleichzusetzen mit *radikalem Werden*. Die herkömmliche alte Theorie, auf der Nagarjuna aufbaut, unterschied zwischen Wahrnehmung (*perception*) und Schlußfolgerung (*inference*). Wahrnehmen ist *augenblicklich* (*instanteous*), daher immer einmalig, es gibt keine Ähnlichkeit zwischen Wahrnehmungen, es kann nichts über sie ausgesagt werden. Wenn etwas ausgesagt werden kann, dann beruht es auf Schlußfolgerungen (*inference*), auf unseren menschlichen Konstruktionen, Unterscheidungen und Namen. Für Nagarjuna ist die Person, die sieht, und das Objekt, das gesehen wird, interdependent und sie existieren nicht aus sich heraus. Das *originating dependently* wird bei anderen Autoren auch mit *dependent coarising* übersetzt. Dinge stehen im Zusammenhang, sind also nicht unabhängig voneinander. Dinge existieren nicht unabhängig von unserer Namensgebung: »*Things do not exist apart from our giving them names.*« (Streng 1967, 151) Für Nagarjuna gibt es nichts, was aus sich heraus existiert, auch Nirwana nicht und Samsara nicht, auch die Leere nicht, und auch der Unterschied zwischen Nirwana und Samsara existiert nicht, alles sind *mental constructions*. Die letzte Wahrheit (*ultimate truth*) sei die Leere – auch die Leere wird und ist nicht das Ende des Werdensprozesses. Es geht Nagarjuna um dieses *denial of distinctions*. Die Leere ist insofern die Fülle, weil alles, was in der weltlichen Wahrheit (*mundane truth*) existiert, in ihr enthalten ist. Wir Menschen können ohne die herkömmlichen und sozialen Unterscheidungen, daß ein Tisch kein Stuhl ist und der Stuhl kein Tisch, nicht leben, aber wir können uns bewußt sein (*aware*), daß die letzte Wahrheit eben die Leere ist. Das bedeutet, daß wir dann nicht mehr an den Dingen – an den von uns geschaffenen Konstrukten -, Objekten, Ideen, Theorien usw. *anhaften*. Das ist die Erlösung insofern, als wir dann nicht mehr ein Etwas begehren können, das wir durch unsere Unterscheidung geschaffen haben, und damit befreien wir uns vom Leiden des Daseins. Es gibt nichts, an dem wir anhaften könnten: »*The highest truth is beyond distinctions.*« Und der Satz Nagarjunas: »*There is no being outside being designated.*« (Streng 1967, 160) erinnert deutlich an Spencer-Brown: »*We cannot make an indication without drawing a distinction.*«

Was die Sprachtheorien Nagarjunas angeht, so ist darauf hinzuweisen, daß er schon die moderne Auffassung vertritt, daß Worte bzw. Namen ihre Bedeutung nur aus der Relation zu anderen Namen oder Worten beziehen und nicht aus ihrer Relation zu etwas außerhalb der Sprache, z.B. der Wirklichkeit, den Gegenständen. Das, denke ich, ist konsequent. Damit hat sich vor allem wohl auch der buddhistische Logiker Dharmakirti befaßt, daß Gegenstände oder Einheiten als soziale Konstruktionen aufzufassen sind. Er macht dies deutlich an zwei Menschen, die zwei Monde sehen bzw. sich einigen, einen zu sehen. »*Negation is the essence of thought*«, heißt es bei Stcherbatsky (1930, 9) über die Grundlage der buddhistischen Logiker nach Nagarjuna. Wir können »Blau« nur sehen oder sagen oder darüber reden, es denken, wenn wir zuvor »Nicht-Blau« gedacht, vorweg angenommen haben. Das Kind kann nur Ich von Nicht-Ich unterscheiden, wenn es Ich und Nicht-Ich »hat«, das Kind kann nur Nicht-Ich von Ich unterscheiden, wenn es Nicht-Ich und Ich »hat«.

Diese Trennung von Etwas und Nicht-Etwas ist ja der Anfang. Nur so kann aus dem Urbrei, der Ursuppe, dem Ungeformten, dem Chaos Ordnung, Geordnetheit entstehen. Interessanterweise wird ja im Westen Himmel und Erde horizontal getrennt, übrigens – wie in vielen auch östlichen und afrikanischen Religionen – durch das *Wort*: »Am Anfang war das Wort.« Während im fernen Osten die Trennung in Yin und Yang eher vertikal angelegt ist, aber im herkömmlichen Yin und Yang-Zeichen die Komplementarität von Yin und Yang dargestellt wird, durch die ineinander geschmiegte Form, die ja jeweils als Punkt noch das andere, das Komplementäre enthält. Es sei an Heraklit erinnert: »Nichts ist vorstellbar ohne seinen Gegensatz.« Und: »Alles fließt. Das Kalte wird warm, das Warme kalt, das Feuchte trocken, das Dürre naß« (zit. n. Kunzmann u.a. 1991, 33). Yin und Yang ergänzen sich zum Vollkreis. Himmel und Erde, auch Himmel und Hölle, dagegen sind hierarchisch geordnet. Es ist ein *Kampf* der Gegensätze im Westen und ein Tanz der Gegensätze oder Komplementaritäten im Osten.

Interessanterweise wurde die Null von den indischen Mathematikern erfunden, lange nachdem das Zehnersystem von den Babyloniern eingeführt wurde. Über arabische Händler kam das Zahlensystem inklusive der Null später nach Europa. Für *Null* verwendete man in Indien vorher sehr heterogene Begriffe, die klar zeigen, welches Verständnis von *Null* da war, nämlich *purna* voll, *sunya* leer, *ananda* unendlich. Das Symbol der Null stammt von der Bezeichnung, die man noch für *Null* fand: »*The hole in the nave of the wheel through which the axel runs*« (Macy 1991, 111). Damit das Rad sich um das Zentrum, die Achse drehen kann, muß das Zentrum leer sein. Das Zeichen für Null ist auch das sexuelle Symbol für das Weibliche, für die Vulva. Joanna Macy spricht von der »pregnant zero«. Das erinnert stark an Perls »fruchtbare Leere«. Man kann die Null auch als Bifurkationspunkt auffassen, von dem aus die Wege auseinandergehen, gleichsam geboren werden.

Gesellschaftliche Distinktion

Bei Pierre Bourdieu (1987) konstituieren Unterscheidungen Gesellschaft und gliedern sie horizontal und vertikal. Durch Distinktion versuchen die höheren Gesellschaftsschichten sich abzugrenzen. Das Prinzip der Distinktion stellt Bourdieu in »Die feinen Unterschiede« (1982) ausführlich dar. Gesellschaften ordnen sich um solche grundsätzlichen Unterscheidungen, auch z.b. zwischen männlich – weiblich, wonach sich dann z.B. Hausbau, Arbeitsgebiete (Feld vs. Haus usw.) weiter aufspalten. Die Gesellschaft bestimmt das Denken, die Kategorisierung des Individuums durch die Sozialisation, den Erwerb des Habitus, d.h. der Wahrnehmungs-, Denk- und Handlungsschemata oder der generativen Handlungsgrammatik, die wörtlich *einverleibt*, im Leib eingeschrieben ist. Das »praktische Erkennen« verwendet Klassifikationen und eingesetzte Strukturen, die nichts anderes sind als inkorporierte soziale Strukturen. Es gibt auch einen Kampf der Klassifikationssysteme in hochdifferenzierten Gesellschaften, und dieser Kampf der Klassifikationssysteme sei »eine vergessene Dimension der Klassenkämpfe« (1982, 755)

Bei Mary Douglas, die auf Durkheim und Ludwig Fleck aufbaut, werden uns alle Klassifikationen, in denen wir denken, fertig geliefert zusammen mit unserem sozialen Leben. Die einander ähnlichen Klassifikationen schaffen die Solidarität, verbinden die Mitglieder einer Gesellschaft. Wer sich nicht daran hält, fällt aus der Gesellschaft oder Gruppe heraus als Verrückter oder Krimineller oder als *outcast*. Denn Klassifikationen haben innerhalb der Gesellschaft auch Einfluß auf Moralvorstellungen. Dadurch daß Klassifikationen *naturalisiert* werden, das heißt in der Terminologie von Mary Douglas als *natürlich* oder auch als naturwissenschaftlich begründet angesehen werden, werden sie selbstverständlich und sind schwer zu hinterfragen. Sie fallen gar nicht als gelernte, angenommene und übernommene Klassifikationen auf, sie scheinen *in der Natur der Sache* zu liegen. Sie scheinen nicht sozialen Ursprungs zu sein, sondern eben *natürlich*, das heißt also auch nicht veränderbar, nicht von uns hergestellt und daher nicht von uns beeinflußbar.

Fruchtbare Leere

»Wenn man sich auf das Gebiet der Konfusion begibt, ist der letzte Schritt ein unheimliches Erlebnis, und beim ersten Mal fast ein Wunder. Mit der

Zeit wird es natürlich zur selbstverständlichen Routine. Wir nennen es Rückzug in die fruchtbare Leere.«

»Zum Rückzug in die fruchtbare Leere sind zwei Vorbedingungen nötig. Man muß fähig sein, bei den eigenen Techniken, die sie blockieren, auszuhalten. Dann kann man in die fruchtbare Leere eintreten, einen Zustand ähnlich einer Trance, aber im Unterschied dazu bei vollem Bewußtsein. Viele kennen diese Erfahrung unmittelbar vor dem Einschlafen, und es ist als hypnogogische Halluzination beschrieben worden.«

»Wer in der Erfahrung der fruchtbaren Leere bleiben kann – und seine Konfusion bis ins äußerste spüren – und wer sich all dessen bewußt sein kann, was seine Aufmerksamkeit erregt (Halluzinationen, abgebrochene Sätze, vage Gefühle, seltsame Gefühle, ungewöhnliche Sensationen), dem steht eine große Überrraschung bevor. Er wird wahrscheinlich ein großes Aha-Erlebnis haben. Schlagartig wird eine Lösung auftauchen, eine Einsicht, die vorher nicht da war, eine Erkenntnis oder ein Verstehen wird wie ein Blitz einschlagen. Was in der fruchtbaren Leere geschieht, ist eine schizophrene Erfahrung en miniature. Das können natürlich nur wenige aushalten. Wer aber genug Zutrauen hat und zuvor beim Ausräumen von ein paar Zuständen der Verwirrung bereits festgestellt hat, daß er dabei nicht völlig auseinanderfällt, der wird sich in seine Rumpelkammer hineinwagen und gesünder herauskommen als er hineingegangen ist. Das Schwierigste bei dem ganzen Experiment ist, sich jeglicher Intellektualisierung und Verbalisierung des ablaufenden Prozesses zu enthalten. Das wäre nämlich eine Unterbrechung und würde denjenigen, der sich dem Experiment unterzieht, in eine Spaltung zwischen einem erklärenden Beobachter und dem sich der Erfahrung Aussetzenden stürzen. Die Erfahrung der fruchtbaren Leere ist weder objektiv noch subjektiv. Noch ist sie introspektiv. Sie ist einfach. Es ist Gewahrsein ohne Spekulation darüber, wessen man gewahr ist.« (Perls 1973 zit. n. der Übersetzung bei Hunter Baumont, Gestalttherapie 2, 91).

Perls geht es ja gerade um Veränderungen, ebenso Friedlaender. Die Indifferenz ist schöpferisch. Für Friedlaender ist das Ich gar gottgleich, weil es »Schöpfer« ist. Durch seinen Willen – Friedlaender greift auf Nietzsche zurück – geht das Ich zum Nullpunkt der schöpferischen Indifferenz und erschafft mit seinem Willen: Alles. Bei Perls – so lese ich Perls – ist in den späteren Jahren die schöpferische Indifferenz nicht mehr so selbstverständlich im Bereich der Möglichkeiten des Einzelnen. Aber beiden geht es um den schöpferischen Nullpunkt, das schöpferische Nichts, die schöpferische In-Differenz, die schöpferische Nicht-Differenz.

In den späteren Büchern beschreibt Perls immer wieder den Therapieprozeß in Zwiebelschalen, als in die Tiefe gehende Phasen. Worum es hier geht, ist die Phase des *impasse*, der scheinbaren Bewegungslosigkeit im Prozeß, der Klient steckt fest, ist *stuck*. Perls meinte kurz vor seinem Tode, das sei die wichtigste Leistung von ihm als Therapeut, daß er in der Gestalttherapie als einziger Therapie den Klienten durch den *impasse*, die Sackgasse, die ausweglose Situation geführt habe, durch das Nichts, in der es keine Unterscheidung gibt. Es ist schrecklich, es ist eigentlich ein Tod – »*to suffer one's death and to be reborne is not easy.*«, stellt Perls seinem 1974 in Deutsch erschienenen Buch als Motto voraus. Es ist schrecklich und gleichzeitig ist es die »*fruchtbare* Leere« (*fertile void*).

Perls setzt nirgends, soviel ich weiß, »schöpferische Indifferenz« und »fruchtbare Leere« gleich, aber er hat, so scheint mir, sehr viel ähnliches darunter verstanden. Das Anliegen von Perls ist eigentlich einfach: Das Erstarrte, das Neurotische, das Schematische – in den Worten von Bateson die »Gewohnheiten«, in den Worten von Bourdieu der »Habitus« – kann sich nur verändern – er wird von niemandem verändert, er verändert sich selbst – wenn man sich in den *impasse*, in die fruchtbare Leere begibt, an den Nullpunkt der schöpferischen Indifferenz, in das Nichts. Das macht Angst, denn die Gewohnheiten, Schemata, der Habitus geben Sicherheit. Es ist gut, wenn man bei diesem Schritt, bei diesem Sich-fallen-lassen die Unterstützung (*support*) eines Therapeuten oder einer Therapeutin hat.

Perls legt seinen Schwerpunkt auf den Nullpunkt, die Indifferenz der schöpferischen Indifferenz, Salomo Friedlaender sieht die andere Seite, das Schöpferische der Indifferenz, das Göttliche. Das betont er in seinen Aphorismen, aus denen ich zum Abschluß zitieren möchte:

»*Wer den geringsten Unterschied zwischen sich und Gott macht, dessen Identität fällt aus dem selbstgeschaffenen Abgrund dieser Kluft – und gerade dann gegen den Willen ihrer sich sträubenden Demut in diese göttliche Identität, zu der wir als zu uns selbst gezwungen sind ... « »Was wir uns als höhere Wesen denken, sind wir selber, eben weil wir sie denken; wo unser Denken aufhört, fängt das Wesen an. (Jean Paul)*« (Friedlaender, 372).

Denn was ist die Welt? Sie ist »*die objektive Variable der subjektiven Konstanten, der schöpferischen Indifferenz.*« (ebd., 343)

Sie ist »*nur das polare Zum-Vorschein-kommen, ihrer absoluten Ver-*
schwindung im innersten Ich: dort ist Schöpfung.« (ebd., 354)
»*Indifferenz ist das sich selber bebrütende Weltenei.*« (ebd., 362)

6.

Der »mittlere Modus«
Therapeutisches Tun gegenüber Selbst-
organisationssystemen

Zu den wichtigsten Dichotomien, mit denen wir die Welt einteilen, gehört in unserem westlichen Denken – aber nicht nur da – die Dichotomie: aktiv – passiv. Bourdieu und Mary Douglas sind für mich die wichtigsten Autoren der Gegenwart, die sich mit der Bedeutung zentraler Dichotomien im gesellschaftlichen Denken (Bourdieu) und in Institutionen im soziologischen Sinne (Mary Douglas) beschäftigt haben. Die These von Bourdieu und Mary Douglas ist, daß solche Dichotomien mit ihren Analogien und Folgerungen Gesellschaft erst möglich machen und andererseits Gesellschaft solche Dichotomien mit ihren Analogien hervorbringt. Bourdieu zeigt z.B. auf, wie bei den nordafrikanischen Kabylen männlich – weiblich mit aktiv – passiv, hell – dunkel usw. gleichgesetzt wird, was sich dann in der Arbeitsteilung von Männern und Frauen, dem Ort der Tätigkeit z.B. im Haus, dem Hausbau niederschlägt.

In unserer Gesellschaft ist Aktivsein höher bewertet als Passivsein: Handeln versus Erleiden. In der deutschen Sprache, im Englischen und Französischen können die Verben nur aktiv oder passiv sein, im Griechischen dagegen gibt es den sogenannten »mittleren Modus«, also Verben, die sowohl aktiv wie passiv sind, z.B. *aisthesei*. Das ist für uns fast nicht vorstellbar. Eine Ahnung vom mittleren Modus kann man im Französischen z.B. an der Wortkombination »*se promener*« (sich spazieren) oder im Deutschen an »sich freuen« bekommen. Die Franzosen und wir brauchen interessanterweise das Reflexivpronomen – eine aktive Aktion wird auf den Akteur zurückgeführt, der dadurch zum passiven Objekt der Aktion wird – um dies begreiflich zu machen: »Aktion und Passion in einem« wie Martin Buber das beschreibt. Wir denken in »*entweder* aktiv *oder* passiv« und nicht in »*sowohl* aktiv *als auch* passiv«. Historisch betrachtet entwickelte sich die im Vergleich zu früher und zu anderen Gesellschaften so überaus hohe Wertschätzung der Aktion gegenüber der Passion bei uns in der westlichen Welt mit der Entwicklung der Technik, mit der Idee der Machbarkeit, mit dem ingenieurmäßigen Denken (Berman). Dies wiederum hängt mit dem vorherrschenden Denken über das Verhältnis von Mensch und Natur zusammen. Wenn Bacon meinte, man müsse die »Natur« zur »Sklavin« machen, sie ans »Kreuz nageln«, um ihr ihre Geheimnisse zu entreißen, dann ist damit ein anderes Verhältnis zur Natur beschrieben, als es Kulturen der Jäger und Sammler, der Ackerbauern und Viehzüchter gehabt haben. Jagen und Pflanzen mit dem damals vorhandenen Gerät konnte man wohl nur, wenn man passiv und aktiv zugleich war und nicht nur aktiv, wie es heute möglich ist, was eben zur »Ausbeutung« der Natur – und nicht nur der Natur – führt. Wild und Pflanzen hatten ihren »Eigenwillen«, man mußte sich an ihre »Eigenwilligkeit« und d.h. an ihre Selbstorganisation und Autonomie viel weitgehender anpassen, passiver sein als heute. Ausführlich hat darüber z.B. Morris Berman geschrieben.

Michel Foucault hat sich damit beschäftigt, wie sich parallel zu dieser Entwicklung Medizin und später auch Psychotherapie zu dem entwickelt haben, was sie heute weitgehend sind, nämlich beherrscht von der Idee des »Eingreifens«, wie Buber das nennt. Das ist ganz wörtlich zu nehmen, die Medizin griff in den Körper ein, öffnete ihn – was ja lange Zeit tabu war. Heute gehören die anatomischen Übungen für Medizinstudenten zum wichtigsten Sozialisierungsarrangement für angehende Ärzte. So analysiert Foucault das Verhalten von Arzt – Patient, Psychotherapeut – Klient unter dem Aspekt der Macht.

In den Kategorien von von Foerster wurde der Mensch zur trivialen Maschine gemacht, indem man ihn als triviale Maschine auffaßte, bei der der Input den Output bestimmt, also zu einem heteronom von außen organisierten System wird, das nicht autonom sich selbst organisiert. Die gleiche Auffassung wurde in der Erziehung vertreten und zum Teil eben auch in der Psychologie. Die Auffassung vom Menschen als triviale Maschine triumphierte im primitiven Behaviourismus. Selbstverständlich gab es sowohl in der Medizin wie auch in der Pädagogik und Psychologie Kritiker des *mainstream*-Denkens. Aber sie haben sich nicht durchsetzen können, vor allem, weil in den sozialen Institutionen (Gesundheitssystem, Kliniken und Intensivstation, Erziehungssystem mit Schulen und Prüfungen, in das Gesundheitssystem eingegliederte Psychotherapie) die Auffassung des Eingreifens in »triviale Maschinen« fest verankert war und ist. Früher hieß es »natura sanat non medicus«, in einer Gesellschaft, in der das aktive Machen so hoch wertgeschätzt wird, hat der Arzt und der Psychotherapeut nur dann Ansehen und Anspruch auf angemessene Vergütung, wenn er behauptet, *aktiv eingegriffen* zu haben. Bemerkenswert ist ja, wie in der Gebührenordnung die aktiven Tätigkeiten zergliedert sind wie im Taylorismus die Tätigkeiten im Industriebetrieb.

Es liegt auf der Hand, daß Patienten und Klienten als passive Empfänger der *Behandlung*, als diejenigen, in welche *eingegriffen* wird, den Glauben daran, eine triviale Maschine zu sein, mit den Ärzten und Psychotherapeuten weitgehend teilen müssen. Zwar klagen Ärzte und Krankenschwestern und Krankenpfleger (und häufig auch Psychotherapeuten), daß die Patienten z.B. im Krankenhaus völlig regredieren, fast nichts mehr selbständig aktiv machen, sondern sich passiv »behandeln« lassen wie hilflose Kinder. Offensichtlich muß es komplementär zum aktiven Eingreifen der Ärzte und Psychotherapeuten (und Lehrer) das passive Geschehenlassen der Patienten und Klienten (Schüler und Studenten) geben. Macht – aktives Eingreifen in eine triviale Maschine – verlangt als komplementäres Verhalten passives Sichunterwerfen. Macht und Gehorsam sind komplementär. Maturanas These: »Gehorsam gewährt Macht« (Krüll 1988, 19) entspricht Bert Brechts: »Der Herr ist nur so ein Herr, wie es der Knecht ihn sein läßt« (1957, 160).

Wir sprechen von körperlichen und seelischen *Leiden*, wir sprechen davon, eine Krankheit körperlicher oder seelischer Art zu *erleiden*, d.h. wir fassen uns selbst als passive triviale Maschine auf. Die vorherrschende Modellvorstellung ist: Inputs sind Bakterien oder Viren, also Erreger oder Umstände, Schicksalsschläge wie Tod des Partners, eine Kindheit ohne Liebe, Mißbrauch oder was immer, und der Output ist die Krankheit, das körperliche oder seelische Leiden. Ich habe das die »Erregertheorie« genannt.

Dieser Theorie liegt ein einfaches Ursache-Wirkungs-Modell zugrunde, dem ein komplementäres einfaches Mittel-Zweck-Modell entspricht. Wenn in einem der jüngsten deutschen Bücher über Psychotherapieforschung im Titel von »Wirkfaktoren in der Psychotherapie« (Lang 1990) die Rede ist, dann handelt es sich genau um dieses einfache Ursache-Wirkung- oder Mittel-Zweck-Modell, wobei der Patient (»Patient«!) als passiver Empfänger aufgefaßt wird, also als triviale Maschine, als Fremdorganisationssystem und nicht als Selbstorganisationssystem. Der vollständige Titel eines anderen Buches heißt: »Psychotherapie – welche Effekte verändern? Zur Frage der Wirkmechanismen therapeutischer Prozesse« (Tschuschke und Czogalik 1990). Die Beiträge in den Büchern sind dann nicht so eindeutig. Einige der Autoren, vor allem die psychoanalytisch orientierten, sind vorsichtiger. So schreibt beispielsweise Cremerius kritisch, aber wohl treffend: Das Ideal der naturwissenschaftlichen Medizin sei »die objektive Prüfung der Wirksamkeit einer therapeutischen Aktion « (15). Dies sei in der Psychotherapie so nicht möglich, aber er fährt dann im Aufsatz fort mit Wörtern wie »Technik«, »Wirkung«, »Aktion« usw.

Es ist sinnvoll, zwischen Bedingung der Möglichkeit und Ursache zu unterscheiden, auch wenn wir es selten im Alltag tun. Wenn ich den Lichtschalter betätige, schaffe ich die Bedingung der Möglichkeit, daß Strom fließt, und der Strom ist die Ursache dafür, daß die Lampe glüht. Etwas näher an der Psychotherapie, aber immer noch ganz weit entfernt ist die »selbstreferentielle Schleife«, wie von Foerster sagt, in der elektrischen Klingel. Wenn ich den Klingelklopf betätige, fließt Strom, dann wird der Klöppel vom Magnet angezogen, dadurch wird der Stromkreis unterbrochen, der Klöppel fällt zurück, dadurch wird der Stromkreis geschlossen, der Klöppel wird angezogen, dadurch usw. Die selbstreferentielle Schleife – »Ursache« von Paradoxien – wird zum Zeitgenerator: An – Aus, An – Aus, wahr – falsch, wahr – falsch, 0 – 1 – 0 – 1 ...

Wir neigen dazu, uns als Ursache zu sehen und das Licht oder das Klingeln als Wirkung. Das Betätigen ist Mittel für den Zweck Licht oder Läuten. Am Beispiel der Klingel wird vielleicht eher deutlich, daß wir zwar etwas auslösen, also Bedingung der Möglichkeit schaffen, aber nicht Ursache sind. Wenn wir Menschen als Selbstorganisationssysteme betrachten, die selbstreferentiell und deshalb operational abgeschlossen und deshalb autonom sind, können wir immer nur Bedingungen der Möglichkeit erstellen, immer nur auslösen, aber nie wie bei trivialen Maschinen bestimmen, determinieren, instruieren – also Ursache sein. Als Ärzte können wir Bedingungen für Selbstheilung, also eine selbstreferentiellen Operation schaffen – ebenso als Psychotherapeuten.

Wenn das der Fall ist, dann müssen wir als Ärzte oder Psychotherapeuten den Glauben aufgeben, daß wir aktiv bewirken können, also Ursache sind, und wir müssen als Klienten den Glauben aufgeben, daß wir passiv erleiden, erstens die Krankheit oder den Erreger und zweitens die Eingriffe des Arztes oder Psychotherapeuten. Buber schreibt: »Vom Glauben an die Unfreiheit frei werden, heißt frei werden.« (1979, 157)

Wenn es nur Aktion oder Passion gäbe, dann wären wir nach der obigen Auffassung zum Nichthandeln, zur Aktionslosigkeit verdammt. Cremerius meint: Das Ideal der naturwissenschaftlichen Medizin gehe davon aus, daß der Effekt der therapeutischen Aktion »vom Arzt und der persönlichen Beziehung zwischen Arzt und Patient weitgehend unabhängig ist« (Tschuschke u.a. 1990, 15). Dies würde jedoch nicht zutreffen. In der naturwissenschaftlichen Medizin möchte man, daß das Medikament »wirkt«, in der Psychotherapie, daß der Therapeut eine Technik anwendet und durch seine Technik wirkt.

Nichthandeln ist die übliche Übersetzung des taoistischen »wu-wei«. Buber nennt das »Nicht-tun tun«, nämlich Aktion und Passion in einem. Es gibt verschiedene Übersetzungsversuche von *wu-wei*.

Eine recht aufschlußreiche Umschreibung zitiert Needham: »*wu-wei* bedeutet nicht, nichts zu tun und still zu sein. Einem jeden Ding gewähre man das zu tun, was es natürlich tut, so daß seine Natur befriedigt ist« (1984, 128). *Wu-wei* übersetzt Needham mit »Nicht-Eingreifen«. Es sei die »Bezeichnung des Respekts vor der Selbststeuerungskapazität« (1977, 78). »Selbststeuerungskapazität« ist ein Ausdruck, wie er früher in der Kybernetik erster Ordnung üblich war, man kann ihn durch »Selbstorganisation« übersetzen, also: Respekt vor der Selbstorganisation. Aber Respekt ist keine Bezeichnung für eine Handlung. Die andere Deutung »... jedem Ding gewähren, was es natürlich tut...« ist sehr nahe an »sich dem ‚Ding‘ passiv zu unterwerfen«. Den berühmten *wu-wei* betreffenden Satz aus dem Taoteking übersetzt Needham so: »Handle nicht (gegen die Natur), und es gibt nichts, was nicht wohlgeordnet wäre« (1984, 128). »Gegen die Natur« ist Needhams Einfügung, aber sie führt auch nicht viel weiter. »*Wu*« heißt nach Needham »das Erzwingen von Gehorsam unter Auferlegung von Sanktionen« (1977, 285) und »Pflanzen wachsen am besten ohne die Einmischung des Menschen, die Menschen gedeihen am besten ohne die Einmischung des Staates« (1984, 128). An dieser Formulierung wird deutlich, daß das Taoteking zu wesentlichen Teilen eine Anleitung für Herrscher ist. Dann würde der Satz aus dem Taoteking heißen: »Handle nicht durch Erzwingen von Gehorsam durch Auferlegung von Sanktionen, und es gibt nichts, was nicht wohlgeordnet wäre.« Das ist zweifellos ein anarchistischer Satz, verständlich aus der Gegenüberstellung zum Konfuzianismus, aber er besagt auch nur, wie man nicht handeln soll und nicht, wie man handeln soll.

Für den französischen Gelehrten Kaltenmark, der sich auch ausführlich mit dem Taoismus beschäftigt hat, ist Tao »die universelle Spontaneität« (1981). »Spontan« heißt vor allem »aus sich heraus«, »aus eigenem Antrieb«, »freiwillig«, meint also wohl wieder Selbstorganisation. Der Weise – so Kaltenmark – »läßt jedem Wesen die Möglichkeit, sich im Einklang mit seiner Natur zu entfalten«. Dann wäre *wu-wei* »zulassen«, also wieder »nicht-tun«?

In aller Kürze will ich ein paar Bemerkungen zum Tao machen. In China wurde die Auseinandersetzung um Fremdorganisation versus Selbstorganisation allem Anschein nach zwischen Konfuzianismus und Taoismus ausgetragen. Dabei ging es vor allem um Probleme der gesellschaftlichen Ordnung, um Herrschaft bzw. Herrschaftslosigkeit, um Ordnung durch Eingreifen oder Ordnung ohne Herrschaft, ohne Eingreifen. Für uns im westlichen Fremdorganisationsdenken verhaftete Europäer ist Tao ein dunkler Begriff. Marcel Granet versuchte ihn 1936 zu umschreiben. Er meint, am Grunde aller Vorstellungen vom Tao finde man die Begriffe der »Ordnung, der Gesamtheit, der Verantwortlichkeit und der Wirkkraft« (ebd., 229). Tao sei ein »alles beherrschendes Organisations- und Ordnungsprinzip«, wobei das Wort »alles beherrschend« wohl falsch gewählt ist. Denn Tao »erschafft die Wesen nicht, sondern es bewirkt, daß sie so werden, wie sie sind« (ebd., 247). Hier stimmt das Wörtchen »bewirkt« nicht, denn das »Ordnungsprinzip Tao« hat nicht Kausalität noch Widerspruch, sondern »wechselweise sich hervorbringen« als Leitprinzip, also stete Wandlung (ebd., 248). Tao ist keine *prima causa*, ist nicht schöpferisch, sondern die Bezeichnung für etwas, das als Ordnungsprinzip die Dinge statt in Abfolge nacheinander »in gegenseitiger Abhängigkeit entstehen läßt.« (ebd.) Auch das ist wahrscheinlich ein ungenauer Ausdruck, denn gegenseitige Abhängigkeit könnte man als »Inter*dependenz*« bezeichnen, dieser Ausdruck ist wahrscheinlich genauso falsch wie »Inter*aktion*« oder »Wechsel*wirkung*«; es handelt sich wohl im wesentlichen um wechselseitige Wirkung *und* Abhängigkeit, wechselseitige Aktivität und Passivität *zugleich*. Es handelt sich um »komplementäre Erscheinungsformen, die *sich* im Tao zu einer wechselnden und zyklischen Ganzheit *ordnen*, die sich in jeder einzelnen Erscheinung wiederfindet« (ebd., 246). Es heißt: *sich ordnen*. Wichtig ist der Hinweis von Kaltenmark auf die »universelle Spontaneität« des Tao. Es ist »spontan, selbst-schöpfend, natürlich«, sagt Needham (1984, 119). Needham spricht auch von der »ungeschaffenen Natur des Tao«, denn die Natur ist eben »selbstschöpfend«. Deshalb bedürfte weder der Mensch noch das Universum eines »bewußten Lenkers« (Needham 1984, 121). Das steht offensichtlich im Gegensatz zur Vorstellung von einem Schöpfergott und von Schöpfung, wie sie uns aus jüdisch-christlicher Tradition bekannt ist. Für mich ist Tao das Prinzip Selbstorganisation. »Selbstschöpfend« ist ja auch die wörtliche Übersetzung von autopoietisch. Was Granet als »zyklische Ganzheit« beschreibt, könnte man heute mit Selbstreferentialität und Rekursivität bezeichnen. Selbstorganisation bedarf eben nicht eines Eingreifens, deshalb ist »nicht eingreifen« oder »nicht tun« eine Konsequenz aus dem Selbstorganisationsprinzip.

Martin Buber hat sich auch ausführlich mit dem Taoismus beschäftigt (und sich später distanziert) und es ist m.E. schwer zu entscheiden, ob der

Taoismus seine dialogische Philosophie beeinflußte oder seine dialogische Philosophie seine Auffassung vom Taoismus; am wahrscheinlichsten ist m.E. hier Wechselseitigkeit. An einer Stelle in seiner Abhandlung »Die Lehre vom Tao« heißt es vom guten Regierenden: »Er tut das Nichttun, er greift nicht ein, sondern behütet und entfaltet, was werden will« (1962, 1048). Das sind deutliche Formulierungen: Nichttun ist Tun und dieses Nichttun ist »behüten« und »entfalten«, das sind eindeutig Tätigkeiten. Später wollen wir zeigen, wie Buber dieses Nichttun für Erziehung und Psychotherapie faßt. Buber versucht weitere wichtige Aspekte von *wu-wei* zu umschreiben:

»Was von den Menschen Tun genannt wird, ist kein Tun. Es ist nicht das Wirken des ganzen Wesen, sondern ein Hineintappen einzelner Absichten in Taos Gewebe, das Eingreifen einzelner Handlungen in Art und Ordnung der Dinge. Es ist in die Zwecke verstrickt.«

... *»das Nichttun ist ein Wirken des ganzen Wesens ... ist ein Wirken aus gesammelter Einheit«* (ebd., 1046).

»... der Vollendete steht den Wesen nicht gegenüber, sondern umfaßt sie. Darum ist seine Liebe ganz frei und unbeschränkt, hängt nicht vom Gebaren des Menschen ab und kennt keine Wahl...«. Er »... greift nicht in das Leben der Wesen ein, er erlegt ihnen nichts auf, sondern er (hier zitiert er Lao-tse) verhilft allen Wesen zu ihrer Freiheit« (ebd., 1047).

Für Buber ist »wu-wei« also »absichtsloses Wirken« im Gegensatz zu absichtsvollem, zweckgerichtetem Eingreifen. Absichtsloses Tun wird oft »Spiel« genannt. »Arbeit« dagegen ist zweckgerichtet, absichtsvoll. Gerda Verden-Zöller und Maturana betonen, wie wichtig und notwendig es für die Entwicklung des Kleinkindes ist, daß sich die Mutter dem Kind zweckfrei liebevoll zuwendet: Liebe als Spiel (Verden-Zöller und Maturana 1990). D.h. *ganz* da zu sein und nicht gleichzeitig woanders, beim Zweck oder Ziel der Tätigkeit oder in Gedanken, also ganz in der Gegenwart sein, also nicht extrinsisch motiviert von den Folgen der Tätigkeit. Man unterscheidet zwischen Tätigkeiten, die von den Folgen dieser Tätigkeiten – Lohn oder Strafe – motiviert sind – das ist extrinsische Motivation – und Tätigkeiten, die intrinsisch motiviert sind, da ist die Tätigkeit selbst motivierend, das ist Spiel im Gegensatz zu Arbeit. Intrinsisch motiviertes Lernen z.B. ist Spaß am Lernen. Extrinsisch ist Lernen um des Erfolgs willen oder um guter Noten willen oder um schlechte Noten zu vermeiden. Nicht-tun ist handeln ohne »um zu«. In »Zen und die Kunst ein Motorrad zu warten« versucht Pirsig »Nichttun« beim Warten eines Motorrads zu beschreiben als »Liebe zur Sache«. Das am ausführlichsten dargestellte Beispiel für dieses Nichttun ist das Lösen einer festsitzenden Schraube. Die Automechaniker, kritisiert Pirsig, sind nicht mit »Liebe zur Sache« bei ihrer Arbeit, sie hören Radio nebenbei, sind mit ihren Gedanken beim Feierabend, »sie wirkten wie Zuschauer«.

Wenn die Schraube festsitzt, muß man erst einmal durch den toten Punkt, akzeptieren, daß die Schraube festsitzt, akzeptieren, daß man selber fest-sitzt, denn der erste Impuls ist mit Gewalt, mit dem Mut der Verzweiflung, den Widerstand zu durchbrechen. Aber dann zerstört man den Schlitz der Schraube. Festsitzen:

»Das ist der Moment Null des Bewußtseins. Man sitzt fest. Keine Ant-wort. Alles aus. Fix und Fertig. Es ist ein Tiefschlag für's Selbstbewußtsein. Man verliert Zeit, man ist unfähig. Man weiß nicht, was man tut. Man sollte sich über sich schämen« (1980, 289)

Nach Pirsig muß man dann versuchen, die Theorie aufzugeben, daß die Wirklichkeit in Subjekt und Objekt gespalten sei. »Man muß fühlen, was gut ist.« Man kann dann versuchen, die Situation neu zu beurteilen, das Festsitzen als bestmöglichen Zustand zu bewerten. »Ihr Geist ist leer, Sie haben ,losgelassen', nehmen die geistige Haltung eines ,steten Anfangens' ein« (ebd., 295).

Es geht um die

»ichlose Hinnahme des Festsitzens. Da muß man erkennen, daß die Schraube immer weniger ein für eine Klasse typisches Objekt ist, und immer mehr zu einem einmaligen Objekt wird« (ebd., 296).

»Was sie (die Schraube) ist, hat aufgehört, eine Denkkategorie zu sein, und ist zu einer fortwährenden direkten Erfahrung geworden« (ebd., 297)

Nichts Vergangenes und nichts Zukünftiges, sondern etwas jeweils Neu-es in der Gegenwart ist wirksam. Und man braucht dazu den »Seelenfrie-den«.

»Sie widmen sich ihrer Arbeit mit Geduld, Sorgfalt und Aufmerksamkeit, aber das ist noch nicht alles – sie haben eine Art inneren Seelenfrieden, der nicht bewußt herbeigeführt wird, sondern einer Art Harmonie mit der Arbeit entspringt, in der es kein Führen und keine Gefolgschaft gibt« (ebd., 306).

Es geht also nicht um Macht und Unterwerfung, nicht um Unterwerfung des Materials unter die Macht des Eingreifenden. »Das Material und die

Gedanken des Handwerkers wandeln sich gemeinsam in einer Folge sanfter gleichmäßiger Veränderung ...« (ebd., 306).

Pirsig nennt einige alltägliche Redewendungen »bei der Sache sein«, »sich vertiefen«, »in der Arbeit aufgehen«, die dieses Nichtvorhandensein einer Subjekt-Objekt-Trennung bezeichnen.

»Wenn man nicht von dem Gefühl des Getrenntseins vom Gegenstand seiner Arbeit beherrscht ist, dann kann man von ihm sagen, daß er mit Liebe zur Sache an seine Arbeit geht. Liebe zur Sache ist im Grunde genommen ein Gefühl der Identifikation, mit dem, was man tut« (ebd., 307).

Für mich ist aber die wichtigste und klarste Metapher für Nichttun die Geschichte vom Koch von Dschuang Dsi. Es ist wichtig, sie als Metapher zu nehmen. Ich will sie vollständig zitieren, aber vorher warnen, daß es sich um eine Übersetzung handelt, die zwar von dem berühmten Richard Wilhelm stammt. Er übersetzt Tao mit SINN, was mir unsinnig erscheint. Und es ist von »(anatomischen) Gesetzen« in dem Text die Rede, obwohl der Gesetzesbegriff ganz sicher nicht zum Taoismus gehört, wie Needham ausführlich darstellt, sondern dem jüdisch-christlichen Kulturkreis entstammt und da eine der wirklich grundlegenden Kategorien darstellt: Naturgesetze sind eigentlich göttliche Gesetze.

Der Koch

Der Fürst Wen Hui hatte einen Koch, der für ihn einen Ochsen zerteilte. Er legte Hand an, drückte mit der Schulter, setzte den Fuß auf, stemmte das Knie an: ritsch! ratsch! – trennte sich die Haut, und zischend fuhr das Messer durch die Fleischstücke. Alles ging wie im Takt eines Tanzliedes, und er traf immer genau die Gelenke.

Der Fürst Wen Hui sprach: »Ei, vortrefflich! Das nenn' ich Geschicklichkeit!« Der Koch legte das Messer beiseite und antwortete zum Fürsten gewandt: »Der SINN ist's, was dein Diener liebt. Das ist mehr als Geschicklichkeit. Als ich anfing, Rinder zu zerlegen, da sah ich eben nur Rinder vor mir. Nach drei Jahren hatte ich's soweit gebracht, daß ich die Rinder nicht mehr ungeteilt vor mir sah. Heutzutage verlasse ich mich ganz auf den Geist und nicht mehr auf den Augenschein. Der Sinne Wissen hab' ich aufgegeben und handle nur noch nach den Regungen des Geistes. Ich folge den natürlichen Linien nach, dringe ein in die großen Spalten und fahre den großen Höhlungen entlang. Ich verlasse mich auf die (anatomi-

schen) Gesetze. Geschickt folge ich auch den kleinsten Zwischenräumen
zwischen Muskeln und Sehnen, von den großen Gelenken ganz zu schwei-
gen.

Ein guter Koch wechselt das Messer einmal im Jahr, weil er schneidet.
Ein stümperhafter Koch muß das Messer alle Monate wechseln, weil er
hackt. Ich habe mein Messer nun schon neunzehn Jahre lang und habe
schon mehrere tausend Rinder zerlegt, und doch ist seine Schneide wie
frisch geschliffen. Die Gelenke haben Zwischenräume; des Messers
Schneide hat keine Dicke. Was aber keine Dicke hat, dringt in Zwischen-
räume ein – ungehindert, wie spielend, so daß die Klinge Platz genug hat.
Darum habe ich das Messer nun schon neunzehn Jahre, und die Klinge ist
wie frisch geschliffen. Und doch, so oft ich an eine Gelenkverbindung
komme, sehe ich die Schwierigkeiten. Vorsichtig nehme ich mich in acht,
sehe zu, wo ich haltmachen muß, und gehe ganz langsam weiter und
bewege das Messer kaum merklich – plötzlich ist es auseinander und fällt
wie ein Erdenkloß zu Boden. Dann stehe ich da mit dem Messer in der Hand
und blicke mich nach allen Seiten um. Ich zögere noch einen Augenblick
befriedigt, dann reinige ich das Messer und tue es beiseite.« Der Fürst Wen
Hui sprach: »Vortrefflich! Ich habe die Worte eines Kochs gehört und habe
die Pflege des Lebens gelernt.« (1979, 54f.)

Wir wollen noch weiter versuchen, »*wu-wei*«, also Nicht-Handeln zu
verstehen. In der Gestalttherapietheorie geht es um gesunden, vollen
Kontakt im »Organismus-/Umweltfeld«. »Aller Kontakt ist kreative,
wechselseitige Anpassung von Organismus und Umwelt« (»*All contact is*
creative adjustment of the organism and environment.«) (Perls et al. 1979,
S. 277). Kontakt ist kreativ und dynamisch, er kann nicht routiniert sein
noch stereotyp noch konservativ, da er mit dem Neuen umgehen muß.
Kreativität und Anpassung werden als Gegenpole aufgefaßt, die komplementär sind. Ein wichtiger Begriff ist hierbei das »Selbst«. Es wird definiert »als das System der ständig neuen Kontakte« (S. 17), als »Kontaktgrenze in Tätigkeit«. Und weiter heißt es: »Das Selbst ist spontan, im
mittleren Modus (im Hinblick auf Tun und Erleiden) und es geht in seinen
Situationen auf (...)« (ebd., 164).

Der mittlere Modus heißt nicht, daß dem Selbst etwas angetan wird, der
mittlere Modus bedeutet hingegen, »daß das Selbst ... den Prozeß als ein
Ganzes auf sich bezieht, es empfindet ihn als eigenen Prozeß und ist daran
beteiligt« (ebd., 105).

Sie versuchen, das genauer zu beschreiben:

»Spontaneität ist das Gefühl, den gerade ablaufenden Prozeß handelnd zu erleben, nicht nur der Gestalter und das Gestaltete zu sein, sondern darin zu wachsen. Spontaneität ist nicht gelenkt oder selbstlenkend, noch ist sie ein Dahingetriebenwerden, wobei man im Grunde unbeteiligt wäre, sondern sie ist ein Entdecken und Erfinden während man unterwegs ist, sich einläßt und anerkennt. Das Spontane ist zugleich aktiv und passiv, sowohl das, wozu man bereit ist, wie auch das, was einem zustößt oder, besser, es ist ein mittlerer Modus zwischen Tun und Erleiden, eine schöpferische Unparteilichkeit, ein Desinteresse nicht in dem Sinne, daß man nicht erregt oder nicht schöpferisch wäre, denn Spontaneität ist beides in außergewöhnlichem Maße, sondern als Einheit vor (und nach) der Trennung von Aktivität und Passivität, die beides einschließt« (ebd., 164).

Ich will im folgenden an dem, was Fritz Perls die fünf Schichten der Neurose nannte, darlegen, wie ich das Geschehen in der Psychotherapie auffasse und zeigen, daß die Psychotherapie durch Tun des Nichttuns, also durch den mittleren Modus, wahrscheinlich hilfreicher ist als durch Tun. Das Geschehen in der Therapie fasse ich als spezifische Art des Lernens auf. Das Besondere an dieser Art des Lernens ist, daß es ein Umlernen oder Verlernen ist. Wenn man Piagetsche Begriffe verwenden will, ähnelt das Lernen des Klienten eher der Akkomodation als der Assimilation (Piaget 1979). Wenn man Gregory Batesons Lerntheorie verwendet, dann hat der Klient durch einmalige oder wiederholte Erfahrungen Gewohnheiten gebildet (Lernen II), die in der Lebensphase, in der er sich jetzt befindet, zu Leiden führen, indem er z.B. seine Wünsche nicht oder nicht auf Dauer befriedigen kann usw.(Bateson 1981). In der Theorie Batesons bestünde Psychotherapie darin, daß der Klient nicht statt dessen eine neue Gewohnheit bildet, sondern daß er lernt, wie er Gewohnheiten bildet – also Lernen III. Die jetzt schädliche Gewohnheit war eine früher zu bestimmten Gelegenheiten förderliche Gewohnheit. Wenn es sich um eine zentrale Gewohnheit handelt, gehört sie zum Charakter der Person, d.h. des Klienten, und Verlernen oder Umlernen bedeutet, daß die Identität des Verlernenden – das Selbst, wie Bateson sagte – aufgegeben werden muß oder in Frage gestellt wird.

Die erste Schicht der Neurose ist die Schicht der Gewohnheiten, der Spiele oder Rollen, des stereotypen Verhaltens, das für den Klienten charakteristisch ist. Die zweite Schicht nennt Perls die »Angst-Schicht«, es kommt zur Polarisation zwischen Beibehaltenwollen und Verändern-wollen der Gewohnheit. Aber der Klient erlebt jetzt, daß er verantwortlich ist. Damit ist Angst verbunden, denn das Neue löst Angst aus. Die Angst steigert sich durch die widersprüchlichen Wünsche. Es entsteht das Gefühl von Chaos, nicht aus noch ein zu wissen. Das ist die dritte Schicht für Perls, er nennt sie die »fruchtbare Leere«, aber auch die furchtbare Leere: Der Punkt zwischen den Polaritäten, das, was der Neu-Kantianer und für Perls so wichtige Philosoph Salomo Friedlaender die »schöpferische Indiffe-renz« nannte und einen Bifurkationspunkt darstellt. Er meinte damit die Indifferenz, die zwischen den Polen besteht vor der Dichotomisierung in beispielsweise Figur und Grund, Tun und Erleiden oder was immer. Diese fruchtbare Leere erregt beim Klienten in der Regel Angst, ein Gefühl der Bodenlosigkeit, er tut das, was wir alle immer wieder in solchen Situatio-nen tun, wir versuchen, uns weiter zu kontrollieren, also in das Geschehen einzugreifen. Ich will es ganz deutlich machen: Sich beherrschen, sich kontrollieren, sich steuern, uns im Griff haben, sind verschiedene Worte für das, was Buber »eingreifen« nennt, wenn wir uns als triviale Maschine behandeln. Wir wollen nicht nur andere *steuern, kontrollieren,* wir wollen auch uns *steuern* und *kontrollieren,* also tun. Aber wir sind Selbstorgani-sationssysteme, nicht Fremdorganisationssysteme, auch wenn wir vom Gegenteil überzeugt sind. Die Kontrolle in dieser vierten Schicht der Neurose – Perls nennt sie Implosion, weil häufig der ganze Leib ange-spannt ist, leblos, wie tot – erreicht ihren Höhepunkt. Und es ist ein kleiner Tod, der Tod einer bestimmten Identität. Erst wenn der Klient – wie soll man es ausdrücken – seine Spontaneität zuläßt, das Nichttun tut, Respekt vor der Selbststeuerungskapazität hat, die organismische Selbstregulie-rung greifen läßt – kommt es zur Explosion, wie Perls die fünfte Schicht nennt, das Ende des neurotischen Verhaltens, was sich äußern kann in dem Ausdruck eines durch Gewohnheit unterdrückten Gefühls. Es ist eine neue Ordnung, die entsteht, indem der Klient das Nichttun tut, durch Aktion und Passion in einem – als »Einheit vor (und nach) der Trennung von Aktivität und Passivität, die beides einschließt«.

Wie kann sich der Psychotherapeut verhalten bei einem solchen Gesche-hen? Offensichtlich kann er genausowenig wie der Klient aktiv eingreifen, damit behindert er eher das besondere Lernen des Klienten. Er behindert die Selbstorganisation. Perls war stolz darauf, daß nur in der Gestalttherapie, wie er meinte, dieser Durchgang durch die »fruchtbare Leere« und die Implosion gefordert werde, in allen anderen Therapien werde dieser Prozeß der Selbstorganisation unterbrochen. Andererseits genügt es sicherlich nicht, daß der Therapeut still dabeisitzt und nichts tut. Was heißt hier also: Das Nichttun tun?

Buber versucht dieses Tun des Nichttuns, den mittleren Modus in der Erziehung und teilweise in der Psychotherapie zu beschreiben. Maurice Friedman, Mitarbeiter, amerikanischer Übersetzer und Biograph Bubers, hat sich damit ausführlich auseinandergesetzt. Czogalik, professioneller Psychotherapieforscher an der Forschungsstelle für Psychotherapie in Stuttgart schreibt: »Die zentrale Bedeutung der zwischenmenschlichen Beziehung von Therapeut und Patient für den Therapieerfolg darf als die empirisch bestgestützte Aussage der Psychotherapieforschung gelten« (14). Was damit gemeint ist, bleibt aber schwammig und allgemein. Bei Strupp (vgl. Lang 1990) heißt es »*acceptance, warmth, respect, empathy, caring*«, bei Greenson »therapeutische Allianz«, bei Rogers »Empathie, Wärme, Echtheit«, der Psychoanalytiker Ferenczi verlangt »mütterliche Freundlichkeit«, er spricht von der »Mutterrolle des Analytikers« (Brief an Freud, 1.9.1924) usw. Die Diskussion über diese manchmal »*common factor*« genannte »gute menschliche Beziehung« versus »Psychotherapietechnik« ist m.E. unfruchtbar, solange nicht klar ist, was das heißen kann. Sicherlich hat Hermann Lang recht, wenn er allgemeiner schreibt: »Daß aus der Beziehung zum Mitmenschen Einengung, Gefährdung und Schädigung erwachsen können, wie aber auch das Heil kommen kann, bedeutet eine fundamentale Konflikthaftigkeit menschlichen Daseins überhaupt« (1990, 44).

Meine These ist, daß Bubers Versuch, sein »dialogisches Prinzip« zu beschreiben, genau diese »fundamentale Konflikthaftigkeit menschlichen Daseins«, von der Lang schreibt, aufgegriffen hat und daß es ein Versuch ist, dieses Problem zu lösen. Den Kern dieses Lösungsversuches bildet »der mittlere Modus« oder das »Tun des Nichttuns«. Das ist eben keine »Technik« im herkömmlichen Sinn, kein »Eingreifen«, sondern eben das Nichttun tun gegenüber einem Gegenüber, das als sich selbst organisierend und autonom angenommen wird. Maurice Friedman hat ein interessantes Gespräch zwischen Buber und Rogers aufgezeichnet und veröffentlicht. Für Buber gibt es immer wieder Parallelen zwischen Erziehung und Psychotherapie, denn in der Erziehung ist die Langsche »fundamentale

Konflikthaftigkeit« auch vorhanden und die Beziehung des Erziehers zum Schüler ist wie die Beziehung des Psychotherapeuten zum Klienten – zumindest anfänglich – einseitig. Das bedeutet vor allem, daß sie nicht eine Beziehung zwischen gleichen Partnern ist. Volle Mutualität, Wechselseitigkeit der »Begegnung«, ist erst zu Ende der Therapie möglich. Die anfänglich einseitige Beziehung zwischen Erzieher und Schüler, zwischen Therapeut und Klient nennt Buber »Umfassung«.

Buber hat eine eigene Sprache erfunden, die bei einigen auf Ablehnung stößt, aber was er mit »Umfassung« meint, wird nur verständlich, wenn man sich in seine Sprache hineinbegibt. Buber unterscheidet zwei Beziehungen, er nannte das die »Grundworte«, nämlich Ich-Es und Ich-Du. Sie sind komplementär. Das Grundwort Ich-Es ist uns am ehesten vertraut, es ist die Subjekt-Objekt-Beziehung, in den Worten Bubers: *erfahren, gebrauchen, fertig werden, eingreifen*. In der Es-Welt erfährt der Mensch die Objekte, die Dinge »als Summe von Eigenschaften«; nur in der Es-Welt gibt es Ursächlichkeit, »begriffliche Erkenntnis« und »Bestand an Erkenntnis«. Buber ist insofern sozialer Konstruktivist, wenn er schreibt:

»Der Erfahrende hat keinen Anteil an der Welt, die Erfahrung ist ja ‚in ihm‘ und nicht zwischen ihm und der Welt. Die Welt hat keinen Anteil an der Erfahrung. Sie läßt sich erfahren, aber es geht sie nichts an, denn sie tut nichts dazu und ihr widerfährt nichts davon. Die Welt als Erfahrung gehört dem Grundwort Ich-Es zu. Das Grundwort Ich-Du stiftet die Welt der Beziehung« (1979, 9).

»Nur Es kann geordnet werden,« (ebd. 34) und: *»Der Mensch, der eine Welt erkennt, ist der Mensch mit dem Menschen«* (ebd.).

Umfassung ist nicht »Einfühlung«. »Einfühlung« bedeutet

»... mit dem eigenen Gefühl in die dynamische Struktur eines Gegenstandes, einer Säule, eines Kristalls, eines Baumastes, wohl auch einer animalischen oder menschlichen Kreatur zu schlüpfen und sie gleichsam von innen abzulaufen, die Formung und Bewegtheit des Gegenstandes mit den eigenen Muskelempfindungen verstehend sich hinweg- und hinein zu ‚versetzen‘. Sie bedeutet somit Ausschaltung der eigenen Konkretheit, Verlöschen der konkreten Situation, Aufgehen der Wirklichkeit, an der man teilhat, in pure Ästhetik. Umfassung ist das Gegenteil: Erweiterung der eigenen Konkretheit, Erfüllung der gelebten Situation, vollkommene Präsenz der Wirklichkeit, an der man Teil hat. Ihre Elemente sind: 1. ein irgendwie geartetes Verhältnis zweier Personen zueinander, 2. ein von

beiden gemeinsam erfahrener Vorgang, an dem jedenfalls eine tätig partizipiert, 3. das Faktum, daß diese Person den gemeinsamen Vorgang, ohne irgendetwas von der gefühlten Realität ihres eigenen Tätigseins einzubüßen, zugleich von der anderen erlebt« (1986, 37).

Er nennt Beispiele, die das verdeutlichen:

»Ein Mensch schlägt auf einen anderen ein, der stillhält. Nun geschehe es aber dem Schlagenden, daß er einen Schlag, den er führt, empfängt. Denselben Schlag. Als der andere Stillhaltende ... Ein Mann liebkost eine Frau, die sich liebkosen läßt. Nun geschehe ihm, daß er die Berührung doppelseitig verspürt, noch mit seiner Handfläche und schon auch mit der Haut der Frau. Die Zwiefältigkeit der Gebärde als einer zwischen Person und Person sich ereignende zuckt durch die Geborgenheit seines genießenden Herzens und rührt es auf« (ebd., 37).

Umfassung ist also nicht Einfühlung, auch nicht Verschmelzung, also auch nicht Ichauflösung, wie am obigen Zitat deutlich wird, sie ist keine Subjekt-Objekt-Beziehung des Erfahrens und Gebrauchens, sie ist keine Macht-Beziehung – da ist er sehr strikt – ebenso strikt lehnt er die erotische Beziehung ab – Macht und Eros in einer solchen Beziehung sind für ihn ein »einer Heilung bedürftiger Fehlzustand« des Helfers, auch wenn der Helfer eventuell wünscht, vom anderen »beherrscht oder genossen zu werden« (1986, 35). Umfassung ist nicht Identifikation, das geht nicht, denn der andere ist anders, einmalig und einzigartig, es handelt sich um eine »ontische Uranderheit« (1979, 207). Umfassung ist nicht »Fürsorge«, wie Buber in der Auseinandersetzung mit Heidegger schreibt, denn bei der Fürsorge bleibt der Mensch bei sich, auch beim stärksten Mitleid, »... aber die Schranken seines eigenen Seins werden dabei nicht durchbrochen«, er ist nicht bereit, sich durch die Begegnung verändern zu lassen (1982, 100). Umfassung ist nicht »Rückbiegung«, die Buber »bei sich bleibende Liebe« nennt, wohl mit dem verwandt, was wir heute Narzißmus nennen würden, wenn man den »anderen nur als das eigene Erlebnis, nur als eine Meinheit bestehen läßt« (1979, 173). Zur Umfassung genügt nicht Intuition, sondern es bedarf der »Realphantasie«. Realphantasie ist die Fähigkeit »sich eine in diesem Augenblick bestehende aber nicht sinnenmäßig erfahrbare Wirklichkeit vor die Seele zu halten ... daß ich mir vorstelle, was ein anderer Mensch eben jetzt will, fühlt, empfindet, denkt, und zwar nicht als abgelöster Inhalt, sondern in seiner Wirklichkeit, das heißt als einen Lebensprozeß dieses Menschen« (1978, 33/34). Ich erfahre den »spezifischen

Schmerz« eines anderen – nicht als ein »allgemeines Unbehagen und Leidwesen, sondern diesen besonderen Schmerz und doch eben als den des anderen«. Umfassung kann nur in der Gegenwart sein: Wesenheiten werden in der Gegenwart gelebt, Gegenstände in der Vergangenheit. Nur in der Es-Welt gibt es Gegenstände und die »bestehen im Gewesensein«. Umfassung ist nicht Gewohnheit, hat nichts mit dem »Geraschel der Routine« zu tun, Routine dient dazu, mit der Situation »fertig zu werden«.

»Jede lebendige Situation hat ... trotz aller Ähnlichkeiten ein neues Gesicht, nie dagewesen, nie wiederkehrend. Sie verlangt eine Äußerung von dir, die nicht schon bereitliegen kann. Sie verlangt nichts, was gewesen ist. Sie verlangt Gegenwart, Verantwortung, dich« (1986, 83/84).

Denn in der Umfassung geht es um Authentizität, um Rückhaltlosigkeit des Ich. Authentizität heißt bei Buber »Leben vom Wesen« aus, statt »Leben vom Bilde aus«, das man sich von sich macht, es geht darum, nicht als Ich-Ideal, als Schein dem anderen gegenüber zu treten, auch nicht nur mit einem Teil von sich, sondern als ganzes »eingesammeltes« Wesen. Umfassung besteht darin, als ganzes Wesen ein anderes ganzes Wesen zu umfassen »in seiner Ganzheit, Einheit und Einzigkeit« und eben auch »Anderheit«. Buber kritisiert die »Entgeheimnissung« in der heutigen Zeit, das »analytische Denken«, »da es das gesamte leib-seelische Sein als zusammengesetzt und daher zergliederbar behandelt« (1979, 285). Er kritisiert aber auch »reduktives Blicken«, darunter versteht er die »Vereinfachung zu überschaubaren und wiederkehrenden Strukturen«, und er kritisiert »ableitendes« Denken, »weil es vermeint, das Gewordensein eines Menschen, ja sein Werden, in genetischen Formen« fassen zu können (ebd.). Zur Umfassung gehört Verantwortung und Verbundenheit. »Echte Verantwortung gibt es nur, wo es wirkliches Antworten gibt«. Das Gegenteil ist für Buber »bei sich bleiben«. Und für Buber ist der Gegenpol von Zwang nicht Freiheit, sondern »Verbundenheit«. »Leben aus der Freiheit ist personenhafte Verantwortung« (1986, 28).

Umfassen ist das Tun des Nichttuns.

»Das ist die Tätigkeit des ganz gewordenen Menschens, die man Nichttun genannt hat, wo sich nichts Einzelnes, nichts Teilhaftes mehr vom Menschen regt, also auch nichts von ihm in die Welt eingreift; wo der ganz in seiner Ganzheit geschloßene, in seiner Ganzheit ruhende Mensch wirkt, wo der Mensch eine wirkende Ganzheit geworden ist.« (1979, 78)

Er macht das am Beispiel »ein Mann liebkost eine Frau ... « deutlich: Das Nichttun ist »Aktion und Passion« in einem. Wer das Nichttun tut, ist weder ausgeliefert und muß sich dem anderen, der Umwelt unterwerfen, noch ist er »der willkürliche Mensch«, dieser greift fortwährend ein, er will die Welt gebrauchen können, sie unterwerfen. Der freie Mensch ist der »ohne Willkür Wollende«. Er glaubt weder daran, der Welt, dem Verhängnis ausgeliefert zu sein, noch glaubt er an die Willkür.

»Da greift er nicht mehr ein und er läßt auch nicht bloß geschehen. Er lauscht dem aus sich Werdenden, dem Weg des Wesens in die Welt, nicht um von ihm getragen zu werden: um es selber so zu verwirklichen, wie es von ihm, dessen es bedarf, verwirklicht werden will« (1979, 62).

Buber verknüpft hier Selbstorganisation, »dem aus sich Werdenden«, mit dem Tun des Nichttuns, Aktion und Passion in einem – was Freiheit des Menschen zur Voraussetzung hat, nämlich daß er sich nicht dem Verhängnis, dem Schicksal, den anderen ausgeliefert glaubt. Außerdem hat das Tun des Nichttuns zur Voraussetzung, daß der Mensch ohne Willkür ist (das ist gegen Nietzsche gerichtet), er will nicht selbstherrlich »gebrauchen«, sich nicht untertan machen und nicht »eingreifen«.

In der Anthropologie Bubers hält der Mensch im Gegensatz zum Tier »heimlich und scheu nach einem Ja des Seindürfens Ausschau« (1978 36). In der Umfassung wird zu ihm Ja als Person gesagt, in seiner Ganzheit, Einheit, Einzigkeit und Anderheit. Es geht nicht nur darum, die anderen zu umfassen, wie sie jetzt sind, sondern so wie sie »wirklich sind, wie sie werden können« oder »was zu werden sie bestimmt sind« (Rogers und Buber 1984, 69). Durch Umfassung kann der Klient erfahren:

»...daß es einen Boden, eine Existenz gibt, daß die Welt nicht verdammt ist zur Entbehrung, zur Entartung, zur Zerstörung, daß die Welt erlöst werden kann, er erlöst werden kann« (ebd.)

Einfacher beschreibt Buber in der Rede über das Erzieherische, worin er den Sinn der Umfassung sieht; es ist sicherlich richtig, dies auf das therapeutische Verhältnis – durch Tun des Nichttuns – zu übertragen.

»Das erzieherische Verhältnis ist ein rein dialogisches.

Ich habe auf das Kind hingewiesen, das, halbgeschlossener Augen daliegend, der Ansprache der Mutter entgegenharrt. Aber manche Kinder brauchen nicht zu harren: weil sie sich unablässig angesprochen wissen, in einer nie abreißenden Zwiesprache. Im Angesicht der einsamen Nacht, die einzudringen droht, liegen sie bewahrt und behütet, unverwundbar im silbernen Panzerhemd des Vertrauens.

Vertrauen, Vertrauen zur Welt, weil es diesen Menschen gibt – das ist das innerlichste Werk des erzieherischen Verhältnisses. Weil es diesen Menschen gibt, kann der Widersinn nicht die wahre Wahrheit sein, so hart er einen bedrängt. Weil es diesen Menschen gibt, ist gewiß in der Finsternis das Licht, im Schrecken das Heil und in der Stumpfheit der Mitlebenden die große Liebe verborgen.

Weil es diesen Menschen gibt. Und so muß es denn aber dieser Mensch auch wirklich sein. Er darf sich nicht durch ein Phantom vertreten lassen: der Tod des Phantoms wäre die Katastrophe der ursprünglichen Kinderseele. Er braucht keine der Vollkommenheiten zu besitzen, die sie ihm etwa anträumt; aber er muß wirklich da sein.« (1986, 82)

Ich habe versucht darzustellen, was Buber mit Umfassung, diesem Tun des Nichttuns meint. Es ist m.E. deutlich, daß Buber versucht, Umfassung vor allem dadurch zu umschreiben, was sie nicht ist bzw. durch Beispiele, Geschichten zu erläutern.

Man kann in der bisherigen Psychotherapieforschung Hinweise finden, daß die gute therapeutische Beziehung wichtig ist, die Selbstöffnung des Therapeuten usw. usf. Aber ich meine, der Versuch, Umfassung zu beschreiben, ist auch ein Hinweis darauf, daß die »Aporie des Du«, wie Jochanan Bloch das Problem bezeichnet hat, sich der verallgemeinernden Psychotherapieforschung entzieht, denn der Kerngedanke ist ja die Einmaligkeit, Einzigkeit und Anderheit des Gegenübers und damit der Beziehung. Sobald wir Regelmäßigkeiten konstruieren, geben wir diesen Kern auf. Das Tun des Nichttuns, das Eingehen auf das Einmalige, Einzige und Andere in Aktion und Passion in einem steht im Widerspruch zu irgendwelchen Regelmäßigkeiten.

7.

Konzentration, *Awareness*, Achtsamkeit

1. In der Gestalttherapie

Beinahe hätte die Gestalttherapie »Konzentrationstherapie« geheißen. Der dritte Teil des ersten Buches von Perls »Das Ich, der Hunger und die Aggression« heißt »Konzentrationstherapie«. In diesem Teil des Buches erläutert er seine Auffassung von verwandten Begriffen wie »Interesse« und »Aufmerksamkeit«, »Faszination«. Er spricht von »ungesunder Konzentration«, nämlich erstens der künstlichen und negativen Konzentration, die er mit der »Anklammerungshaltung« und Fixierung mit zusammengebissenen Zähnen verbindet, und der »bewußten zwanghaften Konzentration«, die für ihn mit der »Schnullerhaltung« verbunden ist, dem Festhalten ohne Nutzen und ohne Veränderung, weil man Angst vor dem Unbekannten hat. Das Experiment III in Perls, Hefferline und Goodman heißt »Attending and Concentrating«, »Aufmerksamkeitszuwendung und Konzentration«. Hier wird unterschieden zwischen »*genuinely, healthy, organic concentration*«, die »*attraction, interest, fascination or absorption*« genannt werden (Anziehung, Interesse, Faszination, Hingegebensein), und was üblicherweise Konzentration genannt werde, nämlich »*a deliberate strenuous, compulsive effort*«, also eine »vorsätzliche, rastlose, erzwungene Anstrengung«, etwas, das man sich zwingt zu tun (Perls, Hefferline, Goodman = PHG 1972, 83).

Kinder seien im Spiel so konzentriert, daß ihre Aufmerksamkeit nicht abgelenkt werden könne, und sie seien mit Erregung dabei. Das seien die Ingredienzen »gesunder Konzentration«: Aufmerksamkeit und Erregung, dann wird die Figur lebendig und deutlich und differenziert und strukturiert, und der Hintergrund ist verschwunden. Vorsätzliche Konzentration könne sich in spontane Konzentration verwandeln. Worauf es jedoch ankomme, sei »spontane Konzentration«: »*Spontaneous concentration is contact with the environment.*« (PHG, 93). Das zeigt, wie wichtig Konzentration für Perls war. In »Das Ich, der Hunger und die Aggression« macht Perls klar, warum er die Idee hatte, die Gestalttherapie Konzentrationstherapie zu nennen: Vermeidung sei die Hauptursache der Neurose, das »richtige Gegenteil« sei Konzentration, nämlich »die Konzentration auf das Objekt, das gemäß der Struktur der Situation danach verlangt, Figur zu werden ... Psychotherapie bedeutet, dem Patienten helfen, sich der

Tatsachen zu stellen, die er vor sich selber verbirgt.« (1978, 225). Durch »richtige Konzentration«, also »konzentriertes Interesse« im wesentlichen gerade auf das, was er gerade tut (ebd. 277).

Die wichtigste und berühmteste Übung – die Quintessenz des Buches »Das Ich, der Hunger und die Aggression« besteht in der Konzentration auf das Essen:

»Die richtige Assimilierung fester Nahrung erfordert die fortgesetzte und bewußte Konzentration auf die Zerstörung, den Geschmack und das ‚Spüren‘ des sich ständig verändernden Materials, das er in sich aufnimmt.« (ebd., 229)

Es geht dabei nicht darum, dreißig mal zu kauen, das heißt zu »fletchern«, wie Fletcher vorgeschlagen hat, sondern darum, »mit Leib und Seele beim Essen zu sein, wir müssen uns der Tatsache, daß wir essen, ganz bewußt sein« (ebd., 231).

Nicht nur mir fällt diese Übung schwer, ich übe sie immer wieder. Die Konzentration oder die Bewußtheit (*awareness*) hält länger an in einem guten Restaurant, wenn man jeden Bissen genießt. Aber auch da, in diesem Restaurant, ist die Aufmerksamkeit schnell wieder beim Tischgespräch. Bei dieser Übung wie bei vielen anderen, ähnlichen, ist für mich sehr hilfreich, mit Langsamkeit das zu tun, was ich tue. Das Gegenteil ist, schnell etwas zu essen, um die Essenszeit einzusparen oder aus welchen Gründen auch immer. Ich fände es schön, wenn ich das Essen so essen könnte, wie ich es abschmecke. Interessant bei meinen Essensübungen finde ich, daß meine Geschmackswahrnehmung immer differenzierter wird, daß ich allmählich schmecke, daß unbelastete Lebensmittel besser schmecken, daß Fleisch, das ich sonst kaum noch mag, vom Ökomarkt wirklich interessant schmeckt. Ich bin überzeugt, daß wir, wenn wir überwiegend »konzentriert« oder »bewußt« essen würden, genau die richtige Menge zu uns nehmen würden, ohne zu dick zu werden, daß wir die richtige Menge an Fett, Kohlehydraten, Vitaminen, Mineralien oder was immer zu uns nehmen würden, weil wir dann auch viel achtsamer wären für die Reaktionen in unserem Körper, die von den verschiedenen Stoffen ausgelöst werden oder von deren Mangel. Viele, die diese Essensübung gemacht haben, berichten über das spontan sich einstellende Gefühl der Dankbarkeit: Dankbarkeit für das, was wir essen, Dankbarkeit gegenüber der Natur, die das, was wir essen, gedeihen ließ, Dankbarkeit gegenüber denjenigen Menschen, die an der Herstellung des Essens beteiligt waren, z.B. den Landwirten, dem Müller, dem Bäcker und all die anderen, die indirekt an der Herstellung des (Vollkorn-)Brötchens beteiligt waren, z.B. der Ingenieur, der den Backofen entwarf, der Lokomotivführer, der an dem Transport des Saatguts für das Getreide beteiligt war usw. usf. Man bekommt eine Ahnung von der vielfachen Verbundenheit und Vernetzung. Essen ist etwas im wahrsten Sinne des Wortes Alltägliches. Bewußtes, konzentriertes Essen ist Meditation. Essen könnte unsere tägliche Meditation sein. Man kann sich das einrichten: den Vorgang des Essens so vorbereiten wie man Meditationen vorbereitet. Den Raum herrichten z.b. mit Kerzen, den Tisch decken mit Blumen, selbstverständlich schweigen beim Essen – das kann man z.b. auch an den Gestaltwochenenden ausmachen – also auch nicht Musik hören nebenbei, sich innerlich vorbereiten auf die Meditation des Essens usw. Oft ist es auch gut, die Augen zu schließen, wenn man sich konzentriert, meditiert.

Man kann hierbei ganz wichtige, grundsätzliche Erfahrungen machen, z.B. das, was Perls meint, wenn er sagt:

»... daß jedes Ereignis in der Gegenwart stattfindet, daß dieses ständig *sich wandelnde, flüchtige und unstoffliche Etwas die einzig existierende Realität ist.*«, daß wir nichts »*festhalten*« können (ebd., 247). Oder:

»*In Wirklichkeit gibt es niemals so etwas wie ein Individuum oder eine Umwelt, sie bilden zusammen eine untrennbare Einheit.*« (ebd., 239).

Das sind sehr weitgehende Aussagen, sie sind beim konzentrierten, bewußten Essen wirklich erfahrbar und nicht nur erdacht, und sie könnten ebensogut, sagen wir, in einer buddhistischen Anleitung zur Meditation stehen. Der »ständige Wandel« im ersten Satz ist das, was man im Buddhismus die Prozeßnatur der Realität oder die Unbeständigkeit (*anicca*) nennt. Bei Heraklit heißt es: »Alles fließt«.

Die »untrennbare Einheit« ist ja gleichbedeutend mit der Nicht-Unterschiedenheit, und Nicht-Unterschiedenheit ist die buddhistische »Leere«, die Nicht-Dingheit oder auch »Entstehen in Abhängigkeit« oder »abhängiges Entstehen«, Nagarjuna: »*The originating dependently I call emptiness*«.(vgl. Streng 1967, 78)

»Now I am aware of...« Wieviele Menschen wohl mit diesem Satzanfang inzwischen experimentiert haben, im englischen oder im deutschen? »Jetzt bin ich mir bewußt, daß ...«, »jetzt bin ich mir gewahr, daß ...«. Perls, Hefferline und Goodman (1972) unterscheiden zwischen »*undirected*« (ungerichteter) und »*directed* (gerichteter) *awareness*«.

Zunächst eine Bemerkung zur Übersetzung von »awareness«: Awareness zu übersetzen, ist wirklich schwierig. Mir gefällt am besten Bewußtheit, aber es trifft nicht ganz das, was inzwischen mit awareness gemeint ist. »Gewahrsein« finde ich auch schön, aber es klingt ungewöhnlich: »Jetzt bin ich mir gewahr, daß ...«. Andererseits entspricht es mehr dem englischen awareness. »Gewahr sein« verwendet der Übersetzer von Thich Nhat Hanh für das, was üblicherweise bei Übersetzungen von buddhistischen Texten mit »Achtsamkeit« übersetzt wird. In Lexika wird awareness noch mit »Erkenntnis« übersetzt, »to be aware of« mit »wissen«. Da ich die volle Bedeutung von awareness erhalten möchte, will ich es nicht übersetzen.

Gerichtete Aufmerksamkeit dient dazu, sich bestimmte Blockierungen oder blinde Flecken bewußt zu machen (PHG 1979, 151). Die Übungen, die bei Perls, Hefferline und Goodman für gerichtete Aufmerksamkeit vorgeschlagen werden, sind für Therapien sehr wichtig, aber nicht dafür, worum es hier geht, nämlich um die spirituelle Dimension von awareness in der Lebenspraxis. Eine Übung ist z.B.: »Nimm eine Deiner Gewohnheiten ..., versuch sie zu ändern ..., was passiert ...?« (ebd., 156).

»Gewahrsein ist spontanes Erspüren dessen, was in Dir auftaucht – was Du fühlst, tust oder vorhast. Introspektion ist absichtliches Hinwenden der Aufmerksamkeit, um bewertend, lenkend oder berichtigend einzugreifen.« (PHG 1979, 106).

Sicherlich, gerichtete Aufmerksamkeit und absichtliche Introspektion sind etwas anderes als spontane awareness, aber täuschen wir uns nicht, wir entscheiden schon dauernd, wo wir unsere awareness lassen, bei den Vorgängen und Prozessen in uns oder bei den Vorgängen und Prozessen in der Umwelt. Wir wechseln auch immer mal wieder die Richtung der awareness, und wir wählen aus. Das Problem ist ja, wie beim Meditieren, daß häufig unsere Gedanken davonwandern, daß wir uns von unseren Sorgen oder Begierden oder was immer ablenken lassen. Wir müssen zwischen der Scilla der absichtsvollen, wertenden »Introspektion« und der Charybdis der Ablenkung durch Sorgen und Begierden hindurchsegeln. Es ist sicherlich sinnvoll, weil es einem klarmacht, wie unser Geist funktioniert, mal nur aufmerksam zu beobachten, wie unsere Gedanken wandern von einem zum anderen, aber selbst da muß man an der Absicht des Beobachtens festhalten. Und wenn wir uns des Essens gewahr sein wollen, müssen wir uns auf das Essen konzentrieren. Die Kunst – so will ich das mal nennen – dabei ist, daß wir uns nicht zu dieser Aufmerksamkeit und Achtsamkeit zwingen, wie Eltern ihre Kinder zwingen würden, daß wir unsere Aufmerksamkeit und Achtsamkeit uns erregen lassen von dem Prozeß, daß wir uns ansprechen lassen, uns interessieren und faszinieren lassen. Die Tätigkeit ist absichtlich (*deliberate*) und spontan (*spontaneous*). Sie ist aktiv und passiv zugleich.

Es ist das »Tun des Nichttuns«, wie Buber (1962) es ausdrückt, oder das Tun »im mittleren Modus«, wie es bei Perls, Hefferline und Goodman heißt. Die entscheidende Stelle hierzu ist:

»Spontaneity is the feeling of acting the organism/environment that is going on, being not merely its artisan nor its artifact, but growing in it. Spontaneity is not directive nor self-directive, nor is it being carried along though essentially disengaged, but it is a discovering-and-inventing as one goes along, engaged and accepting.

The spontaneous is both active and passive, both willing and done to; or better, it is middle in mode, a creative impartiality; a disinterest not in the sense of being not excited or not creative, for spontaneity is eminently these, but as the unity prior (and posterior) to activity and passivity, containing both.« (PHG 1972, 430)

Das wurde so ins Deutsche übersetzt:

»Spontaneität ist das Gefühl, im gerade ablaufenden Organismus-/Umwelt-Prozeß, Handeln zu erleben, nicht nur der Gestalter oder das Gestaltende zu sein, sondern darin zu wachsen. Spontaneität ist nicht gelenkt oder selbst-lenkend, noch ist sie ein Dahingetragenwerden, wobei man im Grunde unbeteiligt wäre, sondern sie ist ein Entdecken-und-Erfinden, während man unterwegs ist, sich einläßt und anerkennt.

Das Spontane ist zugleich aktiv und passiv, sowohl das, wozu man bereit ist, wie auch das, was einem zustößt, oder, besser, es ist ein mittlerer Modus zwischen Tun und Erleiden, eine schöpferische Unparteilichkeit, ein Desinteresse nicht in dem Sinne, daß man nicht erregt oder nicht schöpferisch wäre, denn Spontaneität ist dies beides in außerordentlichem Maße, sondern als Einheit vor (und nach) der Trennung von Aktivität und Passivität, die beides einschließt.« (PHG 1979, 164).

Perls, Hefferline und Goodman nennen das auch »*engaged with the situation*«. Die deutsche Übersetzung »aufgehen in der Situation« hebt die passive Seite heraus und vernächlässigt das aktive Sich-engagieren mit etwas, während in der englischen Fassung die passive Seite nicht ganz so zur Geltung kommt. Es geht um die »Einheit vor (und nach) der Trennung von Aktivität und Passivität«.

Derjenige, der das Nichttun tut, ist »*engaged and accepting*«. Meiner Meinung nach ist das, was Perls, Hefferline und Goodman »Spontaneität« nennen, und was ich eben beschrieben habe, für alle *awareness*-Übungen entscheidend, und ich meine auch für alle Meditationen. In den Übungsbüchern zur Meditation steht sehr viel über die richtige Haltung beim Meditieren, ich habe aber bisher in keinem der Meditationshandbücher das »Tun des Nichttuns« oder den »mittleren Modus« als Beschreibung der Meditationshaltung gefunden, obwohl sie meistens diese Haltung zu beschreiben versuchen. Perls, Hefferline und Goodman treffen mit der Einheit vor (und nach) der Trennung von Aktivität und Passivität meines Erachtens den Kern.

Und dann kann wirklich alles, was wir tun, zur Meditation werden genauso wie alles mit *awareness* oder Achtsamkeit getan werden kann.

2. Im Chassidismus

Martin Buber nennt das »das Heiligen« des Weltlichen oder des Alltags in jeder Handlung. So faßt er die Lehre des Chassidismus in einem Satz zusammen:

»*Gott ist in jedem Ding zu schauen und durch jede reine Tat zu erreichen.*« Und er fährt fort:

»*... denn kein Ding kann ohne göttlichen Funken bestehen, und diesen Funken kann jeder zu jeder Zeit und durch jede, auch die gewöhnlichste Handlung entdecken und erlösen, wenn er sie nur in Reinheit, ganz auf Gott gerichtet und gesammelt, vollbringt. Darum gilt es nicht, in einzelnen Stunden nur mit bestimmten Worten und Gebärden Gott zu dienen, sondern mit dem ganzen Leben, mit dem ganzen Alltag, mit der ganzen Weltlichkeit. Nicht darin besteht das Heil des Menschen, daß er sich vom Weltlichen fernhalte, sondern daß er es heilige, es dem göttlichen Sinn weihe: Seine Arbeit und seine Speise, seine Ruhe und seine Wanderschaft, den Aufbau der Familie und den Aufbau der Gesellschaft.*« (1953, 181).

Er nennt den Chassidismus ja eine »pansakramentalistische Bewegung«, weil jeder Gegenstand und jede Handlung Sakrament werden kann, das heißt, geheiligt werden kann, der göttliche Funke ist in allem, und er kann erweckt werden vom Menschen, der so die göttliche Schöpfung verwirklicht. Der Chassidismus will die Scheidung zwischen dem Heiligen und dem Profanen aufheben.

Ich finde in der Gestalttherapie, wie sie von Fritz und Laura Perls und Paul Goodman als Lebenspraxis formuliert wurde, wirklich erstaunliche Parallelen zum Chassidismus, wie ihn Buber beschreibt, nicht als eine Lehre, sondern als »ein Leben ... eine Lebenspraxis« (A. Wehr 1986, 57). Es geht darum, »mit ungeteilter Hingabe die Dinge tun, die man tut« (ebd., 71). Das ist für mich der Kerngedanke sowohl des Chassidismus wie der Gestalttherapie und bestimmter Formen buddhistischer Meditation. Ich will einige Sätze von Buber zitieren:

»Für den chassidischen Pansakramentalismus ist nicht, wie für den Primitiven, das Heilige in den Dingen eine Macht, derer man sich bemächtigen, eine Gewalt, die man bewältigen kann, sondern es ist ihnen angelegt, funkenhaft schon eingetan, und erwartet die Lösung und Erfüllung von dem Menschen, der sich hergibt. Der Mensch der sakralen Existenz ist kein Magier, er wagt sich nicht bloß dran, er gibt sich wirklich und schlechthin her, und er übt keine Macht, sondern einen Dienst, den Dienst. Er gibt sich im Dienst her; das heißt: jeweils. Auf die Frage, was (im sakramentalen Sinn) wichtig sei, wird geantwortet: ,Womit man sich gerade abgibt.‘ Das Jeweilige aber, wenn es in seiner Jeweiligkeit, Einzigkeit, antretenden Situationsmäßigkeit ernst genommen wird, erweist sich als das Unvorwegnehmbare, der Vorsorge Entzogene. Dem Menschen der sakramentalen Existenz frommen keinerlei erworbene Regeln und Rhythmen, keine überlieferten Methoden der Wirkung, nichts ,Gewußtes‘, nichts ,Gekonntes‘, er hat immer wieder den unvorgesehenen, unvorhersehbaren Augenblick einem begegnenden Ding oder Wesen Erlösung, Erfüllung zu reichen. Und er kann keine Auslese vornehmen, keine Scheidung; denn es ist nicht an ihm, was ihm zu begegnen hat und was nicht, und es gibt ja das Nichtheilige nicht, es gibt nur das noch nicht Geheiligte, noch nicht in Heiligkeit Erlöste, die er heiligen soll.« (Buber 1935, 357)

Es geht um die »heilige Unsicherheit«, (das Wort stammt von Buber, ich habe es zum ersten Mal in einem Workshop von Laura Perls gehört), um das »Sich-bestürzen-lassen« von der Einmaligkeit jeder Situation, *»to engage with the situation«*: »Hingabe ans Unbekannte«. Es käme im Chassidismus nicht darauf an, was dem Mensch ist oder war, »nicht, was der Mensch widerfährt, sondern was er tut. Und nicht das Außergewöhnliche, sondern das Gewöhnliche: und mehr noch als was er tut, wie er es tut« (Buber 1963, 804).

Im Schlußkapitel des Buches »Die chassidische Botschaft« ordnet Buber den Chassidismus religionsgeschichtlich ein. Er verweist darauf, daß Erzählungen der Chassidim bei den Sufis vorkommen, z.B. bei Rumi, er verweist also auf den sufischen Einfluß auf den Chassidismus. Buber spricht auch davon, daß der Zen-Buddhismus dem Chassidismus sehr ähnlich sei.

»Nach dem Tod des Rabbi Mosche von Kobryn fragt der Rabbi von Kozk einen der Schüler des Verstorbenen, was für seinen Lehrer die Hauptsache gewesen sei. Er antwortete: »Immer das, womit er sich gerade befaßte«. Und der Abt eines Zen-Klosters wurde gefragt: »Einer der ersten Patriarchen hat gesagt: »Es gibt einen Spruch, der verstanden, die Verfehlungen zahlloser Weltzeiten auslöscht, was ist das für ein Spruch?« Er antwortet: »Dicht vor deiner Nase«. Der Schüler fragt weiter: »Was bedeutet das?«. »Das ist alles, was ich dir sagen kann.«, entgegnet der Lehrer. Die beiden Antworten, die chassidische und die zenische, sind fast wesensidentisch: Der Schlüssel zur Wahrheit ist die nächste Tätigkeit.« (Buber 1963, 886)

Aber es gibt natürlich auch fundamentale Unterschiede, so im Chassidismus die Begegnung mit Gott, die im Zen-Buddhismus nicht da ist. Andererseits: ist die folgende Beschreibung der Verantwortung von Martin Buber nicht eine Beschreibung vom Entstehen in Abhängigkeit oder dem abhängigen Entstehen, einer der zentralen Thesen des Buddhismus mit dem Akzent auf der Verantwortung des einzelnen?

«Jeder Mensch hat eine unendliche Sphäre der Verantwortung vor dem Unendlichen. Er bewegt sich, er redet, er blickt, und jede seiner Bewegungen, jedes seiner Worte, jeder seiner Blicke schlägt Wellen im Geschehen der Welt -. Er vermag nicht zu erkennen, wie stark und wie weit hinreichende. Jeder Mensch bestimmt mit all seinem Sein und Tun das Schicksal der Welt in einem ihm und allen unkenntlichen Maße -. Denn die Ursächlichkeit, die wir wahrnehmen können, ist ja nur ein winziger Ausschnitt aus dem unendlich vielfältigen und unsichtbaren Wirken aller auf alle.« (Buber 1953, 194)

3. Im Buddhismus

»Im Sonnenlicht des Gewahrseins wird jeder Gedanke und jede Handlung heilig«, schreibt der Mönch, Zen-Meister und Leiter der vietnamesischen Friedensdelegation, Thich Nhat Hanh (1989, 16). In der buddhistischen Tradition ist »Gewahrsein«, »Achtsamkeit«, »Konzentration« auch ein ganz zentrales Konzept. Neben der Sitz- und Geh-Meditation, wo es vor allem darauf ankommt, »Gewahrsein« zu lernen und zu üben, sollte man eben eigentlich immer achtsam und gewahr sein.

Man beginnt in den Anleitungen von Thich Nhat Hanh mit dem Sichkonzentrieren auf ein Objekt und dem Zählen des Atems, wobei Nhat Hanh darauf hinweist, daß wir das nicht zur »Unterdrückung« und »Verdrängung« dessen, was in uns oder um uns geschieht, benutzen sollen. Er definiert Meditation so: »Meditation ist, aufmerksam zu achten, was geschieht in unserem Körper, in unseren Gefühlen, in unserem Bewußtsein und in der Welt.« Die Anweisung zur Meditation ist: »Ruhig werden, lächeln, gegenwärtiger Moment, einziger Moment« (Nhat Hanh 1987, S. 16). Die buddhistischen Mönche lächeln, die Chassidim tanzen.

Die besondere Meditationszeit, also die Zeit, in der man nichts anderes tut als meditieren, soll man sich immer nehmen. Aber vor allem geht es um die »Meditation im Alltag«. Die zentrale Regel des Tiep-Hien-Ordens, eine Form des engagierten Buddhismus, heißt: »In Achtsamkeit leben«. »Was hält dich davon ab, der Sonne des Gewahrseins zu erlauben zu scheinen, während du einen Spaziergang machst, eine Tasse Tee oder Kaffee zubereitest oder deine Sachen wäschst?« (Nhat Hanh 1989, 24).

Das Wort »Tiep« im Namen des Ordens heißt »in Kontakt sein« und »fortfahren«. »Hien« heißt »die Gegenwart« und »Verwirklichung, Realisation«. »Tiep Hien« wird dann übersetzt mit »wechselseitiges Durchdrungensein« oder *inter-being* in der Gegenwart als Prozeß. Hier spielt das Prinzip der Entstehung in Abhängigkeit wieder die zentrale Rolle. Dem liegt eine besondere Wahrnehmungslehre zugrunde, die man in der Meditation erfahren kann, nämlich »Verstehen ohne Unterscheidung« (Nhat Hanh 1989, 102); denn der Eindruck des Getrenntseins ist unrichtig, gegenseitige Abhängigkeit im Entstehen – immer wieder wird der Prozeßcharakter betont – wechselseitiges Durchdrungensein ist ein Ausdruck der Zeile aus der berühmten Sutra: »Eines ist alles, und alles ist eines«. »Ursache und Wirkung werden nicht mehr wahrgenommen als linear, sondern als Netz, nicht zweidimensional, sondern als ein System zahlloser Netze, in allen Richtungen miteinander verwoben in einem multidimensionalen Raum.« (Nhat Hanh 1989, 78).

Das erinnert an Bubers Zitat von der Verantwortung und dem Netz. Thich Nhat Hanh ist kein weltabgewandter Mönch, der sich in seine Meditation zurückzieht. Engagierter Buddhismus setzt sich für die *boat people* aus Vietnam ein, für die hungernden Kinder in der Dritten Welt, für den Frieden. Eine der interessantesten, mit Thich Nhat Hanh verbundenen Frauen ist Joanna Macy, deren Buch »Mut in der Bedrohung« bei uns bekannt geworden ist (»*Despair And Personal Power in the Nuclear Age*«). Es enthält Anleitungen und Übungen, durch die Verzweiflung und Angst vor einem Atomkrieg oder der Umweltkatastrophe zu gehen und Kraft zu schöpfen für den Widerstand und die gemeinsame Arbeit am Frieden und an der Erhaltung unseres Planeten Erde. »Ja, eine Tasse Tee trinken, eine Zeitung holen oder Klopapier benutzen hat etwas mit Frieden zu tun.«, schreibt Thich Nhat Hanh. Er erklärt dann, daß Buddha vom altindischen »budh« herkommt und »wach« bedeutet, und er fragt:

»Sind wir wirklich wach in unserem täglichen Leben? Das ist die Frage, über die ich euch nachzudenken einlade. Sind wir wach, wenn wir die Zeitung holen? Sind wir wach, wenn wir ein Eis essen? Die Gesellschaft macht es uns schwer, wach zu sein, ganz besonders im Westen. Ich bin sicher, daß ihr das wißt, aber es ist so leicht zu vergessen: Täglich verhungern 40.000 Kinder in der Dritten Welt. Vierzigtausend! Wir wissen es, aber wir vergessen es, weil die Gesellschaft, in der wir leben, uns vergeßlich macht. Das ist der Grund, warum wir uns in Achtsamkeit und Aufmerksamkeit üben müssen.« (aus einer Rede im Rochester Zen-Center, USA)

Joanna Macy macht auf das »*co-arising of doer and deed*« aufmerksam (1991), auf das abhängige Entstehen von Täter und Tat. Sie weist damit auf den wechselseitigen Durchdringungsprozeß von Täter und Tat. Der Täter beeinflußt die Tat und die Tat den Täter. Auch deshalb ist es notwendig, daß wir alles wach tun, mit Achtsamkeit und Aufmerksamkeit.

Es ist schwierig. Das kann niemand leugnen. Die Übungen, die in Perls, Hefferline und Goodman beschrieben sind, helfen dazu, Thich Nhat Hanh hat in seinem Buch »Wunder der Achtsamkeit« dreißig Achtsamkeitsübungen vorgeschlagen. Ich habe Studentinnen und Studenten immer wieder Achtsamkeitsübungen vorgeschlagen, vor allem bei Wochenendseminaren. Erwähnt habe ich schon die Übung, schweigend zu essen, das kann man für jede andere Tätigkeit auch vorschlagen. Eine andere Übung ist, alles in Zeitlupentempo zu tun, essen, gehen, aufstehen usw. Dazu hat mich das Buch von Sten Nadolny angeregt: »Die Entdeckung der Langsamkeit«. Interessant ist auch, mehrere Stunden oder sogar einen Tag lang mit einer Augenbinde zu verbringen. Das ist interessant, weil man seine Sinne entdeckt und ganz wach wird dabei. Eventuell kann man diese Übung im Team machen (oder beim Kindergeburtstag ...), wobei der eine oder die eine eine Zeitlang nichts sieht und vom anderen oder der anderen unterstützt wird und dann umgekehrt. Sehr hilfreich war für viele Studentinnen und Studenten, sich selbst volle Achtsamkeit zuteil werden zu lassen, jeden Körperteil achtsam zu berühren, zu begrüßen und ihm zu danken oder einfach zu streicheln. Mehrfach habe ich auch die sogenannte »Spiegelmeditation« ausprobiert. Die Aufgabe ist, zwei bis drei Stunden lang sein Spiegelbild (z.B. in einer Spiegelkachel) zu fragen: »Wer bist du?« Man kann sich dabei bewußt werden oder gewahr werden, was man als Ich-Ideal anstrebt, man kann sich seiner sich dauernd wandelnden Eigenart bewußt und gewahr werden und man kann sich dem bewußt werden, was Buber beschreibt als »was zu werden ich bestimmt bin«. Überall läßt sich z.B. die »Meditation über meine Hand« durchführen, auch in einem häßlichen Seminarraum. Dabei ist es die Aufgabe, seiner rechten oder linken Hand die volle Aufmerksamkeit zu widmen, sie sich als Babyhand vorzustellen, als Hand des Einjährigen usw, die andere Gegenstände berührt, die in alles mögliche eintauchen und hineinfassen kann, die Menschen anfassen kann, sich verstecken kann usw. usf. Aufregender ist die Meditation »Kontakt mit meinem Nachbarn«, bei der sich zwei Teilnehmer gegenübersitzen und sich die volle Aufmerksamkeit und Achtsamkeit schenken, sich das Gesicht des Gegenübers in verschiedenen Lebensaltern, in verschiedenen Situationen, bei unterschiedlichen Erfahrungen, z.B. bei Trauer, bei Ekstase, Freude usw. vorstellen.

Was bei den Übungen deutlich wird, ist, daß Achtsamkeit und Gewahrsein eng mit der Gegenwart, mit Kontakt, Ehrfurcht, Verstehen und Liebe zusammenhängen. Die Achtsamkeit beginnt man sicherlich am besten zunächst bei sich selbst. Achtsam und aufmerksam zu sein meinen Bedürfnissen, meinen Wünschen gegenüber, meiner Müdigkeit gegenüber oder dem, was mir zuviel ist. Das häufig zu erfassen, ist schon eine große Leistung. Dann kommt die Achtsamkeit gegenüber den anderen Menschen, anderen Lebewesen und Gegenständen und die Achtsamkeit bei jeder Tätigkeit.

Immer wieder werden wir merken, daß wir nicht ganz bei der Sache sind, das heißt, nicht als ganze Person da sind, sondern uns ablenken lassen, uns spalten lassen und mit unserer Aufmerksamkeit ganz woanders sind. In Gedanken also, und nicht hier in der Gegenwart bei unseren Sinnen. Das liegt vor allem daran, daß wir so vieles so selbstverständlich nehmen oder tun, in Routine, anstatt uns dem Einmaligen und Einzigartigen jeder Situation, jedes Menschen, jedes Augenblicks hinzugeben: »Hingabe ans Unbekannte«.

III.

Konsequenzen und Anwendungen

8.

Lob der dritten Sache, oder: Was wir von Brecht und was wir von den Alternativlern lernen können.

Ich habe Brechts Gedicht »Lob der dritten Sache« schon lange gekannt. Für mich ist es mit der Stimme von Therese Giehse verbunden, die dieses Gedicht auf einer Brecht-Platte spricht, die ich liebe. Ich wurde gleichsam mit der Nase noch einmal darauf gestoßen, beim »großen Ratschlag« zur alternativen Ökonomie, zu dem das Sozialistische Büro in Hamburg eingeladen hatte. Zu dem »Ratschlag« waren verschiedene Gruppen gekommen, die Alternativen ausprobieren: alternative Landwirtschaft (mit und ohne Konsum- und Produktionsgenossenschaft), eine alternative Bäckerei, eine alternative Bank, alternative Tagungsstätten, alternative Wohngemeinschaften, alternative Technik, alternative Medizin und unterschiedliche Alternativen, die sozialistische Lebensweisen probierten. In der Arbeitsgruppe »Alternative Lebensformen – alternative Verkehrsformen«, in der ich während des »Ratschlags« teilnahm, erinnerte ein Teilnehmer an dieses »Lob der dritten Sache«. Die Teilnehmer der Arbeitsgruppe waren zum Teil zu dieser Arbeitsgruppe gekommen, weil sie an Gruppendynamik und Selbsterfahrung interessiert waren, wie sich herausstellte. Die dritte Sache, die gemeinsame Arbeit – so sagte der eine Teilnehmer – verändere die Beziehungen zwischen den Individuen, die an der »dritten Sache« arbeiten. Das sei wohl eine der neuen wichtigen Erfahrungen der Alternativleute. Sie hatten wirklich sich, ihr Handeln und ihr Leben verändert. Es sei sinnlos, Gruppendynamik und Selbsterfahrung ohne diese »dritte Sache« zu machen.

Zu Hause las ich das Gedicht noch einmal.

Lob der dritten Sache
Immerfort hört man, wie schnell
Die Mütter die Söhne verlieren, aber ich
Behielt meinen Sohn. Wie behielt ich ihn?
Durch
Die dritte Sache.
Er und ich waren zwei, aber die dritte
Gemeinsame Sache, gemeinsam betrieben,
war es, die
Uns einte.

Oftmals selber hörte ich Söhne
Mit ihren Eltern sprechen.
Wieviel besser war doch unser Gespräch
Über die dritte Sache,
          die uns gemeinsam war
Vieler Menschen große,
          gemeinsame Sache!
Wie nahe waren wir uns, dieser Sache
Nahe! Wie gut waren wir uns, dieser
Guten Sache nahe!

Das Gedicht stammt aus dem Stück »Die Mutter«. Die Mutter ist die Genossin Wlassowa, die »gute Kämpferin, fleißig, listig und zuverlässig«. Therese Giehse liest auf der erwähnten Platte ein anderes Gedicht aus »Die Mutter«, das »Lob des Kommunismus«. Es ist klar, daß für Brecht die dritte Sache – »vieler Menschen große, gemeinsame Sache« – der Kommunismus ist. Es ist aber auch offensichtlich, daß er das Gedicht allgemeiner verstanden haben möchte, denn er erwähnt den Kommunismus nicht.

Ein paar Tage später war ich mit Freunden zusammen bei einem Methoden-Workshop mit Ruth Cohn in der Schweiz. Ruth Cohn fordert in ihren Gruppen die Balance zwischen Ich-Wir-Es. Ruth Cohn denkt dialektisch, es geht ihr immer wieder um die Balance, die Synthese zwischen Widersprüchen, zwischen These und Antithese. Ihr ganzes System baut auf dem Widerspruch von Autonomie und Interdependenz auf, versucht die Balance. Das »Es« ist auch eine dritte Sache, ermöglicht die Synthese des »Ich« zum »Wir«. Wir haben uns in zwei Lerneinheiten bei Ruth Cohn mit dem Gedicht »Lob der dritten Sache« befaßt. Ruth Cohn ist 1933 als Jüdin nach New York emigriert. Wir sprachen über die politische Situation damals und heute. Es gab eine gemeinsame dritte Sache für uns.

Mir fiel während des Workshops mit Ruth Cohn ein, daß ich mich in meinem Studium mit den Arbeiten des Psychologen Fritz Heider befaßt hatte. Von ihm stammt folgendes Dreieck:

Abb. 6

Er versuchte, die Beziehungen zwischen Subjekt (S) und Person (P) und Objekt (O) zu erklären. Er sagt: Wenn die Beziehungen von S zu O, von P zu O gleichwertig sind, beide positiv oder beide negativ – also Ablehnung – dann ist die Beziehung zwischen S und P positiv. Oder: Wenn die Beziehung von P zu O negativ ist und von S zu O positiv, dann ist die Beziehung zwischen S und P negativ. Man kann mit diesem Modell einige interessante Hypothesen ableiten: Das System von S, P und O ist nur stabil, das heißt, es löst sich nicht auf, wenn das Produkt der Beziehungen positiv ist. Das Produkt der Beziehungen ist positiv, wenn alle drei Beziehungen positiv sind und wenn zwei Beziehungen negativ und eine positiv ist (+ mal + mal + = +; + mal – mal – = +). Bei Heider ist das alles recht schematisch, wenn auch sicherlich nicht bedeutungslos. Mich interessieren jedoch im Moment folgende Fragen:

1. Welche Qualität sollte das O, Ruth Cohns »Es«, Brechts »dritte Sache« haben?

2. Welche Qualität sollte die Beziehung der Individuen zu der dritten Sache haben, damit solidarische Beziehungen entstehen, ein »Wir«?

Danach will ich versuchen, Konsequenzen zu ziehen für verschiedene Gruppierungen, in denen es auf Beziehungen zwischen den einzelnen ankommt, wie Ehen, Schulklassen, Trainingsgruppen usw. Ich kann mir vorstellen, daß schon relativ kleine, unwichtige »dritte gemeinsame Sachen« die Beziehungen zwischen den Personen beeinflussen.

Um Beispiele zu nennen:

Das gemeinsame Kochen in einer Wohngemeinschaft, der gemeinsame Ausflug in einer Schulklasse, der gemeinsame Weihnachtsabend in der Familie, das gemeinsame Thema in einer Diskussionsgruppe. Aber ich glaube nicht, daß solche dritten Sachen auf Dauer tragen. Die dritte Sache sollte etwas Wichtigeres, Zentraleres sein, das langfristig ist. Ich glaube nicht, daß es genügt, daß die dritte Sache ein Ziel ist oder eine Idee, dazu sind die Ziele und Ideen zu abstrakt und »in weiter Ferne«. Die dritte Sache muß etwas Handfestes sein, etwas Konkretes, am besten wohl eine gemeinsame Tätigkeit, bei der etwas in der Umwelt herauskommt, das beobachtbar ist. Ich nehme an, die dritte Sache sollte etwas sein, bei dem durch die gemeinsame Tätigkeit der einzelnen etwas in der Umwelt verändert wird, und die Veränderung der gemeinsamen Tätigkeit zugeschrieben werden kann. Das bedeutet wohl, daß der einzelne sich gemeinsam mit anderen in einem gemeinsamen Produkt verwirklicht. Durch dieses gemeinsame Produkt findet der einzelne seine Identität durche seinen Beitrag, und durch das gemeinsame Produkt gewinnt das Wir Identität. Für die Genossin Wlassowa in dem Stück »Die Mutter« ist der Kommunismus auch nicht etwas Abstraktes, nicht eine Idee (die man dann auch noch abgrenzen muß von Abweichlern von Trotzki bis Bahro), sondern etwas Menschliches, Handfestes, der Kampf für konkrete Gerechtigkeit, konkretes Sattessen usw., also etwas für Kopf, Herz und Körper. Mir fällt hierzu das liebste

Brecht-Zitat eines Freundes ein: »Gehen nach Orten, die durch Gehen nicht erreicht werden können, muß man sich abgewöhnen. Reden über Angelegenheiten, die durch Reden nicht entschieden werden können, muß man sich abgewöhnen. Denken über Probleme, die durch Denken nicht gelöst werden können, muß man sich abgewöhnen, sagte Me-ti.« Daß die Alternativler, die sich beim großen Ratschlag versammelt hatten, etwas gemeinsam gemacht haben, ist wohl das Entscheidende für ihre Beziehungen untereinander. Gemeinsame Demonstrationen und Streiks, Resolutionen, Teach-Ins und Kongresse, die um 1968 üblich waren, sind schon gut für eine kurzfristige Solidarität, aber darüber hinaus tragen sie nicht. Aufbau und Erhalt der linken Organisationen waren oft sicherlich »dritte Sachen«, die Beziehungen schufen, aber eben dadurch auch Grenzen zwischen Organisationen und Gruppen notwendig machten. Auch die AKW-Proteste sind teilweise nur kurzfristige »dritte Sachen«, die nicht tragen können, denn bei diesen Protesten kommt zu wenig heraus. Etwas Negatives, hier die AKWs, ist nicht genug für eine »dritte Sache«. Protest ist wichtig, aber er trägt nicht. Ich nehme an, Protest ist deshalb für eine »dritte Sache« nicht gut, weil das, wogegen man protestiert, aufgezwungen wurde, Protest eben nicht freiwillig gewählt wurde, sondern Reaktion ist und nicht Aktion. Das Auto, das die Arbeiter, abstrakt gesprochen, ja auch gemeinsam herstellen, auch wenn sie am Fließband stehen, ist keine dritte gemeinsame Sache, weil sie zu dieser Arbeit gezwungen sind, ihr Interesse ist nicht das gemeinsame Produkt, sondern notwendigerweise der Lohn, und den bekommt jeder einzeln. Der Streik um Lohnerhöhung ist auch nur eine beschränkt dauernde dritte Sache, die zudem Einzelinteressen anspricht, nicht gemeinsame. Die Art der Organisation der Arbeit in unserer Gesellschaft verhindert Solidarität durch eine »dritte »Sache« – Isolation und Vereinzelung sind die Folgen, die sicherlich systemstabilisierend sind. So wichtig die Vorbehalte gegen die Organisation der Arbeit in Arbeitsgruppen wie bei Volvo auch sind, eine gemeinsame Sache haben die Arbeiter dort. Eine ganz andere »dritte Sache« ist sicherlich die gemeinsame Arbeit der Belegschaft des britischen Firmenverbandes Lucas Aerospace. Statt wegen drohender Entlassungen für arbeitsplatzsichernde Rüstungsaufträge zu kämpfen, entwarfen die Arbeiter dort alternative Produkte: »sozial nützliche«, z. B. medizinische Geräte, die zum Teil, wie einer der Lucas-Aerospace-Arbeiter beim großen Ratschlag berichtete, in Produktion sind; Entlassungen gab es nicht.

Die Beziehung der Individuen zu der dritten gemeinsamen Sache sollte also nicht aufgezwungen sein, sondern eine, für die sich jeder der Beteiligten freiwillig entscheiden kann. Es sollte auch keine Tortenbeziehung sein, wobei ich unter einer Tortenbeziehung die Beziehung der Individuen zu einer dritten Sache verstehe, die wie eine Torte aufteilbar ist, in Stücke, die jeder für sich holen kann – nach der Aufteilung ist es mit der Solidarität vorbei. Der einzelne muß auch durch die dritte Sache möglichst zentral betroffen sein. Ein Geburtstagsfest, die gemeinsame Mahlzeit sind sicherlich nicht zentral für den einzelnen. Die Alternativler, die sich freiwillig für eine gemeinsame dritte Sache entschieden haben und für die das Gelingen der dritten Sache häufig eine zentrale persönliche Sache ist, mit der sie sich identifizieren, haben zumindest zum Teil noch etwas andreres erreicht als Solidarität, nämlich die leidige Trennung zwischen Arbeit und Freizeit, Arbeit und Hobby, Arbeit und Urlaub aufzuheben. Meine These ist, je stärker und je lustvoller die Beziehung zur gemeinsamen dritten Sache ist, desto stärker und lustvoller ist die Beziehung der Individuen untereinander.

Sicherlich gibt es in unserer Gesellschaft Mechanismen, die verhindern, daß eine dritte gemeinsame Sache gesucht und gefunden wird. Einen Mechanismus habe ich erwähnt: die Organisation der Arbeit. Es ist eigentlich kein Wunder, daß so viele Ehen geschieden werden, die Partner haben keine dritte gemeinsame Sache. Manchmal sind es die Kinder, die zu einer solchen dritten Sache werden können, manchmal das Häuschen. So etwas kann schon zusammenhalten, wenn nicht andere, zentralere Sachen durch die unterschiedlichen Arbeitsplätze zum Beispiel, die Partner trennen. Was für ein Unsinn ist doch eine Paar-Therapie, die an den Beziehungen zwischen den Partnern herumdoktert, evtl. die Beziehung zur dritten Sache macht, und der Therapeut wundert sich, daß dabei die Verzweifelung herauskommt, die der Hund spürt, wenn er versucht, sich in den eigenen Schwanz zu beißen (ich habe solche Therapie-Versuche auch gemacht). Dabei sollte der Therapeut dazu beitragen, daß die Partner eine tragende »dritte Sache« finden und dann die immer noch möglichen Beziehungsstörungen, die aus angelernten Verhaltensweisen in Situationen ohne dritte Sache stammen, zu bearbeiten. Das gilt auch für Wohngemeinschaften, in denen Beziehungen u. a. deshalb zumn Problem werden, weil es keine »dritte gemeinsame Sache« gibt. Ich kenne auch Wohngemeinschaften, die trotz der dritten Sache scheiterten; da zwangen sich Genossen zu einer dritten gemeinsamen Sache, z. B. zur politischen Arbeit und klärten weder die Beziehungen des einzelnen zur dritten Sache noch die Beziehungen untereinander.

Es ist eigentlich kein Wunder, daß in unseren Schulklassen wenig Solidarität und viel Aggression untereinander besteht. Die Schüler haben selten eine »dritte gemeinsame Sache«, es sei denn, ein Schullandheimaufenthalt steht bevor, ein Ausflug usw. oder die gemeinsame Aufgabe, die Lehrer zu ärgern. Abstrakte Mathematikkenntnisse, Gedichte im Deutschunterricht usw. sind sicherlich keine »dritte Sache«, zu der Kinder und Jugendliche eine starke und lustvolle Beziehung aufbauen können, mit der sie sich selbst verwirklichen können. Es kommt darauf an, eine gemeinsame Sache zu finden, die keine Torte ist, die nicht erzwungen ist, bei der etwas herauskommt. Mit den Lehrerkollegien ist es ähnlich. Lehrer sind üblicherweise Einzelkämpfer, Einzelkämpfer in ihrer Klasse. Sie haben keine gemeinsame dritte Sache (manchmal den gemeinsamen Feind Eltern). Die Kollegien an Gesamtschulen haben manchmal eine gemeinsame dritte Sache, eben diese Gesamtschule.

Eine Perversion besonderer Art sind die Trainingsgruppen mit Teilnehmern aus verschiedenen Orten und/oder Praxisfeldern. Was für ein Quatsch! Da kann die dritte gemeinsame Sache nur die gegenseitige Selbsterfahrung werden, die Gruppendynamik, die Beziehungen. Und eine solche »dritte Sache« ist nach dem Training zu Ende, die Teilnehmer wahrscheinlich isolierter und entfremdeter als vorher. Kein Wunder, daß sie bald die nächste Gruppe suchen und besuchen. Trainingsgruppen mit heterogener Zusammensetzung – wie eben beschrieben – scheinen mir heute nur sinnvoll zu sein, wenn sie dazu dienen, mit gruppendynamischen Verfahren – im weitesten Sinne – bekanntzumachen und dazu zu verhelfen, außerhalb der Gruppe im alltäglichen Praxisfeld »*back home*« mit anderen eine sinnvolle »dritte Sache« zu finden und zu entwickeln.

Ich glaube, daß nicht nur ich in der letzten Zeit zu wenig auf das Prinzip der dritten Sache geachtet habe. Ich glaube nicht, daß gruppendynamische und/oder therapeutische Arbeit durch das Prinzip der dritten Sache überflüssig wird. Sie wird möglicherweise anders. Es wird weiterhin sinnvoll sein, Beziehungen und Interaktionen zwischen Individuen zu klären, ins Bewußtsein zu holen, herauszubekommen wie der ganze Mensch, also Verstand, Gefühl und Körper daran beteiligt ist. Hinzu kommt eine intensivere Auseinandersetzung um eine tragende »dritte gemeinsame Sache« und die Klärung der Beziehung des einzelnen zu dieser Sache. Für die Arbeit mit der Beziehung des einzelnen (Ich) und aller zusammen (Wir) zur dritten gemeinsamen Sache (Es) hat – soweit ich sehe – Ruth Cohn als einzige wertvolle Hinweise gegeben und »Methoden« entwickelt. Es ist m.E. mindestens ebenso wichtig, wenn nicht wichtiger, die Beziehungen des einzelnen und aller zusammen zur »dritten Sache« zu klären, wie die Beziehung der Individuen untereinander zu bearbeiten.

Meine Überlegungen gehen noch weiter: Ich bin im Augenblick davon überzeugt, daß die gruppendynamische und therapeutische Arbeit nur dann einen Sinn hat und nur dann politisch ist, wenn es uns gelingt, dazu beizutragen, daß die Therapierten und die Teilnehmer an gruppendynamischen Trainings und wir eine »dritte *gemeinsame* Sache, gemeinsam betrieben« finden, mit der wir uns identifizieren können, in der wir uns selbst verwirklichen können, für die wir uns frei entschieden haben, die konkret ist und faßbar – »vieler Menschen große gemeinsame Sache«. Sonst bleibt die Isolation, sonst bleibt die Entfremdung, sonst versinken wir weiter in Resignation, Verzweiflung und Hoffnungslosigkeit, weil wir doch nichts ändern können.

Was ich hier schreibe, ist ein engagiertes Plädoyer für das Prinzip der dritten Sache. Ich habe auch Bedenken. Auch die dritte gemeinsame Sache kann mißbraucht werden wie jedes Werkzeug, und sie ist mißbraucht worden. Mit einigen wird man keine dritte gemeinsame Sache freiwillig finden können und finden wollen (vielleicht das Überleben?). Man kann jemanden zu einer gemeinsamen dritten Sache zwingen durch alle möglichen Tricks, z.B. dadurch, daß man ihn ausschließt, falls er sich die Sache »nicht zu eigen macht«. Man kann den Sieg der Nationalmannschaft zur dritten gemeinsamen Sache einer Nation machen und den Krieg. Dazu ist Propaganda da. Ich glaube aber, daß das, was uns die Humanistische Psychologie gelehrt hat, nämlich wie ich meine wirklichen Bedürfnisse und Wünsche kläre, wie ich verantwortlich entscheide, wie ich mit meinen Ängsten umgehe, wie ich meiner selbst, eben meiner Wünsche, Bedürfnisse, Gefühle, Ängste »aware« werde in bezug auf andere und in bezug auf die dritten Sachen, daß das dazu beitragen kann, daß wir uns *unsere* dritte gemeinsame Sache nehmen und uns nicht austricksen lassen durch Propaganda. Die dritte Sache zu suchen und zu finden, mit ihr umzugehen, sie auszuprobieren, auch dies ist ein Prozeß und sicherlich nicht etwas, das man abschließen kann, denn dann wäre es nicht mehr lebendig.

9.

Zur Prophylaxe von Neurosen – eine gestalttherapeutische Perspektive

Vorbemerkung

Dies ist ein theoretischer Artikel. Die Thesen können wohl nicht unmittelbar in die Praxis umgesetzt werden. Aber ich meine, die hier entwickelten theoretischen Ansätze sind brauchbar, um praktisches Handeln einzuschätzen. Meine Ausführungen sind sehr knapp, kurz und staccatohaft; ich befürchte auch Mißverständnisse. Es war mir jedoch wichtig, die Beziehung zwischen Neurosen, Entfremdung und Gesellschaftsstruktur wenigstens in großen Zügen aufzuzeigen, denn ich halte es für eine gefährliche Denkweise, Neurosen und gar deren Prophylaxe nur auf das Individuum zu beziehen. Insofern entferne ich mich von weitverbreiteten Denkmustern, auch von allzu einseitigen Interpretationen der Gestalttherapie. Mein (unerfüllbarer) Wunsch wäre, daß die Leser den Artikel auf einen Blick lesen könnten, also die letzte mit der ersten Seite usw., dann wären sie in meinem Bezugsrahmen gleich ganz drin. Mein (erfüllbarer) Wunsch ist, daß die Leser mit meinem Bezugsrahmen ein Stück weiterdenken, um zu experimentieren, ihre eigene Praxis damit zu betrachten, und später zu entscheiden, ob sie diesen Bezugsrahmen beibehalten wollen.

Prinzipien der Prophylaxe

Prophylaktische Maßnahmen dienen der Erhaltung der Gesundheit, verhüten das Entstehen von Krankheiten oder wirken deren Weiterverbreitung entgegen.»Die Prophylaxe fußt auf den Forderungen der Hygiene und der Lehre vom gesunden Leben; sie benutzt die bei der Bekämpfung der Infektionskrankheiten und gemeingefährlichen Krankheiten gesammelten Erfahrungen ...« heißt es im Brockhaus von 1956. Das Denkmodell im Brockhaus ist medizinisch. Das gilt auch für das Denkmodell der Psychohygienebewegung (*mental health, mental hygiene*), die sich vor allem in den USA seit Beginn dieses Jahrhunderts ausbreitete (Seubert 1977). Die Brockhaus-Definition gibt die in der Psychohygienebewegung vertretenen normativen Ausrichtungen (Forderungen der Hygiene, Lehre vom gesunden Leben) wieder und die am Modell der Infektionskrankheiten gewonnene Vorstellung von Hygiene und Impfung bzw. Immunisierung.

Hygienische Maßnahmen bestehen im medizinischen Modell vor allem in der Verhinderung von Kontakt mit Schmutz, unbrauchbaren Lebensmitteln, letztlich Krankheitserregern und ihren Trägern, also in der Isolation. Ziel der Immunisierung ist die Abhärtung. Zum Teil wurden und werden diese medizinischen Vorstellungen auf die Psychohygiene übertragen. Das geschah, wie Seubert feststellt, weil die Voraussetzung für das Entstehen der Psychohygiene-Bewegung die Einsicht gewesen war, daß »außer den Anlagen die – einer Veränderung zugängliche – Umwelt das psychische Leben beeinflußt« (Seubert 1977, 3174). Meist liegt der Psychohygiene eine weitere Annahme zugrunde. Sie wurde praktisch erst durch die Humanistische Psychologie (Maslow 1973) explizit in Frage gestellt. Die Annahme sieht in der Gesundheit die Abwesenheit von Krankheit. Das scheint mir eine ebenso verkürzte Definition zu sein wie die Definition von Frieden als Abwesenheit von Krieg (Galtung 1972). Maslow stellt der »Defizit-Psychologie« oder der »Psychologie der Krankheit« die »Psychologie der Gesundheit« gegenüber. »Vielleicht räumt uns die Psychologie der Gesundheit mehr Möglichkeiten ein, unser Leben zu kontrollieren, zu verbessern und aus uns bessere Menschen zu machen. Vielleicht ist das fruchtbarer, als danach zu fragen, wie man ‚nicht-krank‘ wird« (Maslow 1973, 23). Der besondere Beitrag der Gestalttherapie liegt in dem Gedanken, daß man Gesundheit nicht als einen Zustand, sondern als einen dialektischen Prozeß auffaßt.

Selbst bei der medizinischen Prophylaxe muß man sich klar werden, welches Ziel man erreichen will. Prophylaxe ist auch Verhinderung von Krankheit, aber nicht nur. Selbst da sind grundsätzliche Alternativen möglich. Bei der Malaria-Prophylaxe werden Tabletten verschrieben, die immunisieren, d. h. man setzt beim Individuum an, was selbstverständlich Nebenwirkungen im Individuum hervorruft. Man kann auch die Malaria-Sümpfe trocken legen und so bei der Umwelt ansetzen, was sicherlich auch unerwünschte Nebenwirkungen hat. Ein anderes Beispiel: Man kann ein Magengeschwür, das durch Streß am Arbeitsplatz entsteht, heilen und verhindern, indem man den Arbeiter »behandelt«, hinterher oder vorher: vorher ist sicherlich besser. Man kann aber auch den Arbeitsplatz vorher abändern, was mir noch besser scheint. Dem Konzept der Krankheitsverhinderung liegt die Vorstellung zugrunde, daß man etwas gegen die Krankheit unternehmen muß. Etwas für die Gesundheit zu tun, scheint mir mindestens ebenso notwendig zu sein.

Hilarion Petzold (1981) hat darauf hingewiesen, daß Prävention selbst ein Ausdruck von Entfremdung ist oder zumindest in der großen Gefahr steht, es zu werden. Wenn Prävention lediglich aus Trimm-dich-Pfaden und Jogging besteht, aus Reformhausangeboten und Vorsorgeuntersuchungen, und die Konsumindustrie daraus nicht nur ein Geschäft, sondern auch eine neue Pflicht, ein neues »Man muß« macht, indem sie an Zukunftsängste anknüpft, dann degeneriert Prophylaxe zu neuen Streßfaktoren, zur Marktausweitung des Konsum- und Dienstleistungsgewerbes.

Was muß man klären, wenn prophylaktisches Eingreifen das Ziel bildet?

1. Was soll verhindert werden? Also hier, da ich mich mit Neurose befasse: Worin zeigt sich Neurose?

2. Was soll hergestellt werden? Also: Was ist Gesundheit?

3. Welche Bedingungen fördern die Neurose, und welche Bedingungen verhindern sie?

4. Welche Bedingungen fördern die Gesundheit, und welche verhindern sie?

Gesundheit und Neurose

Das Problem bei der Definition von Neurose ist, daß die vorliegenden Kategoriesysteme entweder atheoretisch verwendet werden, also von einer statistischen Norm ausgehen und Neurose als Normabweichung auffassen. Oder es gehen in die Kategoriesysteme unterschiedliche historische, zum Teil überholte theoretische Vorstellungen, medizinische, psychoanalytische, verhaltenstheoretische usw., ein. Eine Abgrenzung untereinander ist schwierig, wenn nicht unmöglich (Schmidt und Becker 1977).

Ich entscheide mich hier für die Neurosetheorie von Fritz Perls, weil ich sie für brauchbar halte. Mit dem Brauchbarkeitskriterium übernehme ich den instrumentellen Wahrheitsbegriff des Pragmatismus: wahr ist eine Theorie oder Idee dann, wenn man durch sie in der Lage ist, praktisch zu handeln, wenn der Mensch durch sie »die Welt verstehen und in ihr handeln kann« (Edge 1978, 57).

Grundlage der Theorie von Perls (ich beziehe mich auf sein hinterlassenes Werk von 1973) ist die These von Lewin (1973), daß Handeln eine Funktion des totalen Feldes ist, also von Organismus (»Person« bei Lewin) und Umwelt. Perls schreibt: »*The whole organism/environment-field is one unit, which is dialectially differentiated*« (1973, 22: das ganze Organismus/Umweltfeld ist eine Einheit, die dialektisch differenziert ist). Zwischen Organismus und Umwelt besteht eine Kontaktgrenze. Laura Perls betont: »Kontakt ist die Wahrnehmung und Verarbeitung des *Anderen*, des Verschiedenen, des Neuen, des Fremden. Er ist kein *Zustand*, in dem man sich befindet oder nicht befindet ..., sondern eine *Tätigkeit*. Ich *mache* Kontakt, ich nehme Kontakt auf an der Grenze zwischen mir und den Anderen. Die Grenze ist gleichzeitig der Ort der Berührung und der Trennung« (1978, 211; Hervorhebung von ihr). Die Modellvorstellung von Fritz Perls für die Beziehung zwischen Organismus und Umwelt ist Hunger und Nahrungsaufnahme und nicht Sexualität wie bei Freud. Das Fremde, Andere aus der Umwelt wird aufgenommen, gekaut, geschluckt, verdaut, dient zum Aufbau, Wachstum des Organismus – das vollzieht sich. Bei anderer Gelegenheit wird das Neue vermieden bzw. ausgespuckt, nicht kontaktiert, und es vollzieht sich »Rückzug« (*withdrawal*). Für den Kontakt mit der Umwelt ist der Organismus ausgestattet mit der Hierarchie der Bedürfnisse, die sich dauernd neu formt. Eines der Bedürfnisse tritt in den Vordergrund, ein anderes rückt in den Hintergrund der Wahrnehmung. Dazu kommen die sensorischen Organe für sich und die Umwelt, die Manipulationsorgane, die Fähigkeit positiver und negativer »Kathexis« (Valenzen im Sinne Lewins) und die Fähigkeit zum Kontakt und Rückzug. Spannung entwickelt der Organismus in den Emotionen.

Neurosen sind Probleme an der Grenze zwischen Ich und Umwelt, der Ich-Grenze. Die Umwelt besteht u. a. aus anderen Ichs, aus der Gesellschaft, der Welt. Man kann auch formulieren: Neurosen sind Kontaktprobleme, wobei Kontakt, das sei noch einmal wiederholt, kein Zustand ist, sondern eine Tätigkeit. Neurosen lassen sich auch als Diskriminierungsprobleme sehen, wie Perls es getan hat (1973, 23). Bei Neurotikern ist die Fähigkeit zu diskriminieren, die Fähigkeit, richtig »Kontakt mit oder Rückzug von der Umwelt, Annahme und Ablehnung der Umwelt« vorzunehmen, gestört. Kontakt und Rückzug sind für Perls »Der Rhythmus des Lebens selbst«, sie sind »dialektische Gegensätze, Teil des gleichen Dings, der totalen Persönlichkeit«. An einer anderen Stelle unterscheidet Perls (1973, 27) zwischen »sogenannten« Kriminellen, die zu stark übergreifen auf die Gesellschaft (die Bedürfnisse der Anderen nicht wahrnehmen und aufnehmen), und Neurotikern, bei welchen die Gesellschaft zu stark auf das Individuum übergreift. Beides sind Grenzprobleme.

Ich will weiter unten ganz kurz die verschiedenen Neurosemechanismen von Perls beschreiben, um zu zeigen, daß sie aus der soziologischen Sicht Entfremdungsphänomene sind. Perls' Fokus liegt auf dem Organismus, dem Individuum. Die Frage, was die »Störung der Balance ... im Organismus/Umwelt-Feld« ermöglicht, kann auf zweifache Art angegangen werden: »Soziologen untersuchen diese Frage von der Umwelt aus. Psychologen, Psychiater und Therapeuten untersuchen sie, indem sie untersuchen, was im Individuum geschieht« (Perls 1976, 23). Diese Grundannahmen durchziehen Perls' Denken kontinuierlich, auch wenn er sie relativ selten explizit macht. Erstens handelt es sich um eine Balance zwischen Ich und Umwelt, d. h. es handelt sich um einen *dialektischen Prozeß*. Man mißversteht und mißinterpretiert Perls, wenn man seine dialektische (Hegel) und systemtheoretische (Churchman) Denkweise in das Schema der formalen, mathematischen, kausalen, linearen und viel gebräuchlicheren Denkweise à la Leibniz, Locke und Kant preßt (vgl. zur detaillierten Beschreibung dieser Denkweisen Mitroff 1974, 219ff). Zweitens gibt es drei Möglichkeiten, die Störung der Balance zwischen Ich und Umwelt zu verhindern bzw. herzustellen, indem man bei der Umwelt ansetzt oder/und beim Ich. Es gibt nicht nur eine Möglichkeit, die beim Ich. Dies ist eines der folgenreichsten Mißverständnisse, das der Humanistischen Psychologie und der Gestalttherapie zum Teil zu Recht den Vorwurf eingehandelt hat, zu »überpsychologisieren und untersoziologisieren«, daß die Anhänger – genauer die falschen Anhänger – nur noch in sich hineinhorchen und dabei den Kontakt mit der Umwelt verlieren, also selbstgenügsam werden (vgl. Schur 1976). Dies ist eine andere Ausprägung von Neurose im Sinne von Perls.

Perls kann man den Vorwurf, dieses Mißverständnis gefördert zu haben, sicherlich nicht machen. Er bezeichnete schon kurz nach dem zweiten Weltkrieg, 1946 oder 1947, in einem Vortrag in den USA Neurose als »all-umfassendes soziales Phänomen (das sich immer stärker verbreitet)« (Perls 1979). »Der Einzelne lebt in unserer Zeit nicht mehr zum Wohle der Gesellschaft, von der er ein Teil ist, sondern nur noch zum Nutzen der Produktion von Maschinen und Geld ... Der Fetisch unserer Zeit ist industrielle Entwicklung, in der von dem Arbeiter verlangt wird, ein Automat zu werden ... In diesem Prozeß verlieren Individuum und Gesellschaft rapide ihr Überlebensvermögen« (1948, dt.: 1978, 2). Für Perls ist damals Neurose vor allem eine Spaltung der Persönlichkeit in spontane und »überlegte, vorsätzliche« (*deliberate*) Funktionen. In einer dualistischen Welt, in der die »Persönlichkeitsspaltung« ein »normales, vielleicht sogar unvermeidliches Produkt unserer Zeit ist« (ebd., 4), ist die »Reintegration« des Menschen sicherlich schwierig. *Perls sieht darin allerdings die einzige Chance.*

Perls diskutiert die Frage, ob eine integrierte Persönlichkeit in einer »dissoziierten Gesellschaft« leben kann, und kommt zu dem Schluß: »Wir können inzwischen nichts anderes tun, als einheitliche (*unitary*) Persönlichkeiten herstellen, die bereit sind, gefährlich und unsicher zu leben, aber mit Offenheit (*sincerity*) und Spontaneität« (ebd., 4), denn der »Teufelskreis«, in dem sich dissoziierte Gesellschaften und dissoziierte Persönlichkeiten gegenseitig bedingen, wird sich nicht von allein auflösen.

Neurosemechanismen

Bei den Neurosemechanismen unterscheidet Perls zuletzt zwischen Introjektion, Projektion, Konfluenz, Retroflektion, früher erwähnte er noch Egotismus 1951); Ervin und Miriam Polster (1975) erwähnen noch Deflektion (unproduktive Ersatzhandlungen).

Bei der *Introjektion* wurde die Grenze zwischen Ich und Umwelt soweit in das Ich hineingeschoben, »daß beinahe nichts von uns übrigblieb« (1951, 35). Das ist der Fall, wenn wir »Konzepte, Tatsachen, Verhaltensstandards, Moral, ethische, ästhetische, politische Werte, all das, was ursprünglich aus der Welt außen kommt«, unverdaut schlucken (ebd., 33), wenn wir also nicht mehr wir selbst sind. In dem Zitat ist offensichtlich, daß Perls zwischen Wirklichkeit, »sozialer Konstruktion der Realität« (Berger und Luckmann 1967) und individueller Ausprägung der sozialen Konstruktion der Realität unterscheidet. Wenn wir die sozialen Konstruktionen der Realität unverdaut schlucken, d. h. wenn wir weder diese Konstruktionen, das sind Konzepte und Hypothesen über die Welt, an der Wirklichkeit testen, noch an der Verträglichkeit mit unseren persönlichen Vorstellungen über die Wirklichkeit, d. h., wenn wir all das, inklusive der moralischen Vorstellungen, also der »Du sollst«, »Du darfst nicht«, unverdaut schlucken, verschieben wir die Grenze so weit in uns hinein, daß wir fast nicht mehr vorhanden sind. Offensichtlich sind wir dann nicht nur neurotisch im engeren Sinn, sondern unfrei, unautonom, von der Umwelt, der Gesellschaft beherrscht.

Projektion ist die Tendenz, die Umwelt verantwortlich zu machen für das, was seinen Ursprung im Ich hat. Hier ist also auch die Grenze zwischen Ich und Umwelt ins Ich hinein verlagert, insofern als das, was seinen Ursprung im Ich hat, nicht als vom Ich kommend verantwortet wird. Introjektion und Projektion hängen eng zusammen: indem der Mensch Introjekte als Ich oder Teile des Ich betrachtet, projiziert er seine Impulse in seine Umwelt, »enteignet« er sie sich; statt »Ich will« sagt er »Ich muß«. Indem er die Verantwortung delegiert an die Umwelt, braucht er seine Handlungen nicht zu verantworten. Projektion und Introjektion sind falsche Attributionen von Handlungsursprüngen.

Bei der *Konfluenz* (neurotisch nur als Dauerzustand, nicht neurotisch in der frühen Mutter-Kind-Beziehung oder bei Liebenden) gibt es keine Grenze zwischen Ich um Umwelt. Der Konfluente weiß nicht mehr zu unterscheiden zwischen Ich und Umwelt. Auf Dauer ist das vollkommene Verwirrung, ein Festhalten am Sich-nicht-gewahr-sein (unawareness), Unterdrücken von Impulsen aus dem Ich und Wahrnehmungen aus der Umwelt: kein Kontakt.

Bei *Retroflektion* und Egotismus handelt es sich um Verschiebungen des Handlungsziels. Bei der *Retroflektion* hört der Organismus auf, seine Energien nach außen zu richten, um die Umwelt zu manipulieren, Veränderungen in der Umwelt zu bewirken, die seine Bedürfnisse befriedigen würden, er richtet die Energie gegen sich, z. B. bestraft er sich, verändert sich statt die Umwelt.

Bei *Egotismus* (Perls, Hefferline, Goodman 1951, dt.: 1979, sind mit dem Ausdruck nicht ganz zufrieden) »bringt er mehr und mehr der Umwelt in seinen Bereich und unter seine Macht« (ebd., 517); er manipuliert, verändert in der Umwelt, was er gar nicht braucht. Er hortet deshalb, bläht sich auf. Das Ziel ist im Sinne von Fromm »Haben statt Sein«. Perls, Hefferline und Goodman erwähnen z. B. Horten von wissenschaftlichen Kenntnissen und Bekanntschaften, die das Ich nicht verdaut, sondern nur hat.

Perls nennt an verschiedenen Stellen Neurose eine Entfremdungserscheinung (Perls, Hefferline, Goodman 1951; Perls 1973). Da sein primärer Fokus die Therapie und damit das Individuum war, beschäftigte er sich nicht so ausführlich mit der Umwelt und dem Boden, auf dem die Neurosen gedeihen, das ist jedoch notwendig für eine Prophylaxe, die fördernde und verhindernde Bedingungen nicht nur für Neurosen, sondern auch für Gesundheit kennen muß. Deshalb gehe ich im folgenden auf die Entfremdungstheorie von Marx und A. Schaff (1970 und 1977) ein.

Entfremdung

In der Nachfolge von Marx gibt es eine Reihe von Entfremdungstheorien. Meine Entscheidung für die von A. Schaff ist wieder begründet mit ihrer Brauchbarkeit und damit, daß Schaff die Marxsche Theorie fortführt und expliziert. Er hat Entfremdung im direkten Anschluß an (den ganzen) Marx als die Herrschaft der *Produkte* des Menschen über den Menschen definiert: »Entfremdung ist die Bezeichnung für jenes objektive Verhältnis, in dem die Produkte des Menschen – und zwar so verschiedenartige Produkte wie Religion, Ideologie, Staat, Ware, usw. – sich gegenüber dem Menschen entfremden, d. h. sich der Kontrolle entziehen und als selbständige Macht, schließlich als eine dem Menschen feindliche, ihn beherrschende Macht konstituieren« (1977, 93). Schaff unterscheidet zwischen objektiver und subjektiver Entfremdung.

Bei der objektiven Entfremdung nach Marx/Schaff haben wir es »mit einem objektiven Verhältnis in dem Sinne zu tun, daß sich die Produkte der menschlichen Arbeit« (das sind nicht nur Gegenstände wie Straßen, Häuser, Fabriken, Atombomben, Kernkraftwerke, sondern auch Gedanken, Normen, Reden, manipulierte Bedürfnisse und Gefühle, Gedanken, Institutionen wie Staat und Bürokratie, soziale Vorstellungen oder »soziale Konstruktionen der Realität« usw., also alles vom Menschen Gemachte) entfremden (d. h. sich seiner Kontrolle entziehen und ihn beherrschen), unabhängig davon, was der Mensch darüber denkt oder wie er es empfindet, erlebt. » ... bei der Selbstentfremdung haben wir es mit einer subjektiven Relation in dem Sinne zu tun, daß sich der Mensch der gesellschaftlich geschaffenen Welt oder dem eigenen Ich (und seinen Mitmenschen) entfremdet, und die Entfremdung beruht auf Empfindungen, Erlebnissen und Einstellungen des Menschen, also auf seinen subjektiven, wenn auch gesellschaftlich bedingten Reaktionen« (1977, 91). Das ist Retroflektion. Die Relation zwischen Ich und Umwelt ist gestört: Grenzstörungen. Schaff nennt hier nur die gesellschaftlich geschaffene Umwelt, zweifellos gibt es Umwelt, die vom Menschen nicht veränderbar ist, außerhalb von ihm existiert. Auch diese Wirklichkeit »produzieren« wir jedoch, weil wir die Wirklichkeit nicht direkt kennen können, sondern nur als »Konstruktionen der Realität«.

Der Mensch vergegenständlicht sich immer in seiner Arbeit, Vergegenständlichung ist eine von der Geschichte unabhängige Erscheinung, zur Entfremdung wird sie bei bestimmten historisch gegebenen Bedingungen, d. h. Entfremdung ist keine *conditio humana*, wie die Existentialisten glauben, sondern eine historische und damit abschaffbare Erscheinung. Die gesellschaftlichen Verhältnisse (das kann hier nicht im einzelnen ausgeführt werden), welche die objektive Entfremdung schaffen, sind bestimmt durch das Privateigentum an den Produktionsmitteln (dadurch ist Arbeit Lohnarbeit und eine Ware) und Warenwirtschaft (»Waren-Fetischismus«), sowie die gesellschaftliche Arbeitsteilung. Warenwirtschaft und Arbeitsteilung gibt es auch in den bestehenden sozialistischen Gesellschaften, deshalb gibt es da auch weiterhin Entfremdung. Die Aufhebung des Privateigentums ist eine »notwendige, keineswegs ausreichende Bedingung« (Schaff 1977, 266). Die gesellschaftliche Arbeitsteilung kann nur aufgehoben werden bei einem bestimmten hohen Niveau der Produktionstechnik, darauf hat Marx wiederholt hingewiesen. »Die moderne Industrie«, schrieb Marx im »Kapital« (S. 521), »revolutioniert damit ebenso beständig die Teilung der Arbeit« und verlangt »die allseitige Beweglichkeit des Arbeiters«, führt also letztlich zur Aufhebung der Arbeitsteilung. Allerdings hat Marx auch immer darauf hingewiesen, daß der Kommunismus kein Zustand ist, sondern ein Prozeß, »eine permanente Revolution«, und die Aufhebung der Entfremdung ist ebenso ein wohl nie endender Prozeß, kein Zustand. So ist auch der »universale Mensch« bei Marx die allseitige Entfaltung der Persönlichkeit, nicht Zustand, sondern Prozeß. Ebenso die Selbstverwirklichung in der Humanistischen Psychologie. Die berühmte kritisch gemeinte Frage an die Humanistische Psychologie und an die marxistischen Entfremdungstheoretiker nach dem »Wesen« des Menschen, nach der »menschlichen Natur«, und der Vorwurf, daß Marx und die Humanistische Psychologie eine metaphysische Voraussetzung machten mit dem Wesen des Menschen, läßt sich einfach beantworten. In jeder historischen Zeit gibt es »Idealmodelle« der menschlichen Persönlichkeit, historisch entstanden und internalisiert. Das sind auch Produkte des Menschen, also vom Menschen gestaltbar. Selbstverständlich kann sich der Mensch nur so entfalten wie es evolutionsgeschichtlich möglich ist, aber die evolutionsgeschichtliche Situation allein bestimmt nicht, wie diese »allseitige Entfaltung« ausgestaltet wird. Wie diese historisch möglichen Idealmodelle des gesunden Menschen aussehen, läßt sich nur ausprobieren im Prozeß, indem man die negativen Aspekte, die »Behinderung und Vereinseitigung« überwindet, die Deprivation verhindert und die Gelegenheit, die Situation zur Selbstverwirklichung bzw. zur allseitigen Entfaltung schafft.

Die Neurosemechanismen in der Gestalttherapie beschreiben von der Subjektseite her die Entfremdungsmechanismen und zeigen auf, wie die Produkte des Menschen die Herrschaft über das Individuum gewinnen. Diese Mechanismen stabilisieren und ergänzen sich gegenseitig. Bei der Introjektion übernimmt das Ich unzerkaut und unverdaut die Sichtweisen und Forderungen der Gesellschaft, es weiß nicht mehr, was es will, und handelt, wie gesellschaftliche Produkte es wollen. Projektion erlaubt, sich der Verantwortung für Handlungen zu entledigen. Typische Äußerungen von Patienten lauten: »Ich habe keine Lust«, »Ich kann nicht«. Das sind Äußerungen von Personen, die sich als Objekte, als Abhängige von fremden Mächten verstehen. Man *bekommt* Lust von außen, durch Nichtkönnen ist ihre Handlungsfreiheit eingeschränkt *und* von ihnen selbst akzeptiert. Die Verwirrung der Konfluenz und des Nichtgewahrseins seiner eigenen Impulse und fremder Anforderungen ist anscheinend ein äußerst wirksamer Verschleierungsmechanismus: wer nicht mehr wahrnehmen kann, was er will und was andere fordern, ist ein leichter Spielball und wehrt sich nicht. Retroflektion (das Handlungsziel ist man selbst statt die Umwelt) verhindert Veränderungen der beherrschenden Produkte und schafft Anpassung. Es ist gleichzeitig die Verhinderung der produktiven Tätigkeit. Ein Beispiel ist das Syndrom der Leistungsmotivation. Die Vorstellung, daß man seinen Platz in der Gesellschaft aufgrund seiner Leistung erhält, oben wie unten (so lehrt es die Ideologie »vom Schuhputzer zum Millionär«), führt dazu, daß man das Nichterreichen des Ziels, eines anderen Platzes, sich selbst zuschreibt und man sich selbst dafür bestraft, bedauert oder resigniert. Egotismus (Umwelt in seinen Bereich und in seine Herrschaft bringen, auch wenn man sie nicht braucht) ist sowohl ein notwendiger Mechanismus, um Konsum zu fördern und die Produktion von sinnlosen und überflüssigen Gütern, die es anscheinend zur Aufrechterhaltung der gegebenen gesellschaftlichen Ordnung braucht, anzuregen, als auch tatsächlich die Herrschaft von Menschen über Menschen zu ermöglichen, auch ein Prinzip unserer Gesellschaftsordnung. Marx wies darauf hin, daß die Kapitalisten genauso entfremdet seien wie die Proletarier. Neurose oder Entfremdung stützen also die gegebenen gesellschaftlichen Verhältnisse.

Der Prozeß, in dem diese Entfremdung oder diese Neurose hergestellt wird, ist die Sozialisation. An anderer Stelle habe ich darauf hingewiesen, daß man der Auffassung sein kann, die Humanistische Psychologie, insbesondere die Gestalttherapie, fasse Therapie als »Desozialisation« auf. Die *»shoulds«*, die Gebote und Verbote unserer Eltern, Lehrer, Erzieher, die »Selbstverständlichkeiten« werden überprüft, und es wird bewußt entschieden, sie beizubehalten oder abzulehnen; und diese Entscheidungen sind revidierbar. »Desozialisation« in diesem Zusammenhang ist nicht als »Barbarisierung« zu verstehen, sondern als Revision der Sozialisation durch individuelle Entscheidung. Üblicherweise ist Sozialisation m. E. heutzutage in unserer Gesellschaft der Prozeß, der die objektive Entfremdung in subjektive Entfremdung transponiert, sie ist der Transmissionsriemen von objektiver zu subjektiver Entfremdung.

Sozialisation

Sozialisation ist ein lebenslanger Prozeß. Das wird, seit man sich mit Erwachsenensozialisation beschäftigt, immer deutlicher. Früher hatte man sich nur mit der primären Sozialisation des Kindes, vor allem in der Familie und in der Schule, beschäftigt. Das ursprüngliche Modell, daß ein Sozialisator als Person den Sozialisanden sozialisiert, mußte ebenfalls aufgegeben werden. Das Individuum, auch das Kleinkind, ist umgeben von gesellschaftlichen Produkten: Spielzeug, Wohnung, Wohnungseinrichtung, Nahrungsmittel usw. Auch wenn der Mensch sich ganz allein mit diesen Gegenständen befaßt, also ohne Sozialisator ist, nimmt er gesellschaftlich geprägte »Konzepte, Tatsachen, Verhaltensstandards, Moral, ethische, ästhetische und politische Werte auf, all das, was ursprünglich aus der Welt draußen kommt«. Kritisch wird es erst, wenn er es unzerkaut schluckt. Es gibt eine Fülle von Material bei Piaget, Leontjew (1973), Kohlberg (1974) und anderen, die zeigen können, daß das Kind durch den Umgang mit der Umwelt – wenn es ohne Zwang geschieht, intrinsisch motiviert und nicht extrinsisch motiviert (Portele 1975) – diese Produkte sich aneignen, sie »zerkauen und verdauen« kann. Die (neurotische) Angst, das Kind könnte dumm bleiben, führt dazu, daß dem Kind in der Familie und im Schulsystem die Dinge einfach hineingestopft werden, häufig ohne daß es sie zerkauen und verdauen kann. Sozialisiert wird auch der Student, der Lehrling in der Ausbildung, der Arbeiter und Angestellte am Arbeitsplatz, jeder in der Freizeit durch Massenmedien und Umwelt usw. Ein keineswegs sehr krasses Beispiel alltäglicher Sozialisation von Perls sei hier erwähnt, weil es in der Deutung Entfremdung beschreibt. Ein zwei Jahre altes Kind wird von den Eltern in eine dunkle Kammer gesperrt: »Es wird durch ihr Verhalten – zu einem Objekt der Manipulation mit weder Rechten noch Macht für sich selbst« (31).

Die Sozialisationsforschung zeigt aber auch, wie autonome Persönlichkeiten sich entwickeln können. So zeigte Kohlberg (1974/1978) beispielsweise, wie, unter welchen Bedingungen sich über verschiedene Stufen hinweg eine autonome Moral entwickeln kann.

Ich will nur die vier obersten Entwicklungsstufen der Moral beschreiben, um zu zeigen, daß die letzte Stufe bei Kohlberg einer nichtneurotischen

Moral im Sinne von Perls entspricht. Das wichtigste Problem bei der Moralsozialisation ist, den paradoxen Befehl »Du sollst das wollen« zu vermeiden (Portele 1978). Ziel der Sozialisation ist ja, daß das Individuum Handlungen von sich aus ausführt bzw. vermeidet, ohne daß es unmittelbar in der Situation Gebote oder Verbote erhält, es muß sie internalisieren. Das » Minimum an Gehorchenwollen«, das für die Ausübung von Herrschaft notwendig ist, wird nach M. Weber (1964) durch den Legitimationsglauben hergestellt. M. Weber unterscheidet drei Arten von Legitimationsglauben: charismatisch, traditional, rational. Auf Stufe drei der moralischen Entwicklung nach Kohlberg hält sich das Kind an die Regeln einer für ihn charismatischen, d. h. außeralltäglichen Person. Auf der Stufe 4, der weit verbreiteten *Law-and-order*-Moral, tun das Kind oder der Erwachsene, was sie kraft Tradition für legitim halten, sie kümmern sich dabei nicht darum, wie die Regeln entstanden sind. Auf Stufe fünf der moralischen Entwicklung werden die Regeln rational legitimiert; entscheidend ist da, wie sie zustande kamen, nämlich auf rationale, hier demokratische Weise, d. h. die Mehrheit legitimiert. Stufe 6 der moralischen Entwicklung, die prinzipien- orientierte Moral, ist herrschaftsfrei. Das Individuum entscheidet sich für die Regeln je nach der Situation aufgrund von frei gewählten Prinzipien, evtl. gegen die vorherrschende Moral, z. B. in einer totalitären Gesellschaft. Es ist autonom, aber nicht unmoralisch.

Autonomie heißt beiPerls nicht Isolation von der Umwelt, Selbstgenügsamkeit, auf sich gestellt sein, Unabhängigkeit. Er schreibt:»Ich sage ja auch nicht, daß das Individuum jede psychische Nahrung, die aus der Umwelt kommt, zurückweisen soll. Es ist unmöglich, sich selbst psychisch zu ernähren, wie es unmöglich ist, sich aus sich selbst physisch zu ernähren. Was ich sage, ist, daß die psychische Nahrung, die die Welt draußen uns bietet, Nahrung an Fakten, Eingebungen, aus welchen unsere Persönlichkeit gebaut ist, assimiliert werden muß genau in der gleichen Weise wie natürliche Nahrung. Sie muß destrukturiert, analysiert, auseinandergenommen und dann wieder zusammengesetzt werden zu der Form, die den größten Wert für uns hat. Wenn es als Ganzes hinuntergeschlungen wird, trägt es nichts zur Entwicklung unserer Persönlichkeit bei« (33/34). Auf Stufe 1-5 der moralischen Entwicklung wird mehr oder weniger Moral hinuntergeschlungen, nur auf Stufe 6 der prinzipienorientierten Moral wird die Nahrung verarbeitet, zum Aufbau der Persönlichkeit verwendet.

Verinnern und Veräußern

So wie das Denken von Perls durch die Modellvorstellungen der Nahrungsaufnahme geprägt ist, so ist das Denken der Entfremdungstheoretiker geprägt von der Modellvorstellung der menschlichen Produktion, also der Herstellung von Gegenständen. Der Schwerpunkt der Sichtweise von Perls liegt beim *Verinnern* der Umwelt in das Ich: Nahrungsaufnahme. Der Schwerpunkt der Entfremdungstheoretiker liegt beim *Veräußern* des Ichs in die Umwelt: Produktion. Verinnern und Veräußern gehören einem dialektischen Prozeß an: ohne Verinnern, Aufbau der Person kann es kein Veräußern geben, kein Handeln, kein Gestalten der Umwelt; ohne Veräußern kein Verinnern. Beiden, Gestalttherapie und Entfremdungstheorie, geht es bei diesen Formen der Begegnung zwischen Ich und Umwelt um die Grenze zwischen Ich und Umwelt, Ich und Nicht-Ich, Identität und Welt. Wenn ich die Umwelt unzerkaut herunterschlinge, verliere ich meine Identität; wenn ich in die Welt hineinhandle, mich durch meine Tätigkeit in die Welt hineingebe, ohne daß ich mich in dem Produkt verwirkliche, und es somit der von mir geprägte und beherrschte Gegenstand bleibt, verliere ich meine Identität, und der Gegenstand beherrscht mich.

Das ist der Zustand der Retroflektion. Das Veräußern des Ichs, die Vergegenständlichung des Ichs in der Arbeit, macht meine Identität für mich und andere erkennbar. Wenn ich als »Produzent« dagegen »absolut disponibel« bin durch die Entwicklung der Arbeitsteilung und der Produktion, wenn ich zum Anhängsel der Maschine werde, austauschbar und ersetzbar bin durch jeden anderen, wenn ich meine Arbeitskraft verkaufe als Ware, die einsetzbar ist, wo es dem Arbeitskraftkäufer beliebt, hat meine Arbeit nichts mehr mit mir zu tun, mit meiner Identität. Das eben Gesagte bezieht sich nicht nur auf die Sachumwelt, sondern selbstverständlich auch auf die Umwelt der anderen Menschen. Identität gewinnt der Mensch erstens durch seine Tätigkeit, indem er auf einmalige, *seine* Weise auf die Sachumwelt reagiert und auf sie einwirkt, sie verändert (agiert), und zweitens dadurch, daß er auf einmalige Weise auf die Interaktionspartner reagiert und auf sie einwirkt (Ottomeyer 1977)

Zunehmende Arbeitslosigkeit, nicht nur in der Bundesrepublik, (dazu gehört auch die Ausdehnung der Ausbildungszeit) hält immer mehr Menschen von der verantwortlichen produktiven Tätigkeit für immer längere Zeit fern. Die Veränderung der Berufstätigkeit durch stärkere Zerstückelung der Arbeitsabläufe, der immer häufigere Berufswechsel innerhalb eines Lebenslaufs, der Abbau von Selbständigkeit zugunsten von Angestelltsein, auch in akademischen Berufen, die bisher noch als verantwortliche Tätigkeiten galten wie z. B. bei Architekten und Ärzten, verhinderten und verhindern Identitätsbildung. Die Arbeit wird als etwas Fremdes gesehen, die nichts mit mir als Person zu tun hat. Was ich tue, können viele andere auch tun. Die Freizeit wird in hohem Maße nicht als freie Zeit gesehen, sondern als etwas, das die Ware Arbeitskraft durch Erholung reproduzieren soll. Nur wenig und nur relativ selten kann ich »sinnvolle verantwortliche produktive Tätigkeit« in der Freizeit verwirklichen, meist wird sie selbst zur Ware und entgeht damit nicht der Entfremdung. Sowohl die Arbeit ist mehr als früher so organisiert, daß Interaktion überhaupt nicht möglich ist, daß also die Möglichkeit, Identität durch Interaktion zu gewinnen, unterbunden wird; interaktionsfeindlich ist auch das Wohnen organisiert, die Fortbewegung in den Autos, die Kommunikation durch Fernsehen, Rundfunk usw. Die wenigen Interaktionen bekommen häufig Warencharakter, aktive und passive Zuneigung werden gekauft, evtl. in den *Growth-Centers* der Humanistischen Psychologie. Wer keine Ich-Identität gewinnen kann durch Aktion und Interaktion, dessen Leben hat zweifellos keinen Sinn.

Wir müssen dabei allerdings auch die Vorstellung aufgeben, daß die eigene Identität etwas Stabiles, Statisches sei: »Das bin ich«. Meine Identität kann jedoch etwas dauernd sich Veränderndes sein. Die Veränderungen spezifischer einmaliger Art sind das, was meine Identität ausmacht: »Ich verändere mich«. Ich ist ein Prozeß. Das ist schwer zu akzeptieren in einer Gesellschaft, die einen festen Charakter erwartet, in der Häutungen, dieses »stirb und werde«, weniger vorhersagbar machen und damit weniger beherrschbar. »Selbstverwirklichung« besteht nicht darin zu sein, was man ist, sondern zu werden.

Prophylaktische Vorschläge

»Eine Gesellschaft, die aus einer großen Anzahl neurotischer Individuen besteht, muß eine neurotische Gesellschaft sein, von den Individuen, die in einer neurotischen Gesellschaft leben, muß eine große Anzahl neurotisch sein«, schreibt Perls (26). Um Neurosen zu beseitigen, muß man also neurotische Menschen verändern *und* die neurotische Gesellschaft. Nur die Neurotiker zu heilen, ist sinnlos, weil die neurotische Gesellschaft sie wieder neurotisch macht. Nur die neurotische Gesellschaft zu heilen, ist sinnlos, weil die Neurotiker sie wieder neurotisch machen. Nur beides zusammen ist prophylaktische Therapie in dem Sinne, daß sie nicht nur vorübergehend Symptome beseitigt, die wiederkehren werden, sondern auch die jeweiligen Nährböden der Symptome in die Überlegungen miteinbezieht. Ich meine, daß dieser Zusammenhang zwischen neurotischer Gesellschaft und neurotischen Individuen in einer prophylaktischen Therapie zu berücksichtigen ist. Zur Prophylaxe gehört auch das Sorgen um die »Gesundheit« des Individuums und der Gesellschaft, darauf werde ich später eingehen.

Offensichtlich kann ein einzelner nicht Individuen und Gesellschaft verändern. Prophylaktische Therapie erfordert also gemeinsame solidarische Aktion von mehreren. Dies scheint mir angelegt zu sein in der Gestaltthherapie als Gruppentherapie. Das soll nicht heißen, daß (vor allem in Notfällen) Einzeltherapie sinnlos ist, aber Gruppentherapie ist vorzuziehen, auch der Einzeltherapie in der Gruppe. Sicherlich ist prophylaktische Therapie auch sinnvoller, wenn die Gruppenmitglieder nicht nur für ein Wochenende oder für ein paar Tage zusammenkommen und vorher und nachher nichts miteinander zu tun haben und isoliert an ihren Arbeitsplatz und ihre Familie zurückkehren. Gruppentherapie von »festen Gruppen«, Arbeitsteams, Kollegien, Therapie von Familien ist sicherlich nicht nur sinnvoller, sondern auch effektiver. Perls hat diesem Gedanken m. E. in seiner Kibbuz-Idee Rechnung getragen. Zusammen zu leben und zu arbeiten und nicht für die Therapie (oder Ausbildung) zusammenzukommen, ist sinnvoller.

Das Verdienst von Ruth Cohn (1975) ist es, auf das »Es«, die »dritte Sache« (Portele 1979) aufmerksam gemacht und dafür Methoden entwickelt zu haben. Üblicherweise gibt es in der Therapie nur Therapeut und Gruppe oder »Ich« und »Wir«, das »Es«, die »dritte Sache« wird ausgeklammert. Die dritte Sache ist die gemeinsame Aufgabe, das gemeinsame Produkt, das, was »Ich« und »Wir« gemeinsam herstellen. Statt sich nur mit sich selbst und mit der Beziehung der Gruppenmitglieder zu beschäftigen, was häufig genug zu Selbstbespiegelung, Wundenlecken und Selbstgenügsamkeit führt, berücksichtigt die Einbeziehung des »Es«, der dritten Sache, die Veräußerung des Ichs, die Vergegenständlichung in der Arbeit, sogar in der Form der gemeinsamen solidarischen Arbeit. So kann die Fähigkeit zur solidarischen Veränderung der neurotischen Gesellschaft gefördert werden. Die oft diskutierte Frage, was man zuerst verändern müsse, das neurotische/entfremdete Individuum oder die neurotische/entfremdete Gesellschaft, scheint mir heute eine sinnlose Frage zu sein, sie läßt sich nicht entscheiden. Die Frage geht von einer Dichotomie von Individuum und Gesellschaft aus und mißachtet die dialektische Wechselbeziehung zwischen ihnen. Die Antwort kann nur lauten: Beide sind zu verändern. Dieser Grundgedanke der zu verändernden Balance zwischen Ich, Wir und Es ist bei R. Cohn angelegt.

Was Prophylaxe im Sinne der Förderung von Gesundheit und Gesundheitsbedingungen heißt, kann hier auch nur sehr prinzipiell behandelt werden. Was verändert werden kann und muß, will man die Gesundheit fördern, das sind auf der Seite des Individuums die Sozialisationsprozesse in der Familie, in der Schule, in der Umwelt. Es ist dabei ein wichtiges Prinzip, dem Kind nicht die Verantwortung für sein Handeln zu nehmen, auch nicht für sein Lernen, für das Aufnehmen der Welt. Von Geburt an können Kinder Verantwortung übernehmen, z. B. für die Nahrungsaufnahme, für ihr Kontaktverhalten. Das heißt nicht, daß man sie sich selbst überlassen soll. Das Prinzip von »*autotelic responsive environments*«, also von »Erziehungsumwelten selbstgesteuerten Lernens« von Moore und Anderson (1976) schafft eine Lernumwelt, die dem Kind Möglichkeiten zur Verfügung stellt, ohne ihm die Verantwortung zu nehmen. Solche Lernumwelten sollen vier Prinzipien gehorchen: (1) Die Lernumwelt soll mehrere Perspektiven des zu Lernenden erlauben und fördern. (2) Die Aktivitäten sollen autotelisch sein: die Aktivität als solche macht Spaß und nicht erst das damit erreichte Ziel: sie sind intrinsisch belohnend, sie haben ihre »Ziele und Motivationsquellen in sich«. (3) Das zu Lernende soll produktiv sein. (4) Das Personalisierungsprinzip: das den Lernenden erlaubt, frei zu explorieren, das eigene Lerntempo zu wählen, ihm sofort Rückmeldung gibt, Querverbindungen herzustellen erlaubt und ihm die Möglichkeit gibt zur Selbstreflektion des Lernens. Das Modell für diese Art Lernumwelt ist die »sprechende Schreibmaschine«, welche Moore entwickelt hat, die dem Kind erlaubt, von allein, autonom lesen und schreiben zu lernen. Meiner Meinung nach fördert eine solche Erziehungsumwelt am besten einen gesunden Kontakt zwischen Ich und Umwelt, wie Perls es meinte.

Unsere Schulen werden von Coleman (1971) als »arm an verantwortlicher, produktiver, autonomer Tätigkeit« beschrieben. Der Schüler muß lesen, was ihm vorgesetzt wird, er kann nicht auswählen, er hört meistenteils passiv sitzend zu; was er lernt, sind abstrakte Symbole, nämlich Landkarten statt Länder, Abbildungen von Vögeln statt Vögel, Beschreibung von Tätigkeiten statt Tätigkeiten usw. usf. Er lernt vor allem durch

Hören, nicht durch Tun; die Tätigkeiten, die er in der Schule tut, bieten ihm keine unmittelbare Rückmeldung, er ist auf den Lehrer angewiesen, der ihm mitteilt, was richtig und was falsch ist. Das Angewiesensein auf Standards anderer und Prüfungen durch andere geht ständig weiter.

Verantwortliche, produktive, autonome Tätigkeit, wie sie für Kinder selbstverständlich war, als es noch keine Schule gab (sie sind also dazu fähig), z. B. Betreuung der Geschwister, Mithilfe in der Landwirtschaft oder in der Werkstatt, versucht man in progressiven Schulen durch polytechnischen Unterricht, z. B. Projektunterricht, wieder zu ermöglichen. Eines der wichtigsten Handicaps der gegenwärtigen Schule ist auch die durch die Ausrichtung auf symbolische Information verstärkte Dominanz des Kognitiven. Der Kopf steht im Vordergrund, Körper und Emotionen sind unwichtig. Eine ganzheitliche Schule, also eine Schule, die Kognition, Emotion (nach Perls die entscheidende Energiequelle) und Körper anspricht, wird verantwortliche, produktive, autonome Tätigkeiten fördern müssen. Die Gestaltpädagogik, »confluent education« von Brown (1972) und Mitarbeitern versucht, den Emotionen neben den Kognitionen in der Schule mehr Raum zu geben. Über andere Versuche »Humanistischer Erziehung« berichtet Elisabeth Sipmson (1976), auch über Versuche, bei welchen die Institution Schule verändert wurde, z. B. den Versuch Kohlbergs (vgl. Kohlberg 1977).

Was die Seite der Umwelt betrifft, wenn man die Gesundheit fördern will, so ist zunächst einmal die Einsicht entscheidend, daß wir Menschen die Umwelt geschaffen haben, daß sie unser Produkt ist. Wir sind entfremdet, weil wir dem menschlichen Produkt, der Umwelt, erlauben, uns zu beherrschen: Retroflektion. Die Einsicht, daß die Umwelt menschliches Produkt ist, ist die Voraussetzung dafür, daß wir uns erlauben und zutrauen, sie zu verändern. Sie zu verändern, ist sicherlich nicht leicht, aber sie für veränderbar zu halten, ist Voraussetzung dafür, daß wir sie nicht hinnehmen, wie sie ist, uns beispielsweise durch Luftverschmutzung, verseuchte Lebensmittel, Kernkraftwerksstrahlung, Verkehrslärm, Abgase, Wohnsilos passiv »vergiften« lassen. Auch hier gilt, die Möglichkeit zu verantwortlicher produktiver autonomer Tätigkeit zu schaffen. Wenn Arbeitsteilung, Privateigentum, Warenwirtschaft, der Warencharakter der Arbeitskraft die Bedingungen dafür sind, daß nicht entfremdete Tätigkeit nicht möglich ist, müssen wir die Umwelt verändern.

In der gegenwärtigen Alternativbewegung sind beachtliche Ansätze in dieser Richtung vorhanden. Die Kollektive, die (in gesellschaftlichen

Nischen) eine gemeinsame dritte Sache machen, Landwirtschaft, eine alternative Bäckerei, eine Autowerkstatt, in der sie autonom bestimmen, was und wie sie arbeiten, wo wieder die Trennung zwischen Arbeit und Freizeit aufgehoben ist, wo sie verantwortlich, produktiv, autonom *und* solidarisch tätig sind (was man auch erst wieder lernen muß), scheinen mir wichtige, weiter zu verfolgende Ansätze zu sein. Die Idee dazu ist alt, so haben in Israel die Kibbuzim angefangen, das war die Idee, die Perls aufgegriffen hat. Freilich geschieht die Alternativbewegung nur in gesellschaftlichen Nischen, und die Gesellschaft bleibt die alte; insofern ist die Alternativbewegung auch eine Rückzugsbewegung, ein Rückzug von der Gesellschaft, die unser Produkt ist und verändert werden kann und muß. Wie die veränderte Gesellschaft aussehen wird, läßt sich nicht sagen, wir kennen die Richtung, aber nicht das Ziel. Es soll eine Gesellschaft sein, in der die »allseitige Entfaltung der Persönlichkeit« in den Worten von Marx, »Selbstverwirklichung« in Worten von Perls möglich ist, eine gesunde Balance zwischen Ich und Umwelt. Der Vorwurf, man müsse das Ziel kennen, bevor man sich an die Veränderung der Gesellschaft macht, ist der Vorwurf von Leuten, die Angst haben. »*Life is a journey, not a destination*«. Marx hat immer darauf hingewiesen, daß seine Utopie des Kommunismus kein Zustand ist, sondern ein *Prozeß*, eine permanente Revolution. Das Ich ist auch kein Zustand, sondern ein *Prozeß*. Ebenso ist, wie Perls sagt, für jeden Einzelnen das Leben kein Zustand, sondern ein *Prozeß*. Wer ein Ziel erreichen will, strebt einen Zustand an und läßt sich nicht ein auf den *Prozeß*charakter des Lebens, auf den Versuch, Veränderungen auszuprobieren und wieder zu verändern, wenn man die erreichte Veränderung nicht beibehalten will.

10.

Psychotherapie und Arbeitswelt

1. Die Nachfrage nach Therapie

Die Leute, die bei meinen Bekannten und mir um Therapie oder »persönliches Wachstum« im Stil der Humanistischen Psychologie nachfragen, also Gestalttherapie, Gesprächspsychotherapie, Psychodrama, Bioenergetik, neoreichianische oder andere Körpertherapien in freier Praxis, sind in der Regel jung, Klienten über 50 sind sehr selten, die meisten sind zwischen 25 und 35 Jahre alt. Es sind meist Lehrer, Psychotherapeuten und Psychologen, Ärzte, Krankenschwestern, Pfarrer, Sozialarbeiter und Sozialpädagogen, hin und wieder Jounalisten, Werbeleute, auch Künstler. Manche sind Studenten und jobben nebenher. Oder es sind Frauen, die nicht vollberuflich tätig sind, Ehefrauen meist von Akademikern oder Frauen, die selbst Akademikerinnen sind oder Sekretärinnen. Oder es sind Aussteiger, also Leute, die ihren gelernten Beruf aufgegeben haben und jetzt etwas anderes machen, meist auch nur etwas nebenher. Selten sind unter den Klienten Ingenieure oder Naturwissenschaftler; eher schon Informatiker oder Leute aus der Datenverarbeitung. Auch Justizjuristen sind selten. Ein Arbeiter oder eine Arbeiterin, in dem Sinne, daß die Tätigkeit als Arbeiter die Lebensperspektive ist, kamen weder zu mir noch zu einem meiner Bekannten. (Hilarion Petzold hat da, wie er in einer persönlichen Mitteilung schreibt, andere Erfahrungen: Seiner »groben« Schätzung nach sind in den psychologischen Privatpraxen der FPI-Therapeuten seiner Supervisionsgruppen die Klienten zu 20 % Arbeiter, 20 % kleine Angestellte, 20 % technische Berufe, 40 % Sozialberufe.)

Ich bin ziemlich sicher, daß die von mir beobachteten Trends verallgemeinert werden können: Nachfrage nach »Therapien« in Humanistischer Psychologie besteht bei jungen Leuten, überwiegend Frauen, überwiegend Akademiker, überwiegend aus Berufen, die mit Menschen zu tun haben. Unter den Frauen streuen die Berufe mehr als unter den Männern. In den wenigen Institutionen (Frauenberatung, soziale Zentren, Drogenberatung, Krankenhäuser, Elternberatung, Familienberatung, Studentenberatung), in denen Humanistische Psychologie angeboten wird, sind die Klienten verständlicherweise, was den Beruf angeht, (wenn es sich nicht um Kinder handelt) gemischter. Das gilt auch für die wenigen medizinischen Praxen, in welchen Gestalttherapie möglich ist.

Die Beschwerden, Probleme, mit denen die Leute in die freie Praxis kommen, liegen, wenn man sie überhaupt einordnen will, hauptsächlich im Bereich der Neurosen (nach dem diagnostischen System der *American Psychiatric Association*), also Angst, hysterische, phobische, Zwangs-, depressive Neurosen, eventuell in Persönlichkeitsstörungen und bestimmten anderen, nicht psychotischen Störungen (Drogenabhängigkeit, Alkoholismus), seltener in psychophysiologischen Störungen (Asthma, Impotenz, Magengeschwüre, Hautausschläge). Geistige Retardierung, hirnorganische Syndrome und organisch nicht begründbare Psychosen (Schizophrenie und paranoide Zustände sind überhaupt nicht vertreten, sehr selten: affektive Psychosen). Am häufigsten sind wohl die sogenannten »Charakterneurosen« – wenn man schon ein Etikett verwenden will – und nicht die » Symptomneurosen« mit ihrem relativ stabilen, eng umschriebenen Erscheinungsbild »Ängste, Zwangssymptome, Depressionen etc.«

Die Diffusität der Störungen ist das Kennzeichen der »Charakterneurosen«: Allgemeine Unlust, Gefühle der Entfremdung, Beziehungslosigkeit, Identitätsprobleme, vage Gefühle der Unausgefülltheit (Kutter 1975; Thomä und Kächele 1976). Was die Probleme betrifft, ist das bei der Klientel in den Institutionen, in denen humanistische Psychologie angeboten wird, nicht wesentlich anders. In der alten Studie von Hollingshead und Redlich (1952) steigt der Anteil der Psychosen, je niedriger die Sozialschicht ist, insbesondere die Schizophrenie (für europäische Länder siehe Kohn 1968, der die These bestätigte). Der Anteil der Neurosen steigt, je höher die Sozialschicht ist, insbesondere die Charakterneurosen (bei Hollingshead und Redlich eine Restkategorie, die der oben erwähnten Bezeichnung sehr ähnlich ist). Über diese Zusammenhänge gibt es heute keine Diskussion mehr, wohl aber über die Ursachen dieser Zusammenhänge (Rushing und Ortega 1979). Die Probleme/Beschwerden sind also schichtspezifisch verteilt, und eines der wichtigsten Schichtmerkmale ist zweifellos die jeweilige Arbeit und daran gekoppelt das Einkommen. Die Arbeitswelt, mit der »Therapeuten« der Humanistischen Psychologie über ihre Klienten in Berührung kommen, ist ein kleiner Ausschnitt aus der gesamten Arbeitswelt.

2. Psychotherapeuten als Teil der Arbeitswelt

Die »Psychotherapeuten« der Humanistischen Psychologie in freier Praxis und in den Institutionen stellen wie die anderen Psychotherapeuten einen Teil der Arbeitswelt dar. Sie *arbeiten* als Therapeuten. Sie gehören einem professionalisierten Beruf an oder einem Expertenberuf (Luckmann und Sprondel 1972; Beck u.a. 1980). Als Modell für professionalisierte Berufe werden in der Soziologie die Ärzte und Rechtsanwälte verwendet. Zu den Dimensionen der Professionalisierung rechnet man:

(a) *Ausbildung einer Wissensbasis und Entwicklung eines Kompetenzmonopols.* Entscheidend ist hierbei, daß ein Unterschied zwischen Experten und Laien hergestellt wird. Der spezielle Kompetenzmonopolanspruch der Humanistischen Psychotherapeuten wird ihnen zur Zeit von anderen Psychotherapeuten bestritten, ebenso von Ärzten.

(b) *Dienstleistungsgesinnung und Orientierung an gesamtgesellschaftlichen Werten.* Diese Professionalisierungsdimension dient vor allem zur Legitimation, aber auch zur Ausbildung einer professionellen Ethik. Das heißt u. a. daß es nicht legitim ist, in professionalisierten Berufen die Tätigkeit zur Befriedigung persönlicher Bedürfnisse (Einkommen, Prestige usw.) auszuüben. In diesem Bereich liegen eine Reihe der heutigen Konflikte der Psychotherapeuten: Die Dienstleistungsorientierung wird angezweifelt, nicht nur von Laien, sondern vor allem auch von Konkurrenten. Von den Therapeuten wird die Dienstleistungsgesinnung dagegen besonders betont.

(c) *Autonomie gegenüber Laien.* Professionelles Handeln ist dann als autonom zu bezeichnen, wenn es relativ geringen Sanktionen durch die Laien unterliegt. Diese Autonomie erfordert einerseits die Durchsetzung des Kompetenzmonopols, andererseits die Einrichtung professioneller Selbstkontrolle, d. h. die Professionsangehörigen kontrollieren sich selbst und niemand anderer sonst. Allerdings wird Kritik und Kontrollmaßnahme in der Regel nicht veröffentlicht, da dann die Legitimation der Autonomie erschwert wäre, aber es muß öffentlich nachgewiesen werden, daß Selbstkontrolle stattfindet.

(d) *Selbstkontrolle.* Bei der Selbstkontrolle handelt es sich insbesondere um die Selbstkontrolle der Rekrutierung (Psychologiediplom als Voraussetzung?), der Ausbildung (in der Humanistischen Psychologie an bestimmten Institutionen, die um Anerkennung ringen) oder durch ein Meister-Lehrling-Verhältnis (es wird angegeben, bei welchem Meister man gelernt hat), Lizenzierung der Titel und Bestimmung der Zugangsvoraussetzungen. Die Selbstkontrolle der Ausübung der Profession erfolgt bei Freiberuflern vor allem über Berufsverbände (z. B. Anwaltskammern, Ärztekammern); so weit sind die nichtärztlichen Psychotherapeuten noch nicht. Auf einem Aushang bei den Psychologen an der Universität Hamburg, auf dem ein Traumworkshop angekündigt wurde, las ich kürzlich folgende handschriftliche Bemerkung: »Bei wem bist du in Supervision?«. Hier wird deutlich, wie die »Laien« auf die Selbstkontrolle achten.

(e) *Hochqualifizierte Ausbildung.* Professionalisierung eines Berufes ist heute fast nur noch möglich, wenn ein Universitätsstudium vorliegt. Da nichtärztliche Psychotherapeuten mit Ärzten mit Facharztqualifikation (also nachuniversitärer Ausbildung) konkurrieren müssen, wurden ebenfalls nachuniversitäre Ausbildungen eingerichtet (das macht es u. a. schwierig, Ausbildung zum Therapeuten in das Universitätsstudium zu integrieren).

(f) *Konsequenzen der Professionalisierung* sind überdurchschnittliches Einkommen, gesellschaftliches Ansehen, Macht, sowie Autonomie und Kompetenzakzeptierung, also Privilegien im Vergleich zu anderen Gesellschaftsmitgliedern.

Für Professionen gibt es eine ständige Bedrohung der Privilegien dadurch, daß viele in die Profession hineindrängen. Professionen können sich auf unterschiedliche Weise dagegen wehren. Eine Maßnahme ist die Drosselung des Zugangs z. B. durch numerus clausus an der Universität (auch bei den Psychologen), durch Auswahl in Aufnahmegesprächen bei der Zusatzausbildung, durch Erschwerung der Zusatzausbildung sowohl finanziell als auch leistungsmäßig. Eine weitere Maßnahme ist die Differenzierung und Spezialisierung; so haben sich bei den Ärzten die Fachärzte ausgebildet, bei den Psychotherapeuten sind es die Spezialisierungen in die verschiedenen Richtungen der Psychotherapie. Eine dritte Maßnahme ist, weniger qualifizierte Arbeiten abzustoßen – die Ärzte stießen an die Krankenschwestern und medizinisch-technischen Assistentinnen Arbeiten ab. Bei den Psychotherapeuten ist dies wohl noch nicht eingetreten, allerdings scheinen einige Ärzte Psychotherapie als etwas zu betrachten, das man auf diese Weise abstoßen kann. Eine vierte und wichtige Maßnahme, um die Privilegien der Professionalisierung zu sichern, ist die Ausdehnung des Tätigkeitsbereichs, also hier die Ausbreitung der Therapiebedürftigkeit. Die Definition der Ereignisse, die eine Beanspruchung der Professionsangehörigen durch Laien notwendig machen, wird dabei ausgeweitet. Auch dies ist wieder feststellbar bei den Ärzten an der Häufigkeit der Patientenbesuche im Vergleich zu früheren Jahren. Bei den Psychotherapeuten ist es wohl vor allem die fortschreitende Ausdehnung auf die diffusen Beschwerden, die sogenannten «Charakterneurosen«, auf den

»neuen Patiententyp« (siehe weiter unten). Diese vierte Maßnahme ist mehr als alle anderen Maßnahmen von der Zustimmung (zu dieser Neudefinition) der Laien abhängig. Ich nehme an, daß die vielen Bücher, Zeitschriftenartikel, Fernsehsendungen, welche Methoden der Humanistischen Psychologie darstellen und über deren Erfolge berichten, auch dem Zweck dienen, die Nachfrage zu steigern. Über Mundpropaganda wird hier wohl die Nachfrage noch stärker gesteuert.

Kompetenzmonopol und Selbstkontrolle sind nur möglich, wenn die Laien nichts oder wenig von der Expertentätigkeit verstehen. Andere Professionen sichern dies durch die Erfindung von Spezialsprachen: Ärztesprache, »Soziologenchinesisch«. Gerade die Psychotherapeuten der Humanistischen Psychologie versuchen, das immer wieder zu vermeiden. Sie verwenden wahrscheinlich eine andere Variante der Abschottung des professionellen Wissens, das Wilensky erwähnt. Ausgehend von der Tatsache, daß wir viele Dinge wissen, aber nicht ausdrücken können, definiert er einen Experten als einen Mann, der über seinen Gegenstandsbereich soviel weiß, daß er nur über einen Teil sprechen kann (1972, 209). Die diagnostische Erfahrung eines Arztes z. B. ist fast nicht mitteilbar. Dem Laien bleibt die spezifische Kompetenz des Psychotherapeuten in der Humanistischen Psychologie etwas Geheimnisvolles (»Wie kam er gerade auf diese Intervention?«), ebenso dem Experten selbst; er verfügt zwar über die Kompetenz, er weiß jedoch nicht, wie sie zustande kommt, noch ist sie voll der Reflexion zugänglich: Psychotherapeut in der Humanistischen Psychologie wird man vor allem durch Erfahrung.

Die Konfliktgegner bei professionalisierten Berufen sind neben den Konkurrenzprofessionen bürokratische Institutionen (hierzu zählt z. B. die Institution Krankenhaus), denn diese Institutionen versuchen, eine andere Form von Kontrolle, nämlich bürokratische Kontrolle, über die Selbstkontrolle der Profession zu stellen. Psychotherapeuten, die in einer Institution arbeiten, wissen, was das heißt und wie dadurch die Arbeit erschwert wird und die Belastung am Arbeitsplatz steigt. Was die Psychotherapeuten zur Zeit brauchen, um eine wirklich professionalisierte Profession zu werden, ist ein »staatliches Lizenzgesetz« (Wilensky) wie andere Professionen auch. Die Querelen um das Psychotherapeutengesetz sind davon Ausdruck.

Psychotherapeuten gehören wie andere Akademiker zu der sogenannten »Intelligenz« oder, wie Gouldner (1980) sagt, zu den »Intellektuellen und der technischen Intelligenz«. Gouldner faßt die Intellektuellen und die technische Intelligenz nicht als Diener des Kapitals wie etwa Chomsky (1969), noch als Teil der »neuen Arbeiterklasse« wie Mallet (1972), sondern als »neue Klasse« auf. Die *neue Klasse* bekämpft nach Gouldner die alte Besitzklasse, die »legale« Eigentümerin der Produktionsmittel ist. Die *neue Klasse* besitzt zur Zeit allerdings aufgrund ihres Wissens die effektive Verfügungsgewalt über die Produktionsmittel, die alte Besitzklasse ist auf das Expertentum der neuen Klasse angewiesen, um noch Profit machen zu können. Der neuen Klasse gelingt es durch die »Ideologie« des Professionalismus, Kompetenzmonopole, Autonomie und Selbstkontrolle zu sichern. Die elementaren Ziele der *neuen Klasse* sind die Vergrößerung des eigenen Anteils am Sozialprodukt und die Herstellung der besonderen gesellschaftlichen Bedingungen, die eine Möglichkeit geben, sich größere Anteile des Einkommens privat anzueignen, und sie will ihre politische Macht vergrößern, um die gewünschten Ziele zu erreichen. Die *neue Klasse* kann das tun, weil sie über »kulturelles Kapital« verfügt. Dieses kulturelle Kapital muß nicht unbedingt Produktivität oder Reichtum erhöhen, sondern Einkommensansprüche gesellschaftlich durchsetzbar und kulturell anerkannt machen. Die *neue Klasse* verbreitet und unterstützt die Ideologie, daß Produktivität primär von Wissenschaft und Technik abhängt. Im Dienstleistungsbereich – oder besser im Reproduktionsbereich –, dem u. a. die Ärzte und Psychotherapeuten angehören, wird die Ideologie verbreitet, daß nur durch Wissenschaft und Technik die Reproduktion der Arbeitskräfte adäquat möglich ist, damit die Produktivität aufrechterhalten werden kann. Psychotherapeuten wenden nur wissenschaftliches Wissen in der Therapie an.

Nach Gouldner bildet die *neue Klasse* – das vor allem ist ihr kulturelles Kapital – eine Sprachgemeinschaft. Sie verfügt über einen elaborierten Code, den »Code des kritischen Diskurses«. Dieser Code macht es zur Pflicht, jede Behauptung zu rechtfertigen, jedoch nicht durch Inanspruchnahme von Autoritäten, sondern indem die freiwillige Zustimmung des Adressaten allein auf Basis der beigebrachten Argumente erwirkt wird. Dieser Sprachgebrauch ist relativ situationsunabhängig, kontextfern, theoretisch und unpersönlich. Die Theoretizität dieser Grammatik führt bei den Benutzern zur Unterdrückung des Spielerischen, der Emotionalität und Spontaneität, zu Inflexibilität und Insensibilität für die Logik unterschiedlicher Kontexte und Situationen (also zu Dogmatismus). Was einzig zählt, sind sogenannte »Sachzwänge«. Die Psychotherapeuten als Angehörige einer *neuen Klasse* haben aufgrund ihrer langjährigen Sozialisation in höheren Schulen und Hochschulen mit diesem Code zu kämpfen, selbstverständlich tritt er auch bei ihren Klienten auf, da auch die Klienten (siehe Abschnitt 1) vor allem dieser *neuen Klasse* angehören.

Das *»Paradoxon der neuen Klasse«* ist nach Gouldner, daß sie sowohl emanzipatorisch als auch elitär ist (148). Sie untergräbt Herrschaft, gesellschaftliche Institutionen durch diesen Code, sie ist aber auch Träger von Herrschaft, indem sie behauptet, ihr Weg sei der einzige Weg zur Wahrheit, sie hat den Anspruch auf das Wahrheitsmonopol (wie früher etwa die Kirche).

Man kann nachweisen (Huber und Portele 1981), daß die weniger Privilegierten diese *neuen Klasse* eher progressiv eingestellt sind, »emanzipatorisch«, die hoch Privilegierten dagegen konservativ und »elitär«. Die Psychotherapeuten gehören zur Zeit wohl zu den weniger Privilegierten der neuen Klasse.

Es gab Zeiten, in denen sich die weniger privilegierten Intellektuellen mit den Arbeitern verbunden haben, um die Gesellschaft zu verändern (vgl. Gouldner 1980). Ob das heute noch möglich ist, zu einer Zeit, da selbst Gorz (1980) und Bahro (1980) »Abschied vom Proletariat« nehmen, scheint mir zweifelhaft. Aber: die Chance der Psychotherapeuten (und die Verpflichtung, wie ich meine) liegt in diesem »emanzipatorischen« Potential, in der Nutzung der in der Grammatik des kritischen Diskurses liegenden Widersprüchlichkeit. Gerade die Humanistische Psychologie, welche bestimmte Aspekte dieser Grammatik kritisiert, nämlich die Unterdrückung des Spielerischen, der Emotionalität, Spontaneität, die Inflexibilität und Insensibilität für die Logik des Hier und Jetzt, kann, indem sie gleichzeitig kritisch diese Grammatik benutzt, um sie zu kritisieren, zur Emanzipation beitragen. Und sie sollte es tun.

Die »Psychotherapeuten« der Humanistischen Psychologie können sich dabei mit ihren »Klienten« verbünden. Das geht allerdings wohl nur, wenn sie auf bestimmte Privilegien verzichten (was sie zum Teil heute schon tun), auf Einkommensprivilegien, auf das Kompetenzmonopol ihres humanistisch-psychologischen Wissens. Das bedeutet, auf ihre Selbstkontrolle gegenüber ihren »Klienten« zu verzichten – allerdings nur ihnen gegenüber.

Eine Möglichkeit hier ist meines Erachtens die Einrichtung von Selbsthilfegruppen. Hierzu ein vielleicht klärendes Argument: Ich glaube nicht, daß die empanzipatorisch Gesinnten in der neuen Klasse ihre Machtprivilegien gegenüber der herrschenden alten Besitzklasse aufgeben sollten, dem Staat oder den Sachzwangargumenten gegenüber, oder den Gegnern in der eigenen Klasse gegenüber, den Elitären: Für eine Veränderung der Gesellschaft wird diese Macht gebraucht. Die gesellschaftliche Lage der emanzipatorisch gesinnten Intelligenz kann nicht durch Verzicht aufgegeben werden, von ihr muß man ausgehen, man kann und muß sie nutzen, wenn man die Gesellschaft ändern will. Und das scheint mir notwendig, diese Gesellschaftsveränderung, einschließlich ihrer Sachzwangideologie angesichts der drohenden Selbstzerstörung durch Atombomben, Energieverschleiß, Vergiftung, Wachstumsideologie, Ver-Wüstung usw. usf. (Portele 1981).

3. Der neue Patiententyp

Vor allem in der psychoanalytischen Literatur findet man die Beschäftigung mit dem »neuen Patiententyp« (zusammenfassend Kratzer (1980). Erich Fromm (1972, 111) schreibt:»Diese neuen ‚Patienten‘ kommen zum Psychoanalytiker, ohne zu wissen, woran sie wirklich leiden. Sie klagen, daß sie niedergeschlagen seien, keine Freude an ihrer Arbeit hätten und über alle möglichen ähnlichen Beschwerden. (...) Ihre verschiedenen Beschwerden sind nur die Form, in der ihnen unsere Kultur gestattet, etwas zum Ausdruck zu bringen, was viel tiefer liegt und an dem alle die verschiedenen Menschen gleichermaßen kranken, die glauben, an diesem oder jenem bestimmten Symptom zu leiden. Das allgemeine Leiden ist die Entfremdung von sich selbst, von den Mitmenschen und von der Natur; das Bewußtsein, daß uns das Leben wie Sand durch die Finger läuft, daß wir sterben werden, ohne gelebt zu haben, daß wir im Überfluß leben, doch ohne Freude sind«. Von der »Krankheit, nicht krank sein zu können«, wird gesprochen, sogar von »Störungen der Störungen« (Kratzer 1980). Neben dem vermuteten neuartigen »sozio-psychischen Konfliktprofil« (Schülein 1978) wird häufig eine bestimmte neuartige Bewältigungsform dieser Konflikte angenommen, also eine bestimmte Art von »Krankheitsverhalten« (Mechanic 1968).

Der Begriff »Krankheitsverhalten« stammt aus der Medizinsoziologie und bezeichnet im allgemeinen die Realitätskonstruktionen und das Verhalten bezüglich Krankheit und Gesundheit (vgl. auch Herzlich 1973). Man kann beim Krankheitsverhalten bei psychischen Störungen unterscheiden zwischen: Wahrnehmung der psychischen Störung (auch ihrer

Ursachen); gefühlsmäßige Reaktion auf die Wahrnehmung der Störung: Leidensdruck; Entscheidung über die Inanspruchnahme von Hilfe bei Laien, Ärzten, Psychotherapeuten; Entscheidung für einen »Helfenden«; Verhalten und Verhältnis zu der Störung (z. B. »sich behandeln lassen« oder »selbst handeln«); »Krankenrolle«.

Traditionelle Patienten wehren angeblich häufig ab, eine Therapie zu beginnen, sie brauchen einen hohen Leidensdruck, um dann einen Therapeuten aufzusuchen. Und das tun sie dann mit Mißtrauen und Schuldgefühlen, und sie haben anscheinend nicht besonders große Hoffnung auf Erfolg (Kratzer 1980; Moeller 1972). In der Therapie lassen sich die traditionellen Patienten dann relativ passiv behandeln, sie erwarten von ihrem Psychotherapeuten, was sie vom Arzt erwarten. »Neue Patienten« dagegen stellen sich schneller den psychischen Problemen, versuchen zu einer adäquaten Lösung zu kommen. In den neuen Psychotherapien wie der Humanistischen Psychologie sehen sie eine Möglichkeit, sich selbst aktiv mit den Problemen auseinanderzusetzen, sie bezeichnen sich nicht unbedingt als »krank«, sondern eher als »unzufrieden«, »eingeschränkt«, »unausgeglichen«, »einseitig belastet« und ähnliches. Sie haben mehr Hoffnung auf Erfolg als die traditionellen Patienten, das Prinzip der Selbstverantwortung haben sie bereits übernommen oder übernehmen es relativ schnell nach den ersten Kontakten mit dem Therapeuten. Das Ziel der neuen Patienten ist häufig nicht »eine Krankheit loswerden«, sondern »sich entwickeln«, »sich entfalten«, »sich selbst verwirklichen«; insofern ist es falsch, in diesem Fall von »Patienten« zu reden. Es sei in diesem Zusammenhang daran erinnert, daß die *Weltgesundheitsorganisation* (WHO) Gesundheit definiert als »einen Zustand vollkommenen körperlichen, geistigen und sozialen Wohlbefindens und nicht allein das Fehlen von Krankheiten und Gebrechen« (zit. n. Lohmann 1978, 73). »Neue Patienten« nehmen auch nicht die herkömmliche Krankenrolle ein, eine Rolle, die bekanntlich der Kinderrolle in unserer Gesellschaft sehr ähnlich ist; beispielsweise brauchen Kranke genausowenig wie Kinder zu arbeiten, die Verantwortung wird ihnen weitgehend abgenommen (z. B. im Krankenhaus), und sie haben Anspruch auf Versorgung durch andere.

Verwirrt wird die gegenwärtige Situation dadurch, daß zum Teil Psychotherapeuten, die Gesetzgebung, öffentliche und private Arbeitgeber, Krankenversicherungen, an der Vorstellung vom »alten Patienten« festhalten, zwar aus verschiedenen Interessen, aber mit dem gleichen Effekt, nämlich dem, Personen wie die »neuen Patienten«, die sich nicht ursprünglich als krank empfinden, als »krank« zu definieren. »Psychisch krank« meint dann meistens noch etwas Schlimmeres als »normal krank«, was damit zusammenhängt, daß »psychisch krank« im Zusammenhang mit Psychiatrie gesehen wird, jener Einrichtung für gesellschaftliche Außenseiter, mittels derer die Gesellschaft ihre Normalitätsdefinition aufrecht erhält. Über die Psychiatrien als gesellschaftlicher Einrichtung ist in letzter Zeit viel geschrieben worden, so daß ich hier nicht mehr darauf eingehen will (z. B. Jervis).

Die Unterscheidung zwischen altem und neuem Patiententyp unterstellt offensichtlich Krankheit bei beiden, auch beim neuen Patiententyp. Selbstverständlich gibt es Versuche, diese beiden unterschiedlichen Krankheiten zu erklären. Die psychoanalytische Erklärung ist schnell zusammengefaßt: Der alte Patiententyp ist gekennzeichnet durch Verdrängen von Es-Impulsen durch eine »Überfunktion« des Über-Ich, durch die Erziehung in der autoritär-patriarchalischen Gesellschaft. In der »vaterlosen Gesellschaft« dagegen entstehen psychische Konflikte, wenn die soziale Matrix zu schwach geworden ist, um die Sozialisierung des Einzelnen in verbindlicher Weise zu fördern, den Einzelnen also ohne Anleitung in vielen Lebenslagen sich selbst überläßt und damit mehr unbewußte als bewußte Angst erweckt (Mitscherlich 1978, 46). Beschrieben wird die Symptomatik des neuen Patiententyps (a) mit der Symptomlosigkeit oder Unklarheit der Symptome (Glatzer: Es gibt »keine Grenzen mehr zwischen Persönlichkeit und Symptomen«, 1973, 70); (b) mit mangelndem oder geringem Leidensdruck; es wird kein starker innerer Konflikt erlebt; (c) die Störungen treten auf als »diffuses Leidensgefühl, unterschwelliges Mangelerleben oder Störungen im Bereich der sozialen Beziehung« (Kratzer 1980, 26). Beese meint, daß es Sekundärerscheinungen geben kann, wie reaktive Depression, nervöse Erschöpfungszustände, psychische Versagungszustände und pathologische Ersatzbefriedigungs- und Suchthaltungen, vor allem Alkoholismus, aber auch Medikamenten- und Drogenmißbrauch (Beese 1974, 137).

Es kann an dieser Stelle nicht entschieden werden, ob es sich tatsächlich um eine neue Symptomatik, eine neue »Krankheit« handelt, oder darum, daß die alte Symptomatik, wie sie der traditionelle Patiententyp vertritt, weiterhin vorhanden ist und daß zusätzlich – darüber hinaus – jetzt Psychotherapeuten beansprucht werden für etwas, das es schon gab, als Psychotherapie gleich Psychoanalyse war, aber nicht als »Krankheit« definiert wurde. Zu berücksichtigen ist dabei sicherlich, daß die Psychotherapeuten zahlreicher geworden sind (vgl. oben das zur Professionalisierung Gesagte) und die Psychotherapien oder ähnliche Veranstaltungen wie Encounter, Gestalt, Bioenergetik usw. billiger geworden sind, also mehr Leuten zugänglich sind. Möglicherweise wird Psychotherapie einfach auch mehr als früher als »üblich« eingeschätzt. Es könnte also sein, daß der neue Patiententyp auch ein Ergebnis des professionellen Handelns der Psychotherapeuten ist, nämlich ein Erfolg des Bemühens, die Nachfrage zu steigern. Hinzu kommt sicherlich, trotzdem, auch ohne Zutun der Therapeuten, daß die Symptomatik des neuen Patiententyps gesellschaftliche Ursachen hat, die sich verschärft haben und die jetzt erst hervorgetreten sind.

Was man vermeiden sollte, ist diese Symptomatik als »Krankheit« zu bezeichnen, u. a. weil diese Bezeichnung »krank macht«, wie jede Etikettierung die Gefahr enthält, daß das Etikett von den Etikettierten angenommen wird. Noch herrscht das Krankheitsmodell »Erreger verursacht Krankheit« in unserer Gesellschaft vor und damit ganz bestimmte Therapiestrategien, nämlich den Erreger (Virus, Bazillus) zu vernichten, was mitbeinhaltet, daß Gesundheit als Abwesenheit von Krankheit definiert wird, der Patient lediglich als passiver Träger des Erregers und nicht als aktiv Handelnder gesehen wird usw. (vgl. Lohmann 1978). Ich denke, es bringt uns weiter, wenn wir die Symptomatik des »neuen Patiententyps« ernst nehmen als *Ausdruck von etwas*, als Spitze eines Eisberges möglicherweise, und uns genau anschauen, wovon es Ausdruck ist. Meines Erachtens ist sie ein deutlicherer Ausdruck von Entfremdung als andere »Krankheiten«. Der Boden für Entfremdung liegt in der gesellschaftlichen Organisation von Arbeit, also in der Arbeitswelt.

4. Entfremdung

Es ist meines Erachtens nicht verwunderlich, daß die Beschreibung der Symptomatik des »neuen Patiententyps« und die Beschreibung der »Jugendlichen«, wie sie in ernsthafteren Kommentaren anläßlich der sogenannten »Jugendkrawalle«, Hausbesetzungen, Demonstrationen, in Zürich, Bremen, Brokdorf, Berlin zu finden sind, sich so sehr ähneln (so z. B. Walter R. Heinz in den Bremer Nachrichten vom 27. 1. 1981 oder die Unabhängige Züricher Kommission in der Frankfurter Rundschau vom 25. 2. 1981, Bischof Wilhelm Kempf in der Zeit vom 13. 3. 1981). Der neue Jugendprotest ist meines Erachtens ein anderer Ausdruck für die gleiche Sache wie die Symptome des »neuen Patiententyps«: zwei unterschiedliche Formen des Protestes gegen die Unerfülltheit und Unerfüllbarkeit der Lebenswünsche, gegen Karrieresüchtigkeit, Konsumzwang, Leistungsstreß, Recht-und-Ordnung-Moral, Vernichtung von Lebensqualität, Beziehungslosigkeit und Mangel an Liebe, gegen »Sachzwänge« und nicht eingelöste Versprechen von Bildungsgerechtigkeit und Chancengleichheit der Arbeitswelt (Arbeitslosigkeit von Jugendlichen), gegen die profitsüchtige Zerstörung unserer Natur und die Wachstumsideologie. Jugendliche und »neuer Patiententyp« scheinen nur sensibler zu sein für die Beschädigungen und Zerstörungen an ihnen selbst, an ihren Mitmenschen und an der Natur.

»Entfremdung« ist inzwischen ein vieldeutiger Begriff geworden. An anderer Stelle habe ich ausgeführt (1980; 1981), warum ich Adam Schaffs Definition und Analyse allen anderen vorziehe. Schaff definiert »Entfremdung« als Herrschaft der Produkte des Menschen über den Menschen, und er versteht unter Produkten nicht nur Sachen, Gegenstände, sondern auch Normen, Gesetze, »soziale Konstruktionen der Realität«, Moralen, Theorien, Religion, Staat, Ware. Immer dann, wenn diese Produkte den Menschen beherrschen und nicht er die Produkte, liegt Entfremdung vor. Z. B. dann, wenn sogenannte »Sachzwänge« ihn beherrschen, und der Mensch nicht mehr eingreifen und verändern kann. Ein Modell des entfremdeten Menschen ist z. B. der Arbeiter am Fließband oder an der Maschine. Fließband oder Maschine bestimmen den Handlungsablauf des Arbeiters, er ist ein »Anhängsel der Maschine«. Er bestimmt nicht, er wird bestimmt.

Schaff unterscheidet zwischen »objektiver Entfremdung« und »subjektiver Entfremdung«. Subjektive Entfremdung wächst auf dem Boden der objektiven Entfremdung. Der Mensch vergegenständlicht sich immer in seiner Arbeit. Vergegenständlichung ist eine von der Geschichte unabhängige Erscheinung, die Vergegenständlichung wird unter bestimmten gesellschaftlichen Bedingungen zur Entfremdung. Bei uns geschieht dies zur Zeit durch das Privateigentum an Produktionsmitteln, Warenwirtschaft (Waren-Fetischismus), gesellschaftlicher Arbeitsteilung in Hand- und Kopfarbeit; Arbeit ist dadurch Lohnarbeit und eine Ware. Bei der objektiven Entfremdung haben wir es »mit einem objektiven Verhältnis in dem Sinne zu tun, daß sich die Produkte der menschlichen Arbeit entfremden, sich seiner Kontrolle entziehen und ihn beherrschen, unabhängig davon, was der Mensch darüber denkt oder wie er es empfindet« ... »Bei der Selbstentfremdung haben wir es mit einer subjektiven Relation in dem Sinne zu tun, daß sich der Mensch der gesellschaftlich von ihm geschaffenen Welt oder dem eigenen Ich (und von seinen Mitmenschen) entfremdet, und die Entfremdung beruht auf Empfindungen, Erlebnissen und Einstellungen des Menschen, also auf seinen subjektiven, wenn auch gesellschaftlich bedingten Reaktionen« (Schaff 1977, 91).

Wahrscheinlich hat sich die objektive Entfremdung als das objektive Verhältnis nicht grundsätzlich gewandelt in den letzten Jahren, ich nehme an, daß es akzentuierter wurde, daß es wahrnehmbarer und offensichtlicher wurde, daß die Widersprüche deutlicher wurden, nicht zuletzt dadurch, daß die Studentenbewegung von 1968 durch ihre Analysen und Hinweise darauf aufmerksam gemacht hat. Verstärkt hat sich wohl vor allem die subjektive Entfremdung in bestimmten Teilen der Gesellschaft, nämlich in der Jugend, bei den Frauen und bei den Akademikern, und da insbesondere bei denjenigen, die mit Menschen umgehen (vgl. Abschnitt 1). Ein Beispiel ist die Arbeitslosigkeit, sie nahm zu – nicht nur die offizielle Arbeitslosigkeit, sondern auch die Ausdehnung der Ausbildungszeit für immer größere Teile der Bevölkerung -, sie hält immer mehr Menschen von einer verantwortlichen produktiven Tätigkeit fern. Die Veränderung der Berufstätigkeit durch stärkere Zerstückelung des Arbeitsablaufes, durch immer häufigeren Berufswechsel innerhalb eines Lebenslaufs, der Abbau von Selbständigkeit zugunsten von Angestelltenverhältnissen auch in akademischen Berufen, die bisher noch als verantwortliche Tätigkeit galten (Ärzte, Architekten), die Verrechtlichung und Bürokratisierung auch der Berufstätigkeit – immer mehr Vorschriften sind einzuhalten (z. B. in Schule und Hochschule durch detaillierte Curricula) -, der zunehmende Konkurrenzdruck durch Arbeitslosigkeit, all das verhindert die Identitätsbildung über die Arbeit. Arbeit wird als etwas Fremdes gesehen, das nichts oder wenig mit mir als Person zu tun hat; was ich tue, können andere auch tun. Der »Arbeiter« im Marxschen Sinne, also derjenige, der seine Arbeitskraft verkauft, weil das sein einziger Besitz ist – dazu gehören heute auch Akademiker -, ist »absolut disponibel«, einsetzbar für »wechselnde Arbeitserfordernisse«. Arbeit und Mensch sind austauschbar und haben immer weniger miteinander zu tun. Gebraucht werden vom Arbeiter nur ganz bestimmte und nur wenige Teile, z. B. stereotype Handbewegungen am Fließband, kaum sein Verstand, noch weniger sein Gefühl, seine Tätigkeit ist »behindert und vereinseitigt«, er wird selbst mit der Zeit »behindert und vereinseitigt« (Holzkamp und Schurig 1973).

Erklärungsbedürftig ist, daß vor allem junge Menschen, meist Akademiker in sozialen Berufen, Frauen, mit subjektiver Entfremdung reagieren, der »einfache Arbeiter« dagegen nicht oder kaum. Sehr eindrucksvoll schildert Boyadijan (1980), welche Auswirkungen eine langweilige unterfordernde Arbeit in einer Spinnerei in der französischen Provinz hat. Eingespannt in ein Dreischichtensystem, das alle menschlichen Beziehungen außerhalb der Arbeit zerhackt, die öde Arbeit unter dem Druck und der Überwachung der Vorgesetzten, Hitze und Lärm, Unmöglichkeit der Kommunikation unter Kollegen, Hetze, all das führt zur Auflösung der Persönlichkeit. Zum Aussteigen und zur Rebellion bleibt keine Energie mehr. Was entsteht, ist eine Lebensroutine, die allmählich alles Lebenswerte ausschließt. Nicht einmal das kann noch festgestellt werden. Die wirtschaftliche Krise des Unternehmens mit erzwungener Kurzarbeit führt dazu, daß Boyadijans aus der Routine aussteigen kann, merkt, was los ist, und gewerkschaftlich tätig wird. Das Besondere an Boyadijans Lebensbericht ist, daß er eindrucksvoll deutlich macht, wie diese Arbeit zur »Lebensverhinderung« führt, eben zur »Behinderung und Vereinseitigung« im Bewußtsein, in den Gefühlen, selbst in der Leidensfähigkeit. Das heißt nicht, daß die Arbeiter nicht leiden, im Gegenteil: Psychosomatische Krankheiten wie Magengeschwüre, oder somatische wie Herzinfarkte, Frühinvalidität, sind nicht selten (vgl. für Schweden Lohmann 1978).

Aber Störungen werden erst wahrgenommen, wenn sie die körperlichen Funktionen beeinträchtigen. Krankheit ist vor allem körperliche Krankheit. Das gilt auch noch für die psychischen Krankheiten. Lohmann schreibt, daß in Schweden 40 % aller vorzeitig bewilligten Renten auf psychische Krankheitsursachen fallen, nämlich »geistige Behinderung« und »Psychosen«, also psychische Krankheiten, von denen am stärksten angenommen wird, daß sie physiologische Ursachen haben. Die Arbeiter gehen zum Arzt, nicht zum Psychotherapeuten. Herzlich (1973) hat in ihrer Untersuchung der «sozialen Vorstellung» «Krankheit» deutliche Unterschiede in den sozialen Klassen gefunden. In den Aussagen, was Krankheit meint, ist in der Arbeiterklasse deutlicher ein Protestaspekt zu beobachten gewesen als bei anderen Gesellschaftsmitgliedern. Aber es gibt anscheinend immer weniger ein Bewußtsein oder ein Gefühl von Entfremdung in der Arbeiterklasse. Wenn Gorz und Bahro Abschied nehmen vom Proletariat als gesellschaftsverändernder Kraft, dann auch deshalb, weil dieses Bewußtsein, das Gefühl der Entfremdung fehlt, die Anpassung an die bestehenden Verhältnisse immer stärker geworden ist: Die Werftarbeiter streiken, damit U-Boote nach Chile an die Militärjunta verkauft werden;

der Betriebsrat einer asbestverarbeitenden Industrie protestiert gegen ein mögliches Asbestverbot, nimmt also Gesundheitsgefährdung für den Erhalt der Arbeitsplätze in Kauf. Es gibt eine Reihe von Untersuchungen, die den Arbeitern einen »autoritären Charakter« bescheinigen (kritisch dazu Jaerisch 1978). Insgesamt läßt sich wohl mit Bahro annehmen, daß die Arbeiter zur Zeit die bestehenden Verhältnisse anerkennen, lediglich »innerhalb des Systems« Veränderungen erreichen möchten, z. B. Lohnerhöhungen, daß sie aber eben *nicht* wie große Teile der Jugend und kleine Teile der Akademikerschaft eine Systemreparatur für nicht mehr ausreichend erachten angesichts der drohenden Gefahren und grundsätzlichere Veränderungen anstreben. Die »Aussteiger« oder »Alternativler« haben das System, so gut es eben geht, ja bereits verlassen.

Es spricht einiges dafür, daß die Arbeiter größtenteils so »behindert und vereinseitigt« sind durch die Verhältnisse am Arbeitsplatz, daß Identitätsprobleme und Identitätskrisen, wie wir sie kennen, die wir in einer anderen Klasse leben und die im »neuen Patiententyp« und im Jugendprotest ihren Ausdruck finden, fehlen. Uns scheinen Identitätsprobleme und -krisen selbstverständlich, so daß wir nicht verstehen können, daß sie bei jemandem nicht vorhanden sind. Anders ist es in den naturwissenschaftlichen und technischen Akademikerberufen, da kann man wohl über die Berufstätigkeit, da sie gegenständlich ist, auch noch etwas Identität gewinnen.

5. Identität

Identität ist für mich die Vorstellung, die jemand von sich selbst hat, sein Selbstbild also, sein Selbstmodell (Filipp 1980). Dieses Selbstbild wird nicht unabhängig und selbständig entwickelt, sondern ist wie alle Konstruktionen der Realität sozial, d. h. gesellschaftlich, geformt. Identitätskonzepte gibt es wohl fast ebenso viele wie Entfremdungskonzepte (vgl. Filipp 1980; Döbert u. a. 1979). Meiner Meinung nach wird Identität auf zweierlei Art gebildet. Erstens durch die Herstellung von Produkten, wobei der Beitrag des Ich zu diesem Produkt feststellbar sein muß, das Ich sich als Ursache oder Mitursache des Produktes sehen muß (also kein Zufallsprodukt, nicht glückhaftes Gelingen); zweitens durch die Reaktionen und Aktionen des Ich (also: *Interaktionen*) mit anderen, das Ich ist dasjenige, auf das andere auf eine spezifische Weise reagieren. Identitätsprobleme und Identitätskrisen gibt es immer dann, wenn die Ichvorstellungen und die Handlungen – *Produktion* oder *Interaktion* – auseinanderklaffen (wenn die Handlungen z. B. erzwungen sind oder wenn das Ich überhaupt nicht in ausreichendem Maß handeln kann, z. B. bei Arbeitslosigkeit oder Isolation, sei sie nun selbst herbeigeführt wie in der Depression oder erzwungen wie in der Isolationshaft). Ich bin überzeugt, daß beide identitätsstiftenden Formen vorhanden sein müssen, d. h. weder eine Produktionsidentität noch eine Interaktionsidentität allein ausreicht. Der Idealzustand ist, wenn Produktions- und Interaktionsidentität einen Zusammenhang haben, d. h. wenn ich und mehrere andere eine gemeinsame Sache produzieren und die Beziehungen zwischen mir und der Sache, zwischen mir und den anderen, den anderen und der Sache ausbalanciert sind (vgl. Cohn 1975; Portele 1981).

Das Problem ist, daß es immer weniger möglich ist, Identität durch Produktion zu gewinnen. Um wieder das Modell des Fließbandarbeiters als Extrem zu nehmen: Das Anhängsel einer Maschine oder des Fließbandes kann in der Arbeit oder Produktion keine Identität gewinnen, sein Produkt wird nicht ihm als Ursache zuzurechnen sein, sondern der Maschine, und sein Beitrag zum Produkt ist kaum feststellbar – wird jedenfalls nicht festgestellt bei der Endkontrolle, es sei denn als Fehler. Arbeitslosigkeit ist die Unmöglichkeit der Produktion. Freizeitprodukte sind gesellschaftlich nicht anerkannt, sie haben meist nur einen Gebrauchswert für den Hersteller, aber nicht für andere – außerdem ist das Freizeitprodukt häufig teurer als das vergleichbare Massenprodukt. In anderen Arbeitsbereichen ist es einfacher, über seine Produkte Identität zu erlangen; Rechtsanwälte bei erfolgreichem Abschluß ihres »Falles«, Ärzte und Therapeuten bei Heilungserfolgen, Lehrer bei Erfolgen ihrer Schüler usw. Ebenso können wohl auch naturwissenschaftliche und technikwissenschaftliche Akademiker leichter Identität gewinnen und zusätzlich die Privilegien der Profession bzw. der *neuen Klasse* in Anspruch nehmen. Aber auch in diesen Bereichen ist es im Laufe der Geschichte schwerer geworden. Wenn die Heilung nur einem Medikament zuzuschreiben ist, wenn der Fall als der Tausendste seiner Art durchging, weil es Standardlösungen gibt, wenn der Lehrer und andere Beamte und Angestellte aufgrund von Vorschriften und Regeln handeln und nicht, weil sie es so wollen, kann der Erfolg oder Mißerfolg nicht mehr ihnen zugeschrieben werden. Sie sind nicht verantwortlich. Das hat zwar Vorteile, wenn es sich um Mißerfolge handelt, aber auch den entscheidenden Nachteil, daß eben nur über Verantwortung (bei Erfolg und Mißerfolg) Identität gewonnen werden kann.

Es scheint mir offensichtlich, daß in Arbeitssituationen, wie sie Boyadijan (1980) schildert, in welchen Kommunikation unmöglich ist, oder in Arbeitssituationen, in welchen Konkurrenzdruck und Angst Kommunikation verhindern wie in Lehrerkollegien, am Arbeitsplatz auch keine Interaktionsidentität gewonnen werden kann. Die Beziehungslosigkeit ist ein Aspekt der Identitätsprobleme. Diese Kommunikationslosigkeit, Angst, Unsicherheit und Beziehungslosigkeit gibt es auch außerhalb des Arbeitsplatzes, auch in der Familie, in der »Freizeit«. Auch da herrscht Konkurrenz, auch Konsumkonkurrenz in den berüchtigten Prestigekäufen wie dem neuen schönen Auto, der weiteren, sonnigeren Ferienreise usw. Hinzu kommt wahrscheinlich in einer Welt, in der Produktionsidentität so schwer zu gewinnen ist, daß Interaktionsidentität im Übermaß gesucht wird, z. B. Liebe in einem nicht mehr erfüllbaren Ausmaß und in einer unerfüllbaren Form. Auch dadurch entsteht Konkurrenz oder Eifersucht, was man Interaktionskonkurrenz nennen könnte.

Die Verrechtlichung und Bürokratisierung vor allem unserer Gesellschaft führt noch zusätzlich dazu, daß Handlungen ausgeführt werden müssen, die nicht mit dem Selbstbild übereinstimmen. Dies gilt insbesondere für Berufe im öffentlichen Dienst, also auch für Sozialarbeiter, Sozialpädagogen, Lehrer, Hochschullehrer, Ärzte, Pfarrer. In einer kleinen Untersuchung bei Hamburger Jurastudenten des einphasigen Studienganges, bei dem das Referendariat, d. h. die Praxis am Gericht, im Rechtsanwaltsbüro, in der Verwaltung, nicht nach dem Studium erfolgt, sondern in das Studium integriert ist, konnte ich diese Identitätskrisen genauer beobachten. Ein Modellfall hierfür ist die ehemalige Sozialarbeiterin, die im Jugendstrafvollzug tätig war und diesen Beruf aufgab, weil sie in ihrer Tätigkeit keinen Sinn sah, und Jura zu studieren begann, um Jugendrichterin zu werden. Das Gerichtspraktikum machte sie wunschgemäß am Jugendgericht und begründete da u. a. Urteile, trug also dazu bei, daß Jugendliche in die Jugendstrafanstalt kamen. Die Handlungen, die sie ausführen mußte, stimmten nicht mit dem überein, was sie sich vorgestellt hatte, Handlungen und Selbstbild waren nicht zu vereinbaren. Diese Identitätskrise und ähnliche ihrer Kommilitonen konnten in der Arbeits- und Wohngemeinschaftsgruppe bearbeitet werden. Sie hat ihr Jurastudium nicht aufgegeben, sie plant jetzt, Frauenberatung zu machen (Portele 1980). Während des Studiums sind solche Identitätskrisen noch durch Veränderung des Berufswunsches bearbeitbar, für Personen, die schon im

Beruf stehen und als Lehrer, Sozialarbeiter o. ä. Handlungen ausführen müssen, die zum Selbstbild diskrepant sind, sind diese Krisen sicher schwieriger. Eine Lösungsmöglichkeit ist, sich zu distanzieren von seinem Beruf, indem man eine Berufsrolle spielt, indem man den Beruf zum Job macht; der Beruf wird damit definiert als etwas, das nichts mit der Identität zu tun hat – dann allerdings kann der Beruf auch keine Identität mehr stiften.

Eine andere Lösungsmöglichkeit, die in letzter Zeit immer häufiger eingesetzt wird, ist das »Aussteigen« oder das »alternative Leben« (Huber 1980). Das Ziel der Alternativler ist, den Handlungszwängen, wie sie in Institutionen vorherrschen, zu entgehen und die Arbeit weitgehend selbst zu bestimmen, um nicht mit der permanenten Krise leben zu müssen, etwas zu tun, was man nicht verantworten kann, was mit dem Selbstbild nicht übereinstimmt. Freilich ist das zur Zeit nur in Nischen möglich, welche von der Gesellschaft zugestanden werden. Immerhin ist die Entscheidung, alternativ zu leben, mit einer Reihe von Entbehrungen, Verzichten und harter Arbeit verbunden, also wenig bequem; das zeigt meines Erachtens, wie ernst dieses Identitätsproblem genommen wird.

Ottomeyer (1980) hat auf eine weitere Konstellation in der kapitalistischen Gesellschaft aufmerksam gemacht, die zu Identitätskrisen führt. Er unterscheidet in marxistischer Tradition zwischen Zirkulations-, Produktions- und Konsumtions- (oder Reproduktions-) sphäre. In der Zirkulationssphäre geht es um die Ware, auch die Ware Arbeitskraft. »Der grundlegende Charakter von Identität ist hier durch einen konsequent egoistischen Kampf um Überlegenheit in der Konkurrenz und durch einen positiven Individualismus geprägt« (1980, 179). In der Zirkulationssphäre geht es darum, hart und erbarmungslos Geschäfte zu machen, hier treten notwendigerweise Interessenkonflikte auf zwischen Käufer und Verkäufer, und der Vorteil des einen ist der Nachteil des anderen. Marx hat bereits auf den »liebenswürdigen Schein« hingewiesen, der gerade bei diesem harten Marktverhalten aufrechterhalten wird: Um zu einem guten Abschluß zu kommen, ist es notwendig, sich in den Marktpartner hineinzuversetzen, um zu sehen, wie weit man mit seinen Forderungen gehen kann. Einfühlung dient dem eigenen Nutzen; der Nachteil, den man durch den eigenen Nutzen dem anderen zufügt, muß jedoch gleichgültig sein. In der Zirkulationssphäre braucht man zum Überleben die »Charaktermaske« des Warenbesitzers: Härte, mißtrauische Antizipation, Gleichgültigkeit, kaltes

Einfühlungsvermögen, Kampffähigkeit und Konflikttoleranz. In den anderen Sphären braucht man andere Kompetenzen. Ein häufiger Fehler der Humanistischen Psychologie z.b. im Lehrertraining, in der Managementausbildung oder in der Organisationsentwicklung besteht darin, diese Zirkulationssphäre nicht anzuerkennen und den Lehrern, den Angestellten, den Vorgesetzten vorzugaukeln, bei Verhalten zwischen Vorgesetzten und Untergebenen könnten Fähigkeiten, die man für die Interaktion mit Gleichberechtigten, beispielsweise mit Ehepartnern und Freunden gelernt hat, eingesetzt werden. Was dabei unterstützt wird, ist der »liebenswürdige Schein«, die Ideologie der »Partnerschaft« und das: »Wir sind doch alle eine große Familie«. Die Nachteile haben dabei meistens die Untergebenen.

In der Produktionssphäre – ich habe weiter oben darüber berichtet – besteht die Möglichkeit, Produktionsidentität zu gewinnen. Aber: »Die Fähigkeit zu einer isolierten und zähen Selbstinstrumentalisierung unter der Dominanz von reproduktiven und Lohninteressen ist ein zentrales Erfordernis der Identitätsbildung von Lohnarbeitern« (Ottomeyer 1980, 180). Diese »Selbstinstrumentalisierung« – des Kopfes, des Körpers, der Gefühle – stellt in sich ein Identitätsproblem dar, Proteste dagegen äußern sich in der Arbeiterklasse psychosomatisch oder somatisch (vgl. Ottomeyer 1980, 181), in den Demonstrationen und dem Aussteigen der Jugendlichen und den Symptomen des neuen Patiententyps.

Die Reproduktionssphäre ist in unserer Gesellschaft von der Produktionssphäre strikt getrennt. – Familienbetriebe gibt es fast nicht mehr wie in einem Land mit überwiegend bäuerlicher Bevölkerung und familiären Handwerksbetrieben. In der Reproduktionssphäre besteht der Zwang, sich zu »reproduzieren« und zu reparieren für die Produktionssphäre, sonst wird man entlassen. Die Interaktion mit dem Interaktionspartner ist durch die Trennung von Produktion und Reproduktionssphäre auf eigenartige Weise entleert. – Es gibt keine oder nur selten eine tragende »dritte gemeinsame Sache« (vgl. Portele 1980). Die Identitätsprobleme werden auf »bloß interpersonale« Probleme reduziert, dadurch werden die Interaktionen in der Familie, zwischen Partnern, Freunden, überbelastet. Identität ist dann nur noch Interaktionsidentität. Häufig wird in der Reproduktionssphäre das »wahre Selbst«, das »authentische Ich« gesucht, weil es in den anderen Sphären nicht zu finden ist. Manchmal werden Kinder zu einer »gemeinsamen dritten Sache«, zu »Ersatzgegenständen«, die kompensatorische

Funktion für die Identitätsbildung und Stabilisierung der Eltern übernehmen können (Ottomeyer 1980, 183).

Die unterschiedlichen Kompetenzen, die partiellen Identitäten und Handlungsweisen in den drei Sphären zu synthetisieren zu einer Identität, ist sicherlich ein sehr schwieriges Unterfangen. Das ist die Zusatzthese von Ottomeyer. Hinzu kommt, daß diese »Meta-Identität« ja auch in der Zeitdimension irgendwie aufrecht erhalten werden muß, also von der Schul- und Berufsvorbereitungszeit bis hin in das Alter.

Daß in Berufen, die mit Personen zu tun haben, also bei Lehrern, Sozialarbeitern, und Sozialpädagogen, Ärzten, Krankenschwestern, Psychologen, Soziologen usw., die Identitätsprobleme verschärft auftreten und einen besonderen Charakter haben müssen, scheint mir offensichtlich zu sein: Berufliche Tätigkeit ist Lohnarbeit, sie gehört für diese »Helfer« gleichsam zur Produktionssphäre, es ist nicht ihre Reproduktionssphäre, und die Arbeit mit Klienten ist nicht ihre Zirkulationssphäre. Die Klienten erwarten jedoch von ihnen Verhalten, wie es in der Reproduktionssphäre üblich ist, also liebevolle, verständnisvolle Interaktionen. Häufig erwarten das die »Helfer« von sich selbst auch. Das führt zu einer Fülle von Widersprüchen und Problemen. »Selbstinstrumentalisierung« und liebevolle, verständnisvolle Interaktion z. B., das paßt nicht zusammen oder führt zu Überforderung. Ein weiterer Konflikt besteht dann darin, daß die »Helfer« als Repräsentanten der staatlichen Verwaltung oder irgendeiner anderen Institution staatliche oder institutionelle Zwangshandlungen ausüben müssen: als Lehrer prüfen und Noten geben, ärztliche Zeugnisse schreiben, als Bewährungshelfer das Verhalten überprüfen usw. In diesem Bereich wird von ihnen die Gleichgültigkeit (das entspricht der Forderung nach Gleichheit vor dem Gesetz), Härte, mißtrauische Antizipation, kaltes Einfühlungsvermögen, Konflikttoleranz erwartet, wie es in der Zirkulationssphäre üblich ist. Es ist nicht verwunderlich, daß dabei Charakterneurosen, »allgemeine Unlust, Gefühle der Entfremdung und Beziehungslosigkeit, Identitätsprobleme, vage Gefühle der Unausgefülltheit« entstehen.

6. Zusammenfassung

Ich bin ausgegangen von der Charakterisierung der besonderen »Klienten«, die »Therapeuten« der Humanistischen Psychologie aufsuchen. Ich habe sie als relativ jung charakterisiert, aus helfenden Akademikerberufen kommend, wobei Frauen überwiegen. Bei der Charakterisierung ihrer

»Probleme« stellte ich den sogenannten »neuen Patiententyp« vor, der erstaunlich gut mit der Beschreibung der gegenwärtigen Jugendprotestler übereinstimmt. Ich habe behauptet, daß es sich weder um Patienten noch um eine Krankheit im herkömmlichen Sinn handelt. Die Psychotherapeuten sind auch nicht im herkömmlichen Sinne Therapeuten. Ihre gesellschaftliche Stellung in der Arbeitswelt, als professionalisierten Beruf und als Angehörige der neuen Klasse, der »Intellektuellen und der technischen Intelligenz«, tendieren sie jedoch dazu, sich zu »Therapeuten« im herkömmlichen Sinn, den neuen Patiententyp zum »Patienten« und die Symptomatik zur Krankheit zu machen.

Die Symptomatik des »neuen Patiententyps« ist meiner Meinung nach der Ausdruck eines Protestes gegen Entfremdung und ihre Folgen, die drohende Zerstörung der Erde. Ich habe die Ursachen für Entfremdung geschildert und bin danach stark auf die damit verbundene Identitätsproblematik eingegangen. Dabei habe ich versucht zu erklären, warum es genau diese »Klienten« sind, welche die »Therapeuten« der Humanistischen Psychologie aufsuchen und nicht andere.

Ich schlage vor, daß »Klienten« und »Therapeuten« sich verbinden gegen die Entfremdung und ihre Bedingungen. Gerade die Humanistische Psychologie mit ihrem expliziten Ziel der Selbstverwirklichung bildet dazu eine gute Grundlage. Voraussetzung allerdings ist, daß »Therapeuten« und »Klienten« sich ihrer gesellschaftlichen Stellung (als Teil der neuen Klasse, als Agenten in der Zirkulations-, Produktions- und Reproduktionssphäre) bewußt sind und wissen, von wo aus sie gegen die Entfremdung angehen. Ich bin überzeugt, daß wir, wenn wir uns bewußt sind, wo wir stehen und wie die Entfremdung sich auswirkt, etwas verändern können.

11.

Verhaltensnormierung und Verhaltensblockierung in der Wissenschaft

Bezugsrahmen: Verantwortung, Freiheit von Forschung und Lehre, Deautonomisierung.
Der ethische Imperativ von Heinz von Foerster lautet:»Handle stets so, daß die Anzahl der Wahlmöglichkeiten erhöht wird.« (1985, 30 Verhaltensnormierungen und Verhaltensblockierungen schränken die Wahlmöglichkeit ein.

Verantwortung und Freiheit seien komplementär, womit wir Hans Jonas (1986) oder Gregory Bateson (1982) folgen. Eine meiner Annahmen ist, daß wir die Grundlagen unserer Weltsicht in relativ früher Kindheit lernen, also auch das Verhältnis von Verantwortung und Freiheit. Ich will jetzt im weiteren nicht mehr von »Freiheit« reden, sondern diese durch den präziseren Begriff »Autonomie« ersetzen. »Freiheit« ist ein so viel gebrauchtes Wort und so schwierig zu definieren, daß ich es jetzt hier nicht weiter verwenden will. Wenn wir als Kinder zur Verantwortung gezogen wurden, z.B. mit dem Satz: »Was hast Du denn da wieder angestellt?«, dann lernten wir, daß wir uns manchmal dieser Verantwortung entziehen konnten und der Strafe entgingen, wenn wir sagten: »Aber ich kann doch nichts dafür!« Aber das reichte meistens nicht aus, und dann haben wir gelernt, daß es manchmal gut geht, wenn wir eine Begründung für unser »Ich kann doch nichts dafür« geben. Erste Begründung:»Was konnte ich denn anderes tun? Ich konnte doch nicht ... Ich mußte doch ... Es blieb mir doch gar nichts anderes übrig, als ...« Ich nenne das: sich der Verantwortung entziehen durch Alternativlosigkeit. Die zweite Begründung lautete etwa so: »Wieso? Ich hab doch nur gespielt. Ich konnte doch nicht wissen...« Das ist für mich: sich der Verantwortung entziehen durch Nichtwissen. Mit diesen beiden Argumenten haben wir uns auch der Mitverantwortung für die Nazi-Verbrechen entzogen.

Somit bin ich bei einer der für mich verhängnisvollsten Verhaltensnormierungen, die man auch bei Wissenschaftlern und Forschern findet, aber keineswegs nur dort. Es ist eine Normierung des Denkens. Eine Billiardkugel, die von einer anderen Billiardkugel angestoßen wird, ist weitgehend determiniert, wir nehmen nicht an, daß sie autonom ist, wir nehmen nicht an, daß sie Alternativen hat, ebensowenig wie der Mond. Aber bei Lebewesen ist das anders. Gregory Bateson (1981) gibt folgendes Beispiel. Wenn ich einen Hund trete, dann folgt seine Flugbahn zunächst physikalischen Gesetzen. Dann reagiert er autonom. Er läuft davon, bellt oder beißt. Mir geht es darum, daß Lebewesen autonom sind nach der Autonomiethese von Maturana und Varela (1987).

Leben zeichnet sich durch Autonomie aus. Wir Menschen als Lebewesen haben immer Alternativen. Wir sehen sie oft nicht, wir suchen sie nicht, wir halten nicht inne, um sie zu finden. Wir sind immer autonom, wir können uns immer entscheiden, auch wenn wir es oft nicht tun, weil wir Gewohnheiten haben, z.B. eben Verhaltensnormierungen. Wir sind autonom, d.h. selbstbestimmt, also nicht fremdbestimmt. Ereignisse von außen stören unser System, und wir antworten. Und wie wir antworten, das liegt an uns. Daher kommt ja wohl auch das Wort »Ver-Antwortung«. Oder wie der Gestalt-Psychologe Max Wertheimer es ausdrückte (1925), wir sind »von innen her bestimmt« und nicht von außen. Max Wertheimer wandte sich gegen eine Denktradition, die er Maschinendenken oder mechanistisches Denken nannte und derzufolge Chaos nur durch Kontrolle von außen zu verhindern sei. Wolfgang Metzger, Assistent bei Max Wertheimer, beschrieb die Grundauffassung des Maschinendenkens so: »entweder Zwang oder Chaos« oder: »Alle Ordnung in der Natur ist fremdbestimmt«. Gegen diese Auffassung, gegen diese Denktradition des Maschinendenkens setzte Wertheimer und die ganze Berliner Schule der Gestalt-Psychologie das Gestalt-Prinzip, nämlich: Es gibt Ordnungen, die spontan von selbst »von innen her bestimmt« entstehen. Dieser Gedanke ist inzwischen zu großen und umfangreichen Theorien ausgebaut worden. Es ist der Gedanke der Selbstorganisation.

Was sich selbst organisiert, also von innen her bestimmt ist und nicht von außen, ist selbstbestimmt und nicht fremdbestimmt, ist autonom. Wir Menschen konzipieren die Welt gern so, als seien wir nicht autonom, als seien die anderen nicht autonom, als seien wir fremdbestimmt, als seien die anderen fremdbestimmbar. Wir sagen gerne und oft: »Ich muß«, »Ich kann nicht«, »Die Umstände sind so, daß ...«, »Ich bin gezwungen, daß...« oder eben, um den Kindersatz von vorhin noch einmal zu zitieren, »Es bleibt mir nichts anderes übrig«. Aber es macht einen Unterschied, ob ich sage, »Ich muß um 7.00 Uhr aufstehen, um rechtzeitig bei der Arbeit zu sein«, oder ob ich sage »Ich entscheide mich um 7.00 Uhr aufzustehen, um rechtzeitig bei der Arbeit zu sein«. Im ersten Fall »ich muß«, habe ich keine

Verantwortung. Ich definiere mich als ein einem Gebot unterworfenes Wesen. Im zweiten Fall übernehme ich Verantwortung, ich definiere mich als autonom. Wenn ich mich als heteronom, von außen bestimmt, betrachte, dann habe ich keine Verantwortung. Das ist die eine Konsequenz aus dieser Denktradition oder dieser Denknormierung, dem mechanistischen Denken.

Die andere Konsequenz ist die »interventionistische Haltung«, das ingenieurmäßige Denken, wie es Needham (1977) nennt. Needham hat sich intensiv mit der chinesischen Wissenschaft beschäftigt, die er im Gegensatz zur europäischen Tradition »nicht-interventionistisch« nennt. Das taoistische *Wu-wei*, was üblicherweise mit »Nicht-Handeln« übersetzt wird, ist für ihn die Bezeichnung – ich zitiere -»des Respektes vor der Selbststeuerungskapazität«. An anderer Stelle schreibt er »Nicht-handeln bedeutet nicht nichts zu tun, sondern dem Ding gewähren, was es natürlich tut« (1984, 128). Darin steckt der Gedanke der Selbstorganisation. Needham führt das europäische Gesetzesdenken auf die christlich-jüdische Tradition zurück, auf das »Erzwingen von Gehorsam unter Auferlegung von Sanktionen« (1977, 262). Der christlich-jüdische Gott hatte die Gesetze in die Natur gelegt, so Descartes, und wir können und werden sie herausfinden. Ich will ein etwas abstruses Beispiel für diese Denktradition zitieren: Noch im 18. Jh. hat man in der Schweiz in einem Gerichtsprozeß einen Hahn zum Tode verurteilt, weil er gegen die göttlichen Gesetze verstoßen habe. Er soll nämlich angeblich Eier gelegt haben. »Macht Euch die Erde untertan« heißt es in der Bibel. Bacon sprach davon, daß man sich die Natur zur »Sklavin« machen müsse. Diese Art von Herrschaft über die Natur ist mit »interventionistischer Haltung« gemeint. Wenn wir die Natur-Gesetze kennen, können wir die Natur beherrschen. Was durch Gesetze fremdbestimmt ist, ist nicht autonom, hat keine Alternativen und damit keine Verantwortung.

Diese Denknormierung ist ganz tief in uns verwurzelt ist. Mich fasziniert immer wieder, wie wir uns selbst, wie wir andere Menschen *deautonomisieren*, wie wir uns und andere versuchen zu beherrschen. Warum tun wir das?

Ein Grund ist, uns der Verantwortung zu entziehen. Heinz von Foerster meint, sich der Verantwortung zu entziehen, sei das beliebteste Gesellschaftsspiel. Dabei haben wir als Wissenschaftler die Freiheit von Forschung und Lehre grundgesetzlich garantiert. Und wenn wir diese Autonomie haben, dann sind wir auch immer verantwortlich. Ich will zwei andere Gründe für unser Deautonomisieren nennen. Wenn wir Autonomie annehmen, dann können wir nicht prognostizieren. Ein Beispiel: Wenn wir annehmen, daß bei einem Mensch-Maschine-System der Mensch autonom ist, d.h. sich entscheiden kann, von innen her bestimmt sich entscheiden kann, dann ist dieses System nicht mehr prognostizierbar. Und das ist ja nun wirklich ein ganz altes Bedürfnis der Menschen, die Zukunft voraus- zusagen. Aber, ich glaube, wir haben es noch nie richtig geschafft. Deshalb aber erziehen wir Menschen uns, sozialisieren uns, d.h. deautonomisieren uns, legen Verhaltensnormierungen und Verhaltensblockierungen fest, um uns gegenseitig vorhersagbar zu machen. Vorhersagbar sind wir aber nur, wenn wir Gewohnheiten haben, wenn wir nicht autonom sind.

Um prognostizieren zu können, müssen wir die Naturgesetze kennen. Um die Naturgesetze annehmen zu können, müssen wir annehmen, daß das, was in den Naturgesetzen vorkommt als Element des Gesetzes nicht autonom ist. An Prognose auf Grund von Naturgesetzen glauben und glaubten nicht alle Menschen zu allen Zeiten. Früher glaubte man – und auch heute glauben es noch viele Menschen -, daß nur inspirierte Seher die Zukunft vorhersagen können.

Nun zum dritten Grund für die Tendenz zur Deautonomisierung. Wenn wir Gesetzesaussagen machen, Naturgesetze finden oder zumindest nomo- logische Hypothesen aufstellen – so definieren wir ja unsere Aufgabe als Wissenschaftler -, dann haben wir Macht. Humberto Maturana, der Erfin- der der Autopoiesistheorie formuliert das so: »Der Anspruch auf objektives Wissen ist eine absolute Forderung nach Gehorsam.« (vgl. Krüll u.a. 1987, 19) Wir Wissenschaftler schaffen »Sachzwänge«. Wir Wissenschaftler haben den Anspruch auf objektives Wissen, auf Gesetzesaussagen. Und wir haben damit Macht. Was wir Verwissenschaftlichung der Gesellschaft nennen oder Szientismus, ist nichts anderes als ein Ausdruck dieser Macht. Nur wenn wir uns und andere deautonomisieren, können wir solche Geset- zesaussagen machen, können wir diese Macht ausüben.

Ich möchte das an einem Beispiel demonstrieren. Die Westdeutsche Rektorenkonferenz hat vor kurzem eine Entschließung veröffentlicht zur »Zukunft der Hochschulen«.(1988) Ich zitiere daraus einen Absatz, in dem Prognoseanspruch und Anspruch auf objektives Wissen vermischt sind, mit der Absicht, mehr Geld für die Hochschulen zu bekommen. Anspruch auf objektives Wissen und der Gedanke der Notwendigkeit führen zu einem typischen Argumentationsmuster:

»Alle Anzeichen sprechen dafür, daß die Zukunft unserer Gesellschaft noch mehr als die Gegenwart von Wissenschaft, Technik, Kunst und Kultur geprägt sein wird und das demgemäß Nachfrage und Bedarf an Hochschulleistungen wachsen. Indizien in dieser Richtung sind das exponentielle Wachstum des Wissens, der fortschreitende technologische Wandel und die Notwendigkeit, seiner humanen Gestaltung und geistigen Verarbeitung, der sich verschärfende internationale europainterne und weltweite Wettbewerb mit den daraus folgenden höheren Anforderungen an die Qualifikation der Beschäftigten und die Forschungsintensität der Produkte und Produktionsprozesse, die Verschiebung im Altersaufbau der Bevölkerung mit der Folge, daß Innovation mehr als bisher durch Weiterbildung älterer Beschäftigter gewährleistet werden muß, die im Zuge der raschen Veränderung wachsenden Bedürfnisse nach geistiger Orientierung ... usw.« Und dann: *»... nur mit Hilfe der Wissenschaft erfolgreich angegangen werden können. Alle diese Tatsachen und Tendenzen je für sich und verstärkt in ihrer Kombination, drängen dazu, mehr noch als bisher in Bildung und Ausbildung, Wissenschaft und Forschung zu investieren.«*

Bei der Vorbereitung dieses Beitrags bin ich auf einen interessanten Satz von Max Born gestoßen. (1969, 37) Ich weiß nicht genau, was er gemeint hat, aber ich halte es für bedenkenswert. Er schrieb, er habe in seinem Leben »den vollständigen Zusammenbruch der Ethik« erlebt. Das ist eine starke Aussage. Ich glaube, daß er sehr präzise war in seinen Äußerungen. Dann schrieb er, der vollständige Zusammenbruch dieser Ethik sei »eine notwendige Folge des naturwissenschaftlichen Aufstiegs«. Eine notwendige Folge! Einige Seiten vorher schrieb er, das Wesen der Naturwissenschaften sei die Entdeckung, wie man ein »objektives, wenn auch farbloses und kaltes Bild der Welt« erhalte. Ein »objektives, wenn auch farbloses und kaltes Bild der Welt« – das ist der Anspruch auf objektives Wissen. Und Maturana sagt, der Anspruch auf objektives Wissen sei eine absolute Forderung nach Gehorsam. Wenn es eine absolute Forderung nach Gehorsam ist, dann gibt es keine Alternativen. Wenn es keine Alternativen gibt, gibt es keine Verantwortung. Wenn es keine Verantwortung gibt, gibt es keine Ethik. Vielleicht hat das Max Born gemeint.

Das System Wissenschaft

Die Frage dazu könnte lauten: »Wie funktioniert das in einer Gesellschaft, daß ein Subsystem den Anspruch, objektives Wissen zu produzieren, erheben kann und damit die Forderung nach absoluten Gehorsam aufstellen kann und dadurch Verantwortung reduziert?«

Ich muß ein paar Sätze über Macht vorausschicken. Zur Macht braucht es bekanntlich zwei. Einen, der Macht ausübt, und einen, der gehorsam ist, Gehorsam ausübt. Bei Bert Brecht (1957, 160) heißt es: »Der Herr ist nur so ein Herr, wie der Knecht es ihn sein läßt«. Oder Maturana sagt: »Wer gehorcht, gewährt Macht.« (vgl. Krüll u.a. 1987, 19) Wir sind gewohnt, es anders zu sehen: Macht sei die Ursache von Gehorsam oder Unterwerfung. Max Weber (1964, 38f.) meint etwas sehr Ähnliches, wenn er sagt: Voraussetzung dafür, daß der Herrschende oder Machthabende Gehorsam findet, sei, »jenes Minimum an gehorchen wollen, also Interesse am äußeren und inneren Gehorchen.« Ich will hier auf die Unterscheidung von Macht und Herrschaft bei Max Weber nicht eingehen. Die Frage für den Machtausübenden ist: Wie bekommt er bei dem, der sich unterwerfen soll, dieses »Minimum an gehorchen wollen«, dieses »Interesse am Gehorchen«. Für Max Weber bekommt er es durch die Erzeugung des »Legitimitätsglaubens«.

Die Wissenschaft behauptet, ein rationales Verfahren gefunden zu haben, »objektives Wissen« zu erlangen, die »Wahrheit«, »objektive Aussagen über die Wirklichkeit«. Sie behauptet, einen »privilegierten« Zugang zum »objektiven Wissen« zu haben. Aber wir sind, glaube ich, in einer paradoxen Situation. Ich glaube nicht, daß es heutzutage noch Wissenschaftler gibt, die über ihre Tätigkeit reflektieren, die behaupten würden, daß sie die Wahrheit herausfinden oder auch nur objektives Wissen, objektive Aussagen über die Wirklichkeit. Seit Popper, Feyerabend, Kuhn usw. kann das wirklich keiner mehr behaupten. Man könnte sich auch berufen auf Sextus Empiricus, Vico, Fichte, Nietzsche, auf Piaget, Maturana. Ich will einen Satz von Fichte zitieren (1800, 75): »Daß das Bewußtsein eines Dinges außer uns absolut nichts weiter ist, als das Produkt unseres eigenen Vorstellungsvermögens. Und daß wir über dies nichts weiter wissen, als das, was wir hervorbringen.« Das ist auch in etwa die These von Maturana: Wir wissen als Wissenschaftler, daß wir gemeinsam mit anderen intersubjektiv eine Welt konstruieren, nicht die Welt, so drückt es Maturana aus. »Fabrikation von Erkenntnis«, nennt es Karin Knorr-Cetina (1984), aus »Phänomenen Fakten konstituieren«, nennt es Jürgen Klüver (1988). Ein berühmtes Schlagwort hieß einmal: »Science is social construction« (Mendelsohn u.a. 1977). Aber jeder wissenschaftliche Zeitschriftenartikel, jedes wissenschaftliche Buch tritt mit dem Anspruch auf, objektives Wissen zu vermitteln, also mit der absoluten Forderung nach Gehorsam, erst recht natürlich jedes Lehrbuch. Das zeigt allerdings, daß Reflexion nicht unbedingt unser Handeln beeinflußt. Als unser Tun reflektierende Wissenschaftler wissen wir natürlich, daß wir nicht »objektives Wissen« produzieren sondern intersubjektiv validierte Hypothesen, also »soziale Konstruktionen«, aber unsere wissenschaftlichen Artikel schreiben wir so, als hielten wir den Anspruch auf objektives Wissen aufrecht. Der Wissenschaft ist es sogar gelungen, – historisch ist das noch nicht so lange her – die Produktion von objektivem Wissen und wahrer Erkenntnis zu monopolisieren. Eigentlich ist es toll: Einem Subsystem in der Gesellschaft, dem Subsystem Wissenschaft, ist es gelungen, nur das als wahre Aussagen über die Wirklichkeit gelten zu lassen, was innerhalb dieses Subsystems mit einem bestimmten Verfahren produziert wurde. Alles andere ist »unwissenschaftlich«, das heißt nicht legitim, ungültig, unbrauchbar, unnütz. (Auch hier wieder zur Erinnerung: Zu anderen Zeiten und bei anderen Völkern wird Wahrheit, objektives Wissen von Sehern produziert, oder von charismatischen Persönlichkeiten.) Ein guter Teil der Aktivitäten der Wissenschaftler innerhalb des Subsystems besteht darum auch darin, die Grenzen dieses Subsystems zu ziehen und festzulegen, was Wissenschaft ist und was nicht, was wissenschaftliche und damit gültige Aussagen sind.

Ich will kurz referieren über das Subsystem Wissenschaft.

»Objektives Wissen« wird heutzutage hauptsächlich in Forschungsgruppen produziert, das ist die kleinste Einheit. Durch die »Laboratorisierung«, wie Knorr-Cetina (1988) das nennt, ist der einsame Forscher relativ selten geworden. Es gibt eine Gruppe von Forschern, die in den letzten Jahren solche Forschungsgruppen wie Ethnologen ein fremdes Volk untersucht haben, es handelt sich um die sog. Social Studies of Science. Betrachten wir einmal die Produktionsstätten des »objektiven Wissens« mit den »fremden Blick« des Ethnologen:

Wir haben es im Labor mit Ausschnitten aus der Wirklichkeit zu tun, wir reduzieren die Verbundenheit, die möglichen Verbundenheiten im Labor, indem wir Ausschnitte nehmen.

Die Forscher haben es mit einer denaturierten Natur im Labor zu tun. Sie versuchen das, was sie Störvariablen nennen, möglichst auszuschalten. Sie reduzieren die Komplexität der Vorgänge in der Natur.

Prozesse werden unterbrochen. Z.B. wird die Rückwirkung der abhängigen Variablen auf die unabhängige Variable unterbunden. Die Prozesse werden, um sie leichter beobachtbar zu machen, beschleunigt oder verlangsamt.

Die Vorgänge werden vergrößert oder verkleinert.

Die Dimensionen werden auf zwei reduziert. Man stellt Bilder her, zweidimensionale Aufzeichnungen von Meßinstrumenten, konkret z.B Filmschwärzungen und Spektren. Man zeichnet die Ausschläge von Meßinstrumenten auf.

Laboratorien, so Karin Knorr-Cetina, sind »materiale Einrichtungen, die Zeichen produzieren« (1988, 91). Also Zahlen, Plots, Graphiken. Schon Fleck hat 1935 in seinem Buch »Entstehung und Entwicklung einer wissenschaftlichen Tatsache« darauf hingewiesen, daß an der »Forschungsfront« mit ungenauen Begriffen, unklaren, nicht wiederholbaren Versuchen gearbeitet wird (1980). Wir wissen, wie sehr es auf die körperliche Geschicklichkeit oft ankommt, daß man entscheiden muß, ob eine Abweichung als ungenaue Messung ausgeschieden werden sollte oder nicht. (Eventuell hat ein Techniker ein Meßinstrument falsch eingestellt.) Es gibt die »Laborsprache«, die völlig anders ist, als die Sprache nachher in der wissenschaftlichen Zeitschrift. Die im Labor hergestellten Zeichen müssen dann gedeutet werden, interpretiert. Das geschieht zum Teil durch Gespräche im Labor mit den Teammitgliedern, das geschieht vor allem in dem Moment, wenn das, was in der materialen Einrichtung Labor geschieht, in Sprache umgesetzt wird, um außerhalb des Labors verstanden zu werden. Das Forschungswissen wird umgestaltet, »weil es aus der Indexikalität und der interpretativen Flexibilität der Forschungssituation herausgenommen wird«, so Krohn und Küppers(1989, 13). Sie schreiben weiter: »Wissenschaftliche Erkenntnis ist im Kern ungewiß, komplex, unanschaulich und wird durch die verschiedenen Mühlen seiner Außendarstellung zu immer präziseren und einfacheren Belegen gezwungen. Dieser Prozeß der Popularisierung beginnt schon bei den Zeitschriftenartikeln«. Und natürlich schon früher, wie ich sagte, bei den Gesprächen im Labor, bei den Gesprächen mit dem Chef der Laboreinheit, in den Telefonaten mit den Kollegen, bei der Antwort auf die Anfrage, ob man nicht einen Vortrag halten könnte, über das, worüber man gerade forscht usw.

Der Prozeß der Veröffentlichung, d.h. der Umsetzung von Laborphänomenen in Sprache, die für Personen außerhalb des Labors verständlich ist, erfordert zunächst eine wissenschaftsinterne Validierung. Genauer: die erste Validierung findet durch Wissenschaftler statt, die von diesem Gebiet viel verstehen, das geht dann in die Vorträge und Zeitschriftenartikel usw. vor einem wissenschaftlichen Publikum, das nicht so vertraut ist mit dem Forschungsgebiet und wird erneut validiert. Sehr spät erst geht es dann hinaus in die nichtwissenschaftliche Umwelt. Aber dann ist es eben mehrfach von Wissenschaftlern geprüft und validiert. Aber was wird validiert? Das Verfahren der Produktion von Wissen. Dafür gibt es natürlich Normierungen, die eingehalten werden müssen. Diese Normierungen sind für das jeweilige Fachgebiet verständlicherweise sehr unterschiedlich und zum Teil sehr detailliert. Gelernt werden diese genauen Normierungen im Labor, in der Regel im Forschungslabor selbst.

Außerdem gibt es da die Hierarchien, die Prestige-Hierarchien, Hierarchien der Zeitschriften, der Kongresse und der entsprechenden Personen, den Herausgebern dieser Zeitschriften, den Kongreßveranstaltern usw., die dann entscheiden, was wissenschaftlich valide ist und veröffentlicht wird oder nicht, was relevant ist und was nicht. Das Besondere an diesem System ist, daß dieses Subsystem Wissenschaft seine Produkte intern selbst validiert, insofern ein abgeschlossenes System darstellt – so Krohn und Küppers in ihrem Aufsatz »Selbstorganisation der Wissenschaft« – und deshalb nach außen mit dem Anspruch auftreten kann, »objektives Wissen« zu produzieren. Was eine wissenschafltiche, »objektive« Aussage ist, bestimmt die Wissenschaft, genauer die wohldefinierte Gemeinde der Wissenschaftler eines bestimmten Fachgebietes. Solche Aussagen können von außen zwar in Frage gestellt werden, aber diese Zweifel bleiben ohne Konsequenzen, weil nur innerhalb der Wissenschaft entschieden werden kann, was »objektiv« ist. Wissenschaftler produzieren so »Sachzwänge«, und das sind absolute Forderungen nach Gehorsam.

Verhaltensnormierungen und Verhaltensblockierungen

Die Verhaltensnormierungen, die notwendig sind, um die Laborphänomene in wissenschaftliche Fakten umzusetzen, sind nur z.T. explizit und bewußt. Pierre Bourdieu (1979), der französische Soziologe, nennt solche Verhaltensnormierungen Wahrnehmungs-Denk-Handlungs-Schemata oder kurz »Habitus«. Habitus sind für ihn Gewohnheiten, die selbstverständlich sind, die nicht hinterfragt werden. Sie erscheinen uns als natürlich. Er nennt den Habitus auch eine »generative Handlungsgrammatik«. Wenn wir sprechen, wenn wir in der Sprache sind, produzieren wir grammatikalisch richtige Sätze. Schon als Kinder tun wir das, ohne uns der grammatikalischen Regeln bewußt zu sein im Moment des Sprechens, ohne uns der Sprachnormierungen bewußt zu sein. Als wir Latein gelernt haben, war das anders. Da haben wir nach Regeln konstruiert, lateinisch sprechen konnten wir allerdings nicht. Wenn wir handeln, handeln wir entsprechend der Handlungsgrammatik, ohne uns der Handlungsgrammatik bewußt zu sein. Wie die Sprache wird die Handlungsgrammatik durch die Praxis erworben. Eine Sprache lernt man durch sprechen, eine Handlungsgrammatik durch handeln. Deshalb sind die Praktika in der Hochschulausbildung so wichtig. In den Seminaren der Geisteswissenschaften und Sozialwissenschaften wird der geisteswissenschaftliche Diskurs oder der sozialwissenschaftliche Diskurs in der Praxis gelernt. Die Referate haben den gleichen Zweck. Dieser fachspezifische Habitus, diese Handlungsgrammatik ist im Wortsinne einverleibt. Wir haben ihn in unserem Leibe. Das ist zum Beispiel wichtig für die Handhabungen im Labor. Auch in der Psychologie oder Soziologie lernt man Körperhaltungen, z.B. um ein Interview durchzuführen. Deshalb kann Knorr-Cetina (1988) vom Körper als »Depot von Verfahrensweisen« sprechen. Deshalb wollen Wissenschaftler das Experiment selbst sehen, selbst machen, körperlich anwesend sein.

Eine weitere Eigenschaft des Habitus ist, daß er selbstbestätigend ist und deshalb schwer veränderbar. Ich will das verdeutlichen an einem Beispiel von Bateson, der von Gewohnheiten spricht und damit ein sehr ähnliches Konzept wie Habitus definiert. Der Hund in den Experimenten von Pawlow lernt ein Zeichen, das Läuten einer Glocke, mit Futter zu verbinden. Bei diesem Experiment ist er festgebunden, er wartet ab. Die Skinnersche Ratte lernt in einem Labyrinth den Weg zu einer Stelle, wo sie Futter bekommt, sie läuft herum. Dieses Lernen nennt Bateson Lernen I. Der Pawlowsche Hund und die Skinnersche Ratte lernen aber noch etwas anderes, spontan, und das nennt Bateson Lernen II. Der Pawlowsche Hund lernt, daß es ganz sinnvoll ist, sich passiv zu verhalten, und die Skinnersche Ratte lernt, daß es ganz sinnvoll ist, herumzulaufen. Das nennt Bateson Gewohnheit. Man kann dann sagen, der Pawlowsche Hund hat einen passiven Charakter oder die Skinnersche Ratte hat einen aktiven Charakter. Die Skinnersche Ratte – und damit komme ich zur Selbstbestätigung – wird viel herumlaufen und wird immer mal wieder Futter finden, durchaus nicht immer. Sie denkt sich dann: »Ich habe recht, ich muß immer aktiv sein«.

Wenn sie kein Futter durch Herumlaufen findet, so sagt sie sich: »Ich bin nicht genug herumgelaufen«, oder: »Es ist eine Ausnahme«. In der Psychologie nennt man das intermittierende Verstärkung. Und durch intermittierende Verstärkung ist Gelerntes sehr viel stabiler als durch dauernde Verstärkung. Sie kennen das auch: Der Autofahrer, der glaubt, daß alle Autofahrer aggressiv sind, wird dafür immer Bestätigung finden. Und der Autofahrer, der glaubt, daß alle Autofahrer rücksichtsvoll sind, wird auch Bestätigung finden.

Bourdieu hat das Habituskonzept bei der Untersuchung einer fremden Kultur entwickelt, den Kabylen in Nordafrika. Dann hat er es auf die Klassenstruktur der französischen Gesellschaft angewandt. Durch den Habitus wird die klassenspezfische Struktur der Gesellschaft in der Praxis reproduziert. Er hat eindrucksvoll dargestellt, wie sich Körperhaltungen, Präferenzen im Essen, Wohnen, im Konsum von Kulturgütern klassenspezifisch unterscheiden. Ludwig Huber und ich haben versucht, das Habituskonzept auf die Hochschulsituation zu übertragen. Wir sprechen von fachspezifischen Habitus, fachspezifischem Wahrnehmungs-, Denk-und Handlungsschemata oder selbstverständlichen und unhinterfragten Gewohnheiten. Ich möchte aus einem Interview mit einer Jurastudentin zitieren (Schütte und Portele 1984), die die einphasige Juristenausbildung durchlaufen hatte. Sie sagte über Veränderungsprozesse durch die Hochschule:

»Beispielsweise bei Urteilen, wo man sich ja wirklich ein ganz klares Bild verschaffen muß, und wirklich so, eine Seite, andere Seite gegeneinander abwägen, daraus dann nachher die Argumente ziehen, daß das für die eigene Entwicklung doch sehr prägend war, das glaube ich schon, daß, wenn man auch heute sich beispielsweise Diskussionen im Fernsehen anhört, das als ganz kleines Beispiel, daß man sehr viel mehr sagt, also das ist alles, sagen wir mal, polemisch, das ist rein emotional, was ja fast immer bei diesen Diskussionen der Fall ist. Aber wo ist denn dieser Kernpunkt? Was wird wirklich ausgesagt? Worum geht es da? Was ist denn wirklich an Fakten da? Daß man unwillkürlich, im Grunde genommen, wenn man so etwas hört, also schon so sondiert, daß man die anderen Argumente sich natürlich anhört, aber sich sagt, na ja, sie haben eben nur halbes Gewicht, wenn man so will. Es sind diese Fakten, die entscheidend sind, weil ja letztlich kann man nur mit Fakten entscheiden.«

Weshalb zitiere ich das? Das ist eine Frau, die genau schildert, was sie an der Universität gelernt hat: Auf ganz bestimmte Aspekte in der Wirklichkeit, in ihrer Umwelt oder eben in einer Situation wie dieser Fernsehdiskussion zu achten und alles andere wegzulassen. Nur ganz bestimmte Aspekte der Wirklichkeit, hier der Fernsehdiskussion, wurden als Fakten anerkannt, mit denen man als Juristin arbeiten kann. Emotionen z.B. sind keine Fakten für diese Juristin. Es gibt diesen fachspezifischen »Kernpunkt«, den sie herausfinden muß aus dem Gestrüpp der Wirklichkeit, genauer: Sie muß die fachspezifischen Fakten konstruieren. Auch in nichtjuristischen Situationen, hier bei einer Fernsehdiskussion nimmt sie juristisch wahr, denkt sie juristisch, handelt sie juristisch. Das habe ihre Wohngemeinschaftsmitglieder manchmal gestört, berichtete sie. Das, worauf ich hinweisen möchte, ist, sie sieht das. Zwar reflektiert sie ihre Vorgehensweise; aber es gibt Sätze wie »was ja fast immer bei diesen Diskussionen der Fall ist«, da boykottiert sie ihre eigene Reflexion, sie meint im Grunde: »Aber das ist ja auch so«. Dies wird nicht mehr hinterfragt. Es sind eben Doxa, die stillschweigend als selbstverständlich hingenommen werden.

Ein Zitat von Bourdieu (1979, 38): »Noch in der heftigsten Auseinandersetzung der Opponenten im wissenschaftlichen Feld« gibt es »einen »Konsensus im Dissensus«. Das Feld der Doxa, der unhinterfragten Grundannahmen, »welche die Antagonisten als selbstevident annehmen und außerhalb des Argumentationsgebietes, weil sie stillschweigende Bedingungen für die Argumente bilden.« Es handelt sich also – um das Schlagwort dazu zu nennen – um »hidden assumptions« oder »tacit assumptions«. Zu diesen Doxa gehören unter anderem:

1. Der stillschweigende Konsens, daß innerhalb der Wissenschaft produzierte Aussagen objektive Aussagen sind, objektives Wissen;

2. der stillschweigende Konsens, welche Verfahren, welche konkreten Handlungen, Maschinen, Meßverfahren, Rechenoperationen notwendig und zulässig sind, um zu einer wissenschaflichen Aussage zu gelangen;

3. der stillschweigende Konsens, welche Argumente im Diskurs fachwissenschaftlich zulässig sind und welche nicht und welche Argumente wissenschaftlich sind und welche nicht; zum Beispiel sind ethische Argumente nicht wissenschaftlich;

4. der stillschweigende Konsens darüber, welche Faktoren Ursache eines Ereignisses sein können (Menge der zulässigen Faktoren), und welche Folgen ein Ereignis haben kann (Menge der zulässigen Folgen);

5. der stillschweigende Konsens über die grundsätzliche Beherrschbarkeit dessen, was als Natur aufgefaßt wird, eben diese »interventionistische Haltung«;

6. der stillschweigende Konsens darüber, daß zeitlich aufeinanderfolgende Ereignisse in Ursache und Wirkung (bzw. Nicht-Ursache und Nicht-Wirkung) aufgeteilt werden können.

Wie wird der Habitus gelernt? Der Student/die Studentin kommt schon mit in der Schule erworbenen Wahrnehmungs-, Denk- und Handlungsschemata in die Universität, mit dem stillschweigenden Konsens, was »objektives Wissen« sei. In der Universität werden dann diese Gewohnheiten fachspezifisch geformt. Das explizit gelehrte Wissen ist dabei nicht so entscheidend wie die dabei vermittelten impliziten Selbstverständlichkeiten. Eine zeitlang müssen die Studierenden tun »als ob«, als ob sie den fachspezifischen Habitus bereits beherrschten, sie »bluffen« (Wagner, 1977). Sie lernen die fachspezifische Sprache und damit umzugehen. Sie lernen, wissenschaftlich zu handeln. Bei der Leistungsbeurteilung, vor allem bei Referaten, Diplom- und Magisterarbeiten, auch den Dissertationen geht es weniger um den Inhalt, als darum, ob der Inhalt fachspezifisch »richtig« behandelt wurde. Geprüft wird der Habitus. Die Universitätskarriere kann dann nur antreten, wer noch einen Schritt weiter ist, wer unter Aufrechterhaltung des genau spezifizierten Konsensus zum Dissensus fähig ist.

Der Habitus wird also nicht gelehrt; er wird angenommen durch praktisches Handeln, indem man »übt« im Labor, im Praktikum, im Seminar, indem man redet, handelt, schreibt. Für Juristen scheinen beispielsweise die Fall-Übungen ein wichtiges Vehikel für die Vermittlung des Habitus zu sein (Portele 1984).

Der fachspezifische Habitus zeigt sich dann auch im Alltagshandeln. Was gelernt wird, sind Selbstverständlichkeiten, die uns nicht bewußt sind. Sie uns bewußt zu machen, ist nicht leicht. Es geht leichter, haben wir festgestellt, wenn Wissenschaftler anderer Disziplinen einander auf die Selbstverständlichkeiten hinweisen, also bei interdisziplinärer Zusammensetzung. Wissenschaftler anderer Disziplinen haben den »fremden Blick«, von dem Bert Brecht (1970,54) spricht, mit dem selbstverständlichen Vorgängen »der Stempel des Auffallenden, des der Erklärung Bedürftigen, nicht Selbstverständlichen, nicht einfach Natürlichen verliehen werden kann«.

Aber sich der Gewohnheiten, der Selbstverständlichkeiten bewußt zu werden, genügt nicht. Die einfache Reflexion genüge nicht, weist Bourdieu nach, notwendig sei der »doppelte Bruch«, also die Reflexion der Reflexion, wobei man sich bewußt wird, daß auch noch die einfache Reflexion habitusgebunden ist. Erst wenn man sich bewußt macht, nicht nur welche Gewohnheiten man hat, sondern wie man sie immer wieder bildet – das nennt Bateson Lernen III, kann man möglicherweise über Gewohnheiten, den Habitus verfügen. Das ist sehr schwer, denn Gewohnheiten charakterisieren uns, machen unser Selbst aus als Chemiker, Psychologe usw. Das aufzugeben ist schwer. Gewohnheiten machen uns vorhersagbar und zu brauchbaren Mitgliedern der Gesellschaft, die ihren ganz bestimmten Ort haben. Wir fürchten, aus der Gesellschaft zu fallen, wenn wir den Habitus aufgeben.

Gewohnheiten, Schemata im Wahrnehmen, Denken und Handeln, diese Klasse von Verhaltensnormierungen und Verhaltensblockierungen führen dazu, daß wir mit neuen Situationen schematisch umgehen, d.h. sie aus alten Situationen vergleichbar betrachten und nicht als neue Situationen einschätzen. Das heißt, wir entscheiden nicht mehr, wir sehen in diesem Moment keine Alternative. Bateson (1981, 393) spricht deshalb von der »Knechtschaft der Gewohnheiten«. Wir deautonomisieren uns mit Gewohnheiten, dem Habitus, und sind dann nicht mehr verantwortlich. Und wir sind dann vorhersagbar. Und wenn wir darüber reden, dann sagen wir: »Man kann doch nicht ...«, »Man muß doch ...«, »Es ist doch klar, daß ...«, »Selbstverständlich ...«. Ich hoffe, ich habe zeigen können, daß durch diesen Habitus, diese Gewohnheiten, diesen Konsensus im Dissensus wir den Anspruch auf objektives Wissen glaubhaft machen können und damit unsere absolute Forderung nach Gehorsam. Und wir selbst erliegen damit der Versuchung der Gewißheit. Wir legitimieren unseren Anspruch auf objektives Wissen durch das Verfahren, die wissenschaftliche Validierung.

Krohn und Küppers führen noch andere, zusätzliche Legitimationsstrategien auf:

1. Legitimation durch potentiellen technischen Nutzen der Wissensproduktion,

2. Legitimation durch den Wert reiner Erkenntnis,

3. Legitimation durch Wertfreiheit. (Die beiden letzten werden immer dann eingesetzt, wenn man der Wissenschaft vorwirft, daß bei ihr der

Nutzen im Vordergrund steht, daß sie im Dienste stehe, im Dienste der Industrie, des Kapitals usw.)

4. Legitimation durch wissenschaftliche Reform (also auch das kann zur Legitimation führen),

5. Legitimation durch Wissenschaft über Wissenschaft (das was ich hier im Moment treibe),

6. Legitimation durch kritische Wissenschaft (dabei wird offensichtlich der Konsensus im Dissensus aufrechterhalten).

Zur Zeit, denke ich, desavouriert sich die Wissenschaft allerdings selbst durch Gutachten und Gegengutachten. Unser ehemaliger Bundespräsident Carstens sagte 1980, man könne für jeden Standpunkt ein wissenschaftliches Gutachten kaufen. Wahrscheinlich hatte er recht. Die Wissenschaft desavouriert sich durch die von uns mitverursachte Zerstörung der Umwelt, durch falsche Prognosen, durch immer engere Koppelung an die Industrie, aber auch durch die Erkenntnis der eigenen Grenzen, ich denke dabei an das Gödelsche Unvollständigkeitstheorem, an Heisenbergs Unschärferelation, an Gills Unbestimmbarkeitsprinzip oder an von Foersters Theorie von der Unvorhersagbarkeit nicht-trivialer Maschinen. Meine Prognose ist, daß wir mit unseren Prognosen als Wissenschaftler scheitern werden, wenn wir weiter versuchen unsere Laborerkenntnisse, die auf Komplexitätsreduktion beruhen, in der komplexen Welt anzuwenden, auch wenn wir uns noch so bemühen, durch Komplexitätsreduktion und »enge Koppelung« laborähnliche Zustände in unserer Technik zu verwirklichen. Unsere Modelle sind zu grob, arbeiten zu stark mit Relationen, arbeiten mit zu wenig Variablen, beachten zu selten Rückkoppelungsprozesse, können spontane, autonome Aktionen nicht berücksichtigen. (Das Etikett für spontane, autonome Aktionen bei Mensch-Maschine-Systemen heißt dann »menschliches Versagen«). Inzwischen gibt es ja auch eine soziale Bewegung, die sog. New-Age-Bewegung, die immer skeptischer gegenüber der herkömmlichen Wissenschaft wird.

Konsequenzen

Ich schrieb am Anfang, Verantwortung setze Autonomie voraus. Wir deautonomisieren uns, indem wir uns der »Knechtschaft der Gewohnheiten« unterwerfen, indem wir uns als nicht autonom betrachten. Wir deautonomisieren andere und uns selbst als Konsumenten von Wissenschaft, indem wir den Anspruch auf objektives Wissen erheben und damit die absolute Forderung nach Gehorsam stellen. Dabei wissen wir Wissenschaftler am besten, daß wir *eine* Welt konstruieren und nicht *die* Welt. Anders ausgedrückt, wir wissen am besten, daß wir nichts wissen oder sehr wenig wissen, daß wir nichts genau prognostizieren können, daß wir also verantwortlich immer nur ganz kleine Schritte machen können, »fehlerfreundliche« Schritte. Welches Tun könnten wir verantworten, wenn wir wissen, daß wir nichts wissen, oder *eine* Welt, nicht *die* Welt konstruieren? Wenn die Konsequenzen meines Tuns, meines technologischen Systems zu nicht oder zu schwer korrigierbaren Schäden führen können, wenn Fehler unkorrigierbare Konsequenzen haben, schränke ich die Anzahl der Wahlmöglichkeiten ein, verstoße ich also gegen den ethischen Imperativ von Foersters »Handle stets so, daß die Anzahl der Wahlmöglichkeiten erhöht wird«. Wenn wir allerdings mitteilen, daß wir wissen, daß wir nichts wissen, daß wir *eine* Welt konstruieren, nicht *die* Welt, dann geben wir unsere Macht auf, die ja auf diesem sogenannten objektiven Wissen beruht. Wir tragen dann zur Zerstörung dieses Systems Wissenschaft bei, dieser Art von Wissenschaft. Aber wer wird uns dann bezahlen, wer wird unsere Forschungsgeräte bezahlen, wenn wir sagen, daß wir nichts wissen? Wer wird uns für die Produktion von Nichtwissen bezahlen?

Wie läßt sich das Prinzip Verantwortung in der Wissenschaft institutionell fassen? Meine Antwort ist: Indem die grundsätzliche Kritik an der Wissenschaft institutionalisiert wird, Kritik am Anspruch auf objektives Wissen. Diese grundsätzliche Kritik können nur Wissenschaftler leisten. Sie brauchen eine Vereinigung von gleichgesinnten Wissenschaftlern, denn einer allein kann das nicht durchhalten. Diese Vereinigung sollte interdisziplinär sein und Zugang zu den Medien haben. Die Tätigkeit dieser Wissenschaftler besteht in der grundsätzlichen Kritik.

Die grundsätzliche Kritik muß in die Hochschulausbildung eingebaut werden. Neu an meinem Vorschlag ist m.E. nur die Forderung nach grundsätzlicher Kritik, nach Ungehorsam gegenüber der »absoluten Forderung nach Gehorsam« aufgrund des »Anspruchs auf objektives Wissen«. Nur das untergräbt die Macht der Wissenschaft. Ich weiß, daß dieser Anspruch auf Ungehorsam schwer zu erfüllen ist. Zum Habitus von uns Wissenschaftlern gehört der Anspruch auf objektives Wissen, darin besteht unsere Tätigkeit, »objektives« Wissen zu produzieren. Aber: Kritik gehört auch zur Tätigkeit des Wissenschaftlers. Sie muß nur grundsätzlicher werden. Es geht um den »doppelten Bruch« von dem ich im Anschluß an Bourdieu gesprochen habe, um »Reflexion der Reflexion« und darum, den Konsensus im Dissensus weitgehend aufzugeben. Das gibt es schon, ich denke an Weizenbaum und Chargaff, an Feyerabend und Maturana, an die Teile der Frauenbewegung, die sich mit Wissenschaft befassen, an Susanne Griffin beispielsweise (1987).

Schließlich möchte ich Jonas (1986, 17) widersprechen, der im Zusammenhang mit der Zukunftsethik sagt: »Zu den Opfern, die sie uns auflegen wird, gehören unvermeidlich auch Verzichte auf Freiheit, die nötig werden in Proportion zum Anwachsen unserer Macht und ihrer Risiken der Selbstzerstörung. Die Kontrollen, die solche Macht in so wenig verläßlichen Händen wie den unseren erfordert, können nicht umhin, der Willkür im Individuellen strengere Grenzen zu setzen.« Er spricht sogar davon, daß es notwendig sein könne, die Freiheit zeitweilig »durch die Tyrannei« zu »lähmen«. Das möchte ich nicht. Tyrannei zerstört nicht nur Freiheit, sondern auch jede Verantwortung und jede Ethik – und jede Liebe. Und ich glaube, gerade auf die Liebe kommt es an in nächster Zeit. Wenn ich diesen Satz ausspreche, verspüre ich Scham. Wenn jemand, der den Anspruch erhebt, einen wissenschaftlichen Vortrag vor Wissenschaftlern zu halten wie ich gerade, nicht nur über Liebe spricht, sondern an die Liebe appelliert, der durchbricht eine Verhaltensnormierung für Wissenschaftler, er verläßt den Konsensus im Dissensus und begibt sich in die Gefahr, ausgelacht zu werden – daher mein Schamgefühl. Liebe als die »Akzeptanz des anderen« ohne Forderung nach Unterwerfung, wobei das »Andere« ein Mensch, ein anderes Lebewesen, die Umwelt, die Natur sein kann, ist für mich das Gegenteil von Macht. Wenn wir die Macht aufgeben, können wir lieben. Ich schließe mit einigen Sätzen von Maturana (1985, 131):

»Was uns zu menschlichen Wesen macht, ist unsere spezifische Art des Zusammenlebens als soziale Wesen in Sprache. In dieser spezifischen Koexistenz, die uns zu Menschen macht, ist Liebe das biologische Phänomen, daß uns ermöglicht, den antisozialen Entfremdungen zu entkommen, die wir durch unsere Rationalisierungen hervorbringen. Es ist mittels der Vernunft, daß wir Tyrannei, die Zerstörung der Natur und die Mißhandlung von Menschen in Verteidigung unseres materiellen und ideologischen Besitzes rechtfertigen. Wir rechtfertigen Tyrannei, indem wir behaupten, daß andere Menschen unseren noch so seltsamen Einfällen über die*

Wahrheit und die Wirklichkeit gehorchen sollten, weil wir einen privilegierten Zugang zu ihnen haben. Es ist mittels der Vernunft, daß wir die Zerstörung der Natur durch ihre Unterordnung unter unsere Pläne rechtfertigen, da wir sie besitzen. Und es ist mittels der Vernunft, daß wir behaupten, das menschliche Leben sollte irgendeinem transzendenten Ziel unterworfen werden. Aber Liebe, dieses biologische (Be-)streben, das uns ohne jeden Vernunftsgrund dazu bringt, die Anwesenheit des anderen neben uns zu akzeptieren – sie ist es ... die den Bezug unserer Rationalisierungen verändert. Die Akzeptanz des anderen ohne Forderungen, ist der Feind der Tyrannei und der Mißhandlung, da sie Raum für Kooperation öffnet. Liebe ist der Feind der Inbesitznahme.«

12.

Psychotherapie ist keine »Ausübung von Heilkunde«, sondern ...

»And the emphasis is shifted from the rather comfortable sentiment that he is sick to the sentiment that he is learning something, for obviously psychotherapy is a humane discipline, a development of Socratic dialectic.« (Perls, Hefferline, Goodman 1972, 296)

I.

»Heilen« wird im Synonymwörterbuch des Duden folgendermaßen beschrieben: »... einen Kranken durch eine besondere Behandlung und die fachkundige Hilfe eines Arztes von einer Verletzung, einer Krankheit, einem schweren Leiden, körperlicher oder seelischer Art, befreien und sich bemühen, dem Patienten die Gesundheit wiederzugeben.« Synonyme sind: »Kurieren, wiederherstellen, gesundmachen, in Ordnung bringen, in die Reihe bringen, über den Berg bringen, wieder auf die Beine stellen, aufhelfen, retten.«

Ich zitiere dies, weil ich davon ausgehe, daß diese Vorstellung von »Heilen« unser Handeln in der Psychotherapie beeinflußt, aber nicht unseren theoretischen Vorstellungen von Gestalttherapie entspricht. Wenn wir uns als Gestalttherapeuten und als Psychotherapeuten darum bemühen, daß unsere Tätigkeit als »Ausübung von Heilkunde« anerkannt wird, dann lassen wir uns darauf ein, daß an unsere Tätigkeit Anforderungen gestellt werden, welche den oben zitierten Vorstellungen von »Heilen« entsprechen. Was im Volksmund als »Heilen« verstanden wird, ist die Erwartung des Patienten an den Fachmann des Heilens und gleichzeitig seine Forderung.

Ich will im folgenden an einigen Punkten aufzeigen, welche Implikationen vom Konzept des Heilens mir problematisch erscheinen für das, was ich unter Gestalttherapie verstehe.

1. Heilen setzt voraus, daß es einen Kranken gibt, d.h. jemanden, der nicht gesund ist. Das heißt, es muß jemanden oder eine Instanz geben, der oder die definiert und bestimmt, wo die Grenze zwischen gesund und krank liegt. Alle, die zu mir zur »Therapie« kommen, würden dann als krank von

anderen eingestuft werden und würden sich als krank verstehen. Für mich sind die Menschen, die zu mir zur Therapie kommen, an einer bestimmten Stelle ihres Wachstums.

Ich habe mich für diese Sichtweise entschieden, weil ich sie für unproblematischer halte. Die Unterscheidung »krank : gesund« ist eine normative, von Menschen gemachte Unterscheidung, nicht etwas, was »in der Natur der Sache« liegt.

2. Heilen setzt auch voraus, daß es verschiedene Krankheiten gibt, daß wir sie diagnostizieren und auf verschiedene Weise behandeln. Man kann begründet davon ausgehen, daß Diagnose auch Etikettierung ist und damit beim Etikettierenden und beim Etikettierten Verhaltensweisen »hervorbringt«, die der Etikettierung entsprechen. Wenn ein Mensch in die Rolle eines Patienten gesteckt wird, schreibt Laing »wird er in der Regel als Nichthandelnder, als unverantwortliches Objekt definiert, das entsprechend zu behandeln ist und er fängt auch an, sich selbst in diesem Licht zu sehen« (zit.n. Friedman 1987, 299). Außerdem verhindert die Diagnose und Etikettierung, wenn Ungleiches als gleich gesehen wird, daß man das Besondere und Einmalige achtet, was zu einer adäquateren Wahrnehmung führt. Ich möchte lieber jeden Fall als einmalig und neu sehen und nicht zu einer Diagnostik verpflichtet werden, wie sie bei den Ärzten wegen der Krankenkassenabrechnung gehandhabt wird. »Schöpferische Anpassung« beim Therapeuten heißt im Kontakt mit der gegenwärtigen Situation des Klienten sein. »... die Gegenwart ist immer neu«, sagt Goodman (Perls, Hefferline, Goodman 1979, 294).

3. Heilen wird im obigen Zitat u.a. als »die Gesundheit wiedergeben« bezeichnet. Die einzige Gesundheitsdefinition, die ich akzeptieren kann, ist die der Weltgesundheitsorganisation (WHO): »Gesundheit (ist) ein Zustand vollkommenen körperlichen, geistigen und sozialen Wohlbefindens und nicht allein das Fehlen von Krankheiten und Gebrechen ... «.

Diesem Zustand nachzustreben sei »ein fundamentales Recht jedes Menschen ohne Ansehen seiner Rasse, seiner Religion, politischen Gesinnung, seiner ökonomischen oder sozialen Verhältnisse« (zit. n. Lohmann 1978, 73). Diese Definition weist auf den sozialen und politischen Charakter von Gesundheit hin. Es scheint mir offensichtlich, daß ich niemandem einen Zustand »vollkommenen körperlichen, geistigen und sozialen Wohlbefindens« wiedergeben kann. Lohmann weist darauf hin, daß die Gesundheitsdefinition der Definition von Glück ähnlich ist. Ich kann niemandem das Glück geben.

4. In der Dudenbeschreibung heißt es außerdem, daß der Heilende den Betroffenen nicht nur von »Krankheit« »befreit«, sondern auch von »Verletzung« und / oder von einem »schweren Leiden, körperlicher oder seelischer Art«. Von einer Verletzung zu befreien, scheint mir schon bei körperlichen Verletzungen unmöglich zu sein. Eine körperliche Verletzung heilt von sich aus. *Natura sanat not medicus.* Der Arzt kann den autonomen Heilungsvorgang bestenfalls unterstützen.

Bei chirurgischen Eingriffen verletzt er den Patienten absichtlich, aber doch wohl nicht, um ihn von der Verletzung zu befreien. Genauso wie bei körperlichen Verletzungen bleiben seelische Verletzungen auch dann Verletzungen, wenn sie von sich aus heilen, nur sind die Narben manchmal nicht sofort erkennbar.

Ich kann auch niemanden von einem Leiden gleich welcher Art befreien. In der Regel ruft der Tod einer geliebten Person schweres Leiden seelischer Art hervor. Ich will niemanden davon befreien. Leiden gehört zum menschlichen Leben dazu, wie Freude, auch schweres Leiden und große Freude. Und ich meine, Mit-Leiden ist ebenso wie Mit-Freude ein erstrebenswerter Vorgang. Daß ich immer auch im Alltag so handeln sollte, daß ich nicht Leiden hervorbringe oder vergrößere bei meinem Nachbarn oder in der Umwelt oder bei mir selbst, sondern möglichst das Leiden verringere, die Freude oder das Wohlbefinden fördere, ist eine Frage der Ethik: Wie gehe ich mit mir, meinen Mitmenschen und meiner Umwelt um?

5. Die Art, wie die Tätigkeit des Heilens im Synonymwörterbuch umschrieben wird, läßt die mechanistische Denkweise beim Heilen in der heutigen Medizin besonders deutlich werden.

Unter mechanistischer Denkweise verstehe ich die Auffassung, die von Bacon begründet wurde: Das Universum, die Natur ist eine Maschine, deshalb muß auch die Arbeit des Geistes »wie von einer Maschine erledigt« werden (zit. n. Berman). Man muß also unterteilen, messen, zusammensetzen. Dieses mechanistische Denken haben Gestalttheoretiker angegriffen und ihm das Gestaltprinzip gegenübergestellt. Ziel der mechanistischen Denkweise – das wird schon bei Bacon deutlich – ist die Herrschaft über die Natur.

Die Natur muß zur »Sklavin« gemacht werden, »gezwungen« werden, sagt Bacon in aller Deutlichkeit. Diese Herrschaftsbeziehung zur Natur, dieser Versuch, die Krankheit zu beherrschen, in den Griff zu kriegen, kommt in den Handlungen der westlichen Medizin deutlich zum Ausdruck. Die Herrschaftsbeziehung zur Natur ist dem, was wir z.Zt. in unserer Welt unter »heilen« verstehen, immanent. Die Versuche, Krankheiten zu beherrschen, durch Pharmaka, Chirurgie, Massage usw. sind in den meisten Handlungen der bestallten Heilkundigen, der Ärzte, offensichtlich. Im Synonymlexikon ist von »behandeln« die Rede, von »wiederherstellen«, »gesundmachen« da wird m. E. die Auffassung des Menschen als Maschine besonders deutlich. »Wiederherstellen« kann man mit »reparieren« gleichsetzen. Die Synonyme für heilen: »in Ordnung bringen«, »in die Reihe bringen« zeigen deutlich den normativen Charakter des »Heilens«, der Kranke soll einer Norm angepaßt werden. Die anderen Synonyme, nämlich »über den Berg bringen«, »wieder auf die Beine helfen«, »aufhelfen«, »retten«, weisen darauf hin, daß der Heilende sich als der aktive Part versteht, als derjenige, der eingreift und eingreifen muß, um die Krankheit in den Griff zu bekommen, d.h. zu beherrschen. Auch in diesen eher harmlos erscheinenden Synonymen wird der Heilungsvorgang nicht als ein Vorgang gesehen, der durch »organismische Selbstregulierung« geschieht, wie Goldstein, Reich oder Perls das immer wieder genannt haben, durch »Selbstorganisation« im Sinne der heutigen Selbstorganisationstheorien oder als von »innen her bestimmt« und nicht von außen, im Sinne von Max Wertheimer (1924), also »autonom« (Varela 1979).

II.

Natürlich kann man einwenden, daß auch die Ärzte, auch berühmte Mediziner längst erkannt haben, daß Heilen »von innen her« bestimmt ist, so Viktor von Weizsäcker, Thure von Uexküll, um zwei zu nennen. Aber das hat nichts an der Praxis der meisten Ärzte verändert, nichts an der Medizinerausbildung, nichts an der typischen *déformation* professionelle wie sie beispielsweise Wolfgang Schmidbauer auch noch bei psychoanalytisch tätigen Ärzten festgestellt hat, die er u.a. als »Angst vor Nähe und Schwäche«, als »sich entziehen« oder allgemein als das »Leid an der Allmacht« beschreibt. Man darf nicht übersehen, daß die Praxis der Ärzte und die Praxis der Patienten einen sich selbst bestätigenden Kreislaufprozeß darstellen: Weil die Ärzte vor allem mit Hilfe aller möglichen Apparate diagnostizieren und dann Medikamente verschreiben, erwarten die Patiente, so behandelt zu werden, und weil die Patienten es so erwarten, behandeln die Ärzte so die Patienten, und weil ...

Ich bin davon überzeugt, daß Heilen so institutionalisiert ist – z.B. auch durch das Abrechnungswesen für die Krankenkassen oder dadurch, daß Ärzte krankschreiben und gesundschreiben und damit in den Produktionsprozeß eingreifen -, daß in absehbarer Zeit unter Heilen nichts anderes verstanden werden kann als das, was ich eben beschrieben habe. Deshalb lehne ich es ab, daß Psychotherapie etwas mit Heilen zu tun hat, auch wenn von Psycho»therapie« die Rede ist, deshalb finde ich es falsch, durch Anerkennung der Tätigkeit von Psychotherapeuten als Ausübung von Heilkunde, eine Gleichberechtigung (sowieso nicht Gleichstellung) mit Ärzten anzustreben.

Ich hatte eine Zeitlang gemeint, daß man statt von Psychotherapie besser von Psycho-Lehre oder Psychagogik sprechen sollte, denn in der Theorie der Erziehungswissenschaften gibt es die alte Tradition von Sokrates über Rousseau bis zu meinetwegen Carl Rogers, Erziehung als »wachsen lassen« zu begreifen. Wobei »wachsen lassen« nicht mit dem gleichzusetzen ist, was in der Psychologie unter »Reifung« verstanden wird, nämlich eine Veränderung ohne Auseinandersetzung mit der Umwelt. Wenn man das Hunger-Sättigungsmodell von Perls zugrunde legt, dann heißt das, daß Wachsen durch Einverleibung der Umwelt nach sorgfältigem Kauen und Prüfen vor sich geht – also ohne Introjektion – und der Organismus ist verantwort-lich (*response-able*), er antwortet von innen her, bestimmt also autonom die Umwelteinflüsse. Aber auch »Lehre« oder »Erziehung« kann mißverstanden werden als eine Herrschaftsbeziehung, Erziehung als Herrschaft hat ebenfalls eine lange Tradition und ist so zumindest in den Erziehungsinstitutionen der Schule institutionalisiert, wie man an den Prüfungen als Zugangsberechtigungen leicht sehen kann.

Zur Zeit gefällt mir am besten, von »psychologischer Dienstleistung« zu sprechen, obwohl das noch ein sehr allgemeiner Begriff ist. Statt psychologischer Dienstleistender könnten wir uns »Psycho-Anwälte« oder meinetwegen auch noch »Seelen-Anwälte« nennen (in Abgrenzung zu Rechts-Anwälten), besser noch einfach nur Psychologe. Das finde ich richtiger und ehrlicher.

Wir leisten einen nachgefragten Dienst am Klienten, nicht am Patienten. Wir haben uns kundig gemacht durch Studium, Ausbildung und Eigenthe-rapie über psychische Prozesse, insbesondere Wachstumsprozesse. Unser wichtigstes Vermögen (im Sinne von Fähigkeit), ist das Erkenntnisvermö-gen durch »Teilnahme« oder »Mimesis« (so nennt es Berman) oder durch »Sympathie« so nennt es der französische Philosoph Mallebranche. Wilhelm Reich nannte es »Liebe«. In den Worten Bermans heißt dies: »... die Kontrolle aufgeben«, »indem man die Baconsche Trennung zwischen

Subjekt und Objekt aufgibt, weil das ‚Objekt' von derselben Natur ist, wie ich selbst bin« (Berman 1983, 156). Das ist »Heilung aus der Begegnung« aus der Ich-Du-Beziehung im Sinne von Martin Buber (1979) im Gegensatz zur Ich-Es-Beziehung zu einem »Ding« oder »Objekt«. In der »umfassenden« Begegnung erfährt der Klient »Bestätigung des Anderssein« und seiner Einzigartigkeit (vgl. Friedman 1987). Ich nannte das: Machtbeziehungen in Liebesbeziehungen verwandeln, d.h. den anderen, den Klienten als autonomes, sich selbst regulierendes und organisierendes Wesen zu sehen (Portele 1988). Was ich als »Psychologe«, »Psycho-Anwalt« tun kann, ist, ihm begegnen oder nicht begegnen, nicht mehr und nicht weniger.

III.

Ich machte mit Studenten in der klinischen Psychologie an der Universität Hamburg eine Projekt-Veranstaltung. Wir hatten eine gemeindenahe, psycho-soziale Beratungsstelle aufgebaut und betrieben sie drei Jahre. Damals habe ich für die Studenten »sechs Thesen« zur Beratung aufgeschrieben. Ich tat dies, weil die Studenten mit den oben beschriebenen Denkweisen des Heilens an die Beratungen herangingen und häufig enttäuscht waren, wie wenig sie »bewirken« oder »helfen« konnten. Sie waren »betroffen« von den Ratsuchenden – eine ganz wichtige Fähigkeit – aber sie wollten die Betroffenheit ganz unterdrücken, statt zu lernen, über Betroffenheit und Abgrenzung (Kontakt und Rückzug) zu verfügen. Ich wollte die Studenten und Studentinnen damit provozieren, Denkgewohnheiten in Frage zu stellen. Hier sind die sechs Thesen zur Beratung:

1. Wer als Berater (oder Therapeut) den Klienten verändern will, der sollte aufhören, Berater (oder Therapeut) zu sein. Diese These wendet sich gegen die Modellvorstellung: Arzt-Patient, die Berater und Klient in die Beratungssituation einbringen. Der Berater kann nichts wegmachen (z.B. ein Symptom), er ist kein Chirurg, er ist auch kein Mechaniker. Es geht mir darum, eine Haltung einzunehmen, eine Weltsicht, die unserem traditionellen westlichen Denken, dem mechanistischen Weltbild, widerspricht. Im Taoismus heißt diese Haltung *wu-wei*, wörtlich übersetzt: »nicht handeln«, gemeint ist jedoch: »nicht eingreifen«, »Respekt haben vor der Fähigkeit zur Selbstregulation« (Needham 1984, 128). Also: Nicht von außen »Ordnung erzwingen« sondern »die Fähigkeit der Natur, sich selbst zu ordnen« (organisieren, regulieren), fördern und unterstützen.

Das Modell für diese Haltung ist die (weibliche) Hebamme, sie unterstützt, fördert, »hilft«, der Gebärenden zu gebären, aber die Gebärende gebiert, nicht die Hebamme. Nur der Klient kann sich ändern, der Berater kann die Selbstveränderung des Klienten lediglich unterstützen. Man kann dieses Hebammenmodell weitertreiben: Es kommt auf den richtigen Zeitpunkt an, die Hebamme macht keinen Kaiserschnitt, bringt keinen Wehentropf an, unterdrückt nicht durch Pharmaka die Schmerzen, sie kann nicht pressen, aber sie kann der Gebärenden sagen, wie sie pressen kann usw.

Darin steckt der Grundgedanke der neuen Systemtheorie: »Selbstorganisation«. »Autonom« heißt einfach »selbstbestimmt«, nicht »fremdbestimmt« (= »heteronom«). »Lieben« heißt für mich, die Autonomie (Selbstregulation) des anderen zu respektieren und ihn/sie dabei zu unterstützen und nicht zu versuchen, ihn/sie von außen (heteronom) zu bestimmen, d.h. Macht auszuüben.

2. Der Klient ist immer verantwortlich. Auch der Berater ist immer für das, was er tut, verantwortlich. Dies ist die unvermeidbare Konsequenz aus der These, daß Lebewesen autonom sind. Wenn ich die Autonomie, die Selbstregulierung, respektiere, muß ich die Verantwortlichkeit des Lebenwesens anerkennen.

Konkret heißt das nur folgendes: Ich (der Klient, jeder Mensch, jedes Lebewesen) habe (hat) immer mehrere Alternativen, und ich habe mich für eine Alternative entschieden, und offensichtlich hat diese Entscheidung unvermeidbare Konsequenzen.

Das heißt nicht, daß ich immer alle Alternativen habe, die Menge der Alternativen, das heißt der Spielraum meiner Handlungsmöglichkeiten ist begrenzt – aber rein logisch betrachtet – innerhalb des Spielraums ist die Anzahl der Handlungsmöglichkeiten unendlich. Das widerspricht auch unserer westlichen, mechanistischen Denkweise. Wir und die Klienten sind gewohnt, uns als fremdbestimmt zu sehen, als kausal determiniert und wir sagen: »Ich muß... «, »ich kann nicht ... «, »die Umstände sind so, daß... «. Wir vermeiden, uns als verantwortlich zu betrachten, aber sind verantwortlich z.B. auch für unsere Kopfschmerzen. Wenn ich mir die Welt so konstruiere (sie so sehe), daß ich nur eine Alternative habe, dann bin ich nicht verantwortlich für diese Alternative, aber ich bin verantwortlich dafür, daß ich mir die Welt so konstruiert habe.

Die Aufgabe des Beraters besteht darin, mit dem Klienten (nicht gegen den Klienten) die Welt so zu rekonstruieren, daß er die Alternativen sieht, also sich entscheiden kann. Hilfe zur Selbsthilfe heißt für mich, Förderung der Einsicht, daß wir selbstverantwortlich, d.h. autonom sind. Wir setzen häufig fälschlicherweise Verantwortung mit Schuldgefühl gleich. Schuldgefühl setzt das Urteil voraus, »falsch« gehandelt zu haben und das Nicht-akzeptieren-können von eigenen Fehlern.

Daß der Klient verantwortlich ist für sich selbst, bedeutet nicht, daß der Berater nicht auch verantwortlich für den Klienten ist. Ich meine hier Verantwortung im Sinne Bubers, d.h. bereit zur »Antwort« in einer Ich-Du-Beziehung, »rückhaltlos«, wie Buber das nennt, als »ganzes Wesen« und »gegenwärtig«. Schuldig wird bei Buber der Mensch, der nicht wirklich antwortet. Buber sagt: »Wenn ich nicht wirklich da bin, bin ich schuldig. Wenn ich auf den Ruf des gegenwärtigen Seins ,Wo bist du?' antworte: ,Da bin ich' aber ich bin nicht wirklich da, d.h. nicht mit der Wahrheit meines ganzen Wesens, dann bin ich schuldig« (Hervorhebung von mir, Buber 1982, 99).

3. Ich kann nicht Nicht-Einfluß nehmen. Dadurch, daß ich existiere, nehme ich Einfluß. Ich beeinflusse immer in der Interaktion mit jemandem (etwas anderem), auch als Berater. Es ist für mich wichtig, zwischen Einfluß und Macht zu unterscheiden. Einfluß respektiert die Autonomie des anderen, Macht versucht dem anderen die Autonomie zu nehmen. Einfluß zielt auf Kon-sens und Ko-existenz zweier autonomer Wesen. Macht zielt auf die Unterwerfung des anderen unter meine Meinung, meine Wahrheit, meine Weltsicht ... Einfluß versteht sich als Auslöser für Selbstregulierungsprozesse, Macht versteht sich als Einschränkung, Behinderung, Vernichtung von Selbstregulierungsprozessen, als Einschränkung der Autonomie. Macht, definiert der Soziologe Max Weber, sei die »Chance innerhalb einer sozialen Beziehung den eigenen Willen auch gegen Widerstreben durchzusetzen ... «.

Ich möchte, daß Beratung weder in Machthandlungen noch in Unterwerfungshandlungen besteht; weder des Beratenden, noch des Ratsuchenden. Der Berater unterwirft sich dem Klienten, wenn er seine eigene Meinung, seine eigenen Wünsche, Sichtweisen nicht vertritt. Ich glaube, wir sind uns meist klarer darüber, wie wir Macht ausüben, als darüber, wie wir uns unterwerfen. »Der Herr ist nur so ein Herr, wie ihn sein Knecht es sein läßt« (Brecht).

Ich möchte, daß Beratung, wie jede Interaktion, die Begegnung zwischen zwei autonomen (erwachsenen) Menschen ist, die sich gegenseitig beeinflussen, d.h. Selbstregulationsprozesse auslösen (d.h. auch der Berater muß zu Selbstregulationsprozessen bereit sein, bereit sich zu verändern, ohne sich zu unterwerfen).

Noch eine Definition von Liebe: Liebe = Nicht-Macht und Nicht-Unterwerfung. Oder: Liebe = respektieren der Autonomie des anderen und respektieren der Autonomie von mir selbst.

Also auch Kontakt. Kontakt heißt für mich: Ich als einmaliges und deshalb kostbares Wesen, so wie es hier und jetzt ist, autonom und zur Selbstregulation fähig, beinflusse (löse aus, »perturbiere« Maturana und Varela 1987) ein einmaliges und deshalb kostbares Wesen, so wie es hier und jetzt ist, autonom und zur Selbstregulation fähig, das mich beeinflußt (Selbstregulation auslöst, »perturbiert«). Deshalb ist Kontakt in der Beratung wichtig und »einflußreich«. Ich bin für das, was ich auslöse, verantwortlich und dafür, was ich bei mir auslösen lasse.

4. Die Fähigkeit des Beraters (und des Therapeuten) besteht im »fremden Blick« (Brecht) und im »orthogonalen Vorgehen« (Maturana). Der »fremde Blick« besteht darin, das Selbstverständliche nicht als selbstverständlich zu nehmen und das scheinbar Natürliche nicht als natürlich. Zum Beispiel stecken in Problemdefinitionen fast immer unhinterfragte Selbstverständlichkeiten. Wenn der Klient sagt: »Ich habe keine Hoffnung mehr«, kann der Berater durch das Explizitmachen des Selbstverständlichen verstören: »Du meinst, man muß immer Hoffnung haben.« Damit stelle ich die Prämisse seines Denkens in Frage. Der Klient J. meinte, er könnte nur ein Mädchen ansprechen, wenn er seine Schüchternheit verlöre, er kann jedoch schüchtern sein und ein Mädchen ansprechen.

»Orthogonales Vorgehen« (»verstören«) meint, sich nicht in die Problemdefinition, nicht in das Denksystem des Klienten hineinziehen zu lassen, sondern quer dazu vorzugehen. Kurz gesagt, handelt es sich um folgendes: Wir alle haben Gewohnheiten gebildet, auch die Klienten (die Summe der Gewohnheiten ist unser Charakter): Gewohnheiten im Wahrnehmen, Denken, Handeln, Urteilen. Eine Gewohnheit setzt voraus, daß ungleich als gleich gesetzt wird: Ich trinke jeden Morgen Kaffee, aber kein Morgen gleicht dem anderen. Der Klient J. ist in vielen Situationen, die ungleich sind, schüchtern. Gewohnheiten sind Klischees. Durch Gewohnheiten schränken wir unsere Alternativen ein, wir entscheiden nicht situationsadäquat, sondern die Gewohnheit hat gleichsam entschieden. Gewohnheiten sind gesellschaftlich erwünscht, denn wenn wir Gewohnheiten haben, sind wir vorhersagbar. Castaneda sagt: »Ein Jäger hat keine Gewohnheiten, er kann das Wild jagen, weil es Gewohnheiten hat.« Wenn ich gewohnheitsmäßig handele, setze ich nicht bewußt Ungleiches gleich. Es erscheint mir selbstverständlich. »Orthogonal vorgehen«, heißt dann, diese Selbstverständlichkeiten hinterfragen, auf Unterschiede aufmerksam machen usw. Die Richtung, die Beratung einschlagen sollte, ist der »ethische Imperativ« von Heinz von Foerster (1985): »Handele stets so, daß die Anzahl der Wahlmöglichkeiten (Alternativen) erhöht wird.« (Mit dem Wort »Ziel« sind eine Reihe von Denkgewohnheiten verbunden, die ich mit der Alternative »Richtung« in Frage stellen möchte. Wenn wir von Ziel reden, haben wir Zielerreichung im Kopf, die Vorstellung von Wegen und Umwegen, aber es heißt auch, der Weg sei das Ziel und das Gehen der Weg ...?)

5. Es ist nützlich, in der Beratung (und in der Therapie) das Hauptproblem herauszufinden. Ich glaube nicht, daß es nur ein Hauptproblem gibt bei den Klienten, aber es ist venünftig, die Suchhaltung einzunehmen, das *eine* Hauptproblem herausfinden zu wollen. Beratungen und Therapien sind lang, wenn wir nicht das Hauptproblem herausfinden und uns mit Nebensächlichkeiten abgeben. Es kann jedoch auch sinnvoll sein, das Hauptproblem nicht »orthogonal« anzugehen, z.B. wegen der Kürze der Zeit, aber ich meine, es ist trotzdem gut, sich das Hauptproblem klarzumachen, weil es die Richtung der Beratung (Therapie) bestimmen sollte. Es ist die Suche nach dem »Muster, das verbindet« (Bateson 1982, 15), das Muster, das die Handlungen zu einer Person verbindet. Das ist immer meine Konstruktion, dessen muß ich mir stets bewußt sein. Ich fand es bisher für mich günstig, mir die Frage zu stellen: »Wie hat der Klient sich die Welt eingerichtet, konstruiert (welche Gewohnheiten im Denken, Wahrnehmen, Handeln, Urteilen hat er), daß welche Wünsche oder Sehnsüchte grundlegender Art (ich spreche nicht von »Bedürfnissen«, weil Bedürfnisse zu einer mechanistischen Denkweise verführen) nicht (nur teilweise oder auf eine Pseudoart) erfüllt werden?« oder: »Wie hindert er sich, diese Wünsche zu erfüllen, wovor hat er Angst zum Beispiel?« Es ist oft notwendig, Wünsche und Sehnsüchte zu hinterfragen: Wenn Frau X. aufhören möchte, schnell und so oft zu weinen, kann ich mich fragen – am besten, indem ich mich in sie hineinversetze –: »Welcher Wunsch, welche Sehnsucht liegt dem zugrunde, daß ich aufhören möchte zu weinen?« Nehmen wir an, es ginge ihr darum (das kann ich ja herausfinden mit ihr), von den Männern in ihrer Familie (Mann und erwachsene Söhne) anerkannt zu werden (sie wird »links liegen gelassen«, wenn sie weint), dann liegt eine Problemlösung darin, anerkannt zu werden mit Weinen, eine andere: Anerkennung woanders zu finden usw. Es könnte auch der Wunsch zugrunde liegen, zwischen verschiedenen inneren Erregungszuständen zu unterscheiden: Freude, Wut, Trauer. Frau X. hat möglicherweise die »Gewohnheit«, auf jeden Erregungszustand mit Weinen zu reagieren.

6. Wachsen heißt für mich, die Anzahl der Wahlmöglichkeiten erhöhen, indem ich Altes aufgebe und indem ich Neues zerkaut und geprüft aufnehme. Das heißt zum Beispiel alte Gewohnheiten aufgeben (die durch Traumata entstanden sein können) und neue Verhaltensweisen (Nicht-Gewohnheiten) experimentell auszuprobieren. Immer wieder neu »wachsen« heißt für mich nicht, Symptome wegschneiden, weniger unglücklich sein, weniger Schmerzen haben, weniger Angst haben, weniger leiden usw. Wachsen heißt für mich: Mehr Autonomie (Selbstregulation statt Fremdregulation) und mehr Alternativen zur Verfügung zu haben, d.h. auch, sich (eventuell gemeinsam) zu wehren z.B. gegen staatliche Autonomieeinschränkungen.

IV.

Martin Buber schrieb: »Alles wirkliche Leben ist Begegnung« (1979, 15). Eine Ich-Du-Beziehung entsteht, wenn ich das »Grundwort Ich-Du« »mit dem ganzen Wesen« zu einer »Ganzheit« spreche. Deshalb spricht Laura Perls in ihrem Interview mit Milan Sreckovic (1988) von »Wechselspiel« und davon, daß Therapeuten sich nicht aus der »persönlichen Beziehung« heraushalten sollten. Sie schreibt: »Für mich ist dabei besonders wichtig, keine therapeutische Rolle zu spielen, sondern so, wie ich im Augenblick bin, dem Klienten zu begegnen: mich mit meinem Hintergrund, mit allem, was mir an Erfahrung, Wissen und Geschick zur Verfügung steht, in der gegebenen Situation in den Dienst des Dialogs, der Begegnung zu stellen!« (ebd., 6) Und sie sagt: »Was Buber ‚Begegnung' nannte, nennen wir Kontakt.« (ebd.)

Sie möchte nicht, daß der Klient zum »Objekt« gemacht wird. Genau das, fürchte ich, wird aber geschehen, wenn wir Gestalttherapie als »Ausübung von Heilkunde« verstehen, denn dann erwartet das soziale System eine Objekt-Beziehung – Diagnostik eines Objekts, Behandlung eines Objekts, Reparatur eines Objekts.

13.

Das Lernen von »Begegnung«

»Wenn Nichtbestätigung oder das Fehlen von Bestätigung eine verbreitete Ursache von Psychopathologie ist, dann bildet Bestätigung den Kern des Heilens durch Begegnung«, schreibt Maurice Friedman in seinem Buch »Der heilende Dialog in der Psychotherapie« (1987, 195). Friedman hat die Schriften von Martin Buber in den USA herausgegeben, und in seinem Buch stützt er sich ganz auf Buber. Bubers Ich-Du-Beziehung im Gegensatz zur Ich-Es-Beziehung spielt in der Psychotherapie eine bedeutende Rolle, nicht nur bei Carl Rogers und seiner Gesprächspsychotherapie (es gibt ein inzwischen berühmtes Gespräch zwischen Rogers und Buber), sondern auch in der Gestalttherapie (Lore und Fritz Perls begegneten Buber vor dem 2. Weltkrieg in Frankfurt), sowie in der neueren Psychoanalyse, wie Friedman nachweist (z.B. auch bei Laing, Erich Fromm u. a.). Bestätigung ist nicht alles, woraus das Handeln in der Psychotherapie besteht, aber Bestätigung ist der »Kern«, ohne diesen Kern geht meiner Überzeugung nach nichts.

»Das Fundament des Mensch-Mit-Mensch-Seins ist die Zwiefache und Eine: Der Wunsch jedes Menschen ist, als das, was er ist, ja was er werden kann, von den Menschen bestätigt zu werden, und die dem Menschen eingeborene Fähigkeit, seine Mitmenschen ebenso zu bestätigen« (Buber, 1962, 419). Bestätigung ist für Buber etwas Anthropologisches, was zur Bedingung des Menschen gehört. Nicht nur Neurosen entstehen durch Mangel an Kontakt, bei Psychosen fehlt die grundsätzliche Bestätigung (vgl. z.B. Laing).

»Bestätigung« ist mehr als »Einfühlung,« oder »Empathie« und mehr als »Identifizierung«: »Niemand kann nur durch Einfühlung bestätigen – weil er dadurch nichts von sich selbst gibt – und ebensowenig durch Idenzifizierung – weil er uns so in unserer Einzigkeit verfehlt und nur das herausfiltert, was ihm selbst gleicht. Die anderen können uns nur dann bestätigen, wenn sie sich selbst in ihrer Einzigartigkeit in den Dialog mit uns einbringen und uns bestätigen, während sie gleichzeitig die Spannung des Andersseins und nötigenfalls der Gegnerschaft aushalten, die sich aus dieser einzigartigen Beziehung zwischen zwei einzigartigen Personen ergibt« (Friedman, 1987, 181). »Bestätigung« (confirmation) ist also auch nicht mit Bejahung (affirmation) gleichzusetzen.

In dem erwähnten Gespräch mit Carl Rogers sagt Buber, daß Bestätigen auch mehr als Akzeptieren ist: »Ich würde sagen, daß jede existentielle Beziehung zwischen zwei Menschen mit Akzeptieren beginnt ... Ich nehme dich an, so wie du bist, aber das ist noch nicht das, was ich unter Bestätigung verstehe ... Bestätigung bedeutet zu allererst, die gesamten Fähigkeiten des anderen gelten zu lassen, auch wenn sich diese von unseren weitgehend unterscheiden ... Ich kann in ihm die Persönlichkeit kennen und kennenlernen, die – ich kann es nur so ausdrücken – er zu werden erschaffen wurde«. Bestätigung heißt »ich entdecke durch meine annehmende Liebe in dir das, ... was du bestimmt bist zu werden« (zitiert nach Friedman 1987, 200).

Es geht also um die Bestätigung des Andersseins, der »Einzigartigkeit«. Das geht jedoch nur, wenn ich selbst eine Person bin, einzigartig und anders. Rogers mit seinem Begriff »Empathie« ist da nicht eindeutig. Im Gespräch mit Buber sagt Rogers, bei Empathie ginge es darum, daß Erleben des Klienten »wirklich von seinem Innern aus« zu betrachten, »ohne dabei meine eigene Persönlichkeit oder Getrenntheit einzubüßen«, an anderer Stelle spricht er im Gegensatz dazu davon, daß Empathie bedeute, »daß man sein Selbst beiseite legt« (zitiert nach Friedman, 1987, 285).

Begegnung, Bestätigung, kann nur von Person Person geschehen, der Therapeut oder Berater muß selbst eine Person sein. Häufig ist es ja so, daß die Beziehung zwischen Berater/Therapeut und Klient zunächst nicht auf Gegenseitigkeit beruht, der Klient kommt, weil er vom Berater Hilfe will, in der Regel faßt er sich deshalb als Klient auf, weil es ihm an Bestätigung der Einzigartigkeit mangelt. Zunächst geht es um Bestätigung des Klienten durch den Berater, nicht umgekehrt. Diese Gegenseitigkeit kann das Ergebnis der Beratung oder Therapie sein. Das bedeutet aber auch, daß der Berater oder Therapeut verändert aus der gegenseitigen Bestätigung, aus der Begegnung hervorgehen kann, d.h. er muß zur Veränderung bereit sein.

Die große Gefahr, die in der Beziehung zwischen Berater/Therapeut und Klient besteht, ist, daß der Berater/Therapeut eine Machtbeziehung über den Klienten aufbaut (oder umgekehrt). Ich habe deutlich gemacht (1989), daß die Machtbeziehung darin besteht, den anderen manipulieren zu wollen, statt seine Autonomie und Verantwortlichkeit anzuerkennen. Wenn ich handele, um ihn zu verändern, wenn ich glaube, ich könne ihn verändern durch meine Handlungen, habe ich eine Machtbeziehung aufgebaut. Ich habe zwar immer Einfluß, über die Wirkung des Einflusses bestimmt der andere, weil er autonom ist, »von innen her bestimmt« (Wertheimer), ein autopoietisches Lebewesen (Maturana und Varela) mit »organismischer Selbstregulierung«. »Bestätigung« heißt für mich, Bestätigung dieser Autonomie, auch wenn **er,** den ich bestätige, selbst an die Autonomie nicht glaubt. Ich glaube, daß dies Buber mit Bestätigung der Einzigartigkeit und Andersartigkeit auch meinte. Die zentrale Qualität der Ich-Du-Beziehung ist das taoistische »*Wu-Wei.* Es wird von Buber mit »Nicht-Tun« übersetzt (1979, 78), bei dem »nichts von ihm (dem Menschen) in die Welt eingreift«, sondern »wo der Mensch eine wirkende Ganzheit geworden ist«. Ich habe diese Beziehung, die im Gegensatz zur Machtbeziehung steht, die Beziehung der Liebe genannt (1989.) Heilung ist immer Selbstheilung, die Wunde »schließt sich«, nicht der Arzt schließt die Wunde. Durch Bestätigung, dieser Bedingung des Menschseins kann der Berater/Therapeut die organismische Selbstregulierung ermöglichen und unterstützen (vgl. den Beitrag »Gestalt als Selbstorganisation« in diesem Band).

Ich will im folgenden versuchen, an Äußerungen der Studenten, die in einer Beratungsstelle ihr Praktikum machten, darzustellen, wie der Lernprozeß bei »Begegnung« oder »Lieben« aussieht. Sie haben in einem Abschlußbericht die Frage beantwortet: »Wie habe ich gelernt, wie habe ich mich verändert und was hat gefehlt?«

Die Studenten gingen mit Angst in die ersten Beratungen. Eindrucksvoll schildert das Helmut:

»Nun saß ich also in der ersten Beratung und war so aufgeregt, daß ich mit mir selber soviel zu tun hatte, als daß ich den Klienten noch übermäßig wahrnehmen konnte«.

Helmut war also noch nicht mal zur »Wahrnehmung« des Klienten fähig, so sehr war seine Aufmerksamkeit auf sich selbst gerichtet. Ole schildert das so:

»Ich habe ... jetzt in den Beratungen viel mehr Aufmerksamkeit frei für die Klienten, bin weniger blockiert ...«

Der Ausdruck »mehr Aufmerksamkeit freihaben für« zeigt deutlich, worum es geht: Die Berater waren so mit sich beschäftigt, richteten den Blick so sehr auf sich, daß keine Kapazität mehr da war für den Blick auf den Klienten. Ole ist jetzt »weniger blockiert«, das bedeutet, er hatte vorher sein Handeln auf den Klienten unterbrochen, also nicht Kontakt aufnehmen können.

»Kontakt«, das ist der Ausdruck für Begegnung oder Bestätigung in der Gestalttherapie (vgl. Laura Perls, 1989, 179).

Ole zählt auf, was man alles lernen muß:

> *»Ein weiterer wichtiger Punkt war Kontakt in der Beratung. Ich kann mehr feststellen, wann Kontakt da ist und wann nicht. Ein Lernerlebnis war ... wo ich (als Co-Berater) gesehen habe, daß Kontakt in der Situation an Klienten Veränderungen hervorruft. Leider habe ich noch nicht klar (ich meine intuitiv), was eine Projektion ist.«*

Bei einer Projektion kann man mit seinen Projektionen Kontakt haben, nicht mit den Menschen gegenüber, deshalb ist es nicht nur für den Berater wichtig, feststellen zu können, wann und wie man projiziert. Ole zeigt auch auf, daß man erst lernen muß festzustellen, wann Kontakt da ist und wann nicht. Man muß das Spüren des Kontaktes kognitiv erfassen können. Und erst, wenn man überzeugt ist, daß durch »allein Kontakt« in der Situation der Klient sich verändert, wird man sich um den Aufbau dieses Kontaktes bemühen.

Mindestens ebenso wichtig wie zu lernen, Projektionen zu vermeiden, ist es zu lernen, Konfluenz zu vermeiden. Konfluenz findet dann statt, wenn »man sein Selbst beiseite legt«, wie es Rogers fälschlicherweise fordert. Claudia sagt:

> *»Wichtig ist mir auch geworden, mich abgrenzen zu können von den Leuten. Am Anfang konnte ich das nicht so gut und hatte den Anspruch, für alles offen zu sein, alles zu verstehen (um Himmelswillen). Nun kann ich auch zeigen, daß ich zum Beispiel nicht so gern ältere, klägliche Frauen beraten mag, die im tiefsten Selbstmitleid versiechen.«*

Diese Problematik, nämlich zu lernen, sich abzugrenzen, kommt in den meisten Berichten zum Ausdruck. Sicherlich fällt es den meisten nach wie vor sehr schwer, »die Spannung des Andersseins und nötigenfalls der Gegnerschaft«, wie Friedman es ausdrückt, zu ertragen oder gar auszudrücken in »*skillful frustration*«, wie Perls das nannte, oder durch Konfrontation. Ron, der sich in Gesprächs-Psychortherapie geschult hat, schreibt darüber:

> *»Ich entdecke, wie der scheinbar akzeptierende Teil für mich Sicherheit und Distanz bedeutet hat. Gerade im Zusammensein mit dem Co-Berater und seinem Stil, mit Menschen umzugehen, sehe ich andere Möglichkeiten*

des Handelns, kann die Ebene der Scheinsolidarität zum Klienten verler-
nen und zu einem eigenen Gegenüber werden, der anders agiert als nur zu
‚spiegeln'. Auswirkungen hat das auf mein Menschenbild ... Insofern ich
Klienten mehr Verantwortung für ihre Probleme unterstelle und weniger
entschuldigend Milieu- und Umweltfaktoren. Ich bin offener geworden,
verstecke mich nicht mehr hinter einer Maske. An den Klienten habe ich
einmal dann gelernt, wenn ich das Gefühl hatte, die haben ja die gleichen
Probleme wie ich – was nicht so erfreulich war; zum anderen, wenn ich
völlig verdutzt war, wie anders andere sein können ... Insgesamt lerne ich,
glaube ich, am meisten im, am und vom Kontakt mit anderen.«

Ron nennt seine Haltung »scheinbar akzeptierend« und er spricht von
»Scheinsolidarität«. Er hat erfahren, daß diese Haltunq eine Maske« war,
mit der er sich vor den Klienten verschloß und damit Kontakt vermied. Er
»spiegelte« als unpersönlicher Spiegel, er machte sich zum Ding, zur
Maske, versteckte sein Ich, dadurch konnten die Klienten nur einem Ding
begegnen, nicht einem Menschen, einem anderen Ich, einem »eigenen
Gegenüber«. Durch die Maske der akzeptierenden Haltung schützte er sich
vor wirklicher Betroffenheit. Er hat dann »an den Klienten ... gelernt«,
wenn er erfuhr, daß sie die »gleichen Probleme« haben, dazu mußte er
seine eigenen Probleme zulassen und sehen, oder wenn er »verdutzt war«,
»wie anders andere sein können«. Auch dafür mußte er die Maske ablegen
und »offen« an die Situation herangehen. Beide Lernerfahrungen erfordern
einen Vergleich zwischen Berater und Klient und sind Voraussetzung für
die »Bestätigung der Andersartigkeit und Einzigartigkeit«, auf die es nach
Buber ankommt. Ron hat sich bereitgemacht, sich als Berater von einem
Klienten verändern zu lassen. Der Vergleich – auch das ist sehr wichtig –
will nicht vergleichen, was besser oder schlechter ist, sondern nur was
anders ist. Ron lernt auch von anderen Beratern, hier lernte er, daß es
andere Handlungsweisen gibt in der Beratung, als nur »akzeptieren« und
»spiegeln«. Durch Zusehen erweitert sich sein Handlungsrepertoire. Interessanterweise hat das »Auswirkungen« auf sein »Menschenbild«. Er
»unterstellt« den Klienten mehr Verantwortung für ihre Probleme, d.h. er
betrachtet sie mehr als autonom. Die Handlungsbeschreibung »unterstellen« impliziert eine Aktivität, die von ihm ausgeht, für die er verantwortlich ist. Er behauptet nicht, daß seine Unterstellung der Wirklichkeit
entspricht, das ist für ihn nicht das Kriterium, er geht mit den Klienten als
autonome Menschen um. Das bedeutet allerdings, daß er eine Sicht aufge-

ben muß, die ihm vorher wichtig war, die er eher ungern aufgibt, nämlich daß die Klienten mehr von »Milieu – und Umweltfaktoren« bestimmt sind als selbstverantwortlich. Er »entschuldigt« sie jetzt weniger mit Milieu-, und Umweltfaktoren. Er hat wohl auch sein eigenes Handeln und sich selbst dadurch entschuldigt und erklärt, daß heißt, er müsse nun auch sich selbst Selbstverantwortung und Autonomie »unterstellen«. Indem er dem Klienten (und sich) Autonomie »unterstellt«, »entdeckt er« durch seine »annehmende Liebe« in seinem Gegenüber das, »was du bestimmt bist zu werden«, wie Buber das ausdrückt, er bestätigt, »was er (der andere) werden kann«. Schließlich verallgemeinert er: »... insgesamt lerne ich am meisten im, am und vom Kontakt mit anderen...«, wobei er, wie aus seinen vorhergehenden Bemerkungen hervorgeht, mit Kontakt die Begegnung mit autonomen Menschen versteht, ohne Maske, in ihrer Einzigartigkeit.

Rena deutet an, daß es für sie notwendig war, erst ihr eigenes Ich zu entwickeln, um kontaktfähig zu werden. Sie lernte:

»Die Reaktionen der Klienten genauer wahrzunehmen, Kontaktaufnahme, wie erreiche ich welchen Klienten am besten, wie kann ich es verhindern, zu konfluent zu sein, wie mich in der Situation schützen ... Die wichtigste Erfahrung für mich, die eigentlich sehr banal ist, war die, daß ich mich (in der Gruppe der studentischen Berater) umso besser angenommen, akzeptiert und sicher fühle, je mehr ich meine Persönlichkeit mit Fehlern, Schwächen und Wünschen offenbare ... (ich war teilweise so diffus, daß die anderen kein Gegenüber in mir haben konnten).«

Für Rena – und wohl nicht nur für sie – war es notwendig, selbst zunächst die »Bestätigung der Andersartigkeit und Einzigartigkeit« für sich zu erfahren, ehe sie andere, zum Beispiel Klienten bestätigen konnte. Sie verhinderte anfänglich das Bestätigtwerden selbst durch ihre Diffusität. Sie zeigte sich nicht, denn sie hatte wohl Angst, ihre »Persönlichkeit mit Fehlern, Schwächen und Wünschen« zu offenbaren. Diese Angst hatte sie, weil sie sich, ihre Persönlichkeit, negativ beurteilte, sie sah »Fehler, Schwächen«, und »eigene Wünsche« durfte sie auch nicht haben. Zweifellos handelt es sich hier um Introjekte. Jetzt erscheint ihr die Erkenntnis »banal«, daß sie sich nur »besser angenommen, akzeptiert und sicher fühlen kann«, wenn sie sich »offenbart«, sich zeigt und nicht versteckt, nur so bildet sie ein »Gegenüber«, kann ihre Einzigartigkeit und Andersartigkeit bestätigt werden. Die Bestätigung erfuhr sie wohl zunächst nicht in den Klientenkontakten, sondern in der Gruppe der studentischen Berater.

Bei Paul werden andere Aspekte der Ich-Entwicklung deutlich, die notwendig sind für echte Begegnung. Er schreibt:

»Mit der Zeit habe ich gelernt zu sehen, die anderen zu sehen und nicht meine Projektionen. Ich habe gemerkt, es gibt Situationen, da ist »mir ein anderer ganz nah, dadurch daß er sich ausdrückt, ich ihn verstehe, vielleicht Parallelen bei mir entdecke ... Für mich ist Ehrlichkeit sehr wichtig. Für mich hatte das Gebot: ‚Liebe deinen Nächsten wie dich selbst‘ immer einen unausgesprochenen Zusatz: , ... damit du geliebt wirst‘. Das habe ich verkürzt zu einem ‚ich will geliebt werden‘. Das war dann zwar ehrlich, aber ich hab fast nur Ablehnung gekriegt, weil das Du dabei austauschbar ist. Es geht da nicht um Begegnung, sondern um Selbstbefriedigung. Das weiß ich jetzt. An diesem Nachmittag habe ich gespürt, daß ich jeden einzelnen mag, jeden in seiner Art. Dieses Gefühl verliere ich oft wieder, aber ich weiß, daß ich es hatte ... Und sie, diese ‚Nähe‘ ist nicht etwas Ewiges und muß immer neu gegründet werden. Und wenn ich mich dann anstrenge, falle ich immer wieder auf die Nase ...«

Zu seinem Verhältnis zu Klienten schreibt er:

»... sie ernst nehmen, sie akzeptieren, verstehen: Nähe und trotzdem: zu sagen, das sind nicht meine Probleme, ich bin ich: Distanz.«

Ein Aspekt der Ich-Entwicklung bei Paul ist, sich über seine Projektionen klar zu werden. Er drückt es sehr genau aus: » habe ich gelernt zu sehen, die anderen zu sehen und nicht meine Projektionen«. Er kann dann »Parallelen« »bei mir« entdecken, aber das sind dann eben nicht mehr Projektionen, weil er sie bei sich entdeckt.

Der andere Aspekt der Ich-Entwicklung war, zu lernen, zwischen »lieben« und »geliebt werden wollen» zu unterscheiden und diese Unterscheidung zu leben zu versuchen. Er hatte das Gebot der christlichen Nächstenliebe für sich als ein »Um-zu« aufgefaßt: »damit du geliebt wirst«, als ein Mittel zum Zweck für sich selbst, und damit hatte er es entwertet. Das haben die anderen aus der Gruppe aber nicht mit sich machen lassen, er bekam »Ablehnung«. Paul begründet diese Ablehnung sehr klar: ...»weil das Du dabei austauschbar ist.« Wenn er nur geliebt werden will, ohne den anderen wirklich zu lieben, sondern Lieben zu einem »Um-zu«, zu einem Mittel macht, dann ist der andere nicht ein wirkliches Du sondern ein Ding, daß »austauschbar« ist. »Es geht da nicht um Begegnung« zwischen zwei einzigartigen Ichs, »sondern um Selbstbefriedigung«, was wohl ein mögliches Gegenteil zu Liebe oder Begegnung ist. Er »weiß« jetzt, worauf es ankommt, er hat es einmal an »diesem Nachmittag« erfahren, »daß ich jeden einzelnen mag, jeden in seiner Art«. Er unterstreicht wohl das »Ich«, um das Zentrum zu betonen, von dem die Aktivität ausgeht. Er »mag«, es geht nicht mehr darum, daß er – sich passiv auffassend – gemocht wird. »Jeden in seiner Art zu mögen«, meint nichts anderes, als jeden in seiner Einzigartigkeit und Andersartigkeit zu bestätigen. Er »weiß« auch, daß er dieses »Gefühl« hatte, und immer wieder verliert, sein Prozeß ist nicht abgeschlossen, diese Liebe ist »nicht etwas Ewiges und muß immer wieder neu gegründet werden«. Das ist also nicht etwas, was man herstellen kann und dann hat, wie einen Gegenstand, ein entäußertes Produkt z.B. einen Tisch, den man hergestellt hat, sondern zu lieben ist eine immer wieder neue Aktivität, bei der man sich eben nicht – im ‚Marxschen Sinne – »entäußert«. Aber es ist auch nicht etwas, bei dem man sich »anstrengen« kann, wie bei einer Arbeit, sich zwingen, »dann fällt man immer wieder auf die Nase«. Das meint wohl, man kann sich nur lassen zu lieben, sich lieben lassen. Das ist sicherlich nicht einfach. Aber erst damit verliert die christliche Nächstenliebe den Pflichtcharakter, der sie so grundsätzlich verfälscht. Ich glaube, Paul weiß sehr genau, welche grundsätzlichen Einsichten er formuliert, das zeigt seine Wortwahl, die Erwähnung der christlichen Nächstenliebe oder zum Beispiel die Worte »Ewigkeit« und »gründen«. Was er in der Gruppe gelernt hat, diese Art von Liebe oder Kontakt, kann er dann auf die Beziehung zu Klienten übertragen. Es geht um beides: die Klienten »ernstnehmen, akzeptieren, verstehen« und »zu sagen ... ich bin ich«. Nur indem ich die »Spannung des Anderssein« von Ich zum Du »aushalte«, kann es zur heilenden Begegnung kommen.

Bei Marina werden weitere Aspekte der Ich-Entwicklung deutlich, die anscheinend für das Lernen von »Begegnen« bedeutend sind.

»Ich habe gelernt, Menschen in die Augen zu blicken ohne Angst. Es gelingt mir nicht immer ... natürlich gibt es immer wieder Menschen, die mir Angst machen (die Selbstgerechten, Allwissenden, Tüchtigen, die coolen männlichen Männer, die coolen erfolgreichen Frauen, die Erleuchteten und die die glauben, es zu sein, die begnadeten Künstler, meine Mutter usw.) Diese Scheu habe ich, so denke ich, durch unsere Gruppe verloren. Dadurch, daß ich mich plötzlich in einer Gruppe völlig unbekannter, sehr verschiedener Menschen wiederfand ... Und zu erfahren, daß ich jede Person auf ihre Art verstehen und sogar lieben lernen konnte. Das ist, glaube ich, meine schönste Erfahrung im Projekt gewesen und wirkt sich

auf meine Haltung in der Beratung aus ... Ich weiß aber auch, daß meine Offenheit für andere und meine Fähigkeit, jede und jeden so anzunehmen, wie sie sind, von meiner eigenen Fähigkeit, so zu sein, wie ich bin, abhängt und mich so zu lieben, wie ich bin, das ist wohl meine Lebensaufgabe. Das heißt für mich nicht, daß ich jede und jeden von Herzen liebe, grenzenlos ...«

Bei Marina ist es die Angst, die sie hindert, dem Du zu begegnen. »Menschen in die Augen zu blicken ohne Angst«, ist eine sehr konkrete, schöne Beschreibung von Begegnung. Wovor hatte sie Angst? Die Aufzählung derjenigen, vor welchen sie Angst hat, läßt darauf schließen, daß sie Angst hat vor den Selbstgewissen ohne Zweifel, denen sie sich unterlegen fühlt. Es ist nicht die Angst vor der Andersartigkeit, sondern die Angst vor der Abwertung durch diese Menschen, wobei aber wohl deutlich wird, daß diese Abwertung ihrer selbst eine Folge dessen ist, daß sie sich unterlegen fühlt und damit ungewollt die anderen aufwertet. Die Abwertung ist nur möglich, weil sie sich selbst nicht akzeptiert, deshalb die »Fähigkeit« nicht hat, »so zu sein, wie ich bin«, sondern sich wohl scheut, sich zu zeigen. Angst vor Abwertung hindert sie, so zu sein, wie sie ist. Ihre »schönste Erfahrung im Projekt« ist, erfahren zu haben, daß sie »in einer Gruppe völlig unbekannter, sehr verschiedener Menschen ... jede Person auf ihre Art verstehen und sogar lieben lernen konnte ...«, dadurch, daß sie ihre »Scheu« oder Angst verlor. Die »Gruppe« meint die Gruppe der studentischen Berater, die für das Projekt »Aufbau einer psychosozialen Beratungsstelle« per Losverfahren zusammengestellt wurde. Ihre »Haltung« wirkte sich auf die Beratung aus, schreibt sie, das heißt wohl, daß sie diese Erfahrung, wildfremde Menschen lieben zu können, in ihrer Entwicklung erst so bewußt erfahren mußte, um sie dann auf die Beratung übertragen zu können – und nicht nur auf die Beratung, sondern allem Anschein nach auf ihr gesamtes Leben.

Marina weist auf eine andere Voraussetzung hin, dem Du zu begegnen, nämlich erstens »so zu sein, wie ich bin« und zweitens »mich so zu lieben, wie ich bin«. Also erstens, so sich zu geben, zu handeln, wie sie ist, ohne sich zu verstecken, zu verstellen, sich anzupassen und zweitens »sich anzunehmen«, wie sie ist und zu ... was versteht sie unter »lieben«? Sie setzt es nicht ganz mit »annehmen« gleich oder mit »jede Person auf ihre Art verstehen«. Zwar fehlt ein Hinweis darauf, daß sie unter lieben auch versteht, neben dem Annehmen zu »bestätigen«, »was du bestimmt bist zu werden«, wie es bei Buber heißt, aber der Satz »das heißt für mich nicht, daß ich jeden und jede von Herzen liebe, grenzenlos...« heißt für mich auch, daß sie die »Spannung des Andersseins und nötigenfalls der Gegnerschaft«, von der Friedman spricht, kennt und auszuhalten bereit ist. Ganz klar ist sie sich wohl nicht an dieser einen Stelle mit dem Prozeß des Liebens, weil es für sie so wichtig ist, »angenommen zu werden, wie sie ist«, weil sie Angst vor Abwertung hat. Aber Bestätigung der Einzigartigkeit und des Andersseins hat nichts mit Abwertung zu tun. Sie sieht wohl als einzige Alternative zum Angenommenwerden, wie sie ist, nur die Abwertung, und sie sieht nicht, daß die »Gegnerschaft«, die »Spannung des Andersseins« ohne Abwertung zur Bestätigung dazugehört, aber sie weiß, daß es darum geht, »jede Person auf ihre Art« also in ihrer Andersartigkeit zu lieben.

Wieder ein anderer Aspekt des Lernens von »Begegnung« steht im Mittelpunkt des humorvoll-spöttischen Berichts von Zora:

»Weiter ist mir nicht erspart geblieben mitzubekommen, daß ich eigentlich alle Leute mögen kann, wenn ich es will, wenn ich mir Mühe gebe, sie zu verstehen, auch wenn's manchmal lang dauert und auch nicht immer schmerzlos abläuft. Normalerweise setze ich mich Kontakten mit Leuten, die mir suspekt und unsympathisch sind, nicht solange aus, daß ich erleben kann, daß sich durch Auseinandersetzungen an solchen Festschreibungen etwas ändern läßt. Was meinem Wohlbefinden unter Menschen auch ganz zuträglich ist. Obwohl es damit noch nicht so weit gediehen ist vor meiner Grundhaltung »die Welt ist schlecht« und »alle anderen sind schuld an...« wesentlich abzuweichen. Aber da tut sich schon was. Am meisten gelernt, fällt mir gerade ein, habe ich durch mein Erleben, nicht durch Theorie oder dadurch, daß mir jemand etwas vorgemacht hat, sondern dadurch, daß ich gesehen, gehört, gefühlt hab' (am intensivsten, wenn ich vorher ganz andere Vorstellungen oder Erwartungen hatte und dann überrascht war, was mir passiert ist) manchmal auch nachgedacht, aber eher selten.«

Was Zora ihre »Grundhaltung« nennt, »die Welt ist schlecht« und »alle anderen sind schuld an...« kann man als grundsätzliches Mißtrauen sehen, als die Weltsicht der Fremdbestimmtheit im Gegensatz zur Weltsicht der Autonomie von ihr selbst und damit ihrer Verantwortung. Sie weiß, daß diese beiden Haltungen nicht nur bequem sind sondern ihrem »Wohlbefinden zuträglich« sind. Sie leitet gleichsam aus dieser »Grundhaltung« als Axiom weitere Verhaltensweisen ab, daß sie die »Leute« als »suspekt« –

darin äußert sich auch Mißtrauen – und »unsympathisch« »festschreibt«. Diese Festschreibung hat für sie ihren Nutzen, aber sie sagt: Ich kann »eigentlich alle Leute mögen, wenn ich es will«. Das heißt, sie hat erfahren, daß sie die Leute als »suspekt« oder »unsympathisch« definiert, daß die Leute also nicht die Eigenschaft von sich aus haben, »suspekt« und »unsympathisch« zu sein. Wenn sie es »will«, wenn sie entscheidet, und sich autonom verhält, dann kann sie »eigentlich alle Leute mögen«. Es kostet zwar Mühe »auch wenn's manchmal lange dauert und nicht immer schmerzlos verläuft«, nämlich die Mühe »durch Auseinandersetzung« an solchen »Festschreibungen« etwas zu »verändern«. Die Auseinandersetzung ist wohl nicht schmerzlos für sie. Es ist einfacher durch »Festschreibung« den anderen die Schuld zuzuweisen. »Aber da tut sich schon was«.

Meines Erachtens hat sie erkannt, daß sie nicht nur durch »Auseinandersetzung« mit diesen »Festschreibungen« »mögen« kann, sondern auch, wenn sie »gesehen, gehört, gefühlt« hat, wenn sie das »Erleben« zuließ oder »Vorstellungen und Erwartungen« aufgeben konnte, indem sie einfach sah, hörte und fühlte, also nicht diese Festschreibungen überstülpte und nur ihre Erwartungen und Vorstellungen bestätigte, sondern immer wieder das Neue, nicht Vorgefaßte, dies Einzigartige und Andersartige erlebte. Dazu »passierte« ihr etwas, auch das kann schmerzhaft gewesen sein, sie mußte dafür offen sein, bereit, sich verändern zu lassen. Sie sagt, am meisten gelernt habe sie durch ihr Erleben, also das heißt bei ihr, durch diesen wirklichen Kontakt ohne klischeehafte Konzepte, durch Begegnungen, wahrscheinlich nicht nur mit Menschen.

14.

Zum Thema: Lieben

Ich glaube, ich weiß jetzt besser, was »Lieben« ist. Vor einiger Zeit (1989) habe ich noch geschrieben, ich wisse nicht, was »Lieben« sei. Dem ging voraus, daß ich zuerst einmal das Selbstverständliche des Liebens in Frage stellte. Zum Beispiel fragte ich mich, ob man Lieben lernen kann oder ob man Lieben einfach »kann«. Ich glaube jetzt, man kann es lernen.

Eine Folge meiner Beschäftigung mit dem Thema ist, daß ich nicht mehr von »Liebe« sprechen möchte, sondern nur noch von »Lieben«. Lieben ist vor allem eine Tätigkeit. Ich glaube, wir meinen, daß »Liebe« vor allem ein Gefühl sei, ein Gefühl, das man »hat« oder nicht »hat«: Beim Gegenteil von »Lieben«, beim »Hassen« begreifen wir eher, daß es eine von Gefühlen begleitete Tätigkeit ist. »Liebe ist ein welthaftes Wirken« hat Martin Buber geschrieben, wobei er im »Wirken« eine besondere Tätigkeit sieht, doch darauf will ich später eingehen.

Ich sehe Lieben als »Ja sagen«, als »Einverstanden-Sein«. Der Gegensatz ist »Verneinen« oder »Nein-Sagen«. »Akzeptieren«, wenn man es statt als »Hinnehmen« als »Annehmen« auffaßt, kommt dem »Lieben« schon sehr nahe. Was fehlt, ist die »Hingabe«. Lieben ist Annehmen und Hingeben gleichermaßen. Etwas mit voller Hingabe zu tun, hat schon sehr viel mit »Lieben« gemeinsam.

Wir verwechseln oft »Lieben« mit dem passiven »Geliebtwerdenwollen«. »Erkennen« ist ein anderer wichtiger Aspekt von »Lieben«. Beim Ja-Sagen, kommt es darauf an, daß ich als ganzes Wesen, mit Leib, Seele, Geist Ja sage und daß ich zu dem, zu dem ich Ja sage, es als ganzes Wesen erkennend Ja sage, auch in seinen unverwirklichten Möglichkeiten. Das Wesen, zu dem ich Ja sage, kann ein anderer Mensch sein, aber ebenso ein anderes Lebewesen, ein Tier oder eine Pflanze, aber auch eine Sache, ein Gegenstand, z.B. auch eine Maschine. Die dieses »Lieben« begleitenden Gefühle – zum Menschen, zur Maschine – sind verschieden, nicht die Tätigkeit »Lieben«.

Ich glaube, lieben kann man nur etwas Einzelnes und Konkretes, also nicht eine Familie, ein Volk, die Wahrheit, das Leben. Etwas, jemanden lieben ist nämlich die Einmaligkeit und Einzigartigkeit des anderen »erkennen« und »bestätigen«. Bei Lebewesen »erkenne« und »bestätige« ich im Lieben neben deren Einzigartigkeit auch noch ihre Autonomie.

Erkennen oder Bestätigen schließt Kritik nicht aus. Ich biete dem anderen die Kritik an, was er damit anfängt, ist seine Sache, da er autonom ist.

»Bestätigen« meine ich im Sinne von Martin Buber. »Bestätigung« ist mehr als »Einfühlung« oder »Empathie«, mehr als »Akzeptieren«. »Ich nehme dich an, so wie du bist, aber das ist noch nicht das, was ich unter Bestätigung verstehe ... Bestätigung bedeutet zu allererst die gesamten Fähigkeiten des anderen gelten zu lassen, auch wenn sich diese von unseren weitgehend unterscheiden ... Ich kann in ihm die Persönlichkeit kennen und kennenlernen, die – ich kann es nur so ausdrücken – er zu werden erschaffen wurde«, sagte Martin Buber (vgl. Rogers 1984) im Gespräch mit Carl Rogers und Maurice Friedman. Wenn ich etwas, jemanden als einzigartig erkenne und bestätige, dann hat dies zur Konsequenz, daß er folglich anders ist als ich. Lieben ist also nicht ein Verschmelzen mit dem geliebten Wesen oder Gegenstand, nicht Konfluenz und nicht Symbiose, nicht »Einssein«.

Um lieben zu können, muß ich jemand sein, mich gefunden haben, bei mir sein als ganzes Wesen, ein einzigartiges und einmaliges Ich oder Selbst sein. Bei einer »Begegnung« im Sinne Bubers »stehen Ich und Du einander frei gegenüber, in einer Wesensbeziehung, die in keiner Ursächlichkeit einbezogen ... ist« (1979, 54), beide sind ganz und autonom, insofern frei und sie beeinflussen sich gegenseitig, wirken wechselnd aufeinander. Keiner übt Macht über den anderen aus und keiner unterwirft sich.

»Einssein« bedeutet für mich etwas anderes. Darauf will ich später noch eingehen.

»Hingabe« oder »Ergebung« sagt Irina Tweedie (persönliche Mitteilung), sei nichts »als volle und vollkommene Aufmerksamkeit« (oder Achtsamkeit) (»*Surrender is nothing but total and complete attention*«). Sich einer Tätigkeit hingeben – es ist gleichgültig welcher: dem Kartoffelschälen, dem Gehen, dem Reparieren eines Motorrads oder dem Lösen einer Schraube, einer Berührung oder der sexuellen Vereinigung – ist für mich: etwas als ganzes Wesen tun mit voller Achtsamkeit oder Aufmerksamkeit, dem zugewendet, womit ich es zu tun habe, und es, dieses andere, was ich berühre, dem ich mich widme, als ganzes einzigartiges Wesen dabei erkennen. Auch die festsitzende Schraube, die ich lösen will, ist einzigartig und als ganzes Wesen erkennbar.Ich habe mit großem Gewinn Pirsigs Buch: »Zen und die Kunst ein Motorrad zu warten« wiedergelesen. Am Beispiel des Lösens einer festsitzenden Schraube beschreibt er die »Liebe zur Sache«, z.B. auch wie verführerisch es dabei ist, Gewalt anzuwenden.

Martin Buber verwendet das Wort »Rückbiegung« für den Vorgang, der das »Zwischen« zwischen Ich und Du aufhebt und die Hingabe verfehlt. Bei diesem Vorgang »biegt« der Handelnde seine Achtsamkeit auf sich, den Handelnden, »zurück«: »*Ich* streichle!« Dann wird, was Hingabe hätte sein können in unserer an Leistung orientierten Gesellschaft zur Leistung des Ich.

»Hingabe« hat für mich zweierlei Aspekte, einen männlichen und einen weiblichen. Die männliche Hingabe bei der sexuellen Vereinigung besteht im Fließen (hingeben). Die weibliche Hingabe im Aufnehmen (sich öffnen). Natürlich sind die beiden Arten von Hingabe nie rein und allein vorhanden, sondern »Hingabe« besteht immer aus Fließen und Aufnehmen. Beim Lieben kommt die Wechselseitigkeit der Liebe so am besten zum Ausdruck. Es ist ein Kreislaufprozeß aus Fließen und Aufnehmen, Aufnehmen und Fließen. Ich nehme auf, was ich liebe und ich fließe hinein in das, was ich liebe.

Wir fühlen uns nur dann ganz lebendig, wenn wir etwas mit voller Hingabe tun, den Schluck Kaffee am Morgen trinken, die Lieblingsplatte hören, usw. – mit voller und vollkommener Aufmerksamkeit.Wenn wir dabei an etwas anderes denken, etwas anderes fühlen oder träumen, dann er-*leben* wir nicht, was wir tun. Das ist schwer, und unser Verstand, unsere Gedanken, Wünsche, Phantasien, Vorstellungen, Träume, lenken uns häufig ab. Insofern hat Lieben auch etwas mit vollkommenem Lebendigsein zu tun, wenn mich etwas als ganzes Wesen erfaßt und ich mich als ganzes Wesen erfassen lasse.

»Hingabe« mit seiner männlichen und weiblichen Seite ist, wie Buber sagt, »Passion und Aktion in einem«. Das heißt einerseits, Hingabe ist »Gnade« *und* »Tat meines Wesens«. Andererseits ist die Tätigkeit dabei vor allem ein Lassen, ein Zulassen. Das Gegenteil ist »Eingreifen« oder, wie Buber (1979) sagt »Gebrauchen« oder »Fertig werden«.

»Eingreifen« ist für mich »Verneinen« oder »Nein sagen«, dann bin ich nicht einverstanden mit dem, was ist und werden kann, ich anerkenne und erkenne bei Lebewesen dann nicht ihre Autonomie.

Gelassenheit kommt von Ja-sagen, nur wenn ich liebe, kann ich gelassen sein, kann ich lassen statt eingreifen.

Es gibt zwei Arten von »Eingreifen«, nämlich »Festhalten« und »Verändern«. Beides sind Verneinungen. »Lieben« ist das Gegenteil von »Macht ausüben«. Und: Lieben hat nichts mit Unterwerfung zu tun. Macht strebt nach Unterwerfung und Unterwerfung gewährt Macht. Festhalten-wollen und Verändern-wollen ist Macht-ausüben und verlangt Unterwerfung. Sie beruhen auf dem »ingenieurmäßigen Denken«. Wenn ich verändern will, sage ich Nein zu dem Lebewesen, wie es jetzt ist und wie es sich von sich selbst aus, also autonom verändert. Wenn ich festhalten will, sage ich Nein zu dem Lebewesen, wie es sich von sich selbst aus, also autonom verändert. In beiden Fällen lasse ich nicht zu wie sich das Lebewesen selbst bestimmt (Autonomie), sondern will es mit meiner Macht fremd bestimmen (Heteronomie) und fordere Unterwerfung. (Die These, daß Lebewesen autonom sind, verstehe ich im Sinne der Selbstorganisationstheorien von Maturana und Varela).

Alles ist im Fluß, alles; nichts bleibt wie es ist. Das einzige, was ewig ist, ist dieses »Im Fluß sein«, dieses »Stirb-und-werde«. In jedem Augenblick stirbt ein Augenblick und wird ein neuer geboren. Es gibt nur Ereignisse. Auch Steine ereignen sich. Deutlicher noch wird dieses »Stirb-und-werde« bei Lebewesen. Leben und Tod sind komplementär, sie gehören zusammen. Das eine ist nicht ohne das andere denkbar. Ich kann auch sagen: Leben ist durch den Tod definiert und der Tod durch das Leben. Daraus folgt, daß wir uns dauernd verabschieden müssen.

Der »große Tod«, das endgültige Sterben eines Lebewesens besteht darin, daß es nach dem Sterben nicht mehr das ist, was es vorher war. Vielleicht gibt es so etwas wie Wiedergeburt, aber ich glaube nicht, daß irgendetwas von mir Bestand hat. Die Würmer werden mich fressen, ich werde Pflanzen nähren, aber das Ich, das ich jetzt bin, werde ich nach dem Tod nicht sein (ich meine nicht das Ego, sondern das Selbst mit »Ich«).

Ich kann also nicht etwas Bestehendes, Festes lieben, sondern nur etwas sich ständig Wandelndes. Deshalb kann ich nur dauernd mein Lieben erneuern, auch Lieben ist nichts, das be-*stehen* bleibt.

Wir wollen festhalten, was ist, wir wollen auch den Geliebten festhalten, in dem wie er jetzt ist, weil wir vor dem Wandel Angst haben, vor dem immer wieder Neuen. Aber Festhalten ist Eingreifen, Macht-ausüben. Wir wollen auch uns festhalten, so wie wir jetzt sind, das nennt man dann »Charakter«.

Wenn wir andere verändern wollen, sind wir nicht einverstanden, sagen wir nicht ja zu dem, was ist und sich selbstbestimmt und autonom wandelt.

Wenn wir verändern wollen, dann meinen wir als Erzieher oder Therapeuten, daß das notwendig ist. Wir vertrauen nicht, wir lassen nicht zu, daß Lebewesen sich selbst organisieren, autonom sind, daß sie von innen her bestimmt sind, nicht von außen. Wenn wir uns ändern wollen, wenn wir klüger, ruhiger, gelassener, fröhlicher, glücklicher, reicher sein wollen, wollen wir in uns eingreifen, mit uns »fertig werden«. Wir streben z.B. einem Ideal-Selbst nach. Wir vertrauen nicht auf unsere Selbstorganisation. Wir üben Macht uns gegenüber aus und wir unterwerfen uns, (das Kind-Ich dem Eltern-Ich zum Beispiel). Wir sagen dann nicht Ja zu uns, wir verneinen uns. Wie soll ich andere lieben können, wenn ich mich selbst nicht lieben kann, sondern mich manipulieren möchte, festhalten oder eingreifen? Ich mache mich dann, wie Buber meint, zum »Schöpfer meines Selbst«, betrachte mich als Gott gleich und begehe damit die »Lüge am Sein«. Ein Beispiel: Ich kann mich nicht gesund machen, der Heilungsprozeß ist ein autonomer Prozeß. Aber ich kann den Heilungsprozeß unterstützen, indem ich mich bereit mache (*set the intention*), gesund zu werden. Der erste Schritt ist dabei, anzuerkennen, daß ich krank bin, d.h. Ja zu sagen dazu, daß ich krank bin, einverstanden sein, also meine Krankheit lieben als etwas Einzigartiges und sich Wandelndes.

Macht-ausüben ist Nein-sagen und nicht-Lieben. Unterwerfung gewährt Macht. Ich tue dann nicht, was ich tun will, ich überlasse mich mir nicht, sondern unterwerfe mich – meist aus Angst. Ich glaube, es ist mindestens genauso wichtig herauszufinden, wie und wann ich mich unterwerfe, wie herauszufinden, wie und wann ich Macht ausübe.

»Rücksicht nehmen«, ohne Ja zu sagen, scheint mir mehr mit Sich-unterwerfen zu tun zu haben, als mit Lieben. Lieben heißt nicht, das tun, was der andere will. Zum Lieben bedarf es zweier Menschen, mich und den anderen. Wenn ich mich durch symbiotische oder konfluente Rücksichtnahme aufgebe, kann es kein »Zwischen« geben zwischen Ich und Du. Aber ich kann bewußt Ja sagen, einverstanden sein – autonom – zu/mit dem Wünschen des anderen.

Lieben als Tätigkeit ist wohl das, was im Taoismus »wu wei« heißt und häufig mit »nicht handeln« übersetzt wird, die bessere Übersetzung ist für mich »nicht eingreifen«. »Nicht-handeln bedeutet nicht nichts tun, sondern dem Ding gewähren, was es natürlich tut«, also »Respekt vor der Selbststeuerungskapazität« der »Selbstorganisation«, also der Autonomie zu haben, so übersetzt Needham »wu wei«.

Buber nennt »Nichttun« die »Tätigkeit des ganz gewordenen Menschen ... wo sich nichts Einzelnes mehr, nichts Teilhaftes mehr am Menschen regt, also auch nichts von ihm in die Welt eingreift...«. Er spricht von »reinem Wirken«, der »Handlung ohne Willkür«. Der Liebende »verwirklicht« im »Nichttun« das andere so »wie es von ihm, dessen es bedarf, verwirklicht werden will« (1979, 62).

Offensichtlich hat jede unserer Handlungen Konsequenzen. Wir haben immer Einfluß. Wir können nicht Nicht-Einfluß haben. Das gilt auch anderen Menschen gegenüber. Es geht um die »Handlung ohne Willkür«, Handeln ohne »um zu« um »Verwirklichen«, es geht darum dem Verwirklichen des anderen zu dienen, aber nicht sich dabei zu unterwerfen.

Jede Tätigkeit, jede Handlung hat Konsequenzen, »stört«, (perturbiert) den anderen, aber was er mit der Störung anfängt, ist seine Sache, er ist autonom. Wir haben immer Einfluß und darum sind wir immer verantwortlich. Wir sind autonom und frei – deshalb sind wir verantwortlich, wir können entscheiden, ob wir dies tun oder jenes. Verantwortlich sein heißt antworten – in Übereinstimmung mit mir und der Situation.

Wir wurden als Kinder zum Gehorsam erzogen. Uns wurde die Überzeugung beigebracht, daß wir von außen bestimmbar sind, und nicht autonom, uns wurde die Angst beigebracht. Jetzt glauben wir, wir seien nicht autonom, ein Spielball der äußeren Umstände. Wir sagen: »Ich muß ... Ich bin gezwungen ... Es blieb mir nichts anderes übrig ... Ich kann nicht...«. Damit entziehen wir uns der Verantwortung. Wir sind heute selten physischer Gewalt ausgesetzt, aber wir gewähren Macht durch Unterwerfung. Alles, was wir tun, hat Konsequenzen, wirklich alles. Insofern sind wir eingebunden.

Wir glauben, daß wir durch Lieben, durch Ja sagen nichts bewirken können. Wir setzen Kraft und Energie mit Macht gleich, wir setzen »Eingreifen« mit »Wirken« gleich. Das läßt sich auch anders denken:

Es gibt die Kraft der Liebe. Jede Pflanze, die wächst, hat Kraft und Energie und sagt Ja dadurch, daß sie wächst. Das gilt für jedes Lebewesen. Die Kraft und die Liebe ergänzen einander, wie Tod und Leben sich ergänzen, komplementär sind. Ich bin überzeugt, daß in der Welt immer genug Kraft sein wird, deshalb brauchen wir keine Angst zu haben. Die Kraft der Liebe erhält sich wie die physikalische Energie. Das Lieben ist der einzig mögliche Widerstand gegen Gewalt und Macht, ohne selbst

Gewalt und Macht anzuwenden. Wir vertrauen meist nicht genug der Kraft des Liebens, ihrem Wirken.

Angst ist die Erwartung, daß etwas außerhalb von mir, mich bestimmen kann, daß ich nicht mehr selbstbestimmt mit Störungen umgehen kann. Insofern hilft Lieben gegen die Angst, dies ist ihre Kraft, denn Lieben ist das Ja sagen zu meiner und jeder anderen Selbstbestimmtheit und Selbstorganisation. Angst entsteht, weil ich an die Bestimmbarkeit von mir von außen glaube, weil ich mich heteronom sehe.

Wie Kristalle durch das Licht leuchten, das sie aufnehmen, so lieben wir dadurch, daß wir die Liebe, das ist vielleicht Gott, in uns aufnehmen. Wir verwirklichen Gott, indem wir lieben, d.h. Ja sagen zu dem Sich-ereignen in der Welt. Wenn ich liebe, bin ich wirkend eingebunden in das Sich-ereignen der Welt, also vereint im Fluß, »ein und ein vereinet«. Dieses Einssein mit dem Ganzen verstehe ich unter Einssein.

Literaturverzeichnis

Bahro, R. 1981
Marburger Alternativen. Sozialistische Konferenz, Rundbrief 5, April, 1981.

Bandler, R. und Grinder, G.J. 1975
Patterns of the Hypnotic Techniques of Milton H. Erickson. Vol. 1, Cupertino, Cal. 1975.

Bateson, G. 1980
Mind and Nature. A Necessary Unity. Toronto, New York, London 1980.

Bateson, G. 1981
Ökologie des Geistes. Frankfurt/M. 1981.

Bateson, G. 1982
Geist und Natur. Eine notwendige Einheit. Frankfurt/M. 1982.

Beck, H. 1991
Buber und Rogers. Das Dialogische und das Gespräch. Heidelberg 1991.

Beck, U., Brater, M. und Daheim, H.J. 1980
Soziologie der Arbeit und der Berufe. Reinbek 1980.

Beese, F. 1974
Der Neurotiker und die Gesellschaft. München 1974.

Berger, P.L. und Luckmann, Th. 1966
The Social Construction of Reality. Garden City, New York 1966. Dt. Ausg.: Die gesellschaftliche Konstruktion der Wirklichkeit. Frankfurt/M. 1970.

Berman, M. 1983
Die Wiederverzauberung der Welt. Am Ende des Newtonschen Zeitalters. München 1983.

Blankertz, St. 1990
Gestaltkritik.
Paul Goodmans Sozialpathologie in Therapie und Schule. Köln 1990.

Blankertz, St. 1988
Der kritische Pragmatismus Paul Goodmans. Köln 1988.

Block, J. 1977
Die Aporie des Du. Probleme der Dialogik Martin Bubers. Heidelberg 1977.

Böhme, G. u.a. (Hrsg.) 1977
Experimentelle Philosophie. Ursprünge autonomer Wissenschaftsentwicklung. Frankfurt/M. 1977.

Böhme, G./ Daele, W.v.d. 1977
Erfahrung als Programm. über Strukturen vorparadigmatischer Wissenschaft. In: Böhme, G. u.a. (Hrsg.): Experimentelle Philosophie. Ursprünge autonomer Wissenschaftsentwicklung. Frankfurt/M. 1977, 183-236.

Born, M. 1969
Erinnerungen und Gedanken eines Physikers. In: Born, H. und Born, M.: Der Luxus des Gewissens. Erlebnisse und Einsichten im Atomzeitalter. München 1969

Bourdieu, P. 1979a
Entwurf einer Theorie der Praxis. Frankfurt/M. 1979.

Bourdieu, P. 1979b
The Specifity of the Scientific Field and the Social Conditions of the Progress of Reason. Social Science Information 14, 6, 19-47.

Bourdieu, P. 1982
Die feinen Unterschiede. Frankfurt/M. 1982.

Bourdieu, P. 1987
Sozialer Sinn. Frankfurt/M. 1982.

Boyadijan, Ch. 1980
Die Macht der Maschinen. Frankfurt/M. 1980.

Brecht, B. 1957
Schriften zum Theater. Frankfurt/M. 1957.

Brecht, B. 1970
Über den Beruf des Schauspielers. Frankfurt/M. 1970.

Brown, G.J. 1972
Human Teaching for Human Learning. An Introduction to Confluent Education. New York 1972.

Brown, G.J./ Petzold, H.G. (Hrsg.) 1978
Gestalt-Pädagogik. München 1978.

Bruner, J.S. 1967
On Knowing. Essays for the Left Hand. New York 1967.

Buber, M. 1934
Sinnbildliche und sakramentale Existenz im Judentum. Eranos Jahrbuch II. Zürich 1934, 339-367.

Buber, M. 1949
Die Erzählungen der Chassidim. Zürich 1949.

Buber, M. 1953
Mein Weg zum Chassidismus. In: Buber, M.: Hinweise. Gesammelte Essays. Zürich 1953.

Buber, M. 1962
Werke. Erster Band. Schriften zur Philosophie. München, Heidelberg 1962.

Buber, M. 1963
Die chassidische Botschaft. In: Buber, M.: Werke. Bd. 3. Schriften zum Chassidismus. München und Heidelberg 1963.

Buber, M. 1978
Begegnungen. Autobiographische Fragmente. Heidelberg 1978.

Buber, M. 1978
Urdistanz und Beziehung. Beiträge zu einer philosophischen Anthropologie. Heidelberg 1978.

Buber, M. 1979
Das dialogische Prinzip. Heidelberg 1979.

Buber, M. 1982
Das Problem des Menschen. Heidelberg 1982.

Buber, M. 1986
Reden über Erziehung. Heidelberg 1986.

Büntig, W.E. 1982
Die Gestalttherapie Fritz Perls'. In: Ercke, D. (Hrsg.): Tiefenpsychologie. (=Kindlers Psychologie des 20. Jahrhunderts. Bd. 4). Weinheim und Basel 1982. 534-556.

Cardorff, P. 1988
Friedlaender (MYNONA) zur Einführung. Hamburg 1988

Castaneda, C. 1973
Die Lehren des Don Juan. Ein Jaqui-Weg des Wissens. Frankfurt/M. 1973.

Chomsky, N. 1969
Amerika und die neuen Mandarine. Frankfurt/M. 1969.

Ciompi, L. 1988
Außenwelt, Innenwelt. Die Entstehung von Zeit, Raum und psychischen Strukturen. Göttingen 1988.

Cohn, R. 1980
Von der Psychoanalyse zur Themenzentrierten Interaktion. Stuttgart 1980.

Coleman, J.S. 1971
Education in Modern Society. In: Greenberger, M. (Hrsg.): Communications and the Public Interest. Baltimore 1971.

Döbert, R., Habermas, J. und Nunner-Winkler, G. (Hrsg.) 1979
Entwicklung des Ichs. Köln 1979.

Domhoff, G.W. 1969/70
»But Why Did They Sit on the King's Right in the First Place?«. Psychoanalytic Review 56, 596.

Douglas, M. 1991
Wie Institutionen denken. Frankfurt/M. 1991.

Drever, J. und Fröhlich, W.D. 1968
Wörterbuch der Psychologie. München 1968.

Dschuang Dsi 1979
Das wahre Buch vom südlichen Blütenland. Köln 1979.

Duerr, H.P. 1978
Traumzeit. Über die Grenze zwischen Wildnis und Zivilisation. Frankfurt/M. 1978.

Duncker, K. 1963
Zur Psychologie des produktiven Denkens. Berlin, Heidelberg, New York 1963. Zuerst: 1935.

Edge, H. 1978
Paradigma und Parapsychologie. In: Duerr, H.P. (Hrsg.): Unter dem Pflaster liegt der Strand 5, Berlin 1978. 53-70.

Fagan, J. 1977
The Gestalt Approach as »Right Lobe« Therapy. In: Smith, E.W.L. (Hrsg.): The Growing Edge of Gestalt Therapy. Secaucus, MI 1977. 58-68.

Farau, A. und Cohn, R.L. 1984
Gelebte Geschichte der Psychotherapie. Zwei Perspektiven. Stuttgart 1984.

Feyerabend, P. 1976
Wider den Methodenzwang. Skizze einer anarchistischen Erkenntnistheorie. Frankfurt/M. 1976.

Fichte, J.G. 1800
Die Bestimmung des Menschen. Berlin 1800.

Filipp, S.H. 1979
Selbstkonzeptforschung. Stuttgart 1979.

Fleck, L. 1980
Entstehung und Entwicklung einer wissenschaftlichen Tatsache. Frankfurt/M. 1980. Zuerst: 1935.

Foss, L. 1973
Does Don Juan Really Fly? Philosophy of Science 40, 298-316.

Foucault, M. 1978
Dispositive der Macht. Über Sexualität, Wissen und Wahrheit. Berlin 1978.

Foucault, M. 1988
Archäologie des Wissens. Frankfurt/M. 1988.

Friedlaender, S. 1918
Schöpferische Indifferenz. München 1918.

Friedman, M. 1960
Dialogue between Martin Buber and Carl Rogers. In: Psychologia Kyoto 3, 208-221.

Friedman, M. 1987
Der heilende Dialog in der Psychotherapie. Köln 1987.

From, I. 1987
Gestalttherapie und »Gestalt«. Betrachtungen über Gestalttherapie nach 32 Jahren Praxis. In: Gestalttherapie 1/1987, H.1, 5-10.

Fromm, E. 1972
Psychoanalyse und Zen-Buddhismus. In: Ders. u.a. (Hrsg.): Zen-Buddhismus und Psychoanalyse. Frankfurt/M. 1972. 101-179

Gergen, K.J. 1985
The Social Constructionist Movement in Modern Psychology. In: American Psychologist 40/1985, 266-275.

Gergen, K.J. 1990
Die Konstruktion des Selbst im Zeitalter der Postmoderne. In: Psychologische Rundschau 41/1990, 191-199.

Glatzer, A.T. 1973
Die Behandlung der oralen Charakterneurose in der Gruppenpsychotherapie. In: Sager, D.J. und Kaplan, H.D. (Hrsg.): Handbuch der Ehe-, Familien- und Gruppen-Therapie. Bd. 1. München 1973. 70-83.

Goodman, P. 1989
Natur heilt. Psychologische Essays. Hrsg. v. Taylor Stoehr. Köln 1989.
Goodman, P.
Anarchismus und Revolution. (unveröffentlichtes Manuskript).
Gorz, A. 1980
Abschied vom Proletariat. Frankfurt/M. 1980.
Gouldner, A.W. 1980
Die Intelligenz als neue Klasse. Frankfurt/M. 1980.
Granet, M. 1980
Das chinesische Denken. Inhalt, Form, Charakter. München 1980.
Graumann, C.F. 1977
Psychologie – humanistisch oder human?. Psychologie heute 4, 8, 40-45.
Griffin, S. 1987
Frau und Natur. Das Brüllen in ihr. Frankfurt/M. 1987.
Grinder, J., De Lozier, J. und Bandler, R. 1975
Patterns of Hypnotic Techniques of Milton H. Erickson. Vol. 2. Cupertino, Cal. 1975.
Haken, H. 1981
Erfolgsgeheimnisse der Natur. Stuttgart 1981.
Haken, H. und Stadler, M. (Hrsg.) 1989
Synergetics of Cognition. Berlin 1989.
Heider, F. 1958
Social Perception and Phenomenal Causality. In: Taguiri, T. und Petrullo, L. (Hrsg.): Person Perception and Interpersonal Behavior. Stanford 1958.
Hejl, P.M. 1986
Soziale Systeme: Körper ohne Gehirne oder Gehirne ohne Körper? Rezeptionsprobleme der Theorie autopoietischer Systeme in den Sozialwissenschaften. Delfin VI, 3/1986, H. 2, 56-67.
Herzlich, C. 1973
Health and Illness. A Social Psychological Analysis. London 1973.
Herzlich, C. 1975
Die soziale Vorstellung. In: Moscovici, S. (Hrsg.): Forschungsgebiete der Sozialpsychologie 1. Frankfurt 1975. 361-406.
Hollingshead, A.B. und Redlich, F. 1975
Der Sozialcharakter psychischer Störungen. Eine sozialpsychiatrische Untersuchung. Frankfurt/M. 1975. Zuerst: 1958.

Holzkamp, K. und Schurig, V. 1973
Zur Einführung in A.N. Leontjews »Probleme der Entwicklung des Psychischen«. In: Leontjew, A.N.: Probleme der Entwicklung des Psychischen. Frankfurt/M. 1973. II-LII.

Huber, J. 1980
Wer soll das alles ändern. Die Alternativen der Alternativbewegung. Berlin 1980.

Huber, L. und Portele, G. 1983
Hochschullehrer. In: Enzyklopädie Erziehungswissenschaften. Stuttgart 1983.

Jaerisch, L. 1978
Sind Arbeiter autoritär? Frankfurt/M. 1978

Jahn, J. 1958
Muntu. Umrisse der neoafrikanischen Kultur. Düsseldorf, Köln 1958.

Jaspers, K. 1947
Von der Wahrheit. München 1947.

Jervis, G. 1980
Kritisches Handbuch der Psychiatrie. Frankfurt/M. 1980. Zuerst: 1978.

Jonas, H. 1986
Prinzip Verantwortung – Zur Grundlegung einer Zukunftsethik. In: Meyer, Th. und Miller, S. (Hrsg.): Zukunftsethik und Industriegesellschaft. München 1986.

Kaltenmark, M. 1981
Lao-tzu und der Taoismus. Frankfurt/M. 1981

Kaplan, M.L. und Kaplan, N.B. 1990
The Self-Organization of Human Psychological Functioning. University of Windsor, Canada (unveröffent. Ms.).

Keeney, B.P. (Hrsg.) 1987
Konstruieren therapeutischer Wirklichkeiten. Praxis und Theorie systemischer Therapie. Dortmund 1987.

Keuth, H. 1977
Über die Bedeutung der Wissenschaftslehre für die Einzelwissenschaften. In: Braun, K.H. und Holzkamp, K. (Hrsg.): Kritische Psychologie. Bericht über den 1. intern. Kongreß Kritische Psychologie vom 13.-15. Mai 1977 in Marburg. Bd. 2. Köln 1977. 548-553

Kelly, G.A. 1955
The Psychology of Personal Constructs. New York 1955.

Klüver, J. 1988
Die Konstruktion der sozialen Realität Wissenschaft: Alltag und System. Braunschweig, Wiesbaden 1988.

Knorr-Cetina, K. 1984
Die Fabrikation von Erkenntnis. Frankfurt/M. 1984.

Knorr-Cetina, K. 1988
Das naturwissenschaftliche Labor als Ort der »Verdichtung« von Gesellschaft. In: Z. f. Soz. 17/1988, H. 2, 85-101

Kohlberg, L. 1974
Zur kognitiven Entwicklung des Kindes. Drei Aufsätze. Frankfurt/M. 1974.

Kohlberg, L., Wassermann, E. und Richardson, N. 1978
Die gerechte Schul-Kooperative. Ihre Theorie und das Experiment der Cambridge Cluster School. In: Portele, G. (Hrsg.): Sozialisation und Moral. Weinheim und Basel 1978. 215-259.

Kohn, A.L. 1968
Social Class and Schizophrenia. In: Rosenthal/ Kety (Hrsg.): The Transmission of Schizophrenia. Elmsford 1968.

Kratzer, H. 1980
Leidensbewußtsein und therapiebezogene Erwartungshaltung »neuer Patienten«. Eine Studie zu Aspekten des Konfliktprofils und des »Krankheitsverhaltens« bei Teilnehmern gruppentherapeutischer Verfahren aus dem Bereich der Humanistischen Psychologie. Diplomarbeit, Universität Konstanz 1980.

Krohn, W. und Küppers, G. 1989
Die Selbstorganisation der Wissenschaft. Frankfurt/M. 1989.

Krüll, M., Luhmann, N. und Maturana, H. 1987
Grundkonzepte der Theorie autopoietischer Systeme. Neun Fragen an Niklas Luhmann und Humberto Maturana und ihre Antworten. In: Z. f. system. Therapie 5/1987, H. 1, 4-25.

Kunzmann, P. u.a. 1991
dtv-Atlas zur Philosophie. München 1991.

Kutter, P. 1975
Über moderne Neurose-Formen und ihre gesellschaftliche Bedingtheit. In: Goeppert, S. (Hrsg.): Die Beziehung zwischen Arzt und Patient. München 1975. 215-226.

Laing, R.D. 1965
The Divided Self: An Existential Study in Sanity and Madness. Harmondsworth 1965.

Lang, H. (Hrsg.) 1990
Wirkfaktoren der Psychotherapie. Berlin, Heidelberg 1990.

Lefcourt, H.M. 1976
Locus of Control. Current Trends in Theory and Research. Hillsdale, N.J. 1976.

Leontjew, A.N. 1973
Probleme der Entwicklung des Psychischen. Frankfurt/M. 1973.

Lewin, K. 1953
Die Lösung sozialer Konflikte. Bad Nauheim 1953.

Lewin, K. 1981f
Kurt Lewin Werkausgabe (KLW). Hrsg. v. C.-F. Graumann. Bern, Stuttgart. Bde. 1, 2, 4 und 6.

Levy, E. 1986
Paranoia – Introduction, Comment, and Translation of »Heinrich Schulte«. In: Gestalt Theory 8/1986, H. 4, 230-255.

Lexikon zur Soziologie 1973
Opladen 1973.

Lickona, Th. (Hrsg.) 1976
Moral Development and Behavior. Theory , Research and Social Issues. New York 1976.

Lohmann, H. 1978
Krankheit oder Entfremdung? Psychische Probleme in der Überflußgesellschaft. Stuttgart 1978.

Luckmann, Th. und Sprondel, W.M. (Hrsg.) 1972
Berufssoziologie. Köln 1972.

Macy, J. 1983
Despair and Personal Power in the Nuclear Age. Philadelphia 1983.

Macy, J. 1991
World as Lover, World as Self. Berkeley, Cal. 1991.

Mallet, S. 1972
Die neue Arbeiterklasse. Neuwied und Berlin 1972.

Marx, K. 1960
Thesen über Feuerbach. In: Marx/ Engels: Deutsche Ideologie. Berlin 1960. 583-585.

Marx, K. 1965
Das Kapital. Bde. 1-3. Berlin 1965.

Maslow, A.H. 1973
Psychologie des Seins. München 1973.

Maturana, H. 1980
Man and Society. In: Benseler, F. u.a. (Hrsg.): Autopoiesis, Communication, and Society. Frankfurt/M. 1980. 11-31.

Maturana, H. 1982
Erkennen: Die Organisation und Verkörperung von Wirklichkeit. Ausgewählte Arbeiten zur biologischen Epistemologie. Braunschweig, Wiesbaden 1982.

Maturana, H. 1983
Reflexionen: Lernen als ontogenetische Drift. In: Delfin II, 60-71.

Maturana, H. 1985a
Reflexionen über Liebe. In: Z. f. system. Therapie 3/1985, H. 3, 129-131.

Maturana, H. 1985b
Biologie der Sozialität. In: Delfin V, 6-14.

Maturana, H. 1987
The Biological Foundations of Self-Consciousness and the Physical Domain of Existence. In: Caianiello, E.R. (Hrsg.): Physics of Cognitive Processes. Singapore 1987. 324-379.

Maturana, H. 1988
Reality: The Search for Objectivity or the Quest for a Compelling Argument. In: The Irish Journal of Psychology 9, 1. (= Special Issue: Kenny, V. (Hrsg..): Radical Constructivism, Autopoiesis and Psychotherapy). 25-82.

Maturana, H. und Varela, F.J. 1987
Der Baum der Erkenntnis. Die biologischen Wurzeln des menschlichen Erkennens. Bern, München, Wien 1987.

Mechanic, D. 1968
Medical Sociology. New York 1968.

Mendelssohn, E., Weingart, P. und Whitley, R. 1977
The Social Production of Scientific Knowledge. Dordrecht, Boston, London 1977.

Mendez, D.L., Coddou, F. und Maturana, H. 1988
The Bringing Forth of Pathology. The Irish Journal of Psychology 9, 1, (=Special Issue: Kenny, V. (Hrsg.): Radical Constructivism, Autopoiesis and Psychotherapy). 144-172.

Metzger, W. 1976
Gestalttheorie im Exil. In: Die Psychologie des 20. Jahrhunderts. Die europäische Tradition. München 1976. 583-659.

Metzger, W. 1984
Der Einfluß von Kurt Lewin auf die Entwicklung der Sozialpsychologie. In: Heigl-Evers (Hrsg.): Sozialpsychologie. Bd. 1. Die Erforschung der zwischenmenschlichen Beziehung. (=Kindlers Psychologie des 20. Jahrhunderts). Weinheim, Basel 1984. 7-24.

Mitroff, I.I. 1974
The Subjective Side of Science. A Philosophical Inquiry into the Psychology of the Apollo Moon Scientists. Amsterdam 1974.

Mitscherlich, A. 1978
Krankheit als Konflikt. Studien zur psychosomatischen Medizin I. Frankfurt/M. 1978.

Moeller, M.L. 1972
Krankheitsverhalten bei psychischen Störungen und die Organisation psychotherapeutischer Versorgung. In: Der Nervenarzt 7/1972, 360-381.

Moore, O.K. und Anderson, A.R. 1976
Einige Prinzipien zur Gestaltung von Erziehungsumwelten selbstgesteuerten Lernens. In: Lehmann/ Portele (Hrsg.): Simulationsspiele in der Erziehung. Weinheim und Basel 1976. 29-73.

Moscovici, S. 1973
Foreword. In: Herzlich, C.: Health and Illness. A Social Psychological Analysis. London 1973. IX-XIV.

Nage, H. und Seifert, M. (Hrsg.) 1979
Inflation der Therapieformen. Gruppen- und Einzeltherapien in der sozialpädagogischen und klinischen Praxis. Reinbek 1979.

Needham, J. 1977
Wissenschaftlicher Universalismus. Über Bedeutung und Besonderheit der chinesischen Wissenschaft. Frankfurt/M. 1977.

Needham, J. 1984
Wissenschaft und Zivilisation in China. Bd 1 (Bearb. v. Colin A. Ronan). Frankfurt/M. 1984.

Ornstein, R. 1976
Die Psychologie des Bewußtseins. Frankfurt/M. 1976.

Ottomeyer, K. 1977
Interaktion und Selbstbewußtsein im Konzept gegenständlicher Tätigkeiten. In: Braun, K.H. und Holzkamp, K. (Hrsg.): Kritische Psychologie. Bericht über den 1. intern. Kongreß Kritische Psychologie vom 13.-15. Mai 1977 in Marburg. Bd. 2. Köln 1977.

Ottomeyer, K. 1980
Gesellschaftstheorien in der Sozialisationsforschung. In: Hurrelmann/ Ulich (Hrsg.): Handbuch der Sozialisationsforschung. Weinheim und Basel 1980. 101-193.

Perls, F. 1969
Gestalttherapie in Aktion. Stuttgart 1969.

Perls, F. 1973
The Gestalt Approach and Eye Witness to Therapy. Palo Alto 1973.

Perls, F. 1976
Grundlagen der Gestalttherapie. München 1976.

Perls, F. 1978
Das Ich, der Hunger und die Aggression. Stuttgart 1978.

Perls, F. 1979
Planned Psychotherapy. In: Gestalt Journal II, 2.

Perls, F. 1980
Gestalt, Wachstum, Integration. Aufsätze, Vorträge, Therapiesitzungen. Paderborn 1980.

Perls, F. 1981
Gestalt-Wahrnehmung. Verworfenes und Wiedergefundenes aus meiner Mülltonne. Frankfurt/M. 1981.

Perls, F., Hefferline, R.F. und Goodman, P. 1972
Gestalt Therapy. Harmondsworth 1972.

Perls, F., Hefferline, R.F. und Goodman, P. 1979a
Gestalt-Therapie. Wiederbelebung des Selbst. Stuttgart 1979.

Perls, F., Hefferline, R.F. und Goodman, P. 1979b
Gestalttherapie. Lebensfreude und Persönlichkeitsentfaltung. Stuttgart 1979.

Perls, L. 1988
Leben an der Grenze. Ein Gespräch mit Milan Sreckovic. In: Gestalttherapie 2/1988, H.1, 5-11.

Perls, L. 1989

Leben an der Grenze. Essays und Anmerkungen hrsg. v. Milan Sreckovic. Köln 1989.

Petzold, H. 1981

Vorsorge – Feigenblatt der Inhumanität? Prävention, Zukunftsbewußtsein mit Entfremdung. In: Zs. f. Humanistische Psychologie 3/4, 82-89.

Piaget, J. 1976

Die Äquilibration der kognitiven Strukturen. Stuttgart 1976.

Pirsing, R.M. 1980

Zen und die Kunst ein Motorrad zu warten. Frankfurt/M. 1980.

Polster, E., Polster, M. 1975

Gestalttherapie. München 1975.

Portele, G. 1975

Lernen und Motivation. Ansätze zu einer Theorie intrinsisch motivierten Lernens. Weinheim und Basel 1975.

Portele, G. 1978

»Lob der dritten Sache« oder: Was wir von Brecht und den Alternativlern lernen können. In: Gruppendynamik im Bildungsbereich 5/1978, H. 3, 2-9.

Portele, G. 1978

»Du sollst das wollen!« Zum Paradox der Sozialisation. In: Portele, G. (Hrsg.): Sozialisation und Moral. Weinheim und Basel 1978. 147-168.

Portele, G. 1979

Moralisches Urteilen bei Wissenschaftlern verschiedener Disziplinen. In: Eckensberger, K.H., Silbereisen, R.K. (Hrsg.): Entwicklung sozialer Kognition. Paradigmen, Theorien, Ergebnisse. Stuttgart 1979.

Portele, G. 1980

Humanistische Psychologie und die Entfremdung des Menschen. In: Völker, U. (Hrsg.): Humanistische Psychologie. Weinheim und Basel 1980.

Portele, G. 1981a

Identität und Moral. Interviews mit Studenten der einphasigen Juristenausbildung in Hamburg. In: Nave-Herz (Hrsg.): Erwachsenensozialisation. Weinheim und Basel 1981.

Portele, G. 1981b
Theorieansätze für Erwachsenensozialisation in den Therapien der Humanistischen Psychologie. In: Nave-Herz (Hrsg.): Erwachsenensozialisation. Weinheim und Basel 1981.

Portele, G. 1981c
Entfremdung bei Wissenschaftlern. Soziale Vorstellungen von Wissenschaftlern verschiedener Disziplinen über »Wissenschaft« und »Moral«. Frankfurt/M., New York 1981.

Portele, G. 1984a
Max Wertheimers »Produktives Denken«, Gestalttherapie und »Selbstorganisation«. In: Gestalt Theory 6/1984, H. 1, 42-54.

Portele, G. 1984b
Ansprüche und Bewußtsein von Juraabsolventen. In: Bülow, M. (Hrsg.): Akademikertätigkeit im Wandel. Frankfurt/M., New York 1984.

Portele, G. 1984c
Habitus und Lernen. In: Liebau, E., Müller-Rolli, S. (Hrsg.): Lebensstil und Lernform. Zur Kultursoziologie Pierre Bourdieus. Neue Sammlung 3/85, Themenheft.

Portele, G. 1989
Autonomie, Macht, Liebe. Konsequenzen der Selbstreferentialität. Frankfurt/M. 1989.

Portele, G. 1990
Lernen = Leben, Leben = Lernen? Delfin XIV 7. Jg., H. 2.

Portele, G., Huber, L. 1983
Hochschule und Persönlichkeitsentwicklunge. In: Enzyklopädie Erziehungswissenschaft. Bd. 10. Hrsg. v. L. Huber. Stuttgart 1983. 92-113.

Pribram, K.H. 1964
Some Dimensions of Remembering. Steps Toward a Neuropsychological Model of Memory. In: Gaito, J. (Hrsg.): Macromoleculs and Behavior. New York 1964.

Pribram, K.H. 1986
Worum geht es beim holographischen Paradigma? In: Wilber, K. (Hrsg.): Das holographische Weltbild. Bern, München, Wien 1986. 27-47.

Ravetz, J.R. 1977
Criticisms of Science. In: Spiegel-Roesing, I., de Solla Price, D. (Hrsg.): Science, Technology and Society. London 1977. 71-92.

Rogers, C., Buber, M. 1984

Carl Rogers im Gespräch mit Martin Buber. In: Arbeitsgemeinschaft personenzentrierter Gesprächsführung (Hrsg.): Persönlichkeitsentwicklung durch Begegnung. Wien 1984.

Rorty, R. 1987

Der Spiegel der Natur. Eine Kritik der Philosophie. Frankfurt/M. 1987.

Rosenthal, R., Jacobson, L. 1968

Pygmalion in the Classroom. New York 1968.

Roth, G. 1986

Selbstorganisation – Selbsterhaltung – Selbstreferentialität. Prinzipien der Organisation der Lebewesen und ihre Folgen für die Beziehung zwischen Organismus und Umwelt. In: Dress, A. u.a. (Hrsg.): Selbstorganisation. Die Entstehung von Ordnung in Natur und Gesellschaft. München, Zürich 1986.

Rushing, W.A., Ortega, S.T. 1979

Socioeconomic Status and Mental Disorder: New Evidence and Sociomedical Formulation. In: American Journal of Sociology 84/1979, 1175-1200.

Schaff, A. 1977

Entfremdung als soziales Phänomen. Wien 1977.

Schmidbauer, W. 1983

Helfen als Beruf. Die Ware Nächstenliebe. Reinbek 1983.

Schmidt, L.R., Becker, P. 1978

Psychogene Störungen. In: Pongratz, L.J. (Hrsg.): Klinische Psychologie. Hdb. d. Psychologie Bd. 8,2. Göttingen 1978. 330-387.

Schmidt, S.J. (Hrsg.) 1987

Der Diskurs des Radikalen Konstruktivismus. Frankfurt/M. 1987

Schütte, W., Portele, G. 1984

Juristenausbildung und Beruf. Hochschuldidaktische Arbeitspapiere 16. IZHD Universität Hamburg 1984.

Schülein, J. 1978

Psychoanalyse und Psychoboom. In: Psyche 5/6, 420-440.

Schur, F. 1976

The Awareness Trap. Self Absorption Instead of Social Change. New York 1976.

Seubert, E. 1978
Gegenwärtiger Stand der Präventivforschung. In: Pongratz, L.J. (Hrsg.)
Klinische Psychologie. Hdb. d. Psychologie. Bd. 8,2. Göttingen 1978.
3171-3207.

Simpson, E.L. 1976
Humanistic Education. An Interpretation. Cambridge, Mass. 1976.

Spencer-Brown, G. 1979
Laws of Form. New York 1979. Zuerst: 1969.

Spinner, H.F. 1977
Thesen zum Thema Reichweite und Relevanz der Wissenschaftstheorie
für die Einzelwissenschaften – Analytische Philosophie versus Marxis-
mus. In: Braun, K.H., Holzkamp, K. (Hrsg.): Kritische Psychologie.
Bericht über den 1. intern. Kongreß Kritische Psychologie vom 13.-15.
Mai 1977 in Marburg. Bd. 2. Köln 1977.

Stadler, M., Kruse, P. 1989
The Self-Organization Perspective in Cognition Research: Historical
Remarks and New Experimental Approaches. In: Haken, H., Stadler, M.
(Hrsg.): Synergetics of Cognition. Berlin 1989. 32-52.

Stcherbatsky, Th. 1930
Buddhist Logic. Leningrad 1930. (= Bibliotheca Buddhica Vol XXI Pt II.

Streng, F.J. 1967
Emptiness. A Study in Religious Meaning. Nashville, New York 1967.

Süss, H.J., Martin, K. 1978
Gestalttherapie. In: Pongratz, L.J. (Hrsg.) Klinische Psychologie. Hdb.
d. Psychologie. Bd 8,2. Göttingen 1978. 2725-2750.

Thich Nhat Hanh 1987
Innerer Friede, äußerer Friede. Zürich 1987.

Thich Nhat Hanh 1989
Die Sonne mein Herz. Küsnacht 1989.

Thomä, R., Kächele, H. 1976
Bemerkungen zum Wandel neurotischer Krankheitsbilder. In: Psychoth.
Med. Psychologie, 183-190.

Tschuschke, V., Czogalik, D. (Hrsg.) 1990
Psychotherapie – Welche Effekte verändern. Zur Frage der Wirkmechanismen therapeutischer Prozesse. Berlin, Heidelberg 1990.

van den Daele, W. 1977
Die soziale Konstruktion der Wissenschaft. Institutionalisierung und Definition der positiven Wissenschaft in der zweiten Hälfte des 17. Jahrhunderts. In: Böhme, G. u.a. (Hrsg.): Experimentelle Philosophie. Ursprünge autonomer Wissenschaftsentwicklung. Frankfurt/M. 1977. 129-182.

Varela, F. 1979
Principles of Biological Autonomy. New York 1979.

Varela, F. 1981
Der kreative Zirkel. Skizzen zur Naturgeschichte der Rückbezüglichkeit. In: Watzlawick, P. (Hrsg.): Die erfundene Wirklichkeit. München, Zürich 1981.

Varela, F. 1982
Die Biologie der Freiheit. In: Psychologie heute Sept. 1982, 82-93.

Verden-Zöller, G., Maturana, H. 1990
Spiel: ein vernachlässigter Weg. Delfin XIII, 23-32.

von Foerster, H. 1985a
Sicht und Einsicht. Versuche zu einer operativen Erkenntnistheorie. Braunschweig, Wiesbaden 1985.

von Foerster, H. 1985b
Entdecken oder Erfinden. Wie läßt sich Verstehen verstehen? In: Gumin, H., Mahler, H. (Hrsg.): Einführung in den Konstruktivismus. Schriften der Carl Friedrich von Siemens Stiftung. Bd. 10. München 1985.

von Glasersfeld, E. 1980
The Concept of Equilibration in a Constructivist Theory of Knowledge. In: Benseler, F. u.a. (Hrsg.): Autopoiesis, Communication and Society. The Theory of Autopoietic Systems in the Social Sciences. Frankfurt/M., New York 1980. 75-86.

von Glasersfeld, E. 1985
Konstruktion der Wirklichkeit und des Begriffs der Objektivität. In: Gumin, H., Mahler, H. (Hrsg.): Einführung in den Konstruktivismus. Schriften der Carl Friedrich von Siemens Stiftung. Bd. 10. München 1985. 1-26.

von Glasersfeld, E. 1987
Sprache und Wirklichkeit. Arbeiten zum radikalen Konstruktivismus. Braunschweig, Wiesbaden 1987.

Wagner, W. 1977
Uni-Angst und Uni-Bluff. Berlin 1977.

Watzlawick, P. u.a. 1974
Lösungen. Zur Theorie und Praxis menschlichen Handelns. Bern, Stuttgart, Wien 1974.

Watzlawick, P. 1977
Die Möglichkeit des Andersseins. Zur Technik der therapeutischen Kommunikation. Bern, Stuttgart, Wien 1977.

Weber, M. 1964
Wirtschaft und Gesellschaft. Köln 1964.

Wehr, G. 1968
Martin Buber. In Selbstzeugnissen und Bilddokumenten. Reinbek 1968.

Wertheimer, M. 1925
Über Gestalttheorie. Vortrag gehalten in der Kant-Gesellschaft Berlin am 17. Dezember 1924. Erlangen 1925.

Wertheimer, M. 1964
Produktives Denken. Frankfurt/M. 1964. Zuerst: 1945.

Westdeutsche Rektorenkonferenz 1988
Die Zukunft der Hochschulen. Dokumente zur Hochschulreform 63/1988. Beschluß des 155. Plenums der WRK (4.7.1988).

Wilensky, H.L. 1972
Arbeit, Karriere und soziale Integration. In: Luckmann, Sprondel (Hrsg.): Berufssoziologie. Köln 1972. 318-343.

Wuketits, F. 1985
Zustand und Bewußtsein. Leben als biophilosophische Synthese. Hamburg 1985.

Yalom, I. 1989
Existentielle Psychotherapie. Köln 1989.

Zinker, J. 1984
Gestalttherapie als kreativer Prozeß. Paderborn 1984.

Quellenverzeichnis

1. Der Mensch ist kein Wägelchen, 1984
   Vortrag auf der 1. Deutschen Tagung für Gestalttherapie, Oberursel (28.–30. September 1984). Abgedruckt in: Petzold, H. und Schmidt, Chr. J. (Hrsg.): Gestalttherapie. Wege und Horizonte. Integrative Therapie, Beih. 10. Paderborn 1985. 135-151.
2. Gestalt als Selbstorganisation, 1990
   Vortrag auf der 1. Herbstakademie Selbstorganisation und Klinische Psychologie, Universität Bamberg (Herbst 1990). Abgedruckt in: Systeme 5/1991, H. 1, 3-21.
3. Gestalttheorie und Wissenschaftstheorie, 1979
   Vortrag auf der 1. wissenschaftlichen Arbeitstagung der Gesellschaft für Gestalttheorie und ihre Anwendungen, Darmstadt (26.-28. April 1979).
   Abgedruckt in: Gestalt Theory 1, 26–28, (1979).
4. Feld und Interdependenz, 1990
   Vortrag auf der Jahrestagung der Deutschen Vereinigung für Gestalttherapie, Bad Honnef (Mai 1990). Abgedruckt in: Gestalttherapie 4/1990, H.1, 17-27.
5. »Schöpferische Indifferenz« und »fruchtbare Leere«.
   Unveröffentlicht.
6. Der »mittlere Modus«, 1991
   Vortrag auf der 2. Herbstakademie Selbstorganisation und Klinische Psychologie, Universität Bamberg (Herbst 1991).
   Bisher nicht gedruckt.
7. Konzentration, Awareness, Achtsamkeit.
   Unveröffentlicht.
8. Lob der dritten Sache, 1978
   In: Gruppendynamik im Bildungsbereich 5/1978, H. 3, 2-9.
9. Zur Prophylaxe von Neurosen, 1983
   In: Integrative Therapie 1983, H. 2/3, 180-197.
10. Psychotherapie und Arbeitswelt, 1984
    In: Petzold, H. und Heinl, H. (Hg.): Psychotherapie und Arbeitswelt. Paderborn, 1983, 52–73.

11. Verhaltensnormierung und Verhaltensblockierung in der Wissenschaft, 1988
    Vortrag auf der Jahrestagung der Vereinigung Deutscher Wissenschaftler »Demokratische Verantwortung für Wissenschaftler – ja. Aber wie?« (Herbst 1988). Abgedruckt in: Füllgraff, G. und Falter, A. (Hrsg.): Wissenschaft in der Verantwortung. Möglichkeiten der institutionellen Steuerung. Frankfurt/M, New York 1989. 81-96
12. Psychotherapie ist keine »Ausübung von Heilkunde«, 1988
    In: Gestalttherapie 2/1988, H. 1, 12-18.
13. Das Lernen von Begegnung.
    Unveröffentlicht.
14. Zum Thema: Lieben.
    Unveröffentlicht.

Richard Hycner

Zwischen Menschen
— Ansätze zu einer Dialogischen Psychotherapie —

Richard Hycner formuliert in diesem Buch Grundzüge einer *Dialogischen Psychotherapie*, die er nicht als eine isolierte Schule betrachtet, sondern als einen integrativen Ansatz, der vor allem in Arbeiten von Martin Buber, Hans Trüb, Carl Rogers, Rollo May, Laura Perls, Erving und Miriam Polster, I. Boszormenyi-Nagy, Irvin Yalom und Maurice Friedman seine Wurzeln findet. Dies ist kein »Kochbuch«, in welchem therapeutische Strategien und Techniken angeboten werden, um so mehr ein Versuch, die Prozesse zu beschreiben, die sich in der therapeutischen Beziehung, dem »Dazwischen« zweier oder mehrerer Menschen als heilendem Faktor ereignen.

»Dieses Buch ist eine faszinierende Darstellung der Dialogischen Psychotherapie. Es wird gewiß bei Therapeuten, Angehörigen der helfenden Berufe und anderen Interessierten auf ein großes Echo stoßen, denn Richard Hycners Arbeit ist eine wegweisende Leistung, in der Denken, Fühlen und Handeln, Theorie und Praxis, Wissenschaft, Beruf und Leben voll integriert sind.«

Maurice Friedman

MELANIE GRABNER

Balkonernte

GESTALTEN | PFLANZEN | NASCHEN

KOSMOS

PRAXIS

PORTRÄTS

ideenreich & kreativ
GESTALTUNG

NASCHEN ERLAUBT!

S. 8

Gut geplant!

Sie haben einen eigenen Balkon oder eine Terrasse, wollen mehr als nur Zierpflanzen und suchen nach Gestaltungsmöglichkeiten? Diese hängen in erster Linie von den äußeren Gegebenheiten und Ihren Wünschen ab.

S. 10

Mini-Balkone

Mit Kletterpflanzen, geschickter Pflanzenkombination in mehreren Etagen und genügsamen Pflanzen für schmale Töpfe können Sie sich auf kleinsten Raum Ihr grünes Paradies gestalten.

S. 12

Neu VERWENDET: ALTE KÖRBE, DOSEN & HOLZKISTEN ALS PFLANZGEFÄSSE NUTZEN!

S. 14

Der Standort macht's

Die Frage, an welchem natürlichen Standort ähnliche Verhältnisse wie auf dem eigenen Balkon herrschen, erleichtert die Pflanzenauswahl:

- ❏ **Von der Sonne verwöhnt:** Aromatische Kräuter und mediterranes Gemüse wie Auberginen oder Zucchini sind perfekt geeignet für extrem sonnige und trockene Balkone.
- ❏ **Wind** vertragen kompakt wachsende Kräuter und Gemüse, z. B. nur 30 cm hohe Balkon-Tomaten (S. 16).
- ❏ **Im Schatten** gedeihen Salat und Blattgemüse aller Art. Auch heimische Kräuter wie Minze, Schnittknoblauch oder Schildampfer fühlen sich hier wohl (S. 18).

S. 20

Kinder naschen gern!

Kinder lassen sich begeistern: Leckere Früchte wie Erdbeeren oder Johannisbeeren, lustige Formen und Farben bei Tomaten oder Bohnen und das rege Insektenleben an blühenden Kräutern bringen Kinder die Natur, die Pflanzen- und Tierwelt näher. Erfahren Sie, welche Naschpflanzen Kindern Spaß machen und ihnen gleichzeitig den Lauf der Jahreszeiten erklären. So können sie lernen, wie Lebensmittel heranwachsen und reifen.

S. 22

Hochbeete bunt bepflanzt

Hier erfahren Sie, wie Sie mit einfachen Materialien auf Ihrer Terrasse ein Beet in bequemer Arbeitshöhe schaffen können. Für eine abwechslungsreiche, platzsparende Bepflanzung bietet sich die Mischkultur mit Gemüse, Kräutern und Blumen an. Ein Nutzgarten mit attraktiven Blättern und üppig blühenden Pflanzen steht keinem Ziergarten nach. Obendrauf gibt es eine aromatische und lange Ernte. Außerdem lockt blühendes Gemüse viele nützliche Insekten an.

Kleine Paradiese Das frische Grün gesunder Gemüse und Kräuter ist schön, wirkt beruhigend und schmeckt!

Naschbalkon FÜR EINSTEIGER

DER WEG ZUM KLEINEN PARADIES. Sicher kann ein Topfgarten keinen idyllischen Landhausgarten ersetzen – doch Pflanzen schaffen mit relativ wenig Aufwand grüne Lebensräume zum Wohlfühlen. Auf engem Raum ist es gut, wenn Pflanzen mehrere Funktionen erfüllen: Sichtschutz, essbare Blüten, Blätter, Früchte und Wurzeln, na-

türliche Zierde, ein Heim für Insekten und Naherholung vor der Balkontür. Zahlreiche Nutzpflanzen erfüllen diese Kriterien und durch ihre geschickte Kombination wird dieser Effekt verstärkt. Natürlich können alle Ideen für einen Balkon auch auf der Terrasse oder in jedem Garten mit begrenztem Raum umgesetzt werden.

Erste Planungsschritte

Wie Ihr persönlicher Naschbalkon aussehen soll, hängt von den äußerlichen Gegebenheiten wie Größe oder Lichtverhältnissen und Ihren eigenen Wünschen ab. Die Pflanzen für die verschiedenen Standorte werden in den nächsten Kapiteln und ab S. 50 im Porträtteil vorgestellt. Ihre persönlichen Bedürfnisse sind für die konkrete Umsetzung aus Hunderten Gestaltungsmöglichkeiten entscheidend. Die folgenden drei Überlegungen helfen Ihnen weiter.

1. Wie möchten Sie Ihren Balkon nutzen?

Beispielsweise als Sitzplatz in einer grünen Nasch-Oase, zur Versorgung mit einer Vielfalt an Gemüse oder als natürlichen Kräutergarten mit hohem ökologischem Wert? Ein Sitzplatz verträgt sich nicht mit stacheligen Himbeeren, doch grüne Wände aus Stangenbohnen oder Erbsen bieten mit wenig Breite Blüten, Früchte und Sichtschutz zugleich. Wollen Sie sich die Natur nach Hause holen, so können Sie mit kleinen Sträuchern wie Johannisbeeren, vielen einheimischen Kräutern und Insektenhotels Wildbienen, Schmetterlingen oder Vögeln selbst in der Stadt einen Lebensraum bieten.

2. Wie viel Arbeit möchten Sie investieren?

Möchten Sie pflegeleichte Kräuter oder steht die Ernte von gesunden Lebensmitteln im Vordergrund und können Sie sich vorstellen, die Pflanzen regelmäßig zu pflegen und nachzusäen? Reichen ein paar Töpfe aus oder bevorzugen Sie intensiv genutzte Hochbeete?

Sonnenkinder Erdbeeren wachsen sogar im Schatten, aber in voller Sonne sind ihre Früchte am aromatischsten.

Genügsame Schattenkünstler Salat in allen Varianten gedeiht in niedrigen Kisten und gerne auch im Halbschatten.

3. Wie hoch dürfen die Kosten sein?

Möchten Sie edle, stabile Pflanzgefäße oder darf es auch ein wechselndes Inventar aus gebrauchten Gegenständen sein?

BALKONTYPEN Welcher Typ sind Sie und welche Pflanzen passen dazu: Gemüse pur, viel Natur, große Ernte für wenig Geld? Mehr dazu finden Sie unter www.m.kosmos.de/13987/tb2

IDEEN UND SORTEN
FÜR *Mini-Balkone*

BEI WENIG PLATZ SIND VERTIKALE Lösungen gefragt. Am einfachsten und schnellsten begrünen Kletterpflanzen Balkone im Hochformat wie Bohnen, Zuckererbsen, Gurken, Kapuzinerkresse oder auch an langen Schnüren gezogene Gurken.

Grüne Wände

Verbinden Sie einfach das Nützliche in Form von Ernte und Sichtschutz mit Blütenpracht. Feuerbohnen wie 'Preisgewinner' und 'Stuttgarter Riesen' bilden hübsche rote beziehungsweise weiße Blüten, die von Anfang Juli bis Oktober immer wieder neu blühen. Bei Zuckererbsen kann die Sorte 'Blauschokkers' mit der gelben 'Sweet Golden' und der grünen 'Ambrosia' für eine farbenprächtige Wand kombiniert werden: Zunächst zieren die weißen, rosa oder hellvioletten Blüten den Balkon, danach erscheinen die unterschiedlichen, flachen Hülsen, die ab einer Größe von 3 bis 5 cm geerntet werden können. Das Gleiche gilt für Stangenbohnen, denn neben grünhülsigen Sorten ('Neckarkönigin') gibt es auch gelbe ('Neckargold') und blaue ('Blauhilde'). Sie gedeihen gut in Balkonkästen und nehmen mit nur 20 bis 30 cm Breite wenig Platz in Anspruch. Während ihres Hauptwachstums im Sommer spenden sie willkommenen Schatten und Sichtschutz.

Kletternde Erbsen, Malabarspinat mit hübschem, rotem Laub oder Gurken wachsen zwar auch rasch in die Höhe, brauchen aber mindestens

Vertikal gärtnern Hochwachsende Stabtomaten und Stangenbohnen bringen eine reiche Ernte, begrünen die Wände und nehmen nur wenig Breite in Anspruch.

Ungenutzte Fläche Mit Ampeln in Etagen lässt sich die Kräuterernte an der Wand am einfachsten umsetzen.

Erdbeeren in jeder Dimension Als Hängepflanzen erobern Erdbeeren sogar freie Gartenräume in luftiger Höhe.

Essbare Wände Balkonkästen beherbergen mehr Pflanzen als Ampeln, sind aber deutlich schwerer.

50 cm Platz in die Breite. Ausgewachsene Gartenmelde, Mais oder Sonnenblumen dienen als Rankhilfe. Kombinieren Sie stets Starkzehrer mit Mittel- oder Schwachzehrern.

Gärtnern in Etagen

Stabile, freie Wände können mit Regalbrettern auf länglichen Metallwinkeln bestückt werden – für Gefäße mit Erdbeeren, Kräutern oder hängenden Tomaten. Darf man die Wand nicht anbohren, sind Metallregale mit einer Fächerhöhe von möglichst 50 cm vertikale Stellplätze und Rankhilfe zugleich. Pflanzentreppen aus Holz oder Metall ermöglichen einen Anbau in mehreren Etagen. Sehr platzsparend ist die Kombination von hohen, schlanken Pflanzen wie Sonnenblumen mit buschigen wie Chili oder Topftomaten und hängenden wie Erdbeeren. Die Pflanzgefäße selbst lassen sich auch mit unterschiedlich hohen Pflanzen besetzen. So können unter hohen Stabtomaten noch Buschbohnen oder bunter Mangold wachsen.

Klappbare Regalmodelle können platzsparend über den Winter verstaut werden. Achten Sie bei Holz darauf, dass es witterungsbeständig ist – imprägniert, wärmebehandelt oder aus robustem Lärchen- oder Akazienholz.

Selbst gebaut

Kostengünstige und fünf bis zehn Jahre witterungsbeständige Regale oder Tischchen können auch aus Gartenpfählen und Trittbrettern (Terrassen-Fliesen) selbst gebastelt werden. Für Tische hat sich eine Höhe von 1 m gut bewährt. Wer weniger Lust auf Heimwerken hat, kann stabile Holzkisten in zwei bis drei Reihen stapeln. Sie sind oft kostenlos als ausrangierte Orangen- oder Weinkisten erhältlich.

Ton- oder Plastiktöpfe lassen sich über ihre Abzugslöcher auf einer Stange versetzt stapeln (Bild siehe S. 6). Für die Bepflanzung eignen sich Kräuter, die wenig Wurzelraum beanspruchen, wie mehrjähriges Bohnenkraut, Majoran, Garten-Thymian, Kaskaden-Thymian (hängend) und Schnittlauch für die Sonne oder Walderdbeeren, Pimpinelle und Schnittknoblauch für den Schatten. ■

MINIGEMÜSE FÜR KLEINE BALKONKÄSTEN
- Walderdbeere 'Rügen', 'Baron Solemacher' (weiß)
- Zwergtomate 'Dreikäsehoch', 'Sonnenschein', 'Tumbling Tom'
- Chili 'Variegata', 'Golden Cayenne', 'Bolivian Rainbow'
- Aubergine 'Slim Jim', 'Blaukönigin'
- Paprika 'Bujahn', 'Sweet Chocolate'
- Erdbeerspinat, Kopfsalat, Lemon-Tagetes

ALTE UND
NEUE *Pflanzgefäße*

ERLAUBT IST FAST ALLES! Neben den üblichen Töpfen und Kästen aus Kunststoff und Ton eignen sich auch andere Materialien und Gefäße für eine Bepflanzung mit Naschgemüse und Kräutern. Wichtig sind generell Abzugslöcher, damit sich am Topfboden keine Staunässe bildet. Manche Gefäße halten möglicherweise nur eine Saison, aber so wird wieder Raum für neue fantasievolle Pflanzenbehälter geschaffen.

Aus alten Zeiten

Alte Küchenutensilien wie Metallsiebe, Emaille-Schüsseln, Suppenterrinen oder Kochtöpfe vermitteln als Pflanzgefäße einen nostalgischen Charme und können noch viele Jahre Kräuter wie Thymian, Schnittlauch oder Salbei beherbergen. Zinkwannen und Wäschekörbe sind günstige, große Gefäße für Pflanzkombinationen.

Kostengünstig & leicht Viele Gemüsesorten, Kartoffeln und Kräuter gedeihen sogar gut im Erdsack. Achten Sie auf stabile Materialien und Wasserabzugslöcher.

Unverwüstlich Nahezu unverwüstlich sind Metallgefäße – von rostfreien Zinkwannen bis zur wiederverwendeten Blechdose. Sie sehen besonders dekorativ auf alten Holztischen aus.

Moderne Pflanzsäcke Erdbeeren und Kräuter gedeihen wunderbar in aufgehängten Kunststoffsäcken.

Entweder gibt es diese Gefäße umsonst oder für wenig Geld auf Flohmärkten. Mit Hammer und Spitzbohrer lassen sich in Metallgefäße Abzugslöcher einschlagen.

Recycling

Ausgediente, aufgeschnittene Wasserkanister oder große Kunststoffwasserflaschen sind leichte, kostenlose Behältnisse. Achten Sie auf Stabilität: Der Kunststoff sollte biegsam sein, darf aber nicht brechen. Für nicht zu sonnige Ecken eignen sich auch größere Blechdosen, wie sie für Olivenöl (mindestens 5 l) verwendet werden. Vorsicht, die abgeschnittenen Ränder sind scharfkantig. Tragen Sie vorsichtshalber Handschuhe.

Natürlicher Charme

Naturnah wirken Gefäße aus Korbweide oder Holz. Wer nicht auf neue Holzkisten besteht, kann auch ehemalige Obst- oder Weinkisten verwenden. Für eine längere Haltbarkeit werden sie mit stabiler Plastikfolie ausgelegt, damit das Holz vor Nässe und Fäulnis geschützt ist. In der Folie sollten einige Wasserabzugslöcher sein. Stellen Sie die Gefäße auf zwei flache Holzlatten, so kann überschüssiges Wasser leicht abfließen.

Moderne Pflanzsäcke

Seit einigen Jahren gibt es fertige Pflanzsäcke aus stabilem Kunststoffgewebe zum Hinstellen oder auch zum Aufhängen. Sie eignen sich vor allem für die vertikale Bepflanzung auf kleinen Balkonen oder um graue Wände zu kaschieren.

Kostengünstig

Wer es ganz einfach haben will, pflanzt direkt in Erdsäcke: Wasserabzugslöcher einschneiden, den Sack an die vorgesehene Stelle auf zwei bis drei Kanthölzer legen und oben schlitzförmige Pflanzlöcher einschneiden. Dann kann er mit ein bis drei Gemüsepflanzen bepflanzt werden, je nach Art und Größe. Bodendecker wie Kriechendes Bohnenkraut und Kaskaden-Thymian überwuchern die Verpackung innerhalb weniger Wochen und schützen den Wurzelraum vor Hitze. ■

Rustikaler Charme Gefäße aus Korbweide oder Holz sind nur zwei bis drei Jahre haltbar. Dann beginnen sie auseinanderzufallen und sollten ausgetauscht werden.

HEISS & SONNIG
Mediterrane Balkone

SONNIGE, HEISSE BALKONE laden zu einer mediterranen Gestaltung ein. Viel Licht und Wärme sorgen für üppiges Wachstum und reiche Ernten an aromatischen Kräutern und den typischen Gemüsen der südlichen Länder. Hitze und Trockenheit sind die begrenzenden Faktoren.

Mediterraner Charme Für sonnig-heiße Balkone sind wärmeliebende Gemüse wie Auberginen bestens geeignet.

Sie lieben die Sonne

Anders als die Mittelmeerkräuter wie Lavendel, Oregano oder Rosmarin leiden mehrjährige Stauden oder Obstgehölze unter der Hitze und Trockenheit. Einjährige Gemüsekulturen wie Auberginen und Zucchini sind daher die bessere Wahl für heiße Südbalkone und Dachterrassen. Viele Gemüsesorten aus Mittel- und Südamerika wie Bohnen oder Tomaten sind zwar an warme, trockene Witterung angepasst, allerdings brauchen sie für einen guten Ertrag noch mehr Wasser als im Freiland oder in halbschattigen Lagen. Regelmäßige Wassergaben sind unerlässlich.

Sonnenschutz

Bedecken Sie freie Erdfläche mit Mulch oder niedrigen Gewächsen wie Portulak, um das Bodenleben zu schonen und die Verdunstung zu reduzieren, denn das Hauptproblem wird trotz passender Pflanzenauswahl die Wasserknappheit sein. Rasche Klimawechsel von kühlen, bewölkten bis zu sonnenintensiven Tagen sorgen in den letzten Jahren immer häufiger für Blatt und Fruchtschäden durch Verbrennungen. Betroffen sind weniger Kräuter als Beerenfrüchte, Blatt- und Fruchtgemüse wie Paprika und Tomaten. Ihre Blätter bekommen braune Stellen und die Früchte haben ebenfalls glasig helle Stellen, die später matschig und von Pilzkrankheiten überwachsen werden können. Daher ist es sinnvoll, sehr sonnenexponierte Lagen zumindest in der Mittagszeit mit einer Markise oder einem Sonnenschirm zu schattieren.

Bei Temperaturen von über 35 °C stagniert zudem das Pflanzenwachstum. Sogar Tomaten und Paprika werfen dann ihre Blüten ab. Für mehr Luftfeuchtigkeit und etwas angenehmere Temperaturen sorgen flache Wasserschalen. Bei Platzmangel dienen die Untersetzer als Wasserschale. Allerdings sollten die Kübelpflanzen wegen der Staunässegefahr nicht direkt im Wasser, sondern knapp darüber auf Kieselsteinen stehen. Am unempfindlichsten sind typisch mediterrane Kräuter wie Thymian, Majoran oder Rosmarin. Sie schützen sich mit kleinen, verdickten Blättern oder Kalkausscheidungen (graue Lavendelblätter) vor übermäßiger Verdunstung. ■

Insektenparadies Viele Kräuter, allen voran Lippenblütler wie Oregano (Bild) oder Lavendel, sind begehrte Bienenweiden. In sonnigen Lagen wird besonders viel Nektar produziert.

SONNENVERTRÄGLICHE GEMÜSE UND KRÄUTER

- Auberginen
- Bohnen
- Erbsen, Zuckererbsen
- Gurken
- Kartoffeln
- Kohlgewächse
- Mais
- Paprika, Chili
- Tomaten
- Zucchini
- Zitrusbäumchen
- alle mediterranen Kräuter, z. B. Thymian, Rosmarin

Hart im Nehmen Mediterrane Kräuter wie Thymian, Salbei, Rosmarin & Co. schützen sich mit kleinem Laub und speziell verdickten Blättern vor übermäßiger Verdunstung.

GEMÜSE & KRÄUTER
für windige Ecken

AN WINDIGEN STANDORTEN haben Pflanzen vor allem unter starker Austrocknung zu leiden und unter der Kraft des Windes. Zerzauste und eingerissene Blätter, abgeknickte Zweige und Stützstäbe oder umgefallene Töpfe sind die Folge. Aber es gibt auch Vorteile wie eine geringere Gefahr von Pilzkrankheiten, da die Blätter schnell abtrocknen. Freie Lagen sind außerdem praktisch für Kohlgewächse, Möhren und Zwiebeln, die sonst im Garten von Möhren- und Zwiebelfliegen oder Erdflöhen befallen werden.

Windschutz

In großen Gefäßen mit mindestens 50 l Volumen können sehr robuste Kletterpflanzen wie Waldrebe oder Geißblatt und 1 bis 2 m hohe Ziersträucher wie Liguster, Schmetterlingsflieder, aber auch gut mit Wasser und Nährstoffen versorgte Johannisbeeren oder Säulenobstbäume einiges an Wind abhalten. Für die einjährige Kultur erfüllen gut gestützte Sonnenblumen, Mais oder Bronze-Fenchel diesen Zweck.

Bodenständig   Breite, flache Gefäße mit stabiler Bodenlage werden so schnell nicht umgeweht.

Standsicherheit Auf windigen Balkonen ist die Wahl von schweren Gefäßen, zum Beispiel aus Ton, zu empfehlen.

Windgeschützt Niedrige, kompakte Pflanzen mit festem Blattwerk wie Kohl bieten dem Wind nur wenig Angriffsfläche.

Die richtige Pflanzenwahl

Ein vergleichbarer natürlicher Lebensraum ist an den Küsten, auf Inseln und dem flachen Land zu finden. Dort sind die heimischen Gewächse ungeschützt dem Wind ausgesetzt. Die Pflanzen haben sich mit kleinen, ledrigen Blättern, kurzen, biegsamen Trieben und flachem Wuchs an die Bedingungen angepasst.

Die Wahl für den Balkon fällt daher auch auf niedrige, kompakte Pflanzen in flachen, schweren Gefäßen wie Radieschen, Möhren, Kohlrabi und robuste Kräuter mit kleinen Blättern. Schwere Steine am Topfboden sorgen für zusätzliches Gewicht. Die Gefäße fallen ohne zusätzliches Gewicht leicht um, da die Erde mit dem Austrocknen deutlich leichter wird.

Strauchig wachsende Bohnen, Zuckererbsen, Tomaten und Paprika sollten trotz Windschutz besonders gut an Stäben hochgebunden werden, damit ihre Triebe nicht knicken. Gerade in Ecken entstehen viele Windwirbel, was oft an herbeigewehten Blätterhaufen zu sehen ist.

Großblättrige Pflanzen wie Basilikum, Bohnen oder Gurken zerfleddern im Wind. Sie brauchen zumindest bis zu ihrer halben Wuchshöhe einen Windschutz am Balkongeländer oder der Wetterseite. Das können feste, aber luftdurchlässige Stoffe, Kunststoffbahnen, Bambusmatten oder Plexiglas sein. Da der Wind die Erde stark austrocknet, sind die Töpfe während der Wachstumszeit ein- bis zweimal täglich zu gießen. ■

DIE TOP 10 FÜR WINDIGE BALKONE

- Möhren
- Radieschen
- Kohlrabi
- Buschtomaten: max. 1 m hoch, z. B. 'Silbertanne', 'Dreikäsehoch', 'Yellow Tumbler'
- Niedrige Zuckererbsen: max. 60 cm hoch, z. B. 'Norli'
- Niedrige Paprikasorten wie 'Feher', 'Sweet Chocolate', 'Mini-Paprika', 'Bujan'
- Schnittlauch
- Thymian
- Lemon-Tagetes
- Zitronen-Melisse

Halber Schatten
VOLLER GENUSS

SCHATTIGE ODER HALBSCHATTIGE STANDORTE entsprechen in der Natur lichten Wald- oder Waldrandlagen. Tief schattige Lagen sind für Nutzpflanzen nicht geeignet. Dort wachsen allenfalls Bärlauch, Waldmeister, Knoblauchrauke und mit Glück Wald-Erdbeeren. Der Vorteil: Selbst an heißen Tagen sind die Pflanzen nicht durch intensive Sonneneinstrahlung oder Austrocknung gestresst und man muss seltener gießen.

Für schattige Ecken

Bei lichten Schatten wie unter Bäumen fühlen sich Blattgemüse wohl: Gefleckte Kopfsalate wie die gelbrote 'Goldforelle', die Blattmangoldsorte 'Bright Lights' mit ihren frischgrünen Blättern und leuchtend gelben, orangen, weißsilbernen oder roten Blattadern, rot oder gelblaubige Süßkartoffeln oder Gartenmelde bringen schöne

Schattenkünstler Kopfsalat bringt selbst im Schatten eine gute Ernte an schmackhaften Blättern.

Farbtupfer für dunkle Ecken Kapuzinerkresse bringt selbst in schattigen Lagen leuchtend orange, würzige Blüten hervor, allerdings viel später als in der Sonne.

Für dunkle Ecken Im Schatten ersetzen attraktive Blattformen und -farben, zum Beispiel rotstieliger Mangold, gelungen den Blütenreichtum sonniger Lagen.

Farbkontraste in dunklere Ecken. Römischer Schildampfer, Oregano und Schnittknoblauch bilden im Schatten ein milderes Aroma aus. Helle Pflanzgefäße wie Terrakottatöpfe und ein helles Mulchmaterial wie Hanfhäcksel oder Stroh sorgen zumindest für eine helle Optik.

DIE BESTEN PFLANZEN FÜR DEN HALBSCHATTEN

- Kopfsalat
- Feldsalat
- Rauke
- Mangold
- Wald-Erdbeeren
- Bärlauch
- Waldmeister
- Römischer Schildampfer

Beerenobst oder Fruchtgemüse entwickeln zu wenig Aroma und werden später reif. Achten Sie bei feuchtem Wetter auf Schnecken – sie lieben es schattig und feucht.

Die Stars im Halbschatten

Weitaus artenreicher sind halbschattige Lagen. Hier gedeihen sämtliche Blattgemüse wie Feldsalat, Kopfsalat, Mangold, Rauke und fast alle Küchenkräuter besonders gut. Ebenso wachsen hier mehrjährige Pflanzen wie Himbeeren, Johannisbeeren, Erdbeeren, Zitronen-Melisse, Guter Heinrich, Pimpinelle, Schildampfer und Schnittknoblauch. Sind die Plätze schön warm, kommen sogar formenreiche, bunte Chili und Basilikum mit weniger Licht aus. ■

Naschvergnügen
FÜR KLEINE GÄRTNER

❶ Tomatensommer

Tomaten wachsen schnell heran und lassen sich ganz einfach ernten. Am besten zu essen – mit einem Happs im Mund – und außerdem am süßesten sind Cocktailtomaten. Es gibt zahlreiche niedrige Sorten: zum Beispiel rosafarbene 'Dreikäsehhoch', gelbe 'Yellow Tumbler', rote 'Huberts Beste' oder nur 0,5 cm große Johannisbeertomaten in Gelb und Rot.

❷ Neugierig?

Schnell wachsende Pflanzen machen neugierig, oder? Hier gibt es jeden Tag etwas Neues zu entdecken. Habt ihr ein Lineal? Schreibt doch mal auf, wie viele Zentimeter eure kleine Kürbis- oder Kapuzinerkresse-Pflanze an einem Tag so zulegt. Und wie lange braucht ihr selbst, um einen Zentimeter zu wachsen?

❸ Eine in den Mund, eine in die Schale

Süße, fruchtige Himbeeren oder Johannisbeeren sind doch einfach lecker. Sie lassen sich gut ernten und können in ausreichend großen Töpfen über Jahre wachsen. Unter den Sträuchern könnt ihr gut Wald-Erdbeeren und Kräuter wie Schnittlauch pflanzen. Auch der fruchtig säuerliche Römische Sauerampfer, Thymian oder Bohnenkraut fühlen sich da wohl.

❹ Buntes Wurzelgemüse

Schon vier bis sechs Wochen nach der Aussaat wachsen die graubraunen Samen zu herzhaft scharfen Knollen in bunten Farben heran. Wer Radieschen zur Blüte bringen will, lässt sie weiterwachsen. Die Pflanzen werden ungefähr einen halben Meter hoch und haben hübsche, weiß-rosa Blüten, die Insekten anlocken.

TOP 10 DER LECKERSTEN NASCHPFLANZEN

1. Erdbeeren: Lieblingsfrüchte, wachsen auch in kleinen Töpfen.
2. Tomaten: Früchte in tollen Farben und Formen. Einfach zu pflegen.
3. Kapuzinerkresse: wächst schnell, schöne, würzige Blüten von Juni bis zum Frost. Interessante Samenkörner.
4. Radieschen: bunte Knollen, wachsen schnell.
5. Paprika: Früchte in verschiedenen Formen und Farben.
6. Bohnen: hübsche, schnell wachsende Pflanze, aus den Bohnen lässt sich auch schöner Bohnenschmuck herstellen.
7. Beerensträucher: leckere Sommerernte.
8. Gurken: wachsen so schnell, dass man zuschauen kann.
9. Schnittlauch: wächst schnell und hat hübsche und süß schmeckende Blüten.
10. Zuckererbsen: zierliche Kletterpflanze mit tollen Blüten, leckeren Zuckerschoten und grünen Erbsen.

Farbenprächtig Wie in Blumenbeeten lassen sich auch Nutzpflanzen abwechselungsreich kombinieren.

Hochbeete
BEQUEME ERNTE

HOCHBEETE ERLEICHTERN DIE GARTENARBEIT UND ERNTE.
Die Pflanzen wachsen in einer bequemen Arbeitshöhe von 80 bis 110 cm.

Ein Beet für den Balkon

Da die meisten Gemüsepflanzen und niedrigen Kräuter nur 20 bis 30 cm tief wurzeln, brauchen Hochbeete für den Naschbalkon nur mit einer 30 bis 40 cm tiefen Erdwanne ausgestattet zu sein. Das spart Gewicht und unter dem Beet können Gartenutensilien wie Töpfe, Dünger oder kleinere Gartengeräte lagern.

Es gibt fertige Hochbeetmodelle aus Edelstahl oder Holz. Ein mit Holz, Bambusmatten oder flachen Natursteinen ummantelter Bautrog auf einem Tisch kann für weniger Geld eine ähnliche Funktion und Ästhetik erfüllen.

Dekorative Nutzpflanzen für die Mischkultur

Chilis sind ideale Pflanzen für Hochbeete. Sorten wie 'Bolivian Rainbow' oder 'Fish Pepper' bezaubern mit dunklem oder panaschiertem Laub und in bunten, unterschiedlichen Farben abreifenden Früchten. Von Anfang Juli bis zum Frost zieren die kleinen Sträucher die Beete und bringen ab August eine aromatisch scharfe Ernte.

Etwas früher hat das bunte Blattgemüse Mangold seine Hochsaison. Im April gepflanzt bildet die Sorte 'Bright Lights' bis zu 50 cm große, ab Ende Mai erntereife, glänzende Blätter mit silbrig weißen, gelben, orangen oder tiefroten Adern. Unter Tomaten können unter anderem Horn-Veilchen und die leicht nach Anis und Zitrone schmeckenden Speise-Tagetes blühen. Diese einjährigen, bis zu 40 cm hohen, kompakt buschigen Pflanzen mit dem zierlichen Laub brauchen warme Temperaturen – vor allem auch zur Keimung – und blühen von Ende Mai bis zum Frost. Sie sind pflegeleicht und vertragen sogar gelegentliche Trockenheit. Die als unkomplizierte Dauerblüher bekannten Horn-Veilchen haben essbare Blüten: Sie schmecken minzeartig und erinnern ein wenig an „Spearmint-Kaugummi". Die zierlichen Zuckererbsen mit ihren wickenähnlichen, weißen oder rosavioletten Blüten werden von Ende März bis Anfang Mai direkt ins Hochbeet gesät und ranken schnell 1 bis 1,20 m hoch – ein idealer Sichtschutz im Spätfrühling, wenn die anderen Kletterpflanzen noch klein sind. Buschbohnen schmücken sich mit 1 bis 2 cm großen weißen, rosa oder violetten Blüten und später bunten Hülsen. Dunkle Sorten wie 'Purple Teepee' haben sogar grünviolette Blätter an fast schwarzen Stielen. Auch Kartoffeln gibt es mit hübschen weißen ('Linda'), rosa ('Rote Emmalie') oder blauvioletten Blüten ('Violetta').

Dazu passt gut Kapuzinerkresse – sie wächst schnell und liefert eine Menge an aromatischem Laub und dekorativen, frischen, leicht scharfen Blüten. Für den Balkongarten eignen sich gut die zierliche Kanarische Kapuzinerkresse (Tropaeolum peregrinum) oder die buschig wachsende 'Empress of India' mit ihren tiefroten Blüten. An den Rand gepflanzt, können sie sich nach unten ausbreiten wie ein Polster.

Zahlreiche Salatsorten wie die gelbrot gefleckte 'Goldforelle' oder der braunrot getupfte, grüne 'Blutstropfensalat' sind während ihres Heranwachsens sehr schöne Blattstrukturpflanzen und passen perfekt in Hochbeete. Achten Sie auch bei begrenztem Platzangebot auf ausreichende Pflanzabstände von 40 bis 60 cm. ■

Essbare Blütenlandschaften Die Kombination des Nützlichen mit dem Schönen lässt sich mit blühenden Kräutern wie üppiger Kapuzinerkresse am einfachsten umsetzen.

pflanzen, pflegen, ernten

PRAXIS

TOPFGARTEN-PRAXIS

S. 28

Gute QUALI-
TÄT VON PFLANZEN,
SAATGUT, ERDE UND
GEFÄSSEN IST DIE
GRUNDLAGE FÜR EINE
ERFOLGREICHE ERNTE.

S. 34

S.32

Die eigene Aussaat

Ab Februar/März geht es los mit der Anzucht auf der warmen Fensterbank. Saatgut,
Erde und kleine Töpfe – viel mehr brauchen
Sie nicht dazu. Ein paar Wochen später ist
dann schon Zeit für einen größeren Topf. Der
Umzug nach draußen erfolgt bei den wärme-
bedürftigen Arten dann Mitte Mai.

Ab in den Topf!

Der schnellste Weg zum Naschbalkon:

1. Jungpflanzen kaufen.
2. Ausreichend großes Gefäß auswählen und
   vorbereiten (Wasserabzugslöcher!).
3. Erde vorbereiten und zur Hälfte in den Topf
   füllen.
4. Jungpflanzen wässern, Wurzeln lockern.
5. Pflanze in Topf setzen, mit Erde auffüllen.
6. Angießen, bei Bedarf mulchen.

S.36

Gut versorgt

Im Balkongarten herrschen aufgrund des
beengten Wurzelraums und den allgemeinen
Platzmangel etwas andere Lebensbedingungen
für Ihre grünen Mitbewohner als im Garten.
Die wichtigste Arbeit im Topfgarten ist das
Gießen, aber auch regelmäßige Nährstoff-
gaben sind wichtig für reiche Ernten.

S. 46

S. 40

Nicht vergessen!

Januar/Februar: an frostfreien Tagen Obst-
gehölze zurückschneiden oder auslichten, bei
Trockenheit Kübel gießen, Saatgut bestellen.
Februar bis Mai: Aussaat, Frühjahrsdüngung
mehrjähriger Pflanzen nach Rückschnitt und
Gießen, im Anschluss mulchen.
April bis Juni: Pflanzzeit: anfangs Stauden,
Sträucher und Kräuter, dann Sommergemüse;
erste Ernten.
Juni bis September: regelmäßig gießen,
pflegen und ernten, eventuell nachsäen.
Oktober: letzte Ernten, Winterschutz anbrin-
gen, wärmebedürftige Pflanzen ins Winter-
quartier bringen, Töpfe mit Einjährigen räumen.

Ernte direkt vor der Tür

Die schönste Arbeit auf dem Naschbalkon
ist die Ernte – frische Tomaten, Paprika,
Auberginen, Radieschen, Salat, eine Handvoll
Erdbeeren und würzige Kräuter wandern
im Handumdrehen in den Mund
oder den Kochtopf.

Einkauf VON
PFLANZEN, ERDE & TÖPFEN

GEEIGNETE JUNGPFLANZEN von Gemüse, Obst und Kräutern gibt es im Frühling auf dem Markt und in jeder Gärtnerei. Achten Sie auf gesunde Pflanzen mit intaktem Wurzelballen. Kräuter sollten mehrere Triebe aufweisen. Am günstigsten ist die Auswahl von niedrigen, kompakt wachsenden Sorten, denn nicht alle Pflanzenarten kommen auf Dauer mit dem begrenzten Wurzelraum zurecht. Besonders spannend sind seltene Nutzpflanzen wie weiße Johannisbeeren, gestreifte Tomaten oder gefleckte Salatköpfe. Seltene Sorten gibt es oft über Nutzpflanzenerhaltungsgesellschaften wie Freie Saaten oder den Verein zur Erhaltung der Nutzpflanzenvielfalt (VEN), in Spezialgärtnereien, besonderen Pflanzenmärkten oder über Pflanzentauschbörsen.

Samenvielfalt

Wir unterscheiden zwischen Hybridsaatgut, das mit dem Zusatz 'F1-Hybride' gekennzeichnet ist, und samenfesten, echten Sorten. Hybriden gelten als besonders resistent, einheitlich wachsend und ertragreich. Doch die Samen ihrer gleichförmigen Früchte bilden bei Nachzucht völlig unterschiedliche, teilweise kränkliche Pflanzen oder keimen gar nicht. F1-Saatgut muss daher jährlich neu gekauft werden.

Bei samenfesten Sorten können Sie ihre Früchte für die eigene Saatgutnachzucht verwenden. In ihren weiteren Generationen bleiben sie in ihren Eigenschaften weitgehend stabil. Echte, nachbaubare Sorten unterscheiden sich nur sehr geringfügig untereinander und sie können sich durch gezielte Selektionen im Lauf der Zeit an ihre neuen Standorte sowie den Klimawechsel anpassen.

In diesem Buch werden samenfeste Sorten vorgestellt, weil sie sich optimal für den Hausgarten eignen und sich durch besonders gutes Aroma und Vielfalt auszeichnen, auch wenn der Ertrag oft etwas geringer ausfällt. Der Anbau unterschiedlicher Sorten einer Art vermeidet in schwierigen Gartenjahren Ernteausfälle.

Gute Erde

Die Erde ist neben der Pflanzenqualität der wichtigste Faktor. Besonders bei mehrjährigen Stauden und Gehölzen ist eine strukturstabile Erde wichtig. Sehr feine Erde sackt im Lauf der Zeit zusammen und wird dichter. In der Folge kann nicht mehr ausreichend Sauerstoff an die Wurzeln gelangen und die Mikroorganismen werden geschädigt. Schwere Erde kann mit Sand, Humus/Kompost oder Urgesteinsmehl verbes-

Saatgutqualität Glänzend feste Samenkörner sind der erste Beweis für eine gute Keimfähigkeit.

Kinderstube Minigewächshäuser bieten jungen Keimlingen die besten Lebensbedingungen für die ersten Wochen.

sert werden. Ein hoher Tonanteil begünstigt ein besseres Wasserhaltevermögen und sorgt durch die Bildung von stabilen Ton-Humus-Komplexen für eine perfekte Nährstoffpufferung.

Wer Zugang zu guter Gartenerde oder Kompost hat, kann diese zu gleichen Teilen mit Blumenerde mischen. Achten Sie beim Einkauf auf torffreie oder torfreduzierte Erden. Oft ist auch spezielle Kübelpflanzenerde für mehrjährige Pflanzen oder Gemüseerde im Gartenhandel erhältlich. Gute Erde ist dunkelbraun gefärbt, geruchlos oder duftet angenehm nach Walderde.

Die Wahl der Gefäße

Am einfachsten lässt sich das Gewicht über die Gefäße einsparen. Der klare Vorteil bei Kunststofftöpfen liegt in ihrer Handlichkeit und ihrem verhältnismäßig günstigen Preis. Im Gegensatz zu Tontöpfen trocknen sie nicht so schnell aus. Nachteilig ist vor allem, dass kleine oder hohe Gefäße in zugigen Ecken schnell umfallen können. Es gibt große Qualitätsunterscheide – vom

ausrangierten Gratistopf aus der Gärtnerei bis zur edlen Terrakotta-Nachbildung. Tongefäße versprechen mehr Standfestigkeit und sehen meist sehr ansprechend aus. Ihre Nachteile liegen im hohen Gewicht und der stärkeren Verdunstung von Wasser bei unlasierten Gefäßen. Nur bestimmte Qualitäten sind frostfest! ■

Perfekter Start Gut durchwurzelte Ballen sind ein Zeichen für eine hervorragende Qualität und ermöglichen ein optimales Anwachsen. Wichtig: vor dem Pflanzen gut wässern!

Größe & Ausrichtung
DES BALKONS

BEVOR LOSGELEGT WERDEN KANN, ist es sehr wichtig, zu erfahren, wie viel Gewicht der eigene Balkon oder die Dachterrasse tragen kann und wie stark Ihre Balkonpflanzen Sonne und Wind ausgesetzt sein werden. Die Pflanzenauswahl richtet sich nach den vorherrschenden Standortbedingungen.

Der Standort macht's Viele Balkone zeichnen sich durch eine geschützte Lage aus – die Pflanzen profitieren von mehr Wärme als im Garten. Beste Bedingungen für ein grünes Wohnzimmer.

Ein Blick auf die Statik

In der Regel sollte ein Balkon mindestens 350 kg/m^2 (4 kN/m^2) aushalten. Die genauen Daten erfahren Sie beim Architekten des Hauses oder über den Vermieter. Den geringsten Gewichtanteil auf dem Balkon haben die Pflanzen selbst. Viel schwerer sind die Erde und Gefäße. Je nachdem, ob es sich um leichtes, torfhaltiges Substrat oder schwere, lehmige Gartenerde handelt und ob die Erde mit Wasser vollgesogen ist, kann ein 20 l umfassender Baueimer 8 bis 14 kg wiegen. Ein nur 3 l großes Gefäß kann nach einem kräftigen Regenschauer immerhin 2 bis 3 kg wiegen. Beachten Sie, dass zum Gewicht der Pflanzen und Töpfe auch Mobiliar, Sonnenschirm, Wäscheständer und im Winter je nach Gegend Schneelast hinzukommen können.

Hell oder dunkel?

Die Erde von Topfpflanzen, die in der vollen Sonne stehen, sollte mit einer 2 bis 5 cm dicken, möglichst hellen Mulchschicht bedeckt sein, damit sie nicht so schnell austrocknet oder sich zu stark erhitzt. Als Folge zu intensiver Sonneneinstrahlung zeigen junge Blätter braune, eingetrocknete Stellen. Früchte weisen glasig hellbraun verfärbte Schadstellen auf. Sorgen Sie für ausreichend Luftfeuchtigkeit, indem Sie Untersetzer oder flache Schalen aufstellen und mit Wasser füllen. An heißen Sommertagen müssen die Pflanzen oft mehrmals gegossen werden (Pflanzen für heiße Balkone siehe S. 14). Markisen und Sonnenschirme leisten vor allem in den Mittagsstunden gute Dienste als Schattenspender, aber auch sonnenverwöhnte Pflanzen aus südlichen Ländern wie Tomaten, Auberginen oder Gurken und viele Beerensträucher und Obstbäume können als Sonnenschutz dienen. Unter dem Schatten spendenden Blätterdach können viele Kräuter für den Halbschatten wachsen wie Petersilie, Pimpinelle oder Schildampfer.

Liegt der Balkon wegen anderer Gebäude oder einer Überdachung im Schatten, eignet er sich dennoch gut für Blattgemüse wie Kopfsalat, Melde oder Rucola sowie für heimische Kräuter wie Minze, Sauerampfer, Schnittlauch oder Wald-Erdbeeren, siehe auch S. 18. Schatten kann unterschiedlich stark sein. Unter einem lichtem Blätterdach können weitaus mehr Pflanzen wachsen als in engen Häuserschluchten. Für aromatische Johannisbeeren oder Tomaten ist Schatten ungeeignet. Diese Früchte brauchen mindestens vier Stunden Sonnenlicht pro Tag.

Wenn der Schatten um die Mittagszeit auf die Pflanzen fällt, ist es für sie sogar angenehmer, da sie in ihrem begrenzten Wurzelraum viel schneller austrocknen und unter Hitzestress leiden können.

Windige Lagen

Für Balkongeländer gibt es verschiedene Matten, die den meisten Wind abhalten. In den Ecken ist der Wind oft stärker als direkt hinter dem Gelän-

Platzsparender Sonnenschutz An heißen Sonnentagen schützt ein Schirm die reifenden Tomaten vor Sonnenbrand.

der. Diese Fläche ist leicht an den zusammengewirbelten Blättern zu erkennen. Oft ist hier die Wahl von niedrigen, buschigen Pflanzen mit kleinen Blättern sinnvoll. Als Gefäße eignen sich flache, aber schwere Schalen. Auf dem Topfboden sorgen schwere Steine für zusätzliches Gewicht und Stabilität. Auf windigen Balkonen sollten die Balkonkästen eher nach innen hängen oder sehr gut am Geländer befestigt sein. An manchen Dachterrassen sind die Balkonkästen schon in die Geländer integriert, was ihre Pflanzung viel leichter gestaltet. Geeignete Pflanzen für windige Balkone finden Sie auf S. 16. ■

Vom Samen ZUR PFLANZE

FRÜHJAHRSGEMÜSE wie Salat, Kohl, Kohlrabi, Radieschen, Rucola, Zwiebeln und zahlreiche Kräuter können schon ab Februar/März auf der Fensterbank vorgezogen oder an Ort und Stelle ausgesät werden. Mediterrane Gemüse mit langer Entwicklungszeit wie Auberginen, Paprika und Tomaten werden am besten Anfang März unter Glas ausgesät. Frühere Aussaaten sind nicht sinnvoll, da die Pflanzen Tageslängen von über zehn Stunden brauchen. Lichthungrige Pflanzen wie Paprika oder Tomaten holen bei Aussaat ab Mitte März dank der besseren Lichtbedingungen ihren Wachstumsrückstand gegenüber früheren Aussaaten schnell ein. Sie sind stabiler und nicht so anfällig gegenüber Läusen.

Ab April folgen Gurken, Sonnenblumen, Zucchini und ab Mai Bohnen und Sommerblumen. Ab August können noch einmal Blattgemüse wie Feldsalat oder Spinat für die Herbst- und Winterernte ausgesät werden.

Das brauchen Sie

Die Keimlinge benötigen nährstoffarme Erde. Nur die nährstoffhungrigen Nachtschattengewächse wie Tomaten können in normale Blumenerde ausgesät werden. Wer sich nicht extra Aussaaterde kaufen will, kann die vorhandene

Erde im Verhältnis 1:1 mit Sand mischen. Am praktischsten ist die Pflanzenaufzucht in kleinen Kunststofftöpfen oder Schalen, als Untersetzer sind kleine Zimmergewächshäuser geeignet (siehe Bild S. 29). Sie haben gleichzeitig einen hohen, durchsichtigen Plastikdeckel mit Lüftungsklappen und passen auf jede Fensterbank.

Ein Gewächshaus für Balkonien Mit der mobilen Holz-Folien-Konstruktion sind die Jungpflanzen am besten vor Kälte, intensiver Sonnenstrahlung und Wind geschützt.

Aussaat Mit einem weiten Abstand haben die Samen für ihre ersten Lebenswochen genug Raum.

Sämlinge pikieren Beim Vereinzeln der jungen Pflanzen in einen größeren Topf ist viel Fingerspitzengefühl gefragt.

Kinderstube Junge Pflanzen brauchen Bodenwärme und ausreichend Licht, um sich entwickeln zu können.

Wichtig ist stabiles Material, das nicht auseinanderbricht. Etiketten aus Kunststoff oder Holz helfen, die Pflanzensorten zu kennzeichnen.

So wird ausgesät

Die Gefäße werden mit Erde gefüllt, angedrückt und angegossen. Nach einer kurzen Wartezeit kann das Saatgut mit 0,3 bis 1 cm Abstand ausgelegt und dünn mit Erde bedeckt werden. Bei zu dicker Erdauflage wird die Keimung eingeschränkt. Je geringer der Abstand ist, desto früher müssen die Sämlinge vereinzelt werden. Viele Gemüse- und Kräuter sind Lichtkeimer (siehe Samentüte). Sie dürfen nur mit einer hauchfeinen Sandschicht vor dem Austrocknen geschützt werden. Zum Keimen brauchen die Pflanzen einen 20 bis 25 °C warmen Platz, z. B. auf der Fensterbank. Sie werden alle zwei bis vier Tage – möglichst vormittags – gegossen, um bis zum Abend abgetrocknet zu sein. Zusammen mit einem weiten Pflanzabstand ist das die beste Vorbeugung gegen Pilzkrankheiten. Die meisten Gemüse keimen nach ein bis zwei Wochen.

Sämlinge vereinzeln

Wenn die Keimlinge das zweite Laubblattpaar nach den Keimblättern gebildet haben, können sie vereinzelt, d. h. pikiert, werden. Einige Tage vor dem Umsetzen lohnt es sich, die Pflanzen

mit einer schwachen Flüssigdüngung zu versorgen. Vor dem Pikieren werden 9 bis 12 cm große Töpfe locker mit neuer Erde gefüllt. Die dicht stehenden Keimlinge werden vorsichtig ausgetopft und auseinandergezogen. Die Wurzeln sollten nicht länger als der neue Topf sein und werden gegebenenfalls auf 4 bis 5 cm eingekürzt oder mit dem Fingernagel abgeknipst. Drücken Sie mit dem Finger oder Pikierstab in den neu gefüllten Topf ein etwa 5 cm tiefes, schmales Loch, setzen Sie die Pflanzenwurzeln gerade hinein und halten Sie die Pflanze dabei fest, wenn Sie die Erde seitlich an die Wurzeln andrücken.

Neu pikierte Pflanzen werden mit feiner Brause angegossen und sollten an einen hellen Platz ohne direktes Licht gestellt werden. Sommergemüse wie Zucchini kann satzweise alle zwei bis vier Wochen bis Mitte Juli, Salate und Spinat bis Ende September ausgesät werden. ∎

DIREKT IN DEN TOPF!
Viele robuste Gemüse und Kräuter können Sie schon ab März direkt draußen in die Töpfe aussäen. Dazu gehören alle Blattgemüse, Erbsen, Melde, Radieschen, Rote Bete, Rucola und Spinat. Bei den Kräutern zählen Bohnenkraut, Borretsch, Dill, Petersilie und Zitronen-Melisse dazu. Lockern Sie die Erde etwas mit der Handharke, ziehen Sie sie danach glatt und säen Sie in Reihen oder flächig aus – mit etwas Erde abdecken und vorsichtig angießen, fertig

AB IN DEN TOPF! *Pflanzung*

FERTIGE TOPFPFLANZEN bieten viele Vorteile: Sie entwickeln sich schneller und die Arbeit der Anzucht entfällt. Pflanzen in kleinen Töpfen wachsen zügiger heran als große Kübelpflanzen. Sie sind leichter zu transportieren und einzupflanzen.

Das brauchen Sie

Neben Jungpflanzen und Erde benötigen Sie ausreichend große Töpfe und Kübel. Jedes Gefäß sollte mindestens ein bis drei Wasserabzugslöcher haben. Keramik und Tontöpfe können mit einem Steinbohrer bearbeitet werden. Bei Kunststoffgefäßen reicht ein Spitzbohrer, der durch Drehen in das Material eingedrückt wird. Um Staunässe zu vermeiden, werden die unteren Zentimeter mit einer Dränageschicht aus groben Kieselsteinen oder Tonscherben ausgelegt. Ein feinmaschiges Gitter, z. B. Fliegenschutzgitter, verhindert, dass sich die Steine mit der Erde vermischen. Für einjährig angebaute Pflanzen ist diese Dränage nicht unbedingt nötig. Die Erde kann eine spezielle Kübelpflanzenerde aus dem Gartenmarkt oder ein Gemisch aus Gartenerde, Kompost und Blumenerde sein. Urgesteinsmehl und organische Düngung in Form von Brennnesselblättern oder Düngergranulat verbessern die Bodenqualität.

So wird gepflanzt

Vor dem Pflanzen entfernen Sie die oberste Erdschicht der Topfpflanzen. Sie enthält meist viele Unkrautsamen. Bei fest durchwurzelten Topfballen werden die unteren 2 cm Wurzelfilz abgeschnitten und die Erde an den Seiten gelockert.

GEEIGNETE TOPFGRÖSSEN

Pflanzenhöhe	Mindestvolumen Tiefe	Beispiel
Gemüse und Kräuter		
bis 30 cm	5 bis 10 l 15 cm	Balkonkasten
bis 60 cm	10 bis 20 l 20 bis 30 cm	großer Putzeimer
über 60 cm	20 bis 30 l 25 bis 40 cm	großer Mörtelkübel, Wäschewanne
Obstgehölze		
bis 30 cm	10 bis 20 l 20 bis 30 cm	großer Putzeimer
bis 80 cm	20 bis 30 l 30 bis 50 cm	großer Mörtelkübel
über 80 cm	35 bis 60 l 40 bis 80 cm	großer Mörtelkübel

Staunässe vermeiden Alle Gefäße benötigen ausreichend viele Abzugslöcher, damit überschüssiges Wasser abfließen kann und die Wurzeln vor Fäulnis geschützt sind.

Wachstum braucht Wurzelraum Containerpflanzen werden am besten in einen Topf gesetzt, der mindestens doppelt so groß ist wie ihr Pflanzballen.

Manchmal reicht es, den Topfballen an den Seiten vorsichtig auseinanderzuziehen.

Tauchen Sie die Pflanzen vor dem Einsetzen so lange in einen Eimer mit Wasser, bis keine Luftbläschen mehr aufsteigen. Das kann bis zu einer halben Stunde dauern.

Viele Pflanzen werden in torfhaltigen Substraten herangezogen. Ist Torf einmal ausgetrocknet, nimmt er schwer Wasser auf, wodurch eine einmal ausgetrocknete Pflanze trotz regelmäßigen Gießens sich nicht weiterentwickeln kann.

Wurzelnackte Gehölze (ohne Erde) sollten mindestens zwei Stunden im Wasser stehen.

Füllen Sie das zu bepflanzende Gefäß zur Hälfte mit frischer, lockerer Erde und stellen Sie es auf flache Tonfüße oder Hölzer. Gebrauchte Erde vom Vorjahr sollte in einer großen Wanne mindestens zur Hälfte mit Komposterde gemischt werden.

Setzen Sie den Pflanzenballen in die Topfmitte und füllen Sie die Zwischenräume gründlich mit Erde auf. Zwischen Topfballen und Topfrand

bzw. Topfboden sollten je nach Pflanze und Topfgröße mindestens 5 bis 10 cm Platz sein.

Ein großes Gefäß, in dem mehrere Pflanzen Platz finden, ist besser als lauter einzelne Minigefäße, weil die Pflanzen mehr Wurzelraum finden.

Je kleiner der Topf ist, desto schneller kann der Erdballen austrocknen.

Gießen Sie Ihre Pflanzen nach getaner Arbeit gut an und stellen Sie sie an einen schattierten Platz. So übersteht die Pflanze den Umpflanzschock besser. Wenn die Pflanzen neue Blätter bilden, sind sie gut angewachsen.

Die freie Fläche von größeren Töpfen, zum Beispiel Obstgehölzen, sollte mit Mulch bedeckt oder stattdessen mit niedrigen Kräutern oder Wald-Erdbeeren bepflanzt werden. ▪

KARTOFFELN PFLANZEN Die Fotoserie zeigt Schritt für Schritt, wie Sie Kartoffeln vorkeimen und selbst im Kübel ziehen können. Auch zu finden unter www.m.kosmos.de/13987/tb3

KEIN LEBEN
OHNE *Wasser*

DIE HAUPTURSACHE für kränkelnde Pflanzen im Balkongarten ist meist Trockenheit. Kübelpflanzen steht nur wenig Erde für die Wasser- und Nährstoffversorgung zur Verfügung. Im Gartenbeet kann sich ihr Wurzelsystem über mehrere Quadratmeter ausdehnen. Topfpflanzen sind daher viel stärker der Austrocknung und Überhitzung ausgesetzt als Freilandpflanzen. Helle Holz-oder Steingutgefäße, eine Mulchschicht aus Stroh oder Häckselgut und die Unterpflanzung mit schwachzehrenden Bodendeckern mildern die Überhitzung etwas.

Bei größeren Balkonen und Terrassen lohnt es sich, über eine automatische Tröpfchenbewässerung mit Zeitschaltuhr nachzudenken. Allerdings braucht diese Technik eine regelmäßige

Wasser sparen Eine Mulchschicht schützt die Pflanzen vor starker Austrocknung und hilft, Wasser zu sparen.

Mehr Wasserbedarf Pflanzen in Töpfen brauchen mehr Wasser als im Beet. Je kleiner der Topf desto mehr Fürsorge ist nötig.

Fast von alleine Eine automatische Tröpfchenbewässerung hilft, das Gießen nicht zu vergessen und spart Arbeitszeit, vor allem im Hochsommer.

Gut gespeichert Einige Balkonkästen haben einen Wasserspeicher. So kommen die Pflanzen auch ein paar Tage ohne Gießen aus.

Kontrolle, zum Beispiel wenn sich bei kalkhaltigem Wasser die feinen Düsen verstopfen (abschrauben und über Nacht in Essigwasser einlegen).

Regelmäßig gießen

An heißen Sommertagen sollten die Topfpflanzen zweimal täglich gegossen werden – möglichst am Morgen und am frühen Abend. Die heißen Mittagsstunden sind zu vermeiden. Vorteilhaft ist angewärmtes Wasser, damit der Temperaturunterschied nicht so gravierend ist. Regenwasser lieben Pflanzen besonders.

Auch im Winter brauchen die Pflanzen, die draußen stehen, an den frostfreien Tagen Wasser. Bei gefrorenen Erdballen verdunstet selbst bei Minusgraden viel Wasser über Zweige oder immergrünes Laub. Die Äste vertrocknen und es kommt zu den bekannten Frostschäden.

Und auch die Obstgehölze und Kräuter, die im Keller oder Treppenhaus überwintern, brauchen ab und zu etwas Wasser.

Staunässe vermeiden

Staunässe wird bei Topf- und Kübelpflanzen oft am Saisonanfang oder -ende zum Problem, wenn die Untersetzer bei regnerischer Witterung nicht entfernt werden. Die Wurzeln können dann von unten her faulen. Oft riecht zu nasse Erde ebenfalls unangenehm nach faulen Eiern. Entfernen Sie die Untersetzer oder leeren Sie sie zumindest regelmäßig aus. ■

WASSER LÄSST SICH SPEICHERN!
In manchen Balkonkästen sind Wasserspeicher enthalten, die mit der Gießkanne befüllt werden können. Als kostengünstige Alternative kann eine mit Wasser gefüllte Plastikflasche dienen, die kopfüber in die Erde gesteckt wird. In ihren Verschluss werden mit einem Spitzbohrer ein paar Löcher eingestanzt. Sie leert sich nur dann, wenn die Erde trocken ist. Es kann bis zu einem Tag dauern, bis eine 1-Liter-Flasche leer ist – das ist vor allem für Berufstätige interessant, die ihre Balkonpflanzen auch an heißen Sommertagen gut versorgt wissen wollen.

GUT VERSORGT
MIT *Dünger*

DÜNGER UNTERSCHEIDEN SICH in Bezug auf Nährstoffgehalt, Zusammensetzung und Wirkungsweise. Sie sind in Granulat-, Pulver- oder flüssiger Form erhältlich.

Düngerarten

Mineralische Dünger wie Blaukorn wirken sehr schnell. Die einzelnen darin enthaltenen Nährstoffe sind stark konzentriert.

In sogenannten Langzeitdüngern ist die Düngerlösung mit einer kleinen Membrankugel umschlossen: Die Nährstoffe werden nach und nach

Mangelsymptome Verfärbte Blätter zeugen oft von Nährstoffmangel. Grüne Blattadern in gelbem Laub weisen auf Eisen- oder Magnesiummangel hin.

BODENLEBEN ERHALTEN
Ein gesundes Bodenleben ist die Voraussetzung für gesunde Pflanzen. Es besteht aus Regenwürmern, Asseln, Millionen von Kleinstlebewesen, die unter anderem tote organische Substanz wie Fallaub grob zerkleinern und in pflanzenverfügbare Nährstoffe umwandeln. Mineraldünger, der größtenteils nur aus Nährsalzen besteht, kann Bodenlebewesen schädigen, organischer Dünger ist schonender.

über einen Zeitraum von sechs bis zwölf Wochen, je nach Fabrikat, an die Pflanze abgegeben. Etwas schwächer konzentriert sind organische Dünger, die aus Hornspänen, Knochenmehl, getrockneten Algen, Malzspelzen oder sonstiger Pflanzenmasse bestehen. Auch Kompost oder Mist zählen dazu. Sie wirken viel langsamer, sodass kaum die Gefahr einer Überdüngung besteht. Außerdem bekommen die Pflanzen durch sie viele wichtige Spurenelemente und das Bodenleben wird mehr geschont als bei mineralischen Düngemitteln.

Gründüngerpflanzen

Schmetterlingsblütler (Leguminosen) wie Erbsen, Bohnen, Klee und Wicken leben in Gemeinschaft mit stickstoffbildenden Bakterien, die an ihren Wurzeln sitzen und den Stickstoff aus der Luft für die Pflanzen verfügbar machen. Leguminosen sind gute Partner für Pflanzen, die einen hohen Nährstoffbedarf haben, sogenannte Starkzehrer, zum Beispiel Tomaten, Kohl oder Kürbis.

So wird gedüngt

Vor dem Einpflanzen wird die Erde nach Packungsvorschrift mit etwas Dünger vermischt. Am besten eignen sich hierfür Langzeitdünger oder sich langsam zersetzende Hornspäne und Malzspelzen in Kombination mit fein gemahlenen Düngern. Die meisten Erden sind schon mit einer Grunddüngung versorgt, sodass ein erstes Düngen erst nach zwei bis drei Monaten nötig ist, wenn die ersten Nährstoffvorräte aufgebraucht sind. Stickstoffmangel mit gelbgrün verfärbten, älteren Blättern ist das häufigste Anzeichen. Für die Nachdüngung eignen sich am besten Flüssigdünger. Neben den konventionellen gibt es biologische wie Melasse. Sie werden in einer Konzentration von 1 bis 2 % gegossen. Gedüngt wird möglichst bei bedecktem Wetter oder abends und nur bei feuchter Erde, denn bei trockener Erde können die konzentrierten Nährsalze die Wurzeln verätzen.

Spezielle Bedürfnisse

Wenn Fruchtspitzen von Paprika oder Tomaten schwarzbraun werden (Fruchtendfäule), ist das ein Anzeichen für Kalziummangel. Zum Ausgleich wird bei bedecktem Wetter mit einem kalziumhaltigen Blattdünger gegossen. Verfärben sich die Blätter gelb und bleiben die Blattadern grün, handelt es sich um Eisen- oder Magnesiummangel. Braune Blattspitzen und -ränder mit gelbem Innenrand weisen auf Kaliummangel hin. ■

Die richtige Nährstoffversorgung Organischer Dünger gibt seine Nährstoffe nur langsam ab und kann in größerer Menge als mineralischer Dünger ausgestreut werden.

Grunddüngung Die erste Düngergabe wird gleich in die Topferde untergemischt und versorgt die Pflanze von Anfang an.

Pflege FÜR DEN NASCHBALKON

JEDER GARTEN braucht Pflege. Bei begrenztem Platz ist ein Hochbinden, Stützen und Zurückschneiden der Pflanzen besonders wichtig.

Mulchen

Die Bedeckung des Bodens sorgt für eine längere Bodenfeuchtigkeit, schützt vor unerwünschten Kräutern und fördert das Bodenleben. Gut geeignet sind feine Holzhäcksel, Rindenmulch, Blätter, Rasenschnitt, Stroh oder Hanfhäcksel. Hat das Material einen hohen Faseranteil, sollte vor seiner Ausbringung eine Ausgleichsdüngung von etwa einem Esslöffel organischem Dünger gestreut werden, denn die Fasern entziehen den Kulturpflanzen bei ihrer Zersetzung Nährstoffe. Mulchmaterial wird in einer Stärke von 3 bis 5 cm aufgebracht. Nur bei frischen Aussaaten sollte die Erde zur Kontrolle bis zur Keimung unbedeckt bleiben.

Stützen

Paprika werden am besten mit einem 60 bis 80 cm langen Bambusstab gestützt, damit die Triebe durch die schweren Früchte nicht brechen. Dasselbe gilt für niedrige Buschtomaten. Höhere Stabtomaten brauchen einen Spiralstab,

einen Stock oder eine stabile Schnur, um die die Triebe im Lauf ihres Wachstums gewickelt werden. An Schnüren können ebenso Gurken oder Stangenbohnen hochgezogen werden.

Pflanzen stützen Johannisbeer-Hochstämmchen brauchen direkt nach der Pflanzung einen stabilen Stab, damit sie bei vollem Fruchtbehang nicht auseinanderbrechen.

Tomaten entgeizen

Bei Tomaten wachsen zwischen Stamm und Blatt die sogenannten Geiztriebe, die der Pflanze unnötig Energie entziehen. Sie sollten mit den Fingern abgeknipst werden. Ab Ende Juni werden die untersten Blätter gelb und sind zu entfernen.

Rückschnitt

Vertrocknete Triebe von Gehölzen oder sich verkreuzende Zweige können ab Februar entfernt werden. Der Rückschnitt mehrjähriger Pflanzen wird im März/April durchgeführt: Krautige Pflanzen wie Oregano oder Zitronen-Melisse

Rechtzeitig anbringen Kletterhilfen oder Pflanzgitter geben neu gesetzten Gurken von Anfang an Halt. Führen Sie die neuen Triebspitzen regelmäßig zwischen den Metallstäben durch.

Winterschutz Warm eingepackt sind die Topfballen vor starken Frösten geschützt und frieren nicht so schnell durch.

werden bodengleich zurückgeschnitten. Wird das Schnittmaterial in kleine, etwa 3 cm lange Stücke geteilt, kann es als Mulchschicht liegen bleiben. Halbsträucher wie Thymian, Lavendel oder Salbei werden um ein bis zwei Drittel zurückgeschnitten. Viele Kräuter wie Zitronen-Melisse, Thymian, Basilikum wachsen gleichmäßiger, wenn sie über die Sommermonate regelmäßig bei der Ernte gekürzt werden. Im Herbst ist der Rückschnitt nur bei kranken und abgestorbenen Pflanzenteilen sinnvoll. Je länger die Triebe stehen bleiben, desto besser ist die Pflanze vor Kälte geschützt.

Winterschutz

Spätestens im Spätherbst werden alle Untersetzer von den Töpfen entfernt, damit sich keine Staunässe bildet. In sehr rauen Lagen sind die Topfballen winterharter Kübelpflanzen vor dem Durchfrieren zu schützen. Dazu werden kleine Töpfe in große gestellt und die Zwischenräume mit Herbstlaub aufgefüllt. Der Abstand sollte mindestens 10 bis 20 cm betragen. Das Laub wirkt als wärmeisolierendes Luftpolster. Wer kein Laub hat, kann die Kübel auch mit luftdurchlässigem Material wie Vlies, Jute oder einem alten Laken umwickeln. Unter Plastik sammelt sich zu viel Feuchtigkeit, was Pilzkrankheiten begünstigt. Binden Sie die Materialien gut fest. Nicht winterharte Kübelpflanzen wie Zitrone oder Strauch-Basilikum werden ausgeputzt und in ein helles, kühles Winterquartier gebracht. ▪

Gesunde Pflanzen
AUF DEM BALKON

DIE MEISTEN KRANKHEITEN bei Topfpflanzen sind die Folge von Mangel aufgrund von Trockenheit und engem Wurzelraum. Schädlingsbefall kann durch ungenügende Wasser- oder Nährstoffversorgung sowie anhaltend schlechte, wechselhafte Witterung bedingt sein. Ein Balkon, auf dem eine große Artenvielfalt und Wildpflanzen gedeihen, beherbergt auch natürliche Gegenspieler wie Marienkäfer, Schwebfliegen oder Schlupfwespen.

Pflanzen stärken

Pflanzenstärkungsmittel aus Braunalgenextrakten, Pflanzenfermenten, Spurennährstoffen und homöopathischen Extrakten wirken über eine gezielte Düngung (alle sieben bis zehn Tage anwenden). Bekommen die Früchte von Tomaten oder Paprika an der Spitze oder den Seiten glasige, weiche Stellen, bevor diese braun und matschig werden, liegt Kalziummangel vor. Die Früchte werden ungenießbar, die Schadstellen sind Eintrittsstellen für Pilze. Nährstoffmangel kann durch starke Temperaturschwankungen, unregelmäßiges Gießen oder eine lange, kalte Frühjahrswitterung entstehen. Wenn der Boden zu kalt ist, können die Nährstoffe nicht von den Wurzeln aufgenommen werden, auch wenn sie ausreichend vorhanden sind. Eine gezielte Blatt-

Braune Stellen Die Braunfäule setzt frei stehenden Tomaten bei feuchtwarmer Witterung schnell zu. Ein weiter Topfabstand und ein Regendach sind der beste Schutz.

Mehltau Ein weißer, abwischbarer Belag zeugt von Echtem Mehltau, der oft bei trockenheißer Witterung auftritt.

Unerwünschte Gartengäste Blatt-
läuse sind immer ein Zeichen dafür, dass
die betroffene Pflanze geschwächt ist.

Ungewollter Import Schneckeneier
werden oft mit neuen Stauden oder
Gehölzen eingeschleppt.

Gefräßig Zartes Grün ist begehrtes
Schneckenfutter. Die Tiere sollten so
rasch wie möglich abgesammelt werden.

düngung mit Kalzium und Magnesium stärkt die
Pflanzen: bei bedecktem Wetter oder gegen
Abend alle ein bis zwei Wochen tropfnass mit
einer 1- bis 2 %igen Lösung einsprühen.

Braunfäule

An den Blättern und Trieben von Tomaten, Kartoffeln und Paprika ist der Befall mit dem Pilz
Phytophthora infestans häufig: Zuerst sieht man
schwarzbraune Flecken mit gelbem Rand, die
blattunterseits mit einem grauen Pilzrasen über-
zogen sind, später braune Triebe und ungenieß-
bare Früchte mit braunen Flecken. Putzen Sie
möglichst sofort die befallenen Blätter aus und
behandeln Sie die Pflanzen mit Schachtelhalm-
tee, Braunalgenextrakten oder Kalkspritzungen.
Wenn die Pflanzen vor Regen geschützt stehen
und die Luftfeuchtigkeit nicht ständig hoch ist,
hält sich die Krankheit in Grenzen.

Läuse

Verkrüppelte Blätter und Triebe, die teilweise mit
klebrigem Honigtau bedeckt sind, weisen meist
auf Läuse hin. Durch ihre stechende, saugende
Tätigkeit verletzen und beschädigen sie die noch
unausgebildeten Triebe. Auf dem Honigtau sie-
deln sich später schwarze Rußtaupilze an. Mit

ihrem Speichel verbreiten die Läuse Viren- und
Bakterienkrankheiten. Oft reicht schon der
Einsatz eines nützlingsschonenden Insektizids
wie frische Brennnesselbrühe, milde Seifenlauge,
0,2%ige Schmierseifenlösung, natürliche Mittel
auf Pyrethrum-Basis oder neemölhaltige Prä-
parate in Kombination mit einem Pflanzenstärkungsmittel. Bei Spritzungen sollten stets die
Blattunterseiten mitbehandelt werden. Hier sitzen
die meisten Schädlinge. Wie die Blattdüngung
sollten diese Behandlungen bei bedecktem Wetter stattfinden, damit keine Verbrennungen auf
den Blättern entstehen.

Schnecken

Fraßstellen an Blättern und Früchten und eine
glänzende Schleimspur sind das Werk von
Schnecken. Die zarten Gemüsepflanzen können
durch sie völlig vernichtet werden. Die Weichtie-
re können auf dem Balkon am einfachsten durch
Absammeln und das Entfernen ihrer rundlichen,
weißen Eier in Schach gehalten werden. ■

NICHT WILLKOMMEN! Was Sie gegen weitere
Schädlinge wie Spinnmilben, Dickmaulrüssler & Co.
auf Ihrem Balkon tun können, finden Sie hier oder
unter www.m.kosmos.de/13987/tb4

Selbst vermehren
MACHT SPASS

BEI DER VERMEHRUNG über Samen, der generativen Vermehrung, kombinieren sich bei der Bestäubung die Gene von zwei verschiedenen Pflanzen neu. Die neuen Pflanzen unterscheiden sich von den Mutterpflanzen. Bei der vegetativen Vermehrung werden einzelne Pflanzenteile zum Bewurzeln gebracht, die sich zu mit der Mutterpflanze identischen Nachkommen entwickeln.

Eigenes Saatgut gewinnen

Das Saatgut von samenfesten, ertragreichen und besonders gut schmeckenden Sorten können Sie selbst ernten und im nächsten Jahr aussäen. Die Haupternte der Samen findet von Hochsommer

Samenfeste Sorten Besonders wertvolle Pflanzen können Sie einfach über die Samen Ihrer Gartenfrüchte vermehren.

bis Herbst statt. Lassen Sie dazu einzelne Früchte voll ausreifen bzw. Blattgemüse zur Blüte und Samenreife kommen. Die Aussaat ist auf S. 32 beschrieben.

Stecklinge

Über Stecklinge lassen sich mehrjährige Kräuter wie Rosmarin, Thymian oder Lavendel sortenecht vermehren. Die Schnittstelle sollte sich 1 bis 2 mm unter einem Blattknoten befinden, dort bilden sich am besten neue Wurzeln. Stecklinge können am besten von Triebspitzen oder Triebstücken geschnitten werden. Die Stecklinge werden in angefeuchtete, nährstoffarme Erde gesteckt.

Ausläufer

Ausläufer sind kleine Pflanzen, die über Wurzeln oder unbeblätterte Triebe mit der Mutterpflanze verbunden sind. Bei gewünschter Größe werden

EIGENES SAATGUT Was Sie bei der Gewinnung und Aufbereitung eigener Gemüsesamen beachten müssen, wird hier gezeigt oder auch unter www.m.kosmos.de/13987/tb5

sie von ihr getrennt und in einen eigenen Topf gesetzt. Innerhalb von drei bis vier Wochen sind die Töpfe durchwurzelt und zum Auspflanzen bereit. Ausläufer sind vor allem bei Erdbeeren, Himbeeren und Kräutern wie Estragon oder Minze gut zu sehen.

Steckhölzer

Johannis- oder Stachelbeeren lassen sich gut über Steckhölzer – am besten von Oktober bis Anfang April – vermehren. 20 bis 30 cm lange einjährige, ausgereifte, blattlose Triebe werden geschnitten, zur Hälfte in ein Erde-Sand-Gemisch gesteckt und angedrückt. Über Winter werden sie mit einer lockeren Laubschicht bedeckt. Sie bewurzeln im Frühjahr und können ab Ende April umgetopft oder ausgepflanzt werden.

Teilung

Eine Teilung ist angebracht, wenn die Horste zu groß geworden sind oder die Wachs- und Blühfreudigkeit nachlässt, zum Beispiel bei Schnittlauch. Sie bringt zwar die geringste Ausbeute, aber die besten Anwachsergebnisse. Topfen Sie

Robust Ausläufer wachsen am schnellsten zu kräftigen Pflanzen heran. Sie können gleich in Töpfe mit normaler Erde eingesetzt werden.

die Pflanzen aus und klopfen Sie die Erde ab. Wenn die Erde relativ feucht und schwer ist, sollte der Wurzelballen ausgewaschen werden, um zu sehen, wie sich der Horst am besten auseinanderreißen lässt. Vor dem Neupflanzen werden die Wurzeln und Triebe auf 5 bis 10 cm eingekürzt. Die Teilstücke können wie Jungpflanzen direkt in einen neuen Topf gepflanzt werden (siehe S. 34). ∎

1. Stecklingsvermehrung Ein idealer Steckling ist 3 bis 6 cm lang, hat zwei bis drei Blattknoten und ist biegsam.

2. Besondere Pflege Eine Abdeckung in den ersten Tagen schützt die Stecklinge vor übermäßiger Verdunstung.

FRISCH & VOLLREIF
ernten

EINE DER SCHÖNSTEN GARTENARBEITEN ist die Ernte. Der größte Vorteil des eigenen Anbaus ist, dass alles frisch und vollreif geerntet werden kann. Damit haben Gemüse, Kräuter und Obst den besten Geschmack und die meisten Vitamine, denn die werden erst in den letzten Tagen der Reife vollständig ausgebildet.

Einfache Ernte Ordentlich an einem Gerüst oder Spalier aufgebundene Himbeeren erleichtern die Erntearbeit.

Gemüse und Obst ernten

Früchte von Bohnen, Tomaten, Paprika, Gurken, Zucchini & Co. sollten immer mit einer sauberen Gartenschere abgeschnitten werden, um die Pflanzen nicht unnötig zu verletzen. Dasselbe gilt auch für Obst und Blattgemüse. Das Erntegut wird vorsichtig in Körbe oder Schalen gelegt, damit keine Druckstellen entstehen.

Vor dem Frost sind alle Tomaten, Paprika, Gurken, Zucchini, Auberginen abzuernten. Grüne, aber schon voll ausgebildete Tomaten reifen an trockener Stelle innerhalb von vier bis sechs Wochen nach.

Kräuterernte

Die meisten Kräuter wie Oregano und Thymian haben kurz vor ihrer Blütezeit und nach einigen Sonnentagen das beste Aroma. Die Blätter sollten frischgrün, frei von braunen Flecken und Pilzkrankheiten sein. Ernten Sie am besten ganze Triebspitzen statt einzelner Blätter. Zum einen ist so die Schnittwunde kleiner und verheilt schnell, zum anderen wachsen viele Kräuter wie Bohnenkraut oder Basilikum dann buschiger zu einer weiteren üppigen Ernte nach. Frische Kräuter lassen sich von Ende März bis November ernten.

Blattgemüse Der anspruchslose Spinat lässt sich gut bis November ernten. Das Laub wächst bis zum ersten Frost.

Lagern und trocknen

Nicht immer kann alles frisch verzehrt oder gleich verarbeitet werden. Bei einer relativen Luftfeuchtigkeit von 90 bis 95 % und 10 bis 16 °C sind die Früchte von Tomaten, Paprika acht bis zehn Tage haltbar, Zucchini und Auberginen halten bis zu zwei Wochen, ausgereifte Gurken bis zu drei Monate. Auberginen, Paprika oder Tomaten sollten nicht unter 6 °C gelagert wer-

den, da sie kälteempfindlich sind und so ihr Aroma verlieren. Blattgemüse wie Mangold und Salat wird nur frisch verzehrt, da es rasch seine Vitalstoffe verliert.

Kräuter zum Trocknen werden ab dem späten Vormittag geerntet. Die Blätter sollten ganz trocken sein, sonst verbräunen sie schnell. Die Triebe werden in lockeren Sträußen dunkel und luftig aufgehängt oder in flachen Schalen ausgebreitet. Sie sind nach zwei bis vier Wochen trocken und können in Schraubgläsern an dunkler Stelle aufbewahrt werden. ◼

ERNTEKALENDER

Art	Aussaatmonate	Erntemonate
Äpfel (Säulen-, Zwergform)	–	IX
Auberginen	II–IV	ab VII
Bohnen	V–VII	ab VI
Erdbeeren	–	ab V
Fenchel	III–VI	ab VII
Gurken	IV–VII	ab VI
Himbeeren	–	ab VII
Johannisbeeren	–	ab VII
Kartoffeln	IV–VI	ab XIII/IX (welkes Laub)
Kohlrabi	II–V	ab IV
Kräuter	II–IV, VIII–IX	IX–IX
Kräuter zum Trocknen	II–VIII	Früh- bis Spätsommer, vor der Blüte
Mangold	III–VI	ab V
Paprika, Chili	II–IV	ab VII
Radieschen	II–VI	ab IV
Salate	II–IV, VIII–IX	IX–IX
Tomaten	II–IV	ab VII
Zucchini	IV–VII	ab VI
Zuckererbsen	III–V	ab VI

Vollreif ernten In den letzten Tagen der Reife bilden sich die meisten Vitamine und Geschmacksstoffe aus.

Scharfe Früchtchen Getrocknete Chilifrüchte halten mehrere Jahre und schmecken dann immer noch aromatisch scharf.

Verwenden UND
GENIESSEN

DER BALKONGARTEN bietet aufgrund seiner geringen Größe eher eine kleine Ernte, die meistens gleich frisch zubereitet und verzehrt wird. Wenn doch einmal Ernteüberschüsse an Tomaten,

 **MEHR SOMMERLICHE REZEPTE** mit fruchtigen Tomaten, erfrischenden Gurken und knackigen Salaten finden Sie hier oder auch unter www.m.kosmos.de/13987/tb6

Bohnen, Zucchini oder Kräutern zu erwarten sind oder etwas für den Winter aufgehoben werden soll, können Sie es einfach einfrieren oder einkochen, am besten sofort nach der Ernte.

Einfrieren

Beerenobst, Möhren, Erbsen, grüne Bohnen, Paprika, Tomaten oder Zucchini werden direkt nach der Ernte geputzt, bei Bedarf geschält, klein geschnitten und portionsweise verpackt eingefroren. Bei scharfen Chilisorten sollten Samen und Samenscheidewände entfernt werden.

Einkochen

Bis auf Gurken oder Bohnen können sämtliche Fruchtgemüse pur oder auch gemischt zu einer Soße gekocht werden. Das Gemüse wird dazu geputzt, kleingeschnitten, aufgekocht und heiß in Twist-off-Gläser gefüllt. Ohne den Zusatz von Konservierungsstoffen sind Soßen aus eigener Ernte über ein Jahr haltbar.

Dörren

Zum Trocknen eignen sich Äpfel, Birnen, Felsenbirnen, Chilis und Tomaten. Sie werden vorher in dünne Scheiben geschnitten. Was in wärmeren Ländern in der heißen Sonne trocknet, muss bei uns über viele Stunden im Backofen bei 40 bis 70 °C oder im Dörrapparat getrocknet werden. Wenn man die Früchte mit einem deutlichen Knacken auseinanderbrechen kann, sind sie ausreichend trocken.

Aus 1 kg frischen Früchten bleiben nach dem Trocknen gerade einmal 100 g übrig. Durch den Wasserentzug intensiviert sich ihr Aroma. Die Trockenfrüchte sollten luftdicht gelagert werden, da sie leicht wieder Wasser ziehen können. Für getrocknete Chilis werden größere Früchte vor

dem Trocknen aufgeschnitten und von ihren scharfen Samen und Samengehäusen getrennt. Kleine und sehr dünne Früchte können auch als Ganzes getrocknet werden. Die getrockneten Paprika und Chilis können zu eigenem Gewürzpulver wie hausgemachtem Cayennepfeffer oder fruchtig-scharfem Habanero-Pulver gemahlen werden. ■

Vorrat für den Winter Grüne Bohnen lassen sich perfekt einfrieren. Am besten vorher putzen und klein schneiden!

Würzige Tomatensoße Die Ernte von ertragreichen Topftomaten lässt sich prima zu pikanten Soßen verarbeiten. Eingekochte Tomatensoße ist ohne Zusätze über ein Jahr haltbar.

TOMATENSOSSE PUR
Nichts ist besser als die eigene Tomatensoße: Tomaten werden sehr fein püriert (dann sind auch die Schalen bekömmlich) und je nach gewünschter Soßenkonsistenz in einem großen Topf gekocht und dann in Schraubgläser gefüllt. Je länger die Tomatensoße kocht, desto dickflüssiger wird sie.

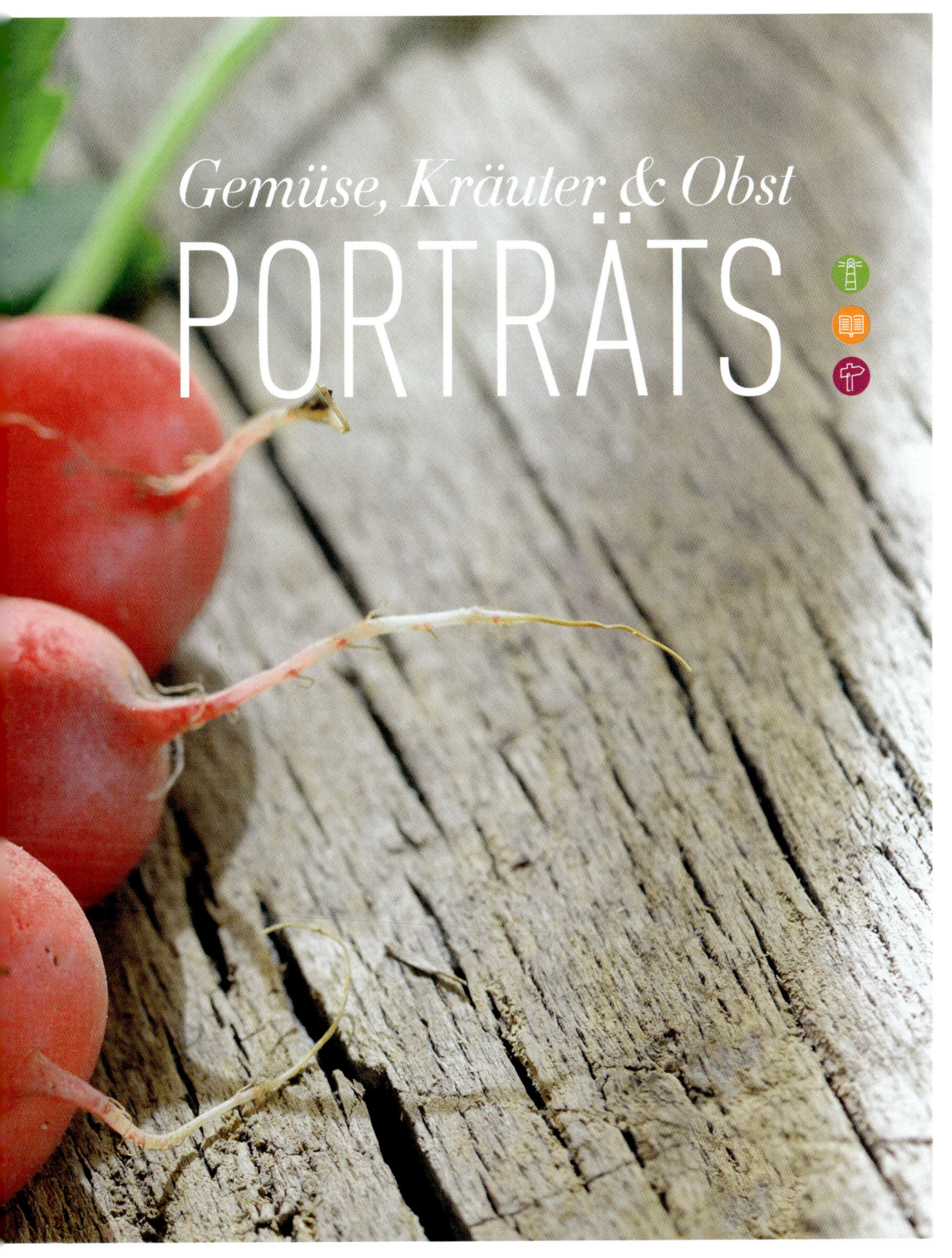

PORTRÄTS

Gemüse, Kräuter & Obst

DIE BESTEN PFLANZEN

S.54

Gemüse – dekorativ & lecker

Viele Gemüse haben dekorative Blätter, Blüten, Früchte und Wuchsformen. Alleine an samenfestem Gemüse (Begriffserklärung siehe Seite 28/29) gibt es zahlreiche balkongeeignete Sorten:

- ❏ kleinköpfiger Salat ('Maikönig'), bunter Mangold ('Bright Lights')
- ❏ nur 40 cm hohe Tomate mit gestreiften Früchten ('Tigerette')
- ❏ farbenprächtige, würzige Chilis ('Bolivian Rainbow')

S. 60

Nr. 1

DER BELIEBTESTEN GEMÜSE SIND DIE TOMATEN – DIE VIEL-FALT IST RIESIG.

S.64

Top 5 der seltenen Gemüsearten

- ❏ Melde
- ❏ Erdbeerspinat
- ❏ Etagenzwiebel
- ❏ Meerkohl
- ❏ Mexikanische Minigurke

S. 68

Kräuter – ideal für den Balkon

Viele Kräuter sind **mehrjährig und winterhart** – und damit sehr robust. Außerdem begnügen sie sich oft mit geringen Platzverhältnissen. Unterschieden wird zwischen den mediterranen, sonnenhungrigen Kräutern wie Lavendel, Oregano, Thymian und den heimischen wie Petersilie, Pimpinelle, Melisse, Minze oder Römischer Schildampfer, die im Halbschatten gut zurechtkommen. **Mehrjährige, wärmebedürftige Kräuter** wie Rosmarin, Strauch-Basilikum und Zitronenverbene lassen sich in hellen, kühlen Räumen (ab 10 °C, z. B. im Treppenhaus) gut überwintern. Die **einjährigen Kräuter** wie Basilikum, Erdbeerspinat, Majoran oder Melde kommen ebenfalls mit wenig Platz aus und können nach wenigen Wochen geerntet werden.

S. 72

Süße Früchtchen

Obst braucht im Kübel mehr Aufmerksamkeit als Kräuter und Gemüse, die meist nur einjährig gezogen werden. **Kleinwüchsige Obstsorten** oder schlanke **Säulenobstbäume** haben sich am besten für die Topfkultur bewährt. Einige Miniobstbäume und viele **Beerensträucher** gedeihen schon in Töpfen mit einem Volumen von 30 bis 50 Litern. **Erdbeeren** bringen bereits in großen Balkonkästen oder Hängeampeln ganz passable Erträge. Um den Platz besser durch mehrere Etagen auszunutzen, können sie auch zusammen mit Kräutern unter kleinen Obstgehölzen wachsen.

Gemüse KOMPAKT & TOPFGERECHT

Kopfsalat, Pflücksalat
Lactuca sativa

Beschreibung Zartblättrige Köpfe.
Standort Sonne bis lichter Schatten.
Anbau Voranzucht (ab 5 cm Höhe auspflanzen) oder Direktsaat von Ende Februar bis Ende Mai und Anfang August bis Mitte September, Pflanzabstand 20 bis 30 cm, Schwachzehrer.
Ernte Köpfe ab 6 bis 8 Wochen nach der Aussaat, Blatternte schon nach 2 bis 3 Wochen.
Sorten 'Maikönig' (Frühjahr), 'Barbarossa' (Sommer), 'Roter Römer' (Herbst), 'Sainte Marthe' (Winter, Ernte ab Mai).
Pflanzpartner Asia-Salate, Stabtomaten.

Rucola, Rauke
Eruca sativa

Beschreibung 20 bis 60 cm hohes, einjähriges Kohlgewächs, weiße Blüten.
Standort Sonnig bis schattig, mäßig feuchte Erde.
Anbau Anzucht ab März oder Direktaussaat von April bis September. Regelmäßig gießen, sonst fressen sie Erdflöhe an.
Ernte 3 bis 4 Wochen nach der Aussaat, wenn die Blätter 10 cm groß sind (schmecken vor der Blüte milder). Angenehm scharfer, nussiger Geschmack. Frisch für Salate, Quark, Pesto, Pizza.
Pflanzpartner Kohlgewächse und Doldenblütler (Petersilie, Möhre, Zwiebel) vermeiden.

Vom schnellwüchsigen Pflücksalat bis zur rankenden Stangenbohne – fast jedes Gemüse bietet eine topfgerechte Sorte. Interessant sind auch alte Sorten, die oft sehr gut an die Bedingungen im Hausgarten angepasst sind.

Römischer Schildampfer
Rumex scutatus

Beschreibung Winterhartes, mehrjähriges Knöterichgewächs, 10 bis 40 cm hoch, bis zu 60 cm breit; unscheinbare Blüten im Hochsommer.
Standort Sonnig bis halbschattig (feineres Aroma), trockene bis mäßig feuchte Erde.
Anbau Anspruchslos, Aussaat im März/April oder August/September (Ernte im Folgejahr), Pflanzabstand ca. 50 cm, regelmäßig gießen, kräftiger Rückschnitt im Frühjahr.
Ernte Junge, zarte Blätter von März bis Dezember für Suppen und Salate.
Pflanzpartner Salate, Schnittlauch, Minze.

Winterportulak
Claytonia perfoliata

Beschreibung Einjähriges, genügsames, 10 bis 30 cm hohes, buschiges Kraut mit rundlichen Blättern und unscheinbaren, weißen Blüten.
Standort Halbschattig bis schattig, mäßig feuchte Erde. Mindestens 10 cm tiefe Pflanzschalen.
Anbau Direktaussaat von September bis Mitte Oktober, Schwachzehrer, wächst ab 4 bis 8 °C, verträgt Frost.
Ernte Fleischige, zarte Blätter 3 bis 4 Wochen nach der Aussaat, schmecken nussig mild. Als Spinat, für Salate oder Kräuteraufstriche.
Pflanzpartner Verträgt sich mit allen Pflanzen.

Feldsalat, Rapunzel
Valerianella locusta

Beschreibung Einjähriges Blattgemüse mit 5 bis 10 cm großen, löffelartigen Blättern an einer grundständigen Rosette.

Standort Sonnig bis halbschattig, perfekt für Balkonkästen.

Anbau Direktaussaat von Ende Juli bis Ende Oktober (1 bis 2 cm tief), Pflanzabstand 10 bis 20 cm, Schwachzehrer, verträgt bis –15 °C.

Ernte 6 bis 12 Wochen nach der Aussaat über mehrere Wochen. Je später die Aussaat erfolgt, desto länger die Kulturzeit. Bei Aussaaten ab Mitte Oktober Ernte erst im Frühjahr. Frisch und möglichst direkt nach der Ernte verwenden, reich an Vitaminen und Mineralstoffen.

Sorten 'Verte de Cambrai', 'Verte à cœur plein 2'.

Pflanzpartner Alle Kulturpflanzen und Kräuter, außer Zwiebeln und Doldenblütlern wie Petersilie, Möhren.

Mangold
Beta vulgaris subsp. *vulgaris*

Beschreibung Bis zu 60 cm hohes Blattgemüse, blüht im 2. Jahr.

Standort Sonnig bis vorzugsweise halbschattig, Gefäß mit mindestens 10 l Volumen.

Anbau Voranzucht von Mitte April bis Mitte Juni, Auspflanzung ab Anfang April mit etwa 30 cm Pflanzabstand, Mittelzehrer.

Ernte Als Salatzugabe (wenn Pflanzen ca. 5 cm hoch sind), Rest 6 bis 8 Wochen nach der Aussaat, über mehrere Wochen, jeweils nur die äußeren Blätter entfernen. Blätter wie Spinat oder Blattkohl zubereiten.

Sorten 'Lukkulus' (grün-hellgelbe Blätter, breite Stängel) oder 'Bright Lights' (dekorative gelb, orange oder rot geaderte Blätter).

Pflanzpartner Verträgt sich mit allen Pflanzen, jedoch nicht nach Spinat oder Roter Bete säen.

Möhre, Karotte

Daucus carota

Beschreibung 30 cm hoch mit bis zu 30 cm langen, orangefarbenen, selten auch gelben, weißen oder violetten Wurzeln; wird meist einjährig kultiviert.

Standort Sonnige Lage, mindestens 40 cm tiefe Gefäße oder Hochbeete mit lockerer, humoser Erde.

Anbau Direktaussaat von März bis Anfang Juli (Keimung kann 3 bis 4 Wochen dauern!), Pflanzabstand von 3 bis 5 cm je Möhre, regelmäßig wässern, aber Staunässe vermeiden, Mittelzehrer.

Ernte Nach 12 bis 14 Wochen, für zarte, kleine Möhren bereits nach 6 bis 8 Wochen.

Sorten 'Nantaise' (orange, mittellang), 'Pariser Markt' (rotorange, rundlich, bis 5 cm groß), 'Purple Haze' (violettrote Rübe, rosa Blüten im 2. Jahr).

Pflanzpartner Radieschen, Zwiebeln, Asia-Salate.

Radieschen

Raphanus sativus var. *sativus*

Beschreibung 20 bis 50 cm hohes Kohlgewächs mit 3 bis 6 cm dicker, runder Speicherknolle. Die Knolle ist innen weiß und außen meistens rot gefärbt.

Standort Sonnig, mäßig feuchte Erde.

Anbau Von März bis Mai direkt in mindestens 15 cm tiefe Gefäße säen, Sommersorten bis Mitte August aussäen. Für zarte Knollen regelmäßig gießen. Mittelzehrer.

Ernte Junge Blätter 3 Wochen, Knollen 4 bis 8 Wochen nach der Aussaat. Vor der Ernte ist das obere Drittel der Knollen oft schon zur erkennen. Zu spät geerntete Radieschen schmecken pelzig.

Sorten 'Rudi' (weinrot), 'Albena' (weiß), 'Zlata' (gelb), 'Viola' (violett), 'Flamboyant' (länglich, rot-weiß).

Pflanzpartner Salat, Möhren, Stabtomaten (mindestens 15 cm Abstand).

Tomate
Lycospersicon esculentum

Beschreibung Wüchsiges, je nach Sorte 30 cm bis über 3 m hohes Fruchtgemüse.

Standort Warm und sonnig, möglichst wind- und regengeschützt, nährstoffreiche Erde.

Anbau Aussaat auf der Fensterbank ab Anfang März, pikieren ab Anfang April, auspflanzen ab Mitte Mai in 15-l-Gefäße (Zwergsorten auch in kleinere Töpfe). Pflanzen stützen, Geiztriebe ausbrechen, reichlich gießen. Starkzehrer.

Ernte Reife Früchte von Ende Juni bis zum Frost.

Niedrig wachsende Sorten 'Silbertanne' (rote, mittelgroße Früchte, feines Laub, 50 cm hoch), 'Hoffmanns Rentita' (orangerot, 50 cm hoch), 'Pendulina' (orange Ampeltomate), 'Balkonstar' (rote Cocktailtomate), 'Matina' (rote, frühreife Stabtomate, 1,20 bis 1,50 m hoch).

Pflanzpartner Buschtomaten einzeln setzen, Stabtomaten mit Schwachzehrern unterpflanzen.

Paprika
Capsicum annuum

Beschreibung 30 bis über 120 cm hoher Halbstrauch, einjährig gezogenes Fruchtgemüse.

Standort Warmer, sonniger, windgeschützter Platz. Jede Pflanze benötigt mindestens 15 l nährstoffreiche Erde.

Anbau Aussaat auf der Fensterbank ab Anfang März, in kleine Töpfe pikieren ab Anfang April, auspflanzen ab Ende Mai. Pflanzen mit Stab stützen, regelmäßig gießen. Starkzehrer, bei hellem Laub alle 2 Wochen mit einer 1- bis 2 %igen Flüssigdüngerlösung versorgen.

Ernte Reife Früchte von Ende Juli bis zum Frost.

Sorten Niedrig wachsende Sorten bevorzugen, z. B. 'Bujan' (roter Blockpaprika), 'Sweet Chocolate' (brauner Blockpaprika), 'Tomatenpaprika' (flacher, roter Blockpaprika).

Pflanzpartner Koriander, Basilikum, Lemon-Tagetes, Salat.

Chili

Capsicum annuum, C. baccatum,
C. chinensis

Beschreibung 30 bis über 120 cm hoher Halb-
strauch, einjährig gezogenes Fruchtgemüse.
Standort Warmer, sonniger, windgeschützter
Platz. Jede Pflanze benötigt mindestens 15 l
nährstoffreiche Erde.
Anbau Aussaat auf der Fensterbank ab Anfang
März, in kleine Töpfe pikieren ab Anfang April,
auspflanzen ab Ende Mai, Pflanzen mit Stab stüt-
zen regelmäßig gießen. Starkzehrer, bei hellem
Laub alle 2 Wochen mit einer 1- bis 2 %igen
Flüssigdüngerlösung versorgen.
Ernte Reife Früchte von Ende Juli bis zum Frost.
Sorten 'Black Beauty' (dunkles Laub, schwarz-
rote Früchte), 'Pequin Miniature' (2 cm kleine
Früchte, sehr scharf, 30 cm hoch, Foto), 'NuMex
Twilight' (bunte Früchte, sehr zierend).
Pflanzpartner Koriander, Lemon-Tagetes, Salat.

Aubergine

Solanum melongena

Beschreibung 60 bis über 120 cm hoher Halb-
strauch, einjährig gezogenes Fruchtgemüse.
Standort Warmer, sonniger, windgeschützter
Platz. Jede Pflanze benötigt ein eigenes Gefäß
mit mindestens 15 l nährstoffreiche Erde.
Anbau Aussaat ab Anfang März, in kleine Töpfe
pikieren ab Anfang April, auspflanzen ab Mitte
Mai. Pflanzen mit Stab stützen, regelmäßig gießen. Starkzehrer, alle 2 Wochen mit einer
2 %igen Flüssigdüngerlösung versorgen.
Ernte Reife Früchte von Ende Juli bis zum Frost.
Sorten 'Black Beauty' (frühe Sorte, 80 cm hoch),
'Slim Jim' (schlanke Minifrüchte), 'Benarys Blaukönigin' (robuste, frühe Sorte), 'Listada de Gan-
dia' (gestreift, wärmebedürftig).
Pflanzpartner Auberginen sollten einzeln im Topf
stehen. Ein Topf mit blühender *Phacelia* daneben
hält die gefräßigen Kartoffelkäfer fern.

Tomaten
FRUCHTIGE VIELFALT

Süße Versuchung Cocktailtomaten gibt es auch in niedrigen Balkonsorten: 'Balkonstar', 'Pendulina' und 'Huberts Beste'.

Wildtomaten

Wildtomaten zeichnen sich durch ihre nur 0,5 bis 2 cm großen, sehr aromatischen Früchte und einen robusten Wuchs aus. Oft sind diese Sorten recht tolerant gegenüber Braunfäule und wachsen sogar in magerer Gartenerde. Sie gedeihen am besten in großen Töpfen ab 10 l Volumen. Einige Sorten wie die 'Johannisbeertomate' können sogar als Hängeampelpflanze gezogen werden. Sie brauchen nicht ausgegeizt und nur geringfügig gestützt zu werden.

Cocktailtomaten

Cocktailtomaten bilden 2 bis 4 cm große Früchte mit intensivem Geschmack. Ihre Ernte tritt früh, reichlich und zuverlässig ein. Die wüchsigen, relativ genügsamen Pflanzen können selbst im Topf über 2 m hoch werden und bilden viele Geiztriebe. Sie wachsen am besten in Gefäßen ab 20 l Volumen. Bei jeder Pflanze sollten nicht

SORTEN-TIPPS Eine Auswahl und Beschreibung weiterer geeigneter Tomatensorten für Ihren Naschbalkon finden Sie hier und ebenso unter www.m.kosmos.de/13987/tb7

Klein, aber oho Wildtomaten wie 'Johannisbeertomate' und 'Rote Murmel' wachsen sogar in Blumenampeln.

Datteltomaten Egal ob länglich oder herzförmig, sie sind die Stars auf jedem Naschbalkon.

Die Klassiker Auch bei den mittelgroßen Tomaten sind kleinwüchsige Sorten für den Balkon im Sortiment.

mehr als drei Haupttriebe stehen bleiben, die einzeln gestützt und alle drei bis fünf Tage ausgegeizt werden sollten. Für den Balkongarten gibt es viele buschige Sorten, die nicht höher als 50 cm sind. Bei ihnen entfällt das Ausgeizen.

Datteltomaten

Datteltomaten wie 'Elfin' sind längliche Cocktailtomaten, die 2 bis 5 cm groß werden. Ihre Fruchtkonsistenz ist meistens schön knackig, mit einem süß-würzigen Aroma. Seltener findet man auch herzförmige Früchte ('Taubenherz') oder runde ('Safari', 'Black Zebra Cherry'). Die festen Früchte lassen sich mehrere Wochen lagern. Datteltomaten sind meistens sehr wüchsig und wie Cocktailtomaten zu pflegen.

Mittelgroße Sorten

Diese Pflanzen bilden 4 bis 8 cm große, runde, flachrunde oder ovale, oft farbenprächtige Früchte, die klassischen Tomaten. Ihr Wuchs ist gemäßigter als bei den kleinfrüchtigen Formen. Zur Ausbildung der Früchte brauchen sie nährstoffreiche Erde und einen mindestens 20 l umfassenden Kübel. Bis auf die nur 50 cm hoch wachsenden niedrigen Sorten wie 'Silbertanne' werden sie regelmäßig ausgegeizt. Unter den höheren Stabtomaten können Schwachzehrer wie Salat oder Basilikum gut wachsen. Für Einsteiger finden sich hier tolle Sorten, die bei

einem gemäßigten Wuchs (Stabtomate) eine gute Ernte bringen wie 'Eros', 'Sonja' oder 'Nadja'.

Fleischtomaten

Diese Gruppe braucht die meiste Pflege. Die Früchte sind am Stielansatz vertieft. Darin kann sich Regenwasser sammeln und die Tomaten faulen schneller. Neben einem mindestens 20 l großen Gefäß werden nährstoffreiche Erde, Stützstäbe und eine Überdachung benötigt. Die formschönen Früchte belohnen die Mühe mit einem geringen Ernteaufwand und sehr gutem Aroma. Die bis zu 1 kg schweren Früchte der Ochsenherztomaten – flachrund, herz- oder keilförmig – zeichnen sich durch eine dünne, weiche Haut, wenig Kerne, Fruchtfleisch ohne abgegrenzte Saftkammern und ein süß-fruchtiges Aroma aus.

Große Früchte Fleischtomaten wie 'Costoluto' eignen sich perfekt für Salate.

Gurke

Cucumis sativus

Beschreibung Bis zu 2 m hohe, einjährige Kletterpflanze mit runden, rauen Blättern.

Standort Warm, sonnig und windgeschützt.

Anbau Voranzucht ab Anfang April, auspflanzen ab Mitte Mai, wenn die Nachttemperaturen über 10 °C liegen. An Kletterhilfe hochbinden und regelmäßig reichlich gießen, da die Früchte sonst bitter werden. Starkzehrer, braucht nährstoffreiche Erde und einen großen Kübel mit mindestens 20 l (z. B. Baueimer).

Ernte Genussreife Früchte von Ende Juni bis zum Frost. Voll ausgereifte Freiland-/Senfgurken sind mehrere Monate lagerfähig.

Sorten 'Vorgebirgstrauben' (festfleischige, kleine Einlegegurke), 'Zitronengurke' (gelbe, runde, sehr aromatische Früchte), 'Tanja' (grüne Salatgurke), 'Qualitas' (grüne Salatgurke).

Pflanzpartner Schwachzehrer wie Salate oder Kräuter, beispielsweise Borretsch oder Dill.

Zucchini

Cucurbita pepo L. convar. *giromontiina*

Beschreibung Buschig wachsendes, 0,5 bis 1,5 m hohes Kürbisgewächs ohne Ranken.

Standort Sonnig.

Anbau Voranzucht in kleinen Töpfen ab Anfang April, auspflanzen ab Mitte Mai, wenn die Nachttemperaturen über 10 °C liegen. Regelmäßige Wassergaben. Starkzehrer, braucht nährstoffreiche Erde und ein mindestens 20 l umfassendes Gefäß.

Ernte Essbar sind die bis zu 15 cm großen, gelben Blüten (ab Juni frisch verzehren oder frittieren) und von Ende Juni bis zum Frost die Früchte. Bester Geschmack bei 10 bis 30 cm Länge.

Sorten Schwachwüchsige Sorten wie 'Lucchini' (gelb), 'Zuboda' (grün), 'Striato d'Italia' (gestreift), 'Tondo chiaro di Nizza' (runde Zucchini, die später Ranktriebe ausbildet).

Pflanzpartner Zucchini sollten wegen ihrer Größe einzeln stehen.

Zwiebeln
Allium-Arten

Beschreibung Ausdauernde, teilweise winterharte Gewächse mit aromatischem Laub und Speicherorganen (= Zwiebel). Weiße, essbare Blüte ab dem 2. Jahr lockt Insekten an.
Standort Sonnig, luftig.
Anbau Gefäß mit mindestens 10 bis 15 cm Tiefe mit sandiger Erde füllen, ohne frischen organischen Dünger. Steckzwiebeln ab Ende März etwa 2 cm tief in die Erde stecken (mäßige Wasserzufuhr!) oder Winterheckenzwiebeln als Pflanze kaufen und in mindestens 3 bis 5 l großen Topf einpflanzen. Schwachzehrer.
Ernte Frisches Laub kann ab einer Höhe von 15 cm teilweise geerntet werden. Die Zwiebeln werden nach dem Vertrocknen des Laubs im Juli/August geerntet.
Arten Frühlingszwiebel, Winterheckenzwiebel (*A. fistulosum,* Foto), Küchenzwiebel, *(A. cepa).*
Pflanzpartner Radieschen, Möhren, Erdbeeren.

Knoblauch
Allium sativum

Beschreibung Zwiebelgewächs mit aromatischem Laub und Knollen. Violette, essbare Blüte ab dem 2. Jahr lockt Insekten an.
Standort Sonnig, luftig.
Anbau Gefäß mit mindestens 10 bis 15 cm Tiefe mit sandiger Erde füllen, ohne frischen organischen Dünger. Einzelne Zehen von Ende März bis Ende August etwa 2 cm tief in die Erde stecken. Mäßige Wasserzufuhr, Schwachzehrer. In sehr kalten Gegenden frostfrei überwintern.
Ernte Das frische Laub kann ab einer Höhe von 15 cm teilweise geerntet werden, Zwiebeln erst nach dem Vertrocknen des Laubs im Juli/August.
Sorten und Arten 'Germidour' (rosa), 'Flavor' (weiß), 'Rocambole (*Allium sativum* var. *ophioscordum,* 1 bis 2 cm große Zehen, Brutzwiebeln statt Blüten).
Pflanzpartner Radieschen, Möhren, Tomaten, Gurken, Dill, Erdbeeren, Obstgehölze.

Unbekannte
GEMÜSEARTEN

WARUM NICHT EINMAL SELTENE GEMÜSE anbauen und ernten, die nicht jeder kennt und die oft besonders attraktiv aussehen?

Melde

Diese sehr unkomplizierte, einjährige Gemüsepflanze *(Atriplex hortensis)* gibt es in grünen, gelben und rotblättrigen Sorten. Sie wird ab Ende März in flachen Schalen ausgesät. Bereits nach zwei bis drei Wochen können die ersten Blätter für Salat oder als Spinatersatz geerntet und alle paar Tage nachgeerntet werden. Ausgewachsene Melden werden im Topf bis zu 2 m hoch. Ihre

verholzenden Stängel sind praktische Pflanzenstützen für Gurken, Bohnen oder Tomaten. Dafür sind die Stängel zu entblättern

Erdbeerspinat

Das 30 bis 60 cm hohe Gänsefußgewächs *(Chenopodium foliosum)* ziert Balkonkästen mit leuchtend roten, erdbeerartigen Früchten, die etwas wässrig schmecken. Am besten werden junge Blätter, Triebe und unreife Früchte (nussiges Aroma) roh als Salatzugabe verwendet. Der anspruchslose Schwachzehrer für sonnige bis schattige Lagen gedeiht sogar in flachen Schalen.

Melde Die roten Sorten sind besonders hübsch neben grünem Gemüse.

Etagenzwiebel Dekoratives Zwiebelgewächs mit auffälligen Brutzwiebeln.

Erdbeerspinat Die roten Früchte sind Farbtupfer in Balkonkästen.

Etagenzwiebel

Diese Unterart der Küchenzwiebel (*Allium cepa* var. *proliferum*) bildet statt Blüten Brutzwiebeln in luftiger Höhe, an denen wieder grünes Laub mit weiteren Brutzwiebeln wächst. Sowohl das frische Laub als auch die Brutzwiebeln können wie Zwiebeln verwendet werden. Die Staude braucht einen 3 bis 5 l großen Einzeltopf mit magerer Erde. Sie wächst am besten in voller Sonne.

Mexikanische Minigurke

Sehr dekoratives, einjähriges, bis zu 2,5 m hohes Rankgewächs *(Melothria scabra)* mit nur 2 cm großen, walzenförmigen, grün gemusterten Minigurken. Deren Geschmack ist frisch säuerlich, ähnlich wie Salatgurken. Die Pflanze braucht einen 10 bis 20 l großen Topf und direkt nach dem Pflanzen dünne Stäbe oder eine andere Rankhilfe.

Meerkohl

Ausdauerndes, 60 bis 80 cm hohes Kohlgewächs *(Crambe maritima)* mit weißen Blüten. Die bis zu 30 cm großen Blätter können frisch oder gedünstet verzehrt werden. Die Stängel lassen sich als Spargelersatz verwenden. Die winterharte Staude braucht einen 20 l großen Topf mit nährstoffreicher Erde in sonniger bis halbschattiger Lage.

Forellensalat

Hübscher, hellgrüner Salat (*Lactuca sativa* var. *capitata*) mit buttrig-zarten Blätter mit braunroten Sprenkeln und mittelfestem Kopf. Sein Wuchs ist schlank aufrecht. Die hübsche Sorte eignet sich gut für den Frühjahrs- und Herbstanbau.

Mexikanische Minigurke Die gemusterten, fein säuerlichen Früchte wachsen an Rankgerüsten und Balkongeländern.

Meerkohl Winterharter Kohl mit zauberhaften Blüten. Gegessen werden aber die Blätter und der Stängel.

Forellensalat Hübsch gesprenkelt schmückt diese Salatsorte Kästen, Schalen … und Teller.

Buschbohne
Phaseolus vulgaris var. *nanus*

Beschreibung Einjährige Hülsenfrucht, die buschig bis etwa 60 cm hoch wächst.

Standort Sonnig.

Anbau Voranzucht in kleinen Töpfen ab Ende April, Auspflanzen oder Direktsaat ab Ende Mai, wenn die Nachttemperaturen über 10 °C liegen: je 3 bis 5 Korn im Abstand von 10 bis 20 cm etwa 2 cm tief in die Erde legen. Ein 10 bis 15 cm hohes Gefäß reicht aus. Mittelzehrer.

Ernte Etwa 8 Wochen nach der Aussaat. Bohnen sind roh giftig: Sie sollten vor dem Verzehr unbedingt gekocht werden!

Sorten 'Doppelte Holländische Prinzess' (grüne Filetbohne), 'Purple Teepee' (lila Hülsen), 'Borlotto' (rot gesprenkelt), 'Wachs Beste von Allen' (gelbe, fadenlose Buschbohne).

Pflanzpartner Bohnenkraut, Salat, Radieschen. Sehr hübsch ist die Kombination von Bohnen mit unterschiedlichen Hülsenfarben.

Stangenbohne
Phaseolus vulgaris var. *vulgaris*

Beschreibung 2 bis 3 m hohe, einjährige Schlingpflanze mit hübschen Blüten.

Standort Sonnig.

Anbau Voranzucht in kleinen Töpfen ab Ende April, Auspflanzen oder Direktsaat ab Ende Mai, wenn die Nachttemperaturen über 10 °C liegen: je 3 bis 5 Korn im Abstand von 20 bis 30 cm etwa 2 cm tief in ein 20 bis 30 cm tiefes Gefäß mit Komposterde legen. Mittelzehrer.

Ernte Etwa 8 bis 10 Wochen nach der Aussaat, Bohnen sind roh giftig: vor dem Verzehr unbedingt kochen!

Sorten 'Neckarkönigin' (grüne Hülsen), 'Blauhilde' (blaue Hülsen), 'Neckargold' (gelbe Hülsen).

Weitere Art Feuerbohne (*Phaseolus coccineus*, z. B. 'Preisgewinner'), rankend, mit leuchtend roten Blüten.

Pflanzpartner Bohnenkraut, Salat, Radieschen, mit 30 cm Abstand: Kohl, Buschtomaten, Zucchini.

Zuckererbse

Pisum sativum var. *saccharatum*

Beschreibung Die wickenähnlichen 0,6 bis 1,5 m hohen, einjährigen Pflanzen haben dekorative weiße oder rosaviolette Blüten.

Standort Sonnig.

Anbau Voranzucht in kleinen Töpfen ab Ende März, Auspflanzen oder Direktsaat ab April: je 3 bis 5 Korn im Abstand von 10 bis 20 cm etwa 2 cm tief in circa 30 cm tiefe Gefäße legen. Mittelzehrer, Kletterhilfe nötig.

Ernte Etwa 5 bis 7 Wochen nach der Aussaat unreife 2 bis 5 cm lange, flache Schoten ernten, später die noch grünen Erbsensamen aus den rundlichen Hülsen.

Sorten 'Blauwschokkers' (attraktive, blaue Hülsen), 'Sweet Golden' (gelbe Hülsen), 'Ambrosia' (kompakte Pflanzhöhe und guter Ertrag), 'Schweizer Riesen' (hohe Erträge an 8 bis 12 cm großen, grünen Schoten, wird 1,5 bis 2 m hoch).

Pflanzpartner Dill, Kohl, Radieschen, Salat.

Kartoffel

Solanum tuberosum

Beschreibung Bis zu 60 cm hohes Nachtschattengewächs mit essbaren Speicherknollen.

Standort Sonnig,

Anbau Knollen ab Februar in hellem Raum antreiben, ab Anfang April in ein Gefäß mit mindestens 20 l Volumen, halbvoll mit nährstoffreicher Erde einpflanzen. Nach dem Austreiben circa alle 10 Tage eine 5 bis 10 cm dicke Erdschicht auffüllen, vom Trieb bleiben etwa 10 cm über der Erde. Die Pflanzen bewurzeln so besser und bilden mehr Knollen. Starkzehrer.

Ernte 10 bis 12 Wochen nach dem Auspflanzen. Wenn das Laub vertrocknet ist, sind die Knollen ausgereift.

Sorten 'Ackersegen' (rundoval, gelb), 'Bamberger Hörnchen' (rosagelb, länglich), 'Salad Blue', (blau), 'Rote Emmalie' (rot).

Pflanzpartner Buschbohnen, *Phacelia*, Minze für ein gutes Aroma.

Kräuter FÜR
TÖPFE UND KÜBEL

Petersilie
Petroselinum crispum

Beschreibung Zweijähriges, 20 bis 30 cm hohes, winterfestes Kraut.
Standort Sonnig bis halbschattig.
Anbau Direktaussaat ab März in ein mindestens 15 cm tiefes Gefäß mit magerer bis mäßig nährstoffreicher Erde. Feucht halten. Im Folgejahr in neue Erde aussäen (selbstunverträglich).
Ernte Blätter und Triebe ganzjährig möglich.
Sorte 'Mooskrause', 'Glatte Petersilie' (lässt sich leichter reinigen).
Pflanzpartner Schnittlauch, mit Abstand auch unter Tomaten.

Oregano
Origanum vulgare

Beschreibung 20 bis 60 cm hoch, mit aromatisch duftenden Blättern und rosa Blüten, winterfest.
Standort Sonnig bis halbschattig.
Anbau Aussaat oder Pflanzung ab Ende März in ein mindestens 10 cm tiefes Gefäß mit magerer bis mäßig nährstoffreicher Erde. Bodengleicher Rückschnitt im März, danach schwach düngen.
Ernte Ganzjährig ganze Triebe, nicht nur einzelne Blätter. Ernte vor der Blüte fördert Ertrag.
Sorte 'Compactus' (20 cm hoch).
Weitere Art Majoran (*O. majorana*, einjährig).
Pflanzpartner Thymian, Rosmarin, Obstgehölze.

Kräuter gehören zu den unkomplizierten Balkonbewohnern. Sie liefern reiche Ernte an frischem Grün in unterschiedlichen Geschmacksrichtungen: von würzig-scharf bis säuerlich-frisch und fruchtig-süß.

Rosmarin
Rosmarinus officinalis

Beschreibung 60 bis 120 cm hoher Halbstrauch.
Standort Sonnig bis halbschattig.
Anbau Voranzucht ab März oder Jungpflanzen ab Ende März in ein mindestens 20 cm tiefes Gefäß mit magerer bis mäßig nährstoffreicher Erde setzen. Rückschnitt im Frühjahr um ein bis zwei Drittel. Vermehrung über Stecklinge. In rauen Gegenden bei 5 bis 10 °C überwintern.
Ernte Ganzjährig ganze Triebe.
Sorten 'Arp' (relativ frosthart), 'Prostratus' (kriechend).
Pflanzpartner Mediterrane Kräuter.

Thymian
Thymus-Arten

Beschreibung Bis 30 cm hoher Kleinstrauch mit rosa Blüten im Mai/Juni, Bienenweide.
Standort Sonnig und trocken.
Anbau Voranzucht ab März oder Jungpflanzen ab Ende März in 15 cm tiefes Gefäß mit magerer bis mäßig nährstoffreicher Erde setzen. Rückschnitt um ein Drittel Ende März und nach der Blüte. Nässeschutz, in rauen Lagen Winterschutz.
Ernte Blätter und Triebe ganzjährig.
Weitere Art *Thymus longicaulis* ssp. *odoratus* (Kaskaden-Thymian, hängend).
Pflanzpartner Lavendel, Wein-Raute, Bohnenkraut.

Basilikum

Ocimum basilicum

Beschreibung Meist einjährige, 30 bis 60 cm hohe, buschige Pflanze mit aromatischen Blättern und weißen bis rosafarbenen Blüten ab Juni, üppige Bienenweide.

Standort Hell, warm und windgeschützt.

Anbau Aussaat ab Ende April, auspflanzen ab Mitte Mai in mindestens 10 bis 15 cm tiefes Gefäß mit nährstoffreicher Erde. Feucht halten, aber Staunässe vermeiden.

Ernte Ganzjährig Triebe von oben abernten, nicht einzelne Blätter abzupfen, regelmäßige Ernte vor der Blüte fördert Ertrag.

Sorten 'Genovese' (klassische Form, große Blätter), Purpur-Basilikum (rot), Zitronen-Basilikum, Zimt-Basilikum, 'Afrikanisches Strauch-Basilikum' (mehrjährig).

Pflanzpartner Andere einjährige Kräuter wie Lemon-Tagetes, passt gut unter Tomaten und Gurken.

Echter Salbei

Salvia officinalis

Beschreibung Buschiger, 40 bis 60 cm hoher Kleinstrauch mit herb-würzigen Blättern und blauvioletten Blüten von Juni bis August, Bienenweide.

Standort Viel Sonne, relativ trockene Erde.

Anbau Pflanzung ab Ende März in mäßig nährstoffreiche Erde. Das Gefäß sollte mindestens 15 cm tief sein. Beste Vermehrung über Stecklinge. Ende März und nach der Blüte Pflanzen um ein Drittel zurückschneiden. Nässeschutz im Winter, in sehr rauen Lagen ist Winterschutz (Vlies) zu empfehlen.

Ernte Blätter und Triebe ganzjährig. Küchen- und Heilpflanze.

Arten und Sorten 'Berggarten' (extra breite Blätter), Spanischer Salbei (*Salvia lavandulifolia*, kompakter Wuchs, schmales Laub, robust).

Pflanzpartner Lavendel, Weinraute und andere mediterrane Kräuter.

Schnittlauch
Allium schoenoprasum

Beschreibung Mehrjähriges Zwiebelgewächs mit aromatischen Röhrenblättern und Blüten.

Standort Sonnig bis halbschattig.

Anbau Aussaat oder Pflanzung ab März in ein mindestens 15 cm tiefes Gefäß mit magerer bis nährstoffreicher Erde. Vortreiben auf Fensterbank ist möglich.

Ernte Ab April, wenn das Laub austreibt, Röhren knapp über der Erde abschneiden.

Sorten 'Forescate' (rosaviolette Blüten), 'Album' (weiße Blüten).

Weitere Arten Schnittknoblauch (*Allium tuberosum*, auffällig weiße Blüten, Vortreiben auf Fensterbank ab Mai), Weinbergslauch (*Allium vineale* 'Hair' mit Brutzwiebeln, die Laub austreiben; wuschelige grün-rosa Blüten).

Pflanzpartner Gut zu Erdbeeren, Salat, Obstgehölzen, auch zu fast allen anderen Pflanzen außer Bohnen und Kohl.

Minze
Mentha-Arten

Beschreibung 30 bis 80 cm hohe, winterfeste Staude mit aromatisch duftenden Blättern und insektenfreundlichen Blüten.

Standort Sonnig bis schattig.

Anbau In nährstoffreiche, feuchte, aber nicht nasse Erde pflanzen. Das Gefäß sollte mindestens 20 cm tief sein. Minzen sind raschwüchsig und sollten jedes Jahr geteilt und neu gepflanzt werden. Vermehrung über Stecklinge und Wurzelausläufer von September bis April möglich.

Ernte Ganzjährig Triebspitzen abzupfen, regelmäßige Ernte vor der Blüte fördert den Ertrag.

Weitere Arten und Sorten Pfefferminze, Fruchtminze, Apfelminze, Orangenminze, Erdbeerminze.

Pflanzpartner Am besten einzeln in großen Topf pflanzen oder zeitweise zusammen mit Himbeeren, Erdbeeren oder Kartoffeln – für ein besseres Aroma der Früchte.

Leckere Früchte VOM BALKON

Erdbeere
Fragaria-Arten

Beschreibung Bis 20 cm hoch, Ausläufer bildend.
Standort Sonnig bis halbschattig.
Anbau Jungpflanzen im März/April oder August in Gefäß mit mindestens 15 cm Tiefe und lockerer, humoser Erde pflanzen. Ende März organisch düngen, mit Stroh mulchen. Ab Juli Ausläufer abtrennen und in eigenen Topf pflanzen.
Ernte Ende Mai bis Juli, teilweise bis Herbst. Bester Ertrag im 2./3. Jahr.
Sorten 'Rügen' (Wald-Erdbeere ohne Ausläufer), 'Florika'/'Mara de Bois' (mittelgroß).
Pflanzpartner Knoblauch, Zwiebeln, Obstgehölze.

Johannisbeere
Ribes rubrum, Ribes nigrum

Beschreibung 1,5 m hohe Sträucher oder Hochstämmchen, selbstfruchtbar.
Standort Sonnig bis halbschattig.
Anbau Pflanzung im Frühjahr oder Spätsommer in mind. 40-l-Gefäß mit Mischung aus Kompost, Garten- und Blumenerde (zu gleichen Teilen). Nach Ernte oder im Frühjahr max. um ein Drittel zurückschneiden. Hochstämmchen stützen.
Ernte Von Ende Juni bis Anfang August.
Sorten 'Rolan' (rot), 'Weiße Versailler' (weiß), 'Ometa' (schwarz).
Pflanzpartner Erdbeeren, Kräuter.

Obst auf dem Balkon zu ernten erfordert etwas mehr Pflege als im Garten. Aber mit ausreichend großen Gefäßen bringen neben Erdbeeren auch Beerensträucher und Obstsäulenbäume einen guten Ertrag.

Herbst-Himbeere
Rubus idaeus

Beschreibung Im Topf bis 1,5 m hoch. Selbstfruchtbar, aber Fremdbefruchtung förderlich.
Standort Hell, ohne direkte Sonne.
Anbau Mindestens 40-l-Gefäß mit Dränage und strukturstabiler Erde (zu gleichen Teilen lehmige Gartenerde, Kompost, Torf/Torfersatzstoffe), mulchen, im Frühjahr düngen, Rückschnitt der abgetragenen Ruten direkt über dem Boden, Teilung im Frühjahr oder Herbst.
Ernte Reife Beeren August bis Oktober.
Sorten 'Sugana', 'Autumn Bliss', 'Aroma Queen'.
Pflanzpartner Erdbeeren, Knoblauch.

Andenbeere
Physalis peruviana

Beschreibung 1,5 bis 2 m hohe, buschige, mehrjährige Pflanze (aber meist einjährige Kultur). Kleine, gelbe Früchte in papierartiger Hülle.
Standort Sonnig bis halbschattig.
Anbau Aussaat auf der Fensterbank ab Mitte März, vereinzeln ab Mitte April, auspflanzen ab Mitte Mai in mind. 10-l-Gefäß mit nährstoffreicher Erde. Stützen. Hell und kühl überwintern.
Ernte Reife Früchte ab August.
Weitere Art *Physalis pruinosa* (nur 30 cm hoch, ausladender Wuchs).
Pflanzpartner Basilikum, Salat.

Säulenbäume
*Malus-, Pyrus-, Prunus-*Arten

Beschreibung Im Topf bis 2,5 m hoch und etwa 80 cm breit.

Standort Sonnig.

Anbau Containerpflanzen im Frühjahr oder Herbst in Gefäße mit mind. 40 l guter, nährstoffreicher, strukturstabiler Erde setzen. Auf geeignete Befruchtersorten in der Nähe achten. Regelmäßiger Rückschnitt bei Kirschen und Birnen auf 40 cm lange Seitenäste, bei Äpfeln nur Auslichtungsschnitt. In rauen Lagen Wurzelballen vor Durchfrieren schützen.

Ernte Je nach Obstart ab Juli, ab 2. oder 3. Jahr nach der Pflanzung.

Arten und Sorten Säulenapfel 'Rhapsodie' (Ernte im September), Säulenbirne 'Decora' (grünrot, ab Ende September), Säulenkirsche 'Cesar' (Mitte Juni), Säulenpfirsich 'Revita' (ab Mitte August), Aprikose 'Hilde' (relativ frosttolerant, ab August).

Pflanzpartner Erdbeeren, Kräuter.

Zitrone
Citrus limon

Beschreibung Im Topf 1,5 bis 2 m hoher Baum oder Strauch, teilweise mit Dornen, langsam wachsend, mit duftenden, weißen Blüten, kälteempfindlich.

Standort Sehr hell, ohne direkte Sonne.

Anbau Mind. 40 l großes Gefäß mit Dränage aus kleinen Steinen und strukturstabiler Erde (zu gleichen Teilen lehmige Gartenerde, Kompost und Torf/Torfersatzstoffe, pH-Wert 5,5–6,5). In der Vegetationszeit einmal monatlich düngen. Umtopfen, wenn die Wurzeln aus den Abzugslöchern wachsen. Hell und kühl überwintern.

Ernte Früchte reifen innerhalb von 8 bis 12 Monaten nach der Blüte.

Sorte 'Eureka' (kaum Dornen).

Weitere Art Kumquat (*C. fortunella*, kompakt, mit ca. 3 cm großen, ovalen, orangen Früchten).

Pflanzpartner Schwachzehrer wie Salat, Kräuter, Walderdbeeren.

Feige
Ficus carica

Beschreibung 1 bis 2 m breite, buschige Sträucher mit dekorativem Laub.

Standort Viel Sonne, warm, windgeschützt.

Anbau Im Frühjahr oder Frühherbst in mindestens 40 l großes Gefäßes mit einem Gemisch aus Kompost, Garten- und Blumenerde (zu gleichen Teilen) setzen. Bei dauerhaften Temperaturen unter –10 bis –15 °C frostsicher überwintern. Rückschnitt der erfrorenen Triebe im Frühjahr.

Ernte Erste Feigenernte ab Juni, in den Folgejahren ab August.

Kältetolerante Sorten 'Violette Dauphine' (violett), 'Pfälzer Fruchtfeige' (rötlich, robust, zweimaltragend), Bayernfeige 'Violetta' (ab Mitte Juli, mit Winterschutz bis –20 °C).

Weitere Art Minifeige 'Afghanistanica' (*Ficus johannis*, weinähnliches Laub, zierlicher Wuchs).

Pflanzpartner Erdbeeren, Kräuter.

Felsenbirne
Amelanchier ovalis

Beschreibung 1,5 bis 2,5 m hoher, eiförmig wachsender Strauch mit weißen Blüten und dunkelblau-violetten, heidelbeerähnlichen, 0,5 cm großen, aromatischen Früchten. Orangegelbe bis kupferrote Laubfärbung im Herbst.

Standort Sonnig bis halbschattig.

Anbau In mind. 40 l großes Gefäß mit strukturstabiler Mischung (zu gleichen Teilen) aus lehmiger Gartenerde, Kompost und Torf/Torfersatzstoffen setzen. Umtopfen, wenn die Wurzeln aus den Abzugslöchern wachsen. Im Frühjahr gut wässern und mit Kompost oder organischem Dünger versorgen (60 g/40 l Topf). Verträgt keinen Schnitt.

Ernte Früchte ab Mitte Juni

Sorten 'Leuk' (bis zu 1 cm große Beeren), 'Pumila' (nur bis 1,5 m hoch, sehr schwach wachsend).

Pflanzpartner Erdbeeren, Kräuter.

Weiterführende Literatur

- Heistinger, Andrea: **Handbuch Bio-Balkongarten**. Gemüse, Obst und Kräuter auf kleiner Fläche ernten. Löwenzahn Verlag, 2013
- Meyer-Rebentisch, Karen: **Das Gemüsebuch**. Arten, Sorten, Anbau, Küchentipps. Blv, 2012
- Mitchell, Alex: **Mein Küchenbalkon**. Obst und Gemüse für City-Gärtner. Kosmos. 2012

Nützliche Adressen

Gemüse und seltene Nutzpflanzen

Zier- und Nutzpflanzenspezialitäten Monika Gehlsen
Willi-Dolgner-Straße 17
06118 Halle (Saale)
www.monika-gehlsen.de
- Saatgut, großes Sortiment, sehr gute Qualität.

Verein zur Erhaltung und Rekultivierung von Nutzpflanzen in Brandenburg e. V. (VERN e. V.)
Burgstr. 20
16278 Greiffenberg/Uckermark
www.vern.de
- Saatgut alter und seltener Nutzpflanzen, Veranstaltungen, Kurse.

Verein zur Erhaltung der Nutzpflanzenvielfalt e. V. (VEN)
Geschäftsstelle
c/o Barbara Féret
Mondrianplatz 11
36041 Fulda
www.nutzpflanzenvielfalt.de
- Sortenkatalog/Saatgutliste, Saatgutseminare und -märkte („Tag der Kulturpflanze"), Publikationen zu einzelnen Gemüsearten, Mitgliederzeitschrift „Blattwerk".

Dreschflegel GbR
In der Aue 31
37213 Witzenhausen
www.dreschflegel-saatgut.de
- Verkauf von Saatgut, Schaugarten.

Bingenheimer Saatgut AG
Kronstraße 24–26
61209 Echzell-Bingenheim
www.bingenheimersaatgut.de
- Engagierte Züchtung, Verkauf von Saatgut.

Bio-Saatgut Gaby Krautkrämer
Eulengasse 2
55288 Armsheim
www.bio-saatgut.de
- Bio-Saatgut.

Freie-Saaten.org. e.V.
Moltkestraße 17
67454 Haßloch
www.freie-saaten.org
- Über 1 000 seltene Nutzpflanzen in Kultur, Versand von Saatgut und Pflanzen.

lilatomate
Melanie Grabner
Goethestr. 9
67459 Böhl-Iggelheim
www.lilatomate.de
- Saatgutversand, Jungpflanzenverkauf, seltene Gemüsesorten aus eigenem Anbau, Führungen, Verkostungen, Ausstellungen, Vorträge, Märkte.

Samen-Archiv-Gärtnerei G. Bohl, S. Kunstmann
Waldstr. 40
90596 Schwanstetten
www.garten-pur.de/153/Garten-pur_Portal/Gemuesebeet/Samenarchiv_Bohl

- Saatgutliste (als CD) mit über 2 000 samenfesten Sorten kann gegen 10 € eingefordert werden. Nur Versand, keine Besuch möglich.

Irinas Tomaten- & Kräuter-Spezialitätengärtnerei
Blattenhof 1
93142 Maxhütte-Haidhof
www.irinas-shop.de
- Jungpflanzen und Saatgut.

Arche Noah
Obere Straße 40
A-3553 Schiltern
www.arche-noah.at
- Gemüse, Obst und Kräuter, Saatgut und Pflanzen, Vielfaltsgarten, Führungen, Seminare.

Reinsaat KG
A-3572 St. Leonhard am Hornerwald 69
www.reinsaat.at
- Züchtung, Verkauf von Saatgut.

Obstgehölze und Beerenobst

Pflanzen1x1
Bergerholz 7
37194 Wahlsburg
www.balkonobst.de
- Säulen-, Zwerg- und Beerenobst für Töpfe und Kübel, Versand.

Kräuter- und Wildpflanzenversand Strickler
Friedhelm Strickler
Lochgasse 1
55232 Alzey
www.gaertnerei-strickler.de
- Obstgehölze, Erdbeeren, Kräuter, Versand von Pflanzen und Saatgut.

Baumschule Ritthaler
Dietschweilerstr. 20
66882 Hütschenhausen
www.baumschuleritthaler.de
- Bewährte und seltene Obstarten und -sorten.

Bioland Baumschule Frank Wetzel
Fennenbergerhöfe 3/1
69121 Heidelberg
www.biolandbaumschule.de
- Bewährte und seltene Obstarten und -sorten.

Häberli Fruchtpflanzen AG
Stocken
CH-9315 Neukirch-Egnach
www.haeberli-beeren.ch
- Obst- und Beerenpflanzen.

Lubera AG
Markus Kobelt
Lagerstrasse
CH-9470 Buchs
www.lubera.com
- Obst- und Beerenpflanzen sowie Nutz- und Zierpflanzen für den Hausgarten, Gartenshop und Versand, Gartenvideos.

Pflanzsäcke

Hans Schuhmacher
Hauptstraße 2
55595 Roxheim
Tel.: 0171 / 5 49 87 16
www.pflanzsäcke.de
- Pflanzsäcke für Balkone, Mauern und Wände, Pflanzanleitung, Beispielbepflanzungen.

SERVICE

Register

Die **hervorgehobenen** Seitenzahlen verweisen auf Abbildungen.

Die Autorin

Melanie Grabner ist Staudengärtnermeisterin, Autorin und Pflanzenliebhaberin. Nach vielen Praxisjahren in den Bereichen Baumschule, Gartenpflege, Staudengärtnerei und Zierpflanzenbau baut sie seit 2000 über 600 verschiedene seltene Gemüsesorten, vor allem Tomaten und anderes Fruchtgemüse, an. Aus einer anfänglichen Sammelleidenschaft für exotische Tomaten entstand ihr Projekt lilatomate (www.lilatomate.de) und seit 2010 gibt es die jährlich stattfindende Ausstellung Gartenschätze (www.gartenschaetze.org). In ihrem Garten beobachtet sie viele Pflanzen und deren Anbaumöglichkeiten auch deshalb, um authentisch von ihnen berichten zu können. Obwohl sie seit 2006 mit einem 600 m2 großen Nutzgarten ausreichend Platz hat, baut sie etwa 50 verschiedene Gemüsesorten von Salat, Bohnen, Chili, Gurken, Paprika bis Tomaten in Töpfen an, um Pflanzenbegeisterten ohne eigenen Garten praktische Empfehlungen weitergeben zu können.

Bildnachweis

Mit 127 Farbfotos von

123rf/Sandrine Bouvier: 29 o.re.; **123rf/Ruslana Grigolava**: 49 o.; **123rf/Heike Rau**: 54 li.; **Otmar Diez**, Sulzthal: 27 o., 29 u., 64 re.; **Digitalstock/günni**: 61 o.re.; **Digitalstock/B.Kessler**: 75 li.; **Digitalstock/M.B.**: 57 li.; **Digitalstock/motorolka**: 63 li.; **Digitalstock/J.Schellhammer**: 19 li.; **Digitalstock/S.Schreck**: 68 re.; **Digitalstock/vobelima**: 58 li.; **Flora Press**: 3 li., 24/25, 41 o., 60; **Flora Press/Bildagentur Beck**: 41 u.; **Flora Press/BIOSPHOTO/Michel Gunther**: 43 re.; **Flora Press/BIOSPHOTO/Le Scanff-Mayer**: 56 li.; **Flora Press/BIOSPHOTO/Gilles Le Scanff** & Joëlle-Caroline Mayer: 74 re.; **Flora Press/BIOSPHOTO/Alexandre Petzold**: 42 o.; **Flora Press/BIOSPHOTO/Michel Rauch**: 75 re.; **Flora Press/Otmar Diez**: 45 u.li., 45 u.re.; **Flora Press/Edition Phönix**: 31; **Flora Press/The Garden Collection/Jonathan Buckley**: 45 o.; **Flora Press/The Garden Collection/Torie Chugg**: 17 re.; **Flora Press/The Garden Collection/Liz Eddison**: 11 re.; **Flora Press/The Garden Collection/Modeste Herwig**: 39 o.; **Flora Press/The Garden Collection/Robert Mabic**: 13 u.; **Flora Press/Thomas Lohrer**: 38; **Flora Press/MAP/Frederic Tournay**: 64 li.; **Flora Press/Helga Noack**: 11 li., 12 re., 13 o., 33 Mi., 33 re., 39 u., 64 Mi., 67 re.; **Flora Press/Royal Horticultural Society**: 29 o.li., 33 li., 44, 49 u., 65 Mi.; **Flora Press/Visions**: 6 u.li., 37 li., 37 Mi., 58 re., 71 li.; **Gartenschatz**, Stuttgart: 54 re., 66 li., 69 re., 71 re., 73 li.; **Melanie Grabner**, Böhl-Iggelheim: 7 u., 21 u., 27 u., 43 Mi., 52 re., 59 li., 61 o.li., 61 o.Mi., 65 o., 65 u.; **iStockphoto/Kjell Brynildsen**: 70 li.; **iStockphoto/jeangill**: 12 li.; **Ute Klaphake**, Hamburg: 7 o., 15 o., 36, 61 u., 63 re., 67 li.; **Carolin Küßner**, Lindau: 23; **Lisa Blumen & Pflanzen/Roland Krieg**: 20 o.li.; **Sibille Victoria Müller**, Raubach: 37 re., 42 u., 43 li., 55 re., 66 re., 73 re.; **Photoshot/Michale Constantini**: 20 u.re.; **Photoshot/Bob Gibbons**: 48; **Photoshot/Andrea Jones**: 18; **Reinhard-Tierfoto/Hans Reinhard**, Heiligkreuzsteinach-Eiterbach: 74 li., 55 li.; **shutterstock/arcivanov**: 72 re.; **shutterstock/jordache**: 3 re.; **shutterstock/jordache**: 50/51; **shutterstock/Nic Neish**: 70 re.; **shutterstock/Okhotnikova Ekaterina**: 53 u.; **shutterstock/Denis and Yulia Pogostins**: 59 re.; **shutterstock/Shebeko**: 52 li.; **shutterstock/Andrey Shtanko**: 62 li.; **shutterstock/Tabler**: 9 o.; **shutterstock/Tadas_Jucys**: 56 re.; **shutterstock/Diana Taliun**: 15 u., 53 o.; **shutterstock/Dani Vincek**: 62 re.; **shutterstock/Vitamin**: 57 re.; **Friedrich Strauß**, Au-Seysdorf: Umschlaginnenseite, 2, 4/5, 8, 10, 11 Mi., 14, 21 o., 26, 30, 32, 35 (beide), 40, 46, 47 (beide), 72 li.; **Annette Timmermann**, Kalübbe: 6 o.re., 9 u., 16, 17 li., 19 re., 22, 68 li., 69 li.

Impressum

Umschlaggestaltung von Gramisci Editorialdesign, München unter Verwendung eines Farbfotos von GAP Photos/BBC Magazines Ltd (Umschlagvorderseite) und eines Farbfotos von Shutterstock/Lidante (Umschlagrückseite: Rote Johannisbeeren).

Mit 127 Farbfotos.

Alle Angaben in diesem Buch sind sorgfältig geprüft und geben den neuesten Wissensstand bei der Veröffentlichung wieder. Da sich das Wissen aber laufend in rascher Folge weiterentwickelt und vergrößert, muss jeder Anwender prüfen, ob die Angaben nicht durch neuere Erkenntnisse überholt sind. Dazu muss er zum Beispiel Beipackzettel zu Dünge-, Pflanzenschutz- bzw. Pflanzenpflegemitteln lesen und genau befolgen sowie Gebrauchsanweisungen und Gesetze beachten. Die Blütenfarben sind sortenabhängig, daher können auch Farben auf dem Markt sein, die im Buch nicht genannt werden. Die Blütezeiten sind ebenfalls sortenabhängig, aber auch klima- und standortabhängig. Die angegebenen Wuchshöhen und -breiten der Pflanzen sind Mittelwerte. Sie können je nach Nährstoffgehalt des Bodens variieren. Verschiedene Sorten können deutlich größer oder auch kleiner wachsen als die Art.

Es wird empfohlen für die Online-Zusatzangebote WLAN zu verwenden. Das mobile Surfen ohne WLAN kann dazu führen, dass zusätzliche Kosten für die Datennutzung bei Ihrem Mobilfunkanbieter entstehen.

Unser gesamtes lieferbares Programm und viele
weitere Informationen zu unseren Büchern,
Spielen, Experimentierkästen, DVDs, Autoren und
Aktivitäten finden Sie unter **kosmos.de**

Gedruckt auf chlorfrei gebleichtem Papier

© 2014, Franckh-Kosmos Verlags-GmbH & Co. KG, Stuttgart.
Alle Rechte vorbehalten
ISBN 978-3-440-13987-5
Projektleitung: Carolin Küßner
Redaktion und Bildredaktion: Carolin Küßner
Gestaltungskonzept: Gramisci Editorialdesign, München
Gestaltung und Satz: DOPPELPUNKT, Stuttgart
Produktion: Eva Schmidt
Printed in Italy / Imprimé en Italie

FSC
www.fsc.org
MIX
Papier aus verantwortungsvollen Quellen
FSC® C023164